Grundriß
des
deutschen Erbrechts

von

weil. Geh. Hofrat Dr. Emil Strohal
Professor der Rechte an der Universität Leipzig

(Zuletzt als Manuskript gedruckt im Jahre 1911)

Berlin 1914
J. Guttentag, Verlagsbuchhandlung,
G. m. b. H

Einleitung.

I. Geschichtliche Grundlagen. Römisches, deutsches Recht; deutsche Partikulargesetzgebungen (wichtig insbesondere das preuß. und österr. R.).

II. Die erbrechtlichen Bestimmungen des BGB. haben nur das Privaterbrecht zum Gegenstande und lassen die kraft öffentlichen Rechtes eintretende eigenartige Vererbung öffentlichrechtlicher Befugnisse (vgl. dazu Strohal I, S. 3) ganz unberührt.

III. Selbst das Privaterbrecht hat im BGB. eine völlig erschöpfende Behandlung nicht gefunden. Denn ganz abgesehen davon, daß dessen im fünften mit der Überschrift „Erbrecht" versehenen Buche enthaltene Bestimmungen durch die Vorschriften anderer Reichsgesetze, so z. B. des FGbG., der ZPO., der KO. und hier und da auch durch Vorschriften der Landesgesetze ergänzt werden, entbehren sie auch insofern der Vollständigkeit, daß sie nur das sogenannte gemeine Erbrecht regeln und somit hinsichtlich gewisser Sondergebiete des Erbrechts das Landesrecht in Geltung belassen.

Durch das BGB. unberührt bleiben insbesondere:

1. Die landesgesetzlichen Vorschriften über Familienfideikommisse und Lehen mit Einschluß allodifizierter Lehen, sowie über Stammgüter (Art. 59 EG.).

2. Die landesgesetzlichen Vorschriften über das Anerbenrecht in Ansehung landwirtschaftlicher und forstwirtschaftlicher Grundstücke nebst deren Zubehör. Das Recht des Erblassers, über das dem Anerbenrecht unterliegende Grundstück von Todes wegen zu verfügen, können jedoch die Landesgesetze nicht beschränken (Art. 64 EG.).

IV. In Ansehung gewisser Personenkreise gehen den erbrechtlichen Bestimmungen des BGB. nach Maßgabe des EG. die Vorschriften der Hausverfassungen und der Landesgesetze vor. Vgl. Art. 57, 58, 216 EG.

V. Die erbrechtlichen Vorschriften des BGB. greifen grundsätzlich nur bei der Beerbung deutscher (d. i. reichsangehöriger) Erblasser durch. Trifft diese Voraussetzung zu, d. h. war der Erblasser zur Zeit seines Todes ein Deutscher (d. i. Reichsangehöriger), so wird er nach deutschem Recht selbst dann beerbt, wenn er seinen Wohnsitz zur angegebenen Zeit im Auslande hatte; doch können sich die Erben in diesem Falle in Ansehung der Haftung für die Nachlaßverbindlichkeiten auch auf die an dem Wohnsitze des Erblassers geltenden Gesetze berufen (EG. Art. 24 Abs. 1, 2, aber auch Abs. 3).

Ein Ausländer wird in aller Regel nicht nach deutschem Rechte, sondern nach dem Rechte desjenigen Staates beerbt, dem er zur Zeit seines Todes angehörte, und zwar selbst dann, wenn er zur Zeit seines Todes seinen Wohnsitz in Deutschland hatte (Art. 25 Satz 1 EG.). Deutsches Recht kommt jedoch zur Anwendung:

1. Nach Maßgabe des Art. 27 EG.

2. In dem durch EG. Art. 25 Satz 2 bestimmten Falle.

Über das in Ansehung derjenigen Gegenstände, welche nach den Gesetzen des Staates, wo sie sich befinden, erbrechtlichen Sondervorschriften unterliegen, maßgebende Recht vgl. Art. 28 EG.

VI. Bezüglich der Frage, inwieweit erbrechtliche Verhältnisse nach dem BGB. oder aber nach dem bisherigen Rechte zu beurteilen sind, vgl. Art. 213—215 EG.

VII. Literatur. Kommentare: Planck(-Ritgen) Bd. 5 in 3. Aufl., bearbeitet von Strohal (im Erscheinen begriffen). Staudinger(-Herzfelder) Bd. 5, 2. Aufl. 1904—1906. Zu erwähnen noch die kürzeren Kommentare von Frommhold und von Wilke.

Systematische Darstellungen: Strohal, Das deutsche Erbrecht. 3. Aufl. in 2 Bdn. 1903/04. Böhm, Das Erbrecht des BGB. 2. Aufl. 1900. Dernburg, Bürg. R. Bd. 5. 1904. Paul Meyer, Das Erbrecht des BGB. Ein Lehrbuch. 4 Lieferungen, unvollständig, da kaum ein Viertel des zu behandelnden Stoffes vorliegt.

Die Grundfragen des Erbrechts behandelt Binder, Rechtsstellung des Erben in 3 Abteilungen. 1901—1904.

---

1. Hauptstück.

Der Nachlaß und die Nachlaßbeteiligten.

I. Der Nachlaß eines Verstorbenen als Gegenstand der Erbfolge.

§ 1.

I. Das Rechtsleben des einzelnen Menschen bewegt sich zwischen Geburt und Tod. Wie der Mensch erst mit der Vollendung seiner Geburt rechtsfähig wird (§ 1), so kann er in Rechtsverhältnissen auch nur so lange stehen, als er lebt. Der Tod eines Menschen führt daher mit Notwendigkeit zu einer Veränderung der Rechtsverhältnisse, deren Träger oder Mitträger der Verstorbene bisher gewesen ist. Die Art dieser Veränderung richtet sich nach der Beschaffenheit der in Frage kommenden Rechtsverhältnisse.

1. Die eintretende Veränderung kann zunächst darin bestehen, daß das Rechtsverhältnis schlechthin erlischt. So verhält es sich z. B. mit der rechtlichen Stellung einer Person als Ehegatte, Inhaber der elterlichen Gewalt, als gewaltunterworfenes Kind, als Vormund, Mündel, Pfleger, Testamentsvollstrecker u. dgl.

2. Bei Vermögensrechtsverhältnissen trifft das unter Z. 1 Gesagte nur ganz ausnahmsweise zu. Sie sind in aller Regel nicht höchstpersönlicher Natur, vermögen daher den Tod ihres bisherigen Trägers zu überdauern und bilden, soweit dies zutrifft, den der privatrechtlichen Erbfolge unterliegenden Nachlaß des Verstorbenen.

3. Eigenartig sind diejenigen Fälle, in welchen der bisherige Träger eines Rechtsverhältnisses bei Eintritt seines Todes von einem neuen Rechtsträger abgelöst wird, ohne daß dabei etwas von dem Rechte des ersteren auf den letzteren übergeht.

So verhält es sich vor allem bei der sogenannten successio ex pacto et providentia maiorum im Falle eines Familienfideikommisses. Dem jeweiligen Fideikommißinhaber kommt hinsichtlich der das Familienfideikommiß bildenden Rechtsverhältnisse nur eine zeitlich beschränkte Berechtigung zu. Die Rechtsverhältnisse des Familienfideikommisses gehören daher nicht zum Nachlaß des verstorbenen Fideikommißinhabers. Sie erlöschen aber auch nicht mit dem Tode des letzteren, sondern finden in dem zur Fideikommißnachfolge Berufenen ein neues berechtigtes Subjekt.

Obschon das BGB. die Regelung des Instituts des Familienfideikommisses dem Landesrechte überläßt, ergeben sich doch auch innerhalb des von ihm selbst beherrschten Gebietes verwandte Gestaltungen, und zwar:

a) Bei der Nacherbfolge, wenn der Eintritt derselben mit dem Tode des Vorerben zusammentrifft (§ 2106 Abs. 1). Der Komplex von Rechtsverhältnissen, aus denen sich die vom Vorerben auf Zeit erworbene Erbschaft zusammensetzt, gehört nicht zum Nachlaß des Vorerben, sondern fällt mit dem Zeitpunkte des Eintritts der Nacherbfolge ohne weiteres dem Nacherben zu (§ 2139).

b) Eine ähnliche Bewandtnis hat es mit gewissen Erscheinungen bei der fortgesetzten Gütergemeinschaft nach Maßgabe der §§ 1490, 1557.

II. Die privatrechtliche gemeine Erbfolge ist ein Vorgang, vermöge dessen das Vermögen des Verstorbenen (sein Nachlaß) als „Ganzes" auf einen Gesamtnachfolger übergeht. Dieser Gesamtnachfolger heißt Erbe. Mit Rücksicht hierauf wird der Verstorbene als Erblasser und dessen Nachlaß auch als Erbschaft bezeichnet. Darüber, wie man sich die erbrechtliche Gesamtnachfolge zu denken habe, gehen die Meinungen auseinander.

1. Eine vielverbreitete Ansicht geht dahin, daß zu dem „Vermögen" einer Person lediglich die der letzteren zukommenden Vermögensrechte (die Aktiva) gehören, nicht auch die Verbindlichkeiten (die Passiva). Dementsprechend seien auch unter dem Nachlaß, der Erbschaft eines Verstorbenen, lediglich die der privatrechtlichen Vererbung nicht entzogenen vermögensrechtlichen Berechtigungen, nicht auch die Verbindlichkeiten des Erblassers zu verstehen. Hieran werde auch dadurch nichts geändert, daß nach § 1922 das Vermögen des Verstorbenen als „Ganzes" auf den Erben übergehe. Denn hierdurch sei der Übergang aller vererblichen Rechte des Erblassers auf den Erben nur als ein auf Grund einheitlicher causa erfolgender charakterisiert. Kraft positiver Bestimmung (§ 1967) haftet der Erbe allerdings auch für die Verbindlichkeiten des Erblassers. Allein diese Haftung sei etwas zur Nachfolge des Erben in das Vermögen des Erblassers nur äußerlich hinzutretendes. Die successio per universitatem sei ihrem Wesen nach ein adquirere per universitatem. Aus Gründen der Billigkeit lege jedoch die Rechtsordnung dem Erben als Last des von ihm per universitatem erworbenen Vermögens die Haftung für die Verbindlichkeiten auf. Seien die letzteren aber nur Last des ererbten Vermögens, so ergebe sich daraus von selbst, daß sie als Bestandteile desselben nicht in Betracht kommen könnten.

2. Eine andere Auffassung versteht unter dem als „Ganzes" auf den Erben übergehenden Vermögen des Verstorbenen im Sinne des § 1922 die Gesamtheit der vermögensrechtlichen Beziehungen des Erblassers, soweit sie mit dessen Tode nicht erlöschen. Zu diesen Beziehungen gehören aber auch die Verbindlichkeiten des Erblassers.

Wie hat man zu entscheiden?

Es unterliegt keinem Zweifel, daß der Ausdruck „Vermögen" (vgl. z. B. § 419) sehr oft nur in dem unter Z. 1 bezeichneten Sinne gebraucht wird und daß insbesondere unter dem Ausdruck „Nachlaß" (vgl. z. B. § 1975), „Erbschaft", regelmäßig nur die Gesamtheit der dem Erblasser zuständig gewesenen und auf den Erben übergegangenen Berechtigungen verstanden wird. In Ansehung des nach § 1922 „als Ganzes“ auf den Erben übergehenden Vermögens des Erblassers ist jedoch nur die Auffassung unter Z. 2 gerechtfertigt, und es ist demgemäß zu sagen, daß der Erbe als Gesamtnachfolger des Erblassers hinsichtlich aller von der Vererbung nicht ausgeschlossenen vermögensrechtlichen Beziehungen in dessen Rechtsstellung und somit in diesem Sinne in das universum ius defuncti eintritt. Begründung bei Strohal I S. 15 ff.

III. Daß sich die privatrechtliche Erbfolge auf die öffentlichrechtliche und familienrechtliche Stellung, welche dem Erblasser bisher zukam, nicht erstreckt, ergibt sich schon aus ihrem Wesen. Hinsichtlich der vermögensrechtlichen Verhältnisse des Erblassers ist noch folgendes zu bemerken:

1. Sie unterliegen der Vererbung insoweit nicht, als sie höchst persönlicher Natur sind und somit mit dem Tode des Berechtigten erlöschen. Zusammenstellung bei Strohal I S. 18 ff.

2. Zufolge ausdrücklicher Vorschrift des Gesetzes sind vererblich das Recht zur Ausschlagung einer dem Erblasser angefallenen Erbschaft, oder eines ihm angefallenen Vermächtnisses (§§ 1952, 2180), ferner der Pflichtteilsanspruch, dessen Entstehung in der Person des Pflichtteilsberechtigten aber zur notwendigen Voraussetzung hat, daß dieser den Erbfall erlebt hat (§ 2317). Als vererblich muß auch angesehen werden das dem Erben bezw. Miterben nach § 2194 zustehende Recht, die Erfüllung einer Auflage zu verlangen, sowie das in § 2341 bestimmte Anfechtungsrecht.

3. Das literarische und musikalische Urheberrecht ist nach Maßgabe des Ges. vom 19. 6. 1901 (§§ 8, 10) vererblich, desgleichen das Urheberrecht an Werken der bildenden Kunst (§ 2 Ges. vom 9. 1. 1876), an Mustern und Modellen (§ 3 Ges. vom 10. 1. 1876), in Ansehung von Photographieen (§ 7 Ges. vom 10. 1. 1876); das Warenzeichenrecht, jedoch nur in Verbindung mit dem Geschäftsbetrieb, zu welchem das Warenzeichen gehört (§ 7 Ges. vom 12. 5. 1894); das Patentrecht (§ 7 Ges. vom 1. 1. 1891). Einen Gegenstand der Vererbung bildet nach § 22 HGB. auch ein vom Erblasser geführtes Handelsgeschäft nebst Firma.

4. Das BGB. anerkennt die Möglichkeit von Schuldverhältnissen (§§ 241, 343), die nicht auf eine vermögenswerte Leistung gerichtet sind. Wie verhält es sich mit der Vererbung der aus solchen Schuldverhältnissen entspringenden Forderungen und Verbindlichkeiten?

Soweit der von der Rechtsordnung anerkannte Zweck dieser Rechtsverhältnisse durch die Nichtvererblichkeit vereitelt würde, muß Vererblichkeit angenommen werden.

5. Die Unfertigkeit eines Rechtsverhältnisses schließt dessen Vererblichkeit nicht aus. So gehen insbesondere die aus bedingten und betagten Rechtsgeschäften unter Lebenden sich ergebenden rechtlichen Aussichten, Haftungen und Belastungen grundsätzlich auf den Erben des bedingt Berechtigten, Verpflichteten oder Belasteten über. In weitgehendem Maße unterliegen auch die in der Person des Erblassers begründeten Anwartschaften auf den künftigen Anfall einer Erbschaft oder eines Vermächtnisses, vorausgesetzt, daß der Erblasser den Tod desjenigen erlebt hat, auf dessen Nachlaß sich die Anwartschaft bezieht, der Vererbung (vgl. § 2108, aber auch § 2074).

II. Erbfolge.

1. Notwendigkeit und Unmittelbarkeit der Erbfolge.

§ 2.

Der von den Römern genial entwickelte und aus dem römischen Rechte in alle modernen Gesetzgebungen übergegangene Gedanke der Gesamtnachfolge des Erben in den Nachlaß des Erblassers ist vom BGB. nicht nur übernommen, sondern noch schärfer durchgeführt und ausgestaltet worden. Nach dem BGB. muß jeder Erblasser einen Erben haben und kann die Erbschaft für die juristische Beurteilung auch nicht einen Augenblick als eine erblose in Betracht kommen. Schon mit dem Zeitpunkt des Todes des Erblassers, d. i. des Erbfalls (§ 1922) wird die Erbschaft zufolge des vom BGB. angenommenen altgermanischen Grundsatzes: „Der Tote erbt den Lebendigen" (mortuus saisit vivum, le mort saisit le vif) von dem berufenen Erben von selbst (ipso iure), aber allerdings mit der Möglichkeit der Ausschlagung erworben. Macht der zunächst berufene Erbe von dieser Möglichkeit Gebrauch oder hat er aus anderem Grunde außer Betracht zu bleiben (vgl. z. B. § 2344), so gilt die Erbschaft nach rückwärts hin, aber ebenfalls wieder mit dem Rechte der Ausschlagung, als demjenigen erworben, welcher schon von vornherein berufen gewesen sein würde, dafern der Ausschlagende oder aus anderem Grunde außer Betracht Bleibende den Erbfall nicht erlebt hätte (§ 1953). In Ermangelung eines anderen Erben gilt endlich der Fiskus als Erbe, und zwar als notwendiger Erbe in dem Sinne, daß er die ihm als gesetzlichem Erben anfallende Erbschaft gar nicht ausschlagen kann (§ 1942 Abs. 2).

Zu einem tempus vacuum, während dessen die Erbschaft als eine ruhende hereditas iacens) zu behandeln ist, kann es darnach gar nicht kommen.

2. Voraussetzungen der Erbfolge.

§ 3.

I. Die Erbfolge setzt vor allem den Eintritt des Erbfalls oder m. a. W. den Tod eines vermögensfähigen Erblassers voraus. Vermögensfähig ist aber nach dem BGB. jeder Mensch, auch derjenige, welcher das Klostergelübde abgelegt hat. Die Beerbung der Mönche und Nonnen richtet sich also durchaus nach den allgemeinen Grundsätzen, auch rücksichtlich des Erbfalls. Derselbe tritt auch hier mit dem Zeitpunkte des erfolgten (oder vermuteten) Todes des zu Beerbenden ein, nicht etwa mit dem Zeitpunkte des Eintrittes in den Orden.

Eine Beerbung juristischer Personen findet nicht statt. Für die Entscheidung der Frage, wem das Vermögen einer erloschenen juristischen Person zufällt, sind besondere Bestimmungen maßgebend. Fällt aber nach diesen das Vermögen einer aufgelösten juristischen Person an den Fiskus, so finden hierauf allerdings die Vorschriften über eine dem Fiskus als gesetzlichem Erben anfallende Erbschaft entsprechende Anwendung. Vgl. §§ 45 bis 47 und § 88.

II. Durch das Vorhandensein eines aktiven Nachlasses (d. h. eines Überschusses der Aktiven über die Passiven) ist der Eintritt der Erbfolge nicht bedingt. Sie vollzieht sich (eventuell durch unabweisbaren Anfall der Erbschaft an den Fiskus) auch dann, wenn das Verhältnis das umgekehrte ist, ja sogar, wenn der Nachlaß des Verstorbenen nur aus Passiven besteht. Ist der Verstorbene Träger von Rechtsverhältnissen, die dessen Nachlaß bilden könnten, überhaupt nicht gewesen, so ist die Erbfolge freilich gegenstandslos.

III. Erbe kann nur werden, wer rechtsfähig ist. Rechtsfähig aber sind neben den natürlichen Personen, d. i. den Menschen, auch juristische Personen. Vereine, denen juristische Persönlichkeit fehlt, können mangels der Rechtsfähigkeit nicht erben. Wer rechtsfähig ist, ist in aller Regel auch unbeschränkt erbfähig. Vgl. jedoch EG. Art. 86, 87 Abs. 2, 3.

IV. Mit dem unmittelbaren Anschluß der Erbfolge an den Erbfall (§ 1922) hängt es notwendig zusammen, daß der Erbe zur Zeit des Erbfalls existent sein muß (§ 1923). Daraus ergibt sich zweifaches:

1. Es kann nicht erben, wer zur Zeit des Erbfalls nicht mehr am Leben ist.

2. Es kann aber auch nicht erben, wer zur Zeit des Erbfalls noch nicht lebt (§ 1923 Abs. 1). Zugunsten einer zur Zeit des Erbfalls zwar noch nicht geborenen aber doch schon erzeugten Person greift jedoch, sobald sie lebend zur Welt gekommen ist, die Fiktion des § 1923 Abs. 2 ein, und eine vom Erblasser errichtete Stiftung gilt, wenn ihre Genehmigung erst nach dem Erbfall erfolgt ist, für die Zuwendungen des Stifters überhaupt und daher insbesondere auch, wenn sie von ihm als Erbe eingesetzt ist, als schon vor seinem Tode entstanden (§ 84).

3. Die grundsätzliche Gestaltung der Erbfolge.

§ 4.

I. Die Berufung des Erben beruht entweder auf einer vom Erblasser, sei es einseitig (durch Testament), sei es vertragsmäßig (durch Erbvertrag) getroffenen Verfügung von Todes wegen (gewillkürte Erbfolge) oder auf ergänzender Rechtsvorschrift (gesetzliche Erbfolge). Eine Erbfolge gegen den Willen des Erblassers (Noterbfolge) ist dem BGB. fremd. Den Grund, auf welchem die Berufung des Erben beruht, bezeichnet man technisch als Berufungsgrund. Hiernach gibt es jedenfalls zwei Hauptberufungsgründe: Anordnung des Erblassers und ergänzende Rechtsvorschrift. Ob und inwieweit innerhalb jedes dieser Hauptberufungsgründe wieder weitere Berufungsgründe zu unterscheiden sind, darf nicht nach rein logischen Gesichtspunkten entschieden werden, sondern ist eine erst in anderem Zusammenhang zu behandelnde positivrechtliche Frage. Hier ist nur festzustellen, daß neben der testamentarischen auch vertragsmäßige Erbfolge und neben der gewillkürten Erbfolge überhaupt auch gesetzliche Erbfolge eintreten kann. Der dem deutschen und modernen Rechtsbewußtsein widersprechende Grundsatz: nemo pro parte testatus pro parte intestatus decedere potest ist nach dem Vorgange aller anderen modernen Gesetzgebungen auch im BGB. aufgegeben.

II. Die Erbschaft kann nicht nur auf einen Erben (Alleinerben), sondern auch auf mehrere Erben nebeneinander (Miterben) übergehen; sie wird in letzterem Falle gemeinschaftliches Vermögen aller Miterben, sei es zu gleichen, sei es zu ungleichen Anteilen (§§ 2032 ff.). Der Anteil eines Miterben an der Erbschaft wird auch als Erbteil bezeichnet. Die auf die Erbschaft sich beziehenden Vorschriften des Gesetzes kommen, soweit das Gesetz anderes nicht besonders bestimmt, auch auf ihn zur Anwendung (§ 1922 Abs. 2).

III. Die Erbenstellung kann auch mehreren Personen nacheinander zukommen.

z. B. der Erblasser setzt den A als Erben ein und bestimmt, daß die Erbschaft nach des A Tode an den B gelangen soll. Der zunächst zur Erbfolge Gelangende heißt: Vorerbe, der nach diesem in die Erbschaft Eintretende: Nacherbe. Schon an dieser Stelle aber ist zugleich zu bemerken, daß die Anordnung einer Nacherbfolge, zu der auch eine Person berufen werden kann, die zur Zeit des Erbfalls noch nicht existiert, an gewisse Schranken gebunden ist. Vgl. §§ 2100 ff.

IV. Als Gesamtnachfolger des Erblassers tritt der Erbe in Ansehung der zum Nachlaß gehörenden Rechtsverhältnisse im allgemeinen in diejenige Rechtsstellung ein, welche bisher dem Erblasser zukam. Besonderer Hervorhebung bedarf jedoch noch folgendes:

1. Gewisse Rechtsverhältnisse gehen auf den Erben nicht ganz so über, wie sie bei Lebzeiten des Erblassers beschaffen waren, sondern als infolge des Todes des letzteren veränderte. Vgl. §§ 81, 569, 605, 727, 736, 750, 1582, 1712.

2. Der Gedanke der Gesamtnachfolge des Erben in die Rechtsstellung des Erblassers erfährt eine eigentümliche Durchbrechung durch das Institut der Testamentsvollstreckung (vgl. §§ 2197 ff.). Denn indem der Erblasser einen Testamentsvollstrecker ernennt oder für die Bestellung eines solchen Sorge trägt, erhält er in demselben ein Organ, das die Vollstreckung seines Willens selbst gegen den Willen des widerstrebenden Erben durchzusetzen vermag.

3. Schon aus dem Wesen der Gesamtnachfolge ergibt sich, daß der Erbe für die vom Erblasser herrührenden Schulden zu haften hat. Allein die Haftung des Erben als solchen erstreckt sich auch auf erst infolge des Erbfalls entstandene Verbindlichkeiten, so insbesondere auf die Kosten der standesgemäßen Beerdigung des Erblassers (§ 1968), ferner auf die Verbindlichkeiten aus Pflichtteilsrechten, Vermächtnissen und Auflagen (§ 1967). Das Gesetz umfaßt alle Verbindlichkeiten, für die der Erbe als solcher zu haften hat, mit dem Ausdruck „Nachlaßverbindlichkeiten" (§ 1967). Die Art der Haftung ist in den später eingehend zu besprechenden §§ 1967 ff. genauer bestimmt.

4. Erbrecht im subjektiven Sinne.

§ 5.

Der Ausdruck „Erbrecht" wird nicht nur in objektivem, sodern auch in subjektivem Sinne gebraucht. Unter Erbrecht in objektivem Sinne versteht man die Summe von Vorschriften, welche sich auf das Schicksal des von einem Verstorbenen hinterlassenen Vermögens beziehen. Von Erbrecht in subjektivem Sinne kann man in vierfacher Bedeutung reden:

1. Man bezeichnet als Erbrecht (i. S. von ius successionis) vor allem die infolge des definitiv gewordenen Erbschaftserwerbs sich ergebende rechtliche Stellung des Erben (vgl. z. B. §§ 2353, 2376).

2. Die Bezeichnung Erbrecht (i. S. von ius succedendi) verdient aber auch schon das aus dem Anfall der Erbschaft sich ergebende Recht des Erben, den vorläufig nur provisorisch eingetretenen Erbschaftserwerb durch Annahme zum definitiven zu machen, oder aber die Erbschaft auszuschlagen (vgl. §§ 1946, 1952).

3. Erbrecht darf auch genannt werden die nach § 2108 möglicherweise schon mit dem Zeitpunkte des Erbfalls, unter Umständen aber erst mit einem späteren Zeitpunkte eintretende vererbliche Anwartschaft des als Nacherbe Eingesetzten auf den künftigen Eintritt des Falles der Nacherbfolge.

4. Das Gesetz spricht aber endlich von Erbrecht im subjektiven Sinne auch mit Bezug auf die selbstverständlich unvererbliche Aussicht jemandes, auf Grund des Gesetzes oder einer Verfügung von Todes wegen Erbe eines zurzeit noch Lebenden zu werden (vgl. §§ 2346, 2349, 2350, 2352).

III. Sonstiger Erwerb von Todes wegen und Verbindlichkeiten aus Auflagen.

§ 6.

I. Der Eintritt des Erben als Gesamtnachfolger in das Vermögen des Erblassers schließt die Zuteilung von Nachlaßwerten an Personen, die nicht Erben sind, nicht aus. Nach Maßgabe des Gesetzes ist aber eine solche Zuteilung nur in der Weise möglich, daß diesen Personen die Stellung von Nachlaßgläubigern zugewiesen wird. Am Nachlaß in dieser Weise beteiligt sind die Pflichtteilsberechtigten, die Vermächtnisnehmer und diejenigen, welchen kraft ergänzender Rechtsvorschrift ein dem Vermächtnisanspruch analoges Gläubigerrecht zukommt.

1. Gewisse, dem Erblasser nahestehende Personen (dessen Abkömmlinge, Eltern, überlebender Ehegatte) haben kraft Gesetzes ein Recht darauf, daß ihnen aus dem Nachlasse desselben mindestens die Hälfte des Wertes desjenigen Erbteils zukomme, welcher ihnen bei eintretender gesetzlicher Erbfolge zugefallen sein würde. Hiermit ist bereits ausgedrückt, daß der Pflichtteilsberechtigte keineswegs verlangen kann, die Hälfte des gesetzlichen Erbteils, selbst gegen den Willen des Erblassers, als Erbe zu erhalten. Gerade daraus vielmehr, daß und insoweit der Pflichtteilsberechtigte von der Möglichkeit, in Ansehung der Hälfte des gesetzlichen Erbteils Erbe zu werden, durch die Verfügung des Erblassers ausgeschlossen ist, erwächst ihm der Pflichtteilsanspruch, d. i. eine Forderung gegen denjenigen, welcher Erbe wirklich wird, auf Zahlung der Hälfte des Wertes des gesetzlichen Erbteils bezw. des von diesem Werte ihm noch fehlenden Betrags. Nur aus den vom Gesetz bestimmten Gründen kann der Erblasser dem Pflichtteilsberechtigten diesen Anspruch auf den Pflichtteil entziehen oder beschränken. Vgl. §§ 2303 und 2333 ff.

2. Durch einseitige oder vertragsmäßige Verfügung von Todes wegen kann der Erblasser einem anderen, ohne ihn als Erben einzusetzen, einen Vermögensvorteil zuwenden. Eine solche Anordnung heißt Vermächtnis, der in solcher Weise Bedachte Vermächtnisnehmer. Derselbe erlangt auf Grund der Vermächtnisverfügung in allen Fällen nur ein Forderungsrecht gegen den beschwerten Erben oder, wenn ein Vermächtnisnehmer beschwert ist, gegen diesen, niemals unmittelbar das Eigentum der vermachten Sache. Das römische und gemeinrechtliche Vindikationslegat ist also dem BGB. fremd. Eine Gesamtnachfolge kann durch Vermächtnis nicht herbeigeführt werden. Denn hat der Erblasser bestimmt, daß die Erbschaft als Ganzes auf mehrere Personen nacheinander übergehen soll, so kommen die Vorschriften über die Nacherbfolge zur Anwendung. Das römische und gemeinrechtliche Universalvermächtnis hat damit seine Daseinsberechtigung eingebüßt. Vgl. §§ 1939, 1941, 2147, 2174.

Gleichartig mit den auf Verfügung des Erblassers beruhenden Vermächtnisansprüchen sind die Ansprüche aus den in den §§ 1932 und 1969 bestimmten sogenannten gesetzlichen Vermächtnissen. Vgl. § 17 d. Darstellung.

II. Eine eigentümliche Bewandtnis hat es mit den vom Erblasser durch einseitige oder vertragsmäßige Verfügung von Todes wegen dem Erben oder einem Vermächtnisnehmer gemachten Auflagen. Durch die wirksame Anordnung einer Auflage wird der mit ihr Beschwerte immer zur Bewirkung einer Leistung verpflichtet (man denke z. B. an die dem Erben auferlegte Verpflichtung zur Errichtung eines Grabdenkmals für den Erblasser oder zur Erhaltung eines Ahnenschlosses oder zur Pflege eines Tieres). Im Gegensatz zu Vermächtnissen steht jedoch bei der Auflage dem zur Leistung Verpflichteten nicht ein mit dem Recht auf die Leistung **Bedachter** gegenüber. Die Auflage hat deshalb **nicht** den Charakter der **Zuwendung** (§ 2192). Trotzdem bleibt die Erfüllung der Auflage nicht dem Belieben des Beschwerten überlassen. Gewisse Personen (§ 2194) sind nämlich, obschon dem Beschwerten die sich für ihn aus der Auflage ergebende Verbindlichkeit nicht ihretwegen auferlegt ist, im Interesse der Vollziehung der vom Erblasser angeordneten Auflage doch für befugt erklärt, vom Beschwerten diese Vollziehung zu verlangen. Außerdem treffen den Beschwerten, wenn die Vollziehung der Auflage infolge eines von ihm zu vertretenden Umstandes unmöglich wird, gewisse rechtliche Nachteile. Vgl. § 1940 und §§ 2192 ff.

2. Hauptstück.

Die am Nachlaß erbrechtlich Beteiligten im einzelnen.

1. Abschnitt.

Gesetzliche Erbfolge und auf ergänzendem Rechtssatz beruhender Einzelerwerb.

1. Kapitel.

Gesetzliche Erbfolge.

I. Im allgemeinen.

§ 7.

I. Obschon dem Erblasser im weitesten Maße die Möglichkeit eröffnet ist, sich einen Erben durch Verfügung von Todes wegen zu bestellen, so darf die gesetzliche Erbfolge doch insofern als die regelmäßige Erbfolge bezeichnet werden, als sie immer und überall eintritt, wenn und soweit es zu einer auf Verfügung von Todes wegen beruhenden Erbfolge nicht kommt. Sie tritt also ein:

1. Wenn es an einer wirksamen Verfügung von Todes wegen gänzlich fehlt, oder wenn der von dem gewillkürten Erben gemachte Erbschaftserwerb hinterher aus irgend einem Grunde (Ausschlagung, Erbunwürdigkeitserklärung, Anfechtung der Erbeinsetzung) als nicht erfolgt anzusehen ist (§§ 1953, 2344, 142).

2. **Neben** der gewillkürten Erbfolge, wenn der Erblasser den testamentarisch oder vertragsmäßig eingesetzten Erben auf einen Bruchteil der Erbschaft beschränkt hat; der gesetzliche Erbe wird dann in Ansehung des unvergeben gebliebenen Bruchteils der Erbschaft Miterbe des gewillkürten Erben (§ 2088).

3. **Vor** der gewillkürten Erbfolge. So wenn der testamentarisch oder vertragsmäßig eingesetzte Erbe die Erbschaft erst mit dem Eintritt eines bestimmten Zeitpunktes oder Ereignisses haben soll. Hierher gehört insbesondere auch der Fall, daß die aufschiebende Bedingung, unter der die Einsetzung eines Erben erfolgt ist, zur Zeit des Erbfalls noch schwebt. Der gesetzliche Erbe wird hier Vorerbe und der gewillkürte Erbe, sobald der Zeitpunkt, das Ereignis eintritt, Nacherbe (§ 2105).

4. Zur Berufung der gesetzlichen Erben kommt es endlich unter Umständen auch **nach** der gewillkürten Erbfolge. So, wenn der gewillkürte Erbe nach der Bestimmung des Erblassers die Erbschaft nur für eine gewisse Zeit, bis zum Eintritt

einer auflösenden Bedingung haben soll. Hier ist der gewillkürte Erbe Vorerbe, der gesetzliche Erbe Nacherbe. Vgl. § 2104, nach dessen in anderem Zusammenhange zu besprechender Schlußbestimmung der Fiskus hier als gesetzlicher Erbe nicht in Betracht kommt.

Gesetzliche Erbfolge im strengen Sinne des Wortes liegt übrigens nur in den unter Z. 1 bis 3 bezeichneten Fällen vor, während im Falle 4 kraft Gesetzes nur anzunehmen ist, daß als Nacherben diejenigen eingesetzt sind, welche gesetzliche Erben des Erblassers sein würden, wenn dieser zur Zeit des Eintritts des Zeitpunktes oder des Ereignisses gestorben wäre (§ 2104). Diese Auffassung erklärt sich daraus, daß das Gesetz unter gesetzlicher Erbfolge im technischen Sinne nur eine kraft Gesetzes schon mit dem Erbfall einsetzende Erbfolge versteht.

II. Die Frage, wer der gesetzliche Erbe ist, ist grundsätzlich nach dem Zeitpunkte des Erbfalls, d. i. nach dem Zeitpunkte des Todes des Erblassers zu beurteilen. So verhält es sich im Gegensatz zum römischen Rechte selbst dann, wenn und soweit sich erst einige Zeit nach dem Erbfall entscheidet, daß es zur gewillkürten Erbfolge nicht kommt, oder daß der zunächst berufene gesetzliche Erbe nicht zum definitiven Erwerb gelangt. Auch in solchen Fällen ist also nicht etwa der Zeitpunkt, in welchem feststeht, daß die Berufung des gewillkürten Erben oder des zunächst in Betracht kommenden gesetzlichen Erben erfolglos bleibt, sondern der Zeitpunkt des Erbfalls für die Bestimmung der Person des gesetzlichen Erben maßgebend, mag auch der hiernach ermittelte gesetzliche Erbe inzwischen (nach dem Erbfall, aber vor dem Wegfall des gewillkürten oder näheren gesetzlichen Erben) gestorben sein; es ist dann anzunehmen, daß die Erbschaft von dem inzwischen verstorbenen Erben erworben worden und mit dem Rechte der Ausschlagung auf dessen Erben übergegangen ist (§§ 1953, 2344).

Eine hiervon abweichende Behandlung tritt nur ein, wenn es zur Berufung der gesetzlichen Erben erst nach der gewillkürten Erbfolge (vgl. oben I Z. 4) kommt. In diesen Fällen bestimmt sich die Person des zur Nacherbfolge berufenen gesetzlichen Erben nicht nach dem Erbfall, sondern nach dem Zeitpunkt des Eintritts der Nacherbfolge (§ 2104).

III. Gesetzliche Erben sind:

1. Die Verwandten des Erblassers in bestimmter Reihenfolge (vgl. aber doch § 1938).

2. Neben diesen, in Ermangelung derselben, ja unter Umständen sogar vor ihnen, der überlebende Ehegatte (vgl. auch hier § 1938).

3. Eventuell, wenn nämlich die Erbschaft keinen anderen Erben findet, der Fiskus, und zwar der Fiskus des Bundesstaates, welchem der Erblasser angehört hat, und wenn derselbe ein Deutscher war, ohne einem Bundesstaate anzugehören, der Reichsfiskus (§ 1936). Hierdurch unberührt bleiben übrigens die landesgesetzlichen Vorschriften, nach welchen im Falle des § 1936 an Stelle des Fiskus eine Körperschaft, Stiftung oder Anstalt des öffentlichen Rechtes gesetzlicher Erbe ist (Art. 138 EG.).

II. Die Erbfolge der Verwandten.

1. Berechtigung zur Verwandtenerbfolge.

§ 8.

Wer mit dem Erblasser verwandt ist, sei es auch noch so entfernt, kann, dafern er nur im entscheidenden Zeitpunkte, wenigstens als nasciturus, bereits vorhanden ist, zur Verwandtenerbfolge berufen werden. Eine sogenannte „Erbrechtsgrenze“, über die hinaus Verwandte des Erblassers zur gesetzlichen Erbfolge nicht mehr berufen werden, ist im BGB. nicht gezogen (§ 1929). Hierbei ist jedoch wohl zu beachten, daß zwischen einem unehelichen Kinde und dessen Vater eine Verwandtschaft im Rechtssinne gar nicht besteht (§ 1589). Im Verhältnis zur Mutter und deren Verwandten steht dagegen das uneheliche Kind dem ehelichen gleich (§ 1705.) Überhaupt nicht als unehelich, sondern vielmehr als ehelich, sind die durch nachfolgende Ehe der Eltern legitimierten Kinder zu behandeln; und für die Abkömmlinge des unehelichen Kindes hat die Eheschließung zwischen den Eltern die volle Wirkung der Legitimation auch dann, wenn das Kind vor der Eheschließung gestorben ist (§§ 1719, 1722). Die nach § 1723 auf Antrag des Vaters des unehelichen Kindes durch eine Verfügung der Staatsgewalt erfolgende „Ehelichkeitserklärung" begründet zwar wechselseitiges gesetzliches Erbrecht zwischen dem Vater einer- und dem Kinde und dessen Abkömmlingen andererseits, nicht aber auch ein solches gegenüber den Verwandten des Vaters oder zugunsten derselben (§§ 1736, 1737). Den ehelichen Kindern durchaus gleichgestellt sind dann wieder die aus einer Putativehe im Sinne des § 1699 hervorgegangenen Kinder. Dem Vater, welchem die Nichtigkeit der Ehe bei der Eheschließung bekannt war, kommen jedoch die aus der Vaterschaft sich ergebenden Rechte, zu denen insbesondere auch das gesetzliche Erbrecht gegenüber dem Kinde und den Abkömmlingen desselben gehört, nicht zu (§ 1701). Das durch Annahme an Kindesstatt begründete Verhältnis steht erbrechtlich der ehelichen Abstammung nicht gleich. Der Angenommene zwar erlangt, soweit im Annahmevertrage anderes nicht bestimmt worden ist, dem Annehmenden gegenüber auch in erbrechtlicher Beziehung die rechtliche Stellung eines ehelichen Kindes, und mit der Beschränkung des § 1762 Satz 2 kommt dies auch den Abkömmlingen des Kindes zu statten. Auf die Verwandten des Annehmenden erstreckt sich dagegen die Annahme an Kindesstatt nicht, und dem Annehmenden selbst ist ein gesetzliches Erbrecht gegenüber dem angenommenen Kinde und dessen Abkömmlingen versagt. An der erbrechtlichen Stellung des Angenommenen in seiner natürlichen Familie wird durch die Annahme an Kindesstatt nichts geändert. Vgl. §§ 1757, 1759, 1762 bis 1764, 1767.

2. Die Erbfolge der Verwandten im einzelnen.

§ 9.

I. Das BGB. schließt sich in seinen Bestimmungen über die Verwandtenerbfolge grundsätzlich, aber mit einigen nicht unerheblichen Abweichungen, dem geltenden österreichischen Rechte an, das die von ihm angenommene Gestaltung wieder aus älterem deutschen Rechte geschöpft hatte. Das angenommene System ist die Erbfolge nach Parentelen. Danach schichtet sich die Gesamtverwandtschaft des Erblassers in übereinanderstehende Ordnungen (Sippen, Parentelen) ab, deren erste durch die Abkömmlinge des Erblassers, und von welchen jede weitere immer durch die vom Erblasser dem Grade nach gleichweit abstehenden Verwandten in der aufsteigenden Linie und deren Abkömmlinge gebildet wird. Die zweite dieser Ordnungen besteht demnach aus den Eltern des Erblassers und deren Abkömmlingen, die dritte aus dessen Großeltern und deren Abkömmlingen, die vierte aus den Urgroßeltern und deren Abkömmlingen und so fort. Die Zahl der erbrechtlich in Betracht kommenden Ordnungen ist, im Gegensatz zum österreichischen Rechte, das mit der sechsten Ordnung abschließt, eine unbeschränkte (§ 1929). Über die succesio ordinum vgl. § 1930.

II. 1. In der ersten Ordnung gestaltet sich die Erbfolge also: Es erben die Abkömmlinge des Erblassers ohne Unterschied des Grades, jedoch derart, daß entferntere Abkömmlinge durch den noch lebenden und zur Erbfolge gelangenden näheren Abkömmling, von welchem sie abstammen, ausgeschlossen werden. Hat ein Abkömmling jedoch auf sein gesetzliches Erbrecht verzichtet, so erstreckt sich, sofern ein anderes nicht bestimmt worden ist, die Wirkung des Verzichts auch auf dessen Abkömmlinge, gleichviel ob der Verzichtende zur Zeit des Erbfalls noch oder nicht mehr am Leben ist (§ 2349). Gelangen nur die Abkömmlinge ersten Grades zur Erbfolge, so erben sie zu gleichen Teilen. Treffen mit Abkömmlingen ersten Grades entferntere Abkömmlinge zusammen oder erben nur entferntere Abkömmlinge, so tritt Erbfolge nach Stämmen ein, d. h. die Abkömmlinge eines Abkömmlings erhalten zusammen denjenigen Erbteil, welchen dieser erhalten haben würde, dafern er zur Erbfolge gelangt wäre. Vgl. § 1924.

Soweit es zur Erbfolge nach Stämmen kommt — und dies kann wie in der ersten so auch in der zweiten und dritten Ordnung zutreffen —, erhält, wer infolge mehrfacher Verwandtschaft mit dem Erblasser verschiedenen Stämmen angehört, in jedem dieser Stämme den entsprechenden Anteil. Von diesen Anteilen gilt jeder als besonderer Erbteil (§ 1927).

2. In der zweiten Ordnung fällt die Erbschaft, dafern die Eltern des Erblassers noch leben, diesen zu gleichen Anteilen zu. Ist ein Elternteil bereits gestorben, oder bleibt er bei der gesetzlichen Erbfolge aus anderen Gründen außer Betracht, so treten dessen Abkömmlinge an seine Stelle und erben nach den für die erste Ordnung geltenden Grundsätzen. Sind Abkömmlinge dieses Elternteils nicht vorhanden, so fällt die ganze Erbschaft dem überlebenden Teile zu. Sind Vater und Mutter des Erblassers bereits gestorben, oder haben beide aus anderen Gründen außer Betracht zu bleiben, so erben die Abkömmlinge des Vaters und der Mutter in der Weise, daß nach den für die erste Ordnung geltenden Grundsätzen auf die Abkömmlinge des Vaters entfällt, was, dafern dieser selbst zur Erbfolge gelangt wäre, auf ihn, und auf die Abkömmlinge der Mutter, was im entsprechenden Falle auf sie entfallen sein würde. Vgl. § 1925.

3. Dritte Ordnung: Leben beide Großelternpaare, so fällt die eine Hälfte der Erbschaft den väterlichen, die andere den mütterlichen Großeltern zu gleichen Teilen zu. Kommt ein Teil oder kommen beide Teile eines Großelternpaares erbrechtlich nicht in Betracht, so gelten rücksichtlich der Vererbung derjenigen Hälfte der Erbschaft, welche auf diese Großeltern, dafern sie geerbt hätten, entfallen sein würde, zunächst dieselben Grundsätze, die in der zweiten Ordnung im Falle des Nichtvorhandenseins eines Elternteils oder der Eltern überhaupt maßgebend sind. Ist jedoch auf einer Seite weder der Großvater noch die Großmutter mehr am Leben und sind auch Abkömmlinge weder des einen noch der anderen vorhanden, so erben die der zweiten großelterlichen Linie Angehörenden und zur Erbfolge überhaupt Berufenen allein. Vgl. § 1926.

4. In der vierten Ordnung sind — im Gegensatz zum österreichischen Rechte, das die für die dritte Ordnung maßgebenden Grundsätze auch bei den weiteren von ihm überhaupt noch zugelassenen Ordnungen festhält — Abkömmlinge von Urgroßeltern schlechthin ausgeschlossen, wennn auch nur ein Urgroßelternteil zur Erbfolge

gelangt. Mehrere Urgroßeltern erben immer zu gleichen Teilen, auch wenn sie verschiedenen Linien angehören. Kommen Urgroßeltern als Erben nicht mehr in Frage, so erbt von ihren Abkömmlingen derjenige, welcher mit dem Erblasser am nächsten verwandt ist; mehrere dem Erblasser dem Grade nach gleich Nahestehende erben zu gleichen Teilen. Vgl. § 1928.

5. Die für die vierte Ordnung maßgebenden Grundsätze finden auf die fünfte Ordnung und die entfernteren Ordnungen entsprechende Anwendung (§ 1929).

III. Die Erbfolge des überlebenden Ehegatten.

§ 10.

I. Das BGB. gibt dem überlebenden Ehegatten im Anschluß an das in einem großen Teile Deutschlands schon bisher geltende Recht und in Übereinstimmung mit den in den gemeinrechtlichen Gebieten laut gewordenen Wünschen der Bevölkerung auch bei Vorhandensein von nahen Verwandten, ja selbst von Abkömmlingen des Erblassers ein wirkliches gesetzliches Erbrecht, also nicht bloß, obschon dies von manchen für angemessener gehalten wird, einen Nießbrauch am Nachlaß oder an einem Teile desselben.

II. Das gesetzliche Erbrecht des überlebenden Ehegatten setzt voraus, daß die Ehe bis zum Tode des zuerst verstorbenen Ehegatten rechtsgültig bestanden hat. An dieser Voraussetzung fehlt es im Falle einer bloßen Scheinehe und im Falle der vor dem Tode des zuerst verstorbenen Gatten bereits rechtskräftig ausgesprochenen Scheidung (§ 1564); und desgleichen, wenn die Ehe des verschollen gewesenen und für tot erklärten, aber tatsächlich noch lebenden Gatten mit dem zurückgebliebenen Gatten nach § 1348 dadurch aufgelöst worden ist, daß der letztere eine rechtsgültige Ehe eingegangen ist.

In zwei Fällen ist das gesetzliche Erbrecht des überlebenden Ehegatten sogar ausgeschlossen, obschon dessen Ehe bis zum Tode des anderen Gatten noch bestanden hat. So verhält es sich:

1. wenn hinsichtlich der Ehe lediglich die Aufhebung der ehelichen Gemeinschaft ausgesprochen und diese später auch nicht mehr wiederhergestellt worden ist (§§ 1575, 1586, 1587); und

2. wenn der zunächst verstorbene Ehegatte (Erblasser) zur Zeit seines Todes auf Scheidung wegen Verschuldens des anderen Ehegatten zu klagen berechtigt war und die Klage auf Scheidung oder Aufhebung der ehelichen Gemeinschaft auch schon erhoben hatte (§ 1933).

III. Das gesetzliche Erbrecht des überlebenden Ehegatten gestaltet sich im einzelnen also:

1. Neben Verwandten der ersten Ordnung ist er zu einem Vierteil, neben Verwandten der zweiten Ordnung zur Hälfte der Erbschaft berufen (§ 1931).

2. Neben den zur dritten Ordnung gehörenden Großeltern wird er mindestens Erbe zur Hälfte. Treffen jedoch mit Großeltern noch Abkömmlinge von Großeltern zusammen, so erhält der überlebende Ehegatte auch von der anderen Hälfte noch das, was nach den für die dritte Ordnung maßgebenden Verteilungsgrundsätzen auf diese Abkömmlinge entfallen würde (§ 1931).

3. Erbt der überlebende Ehegatte neben Verwandten der zweiten Ordnung oder neben Großeltern, so gebührt ihm nach der an älteres deutsches Recht anknüpfenden Vorschrift des § 1932 außer seinem Erbteil noch ein nach Vermächtnisgrundsätzen zu behandelnder Voraus. Derselbe wird durch die zum ehelichen Haushalte gehörenden Gegenstände, soweit sie nicht Zubehör eines Grundstücks sind, und durch die Hochzeitsgeschenke gebildet.

4. Gehört der überlebende Ehegatte zu den erbberechtigten Verwandten des Erblassers, so erbt er zugleich als Verwandter; hierbei gilt der ihm auf Grund der Verwandtschaft anfallende Erbteil als besonderer Erbteil (§ 1934).

5. Sind weder Verwandte der ersten oder der zweiten Ordnung, noch Großeltern vorhanden, so erhält der überlebende Ehegatte die ganze Erbschaft (§ 1931 Abs. 2).

IV. Der Fiskus als gesetzlicher Erbe.

§ 11.

I. Der Fiskus ist gesetzlicher Erbe nur, wenn und soweit es an einem anderen Erben fehlt, und wird als solcher kraft Rechtsvermutung behandelt, sobald das Nachlaßgericht nach vorangegangener und während einer den Umständen entsprechenden Zeit fortgesetzten Ermittelung festgestellt hat, daß ein anderer Erbe als der Fiskus nicht vorhanden ist (§ 1964). Bis dahin kann der Fiskus die Erbschaft nicht an sich ziehen und ein ihm in seiner Eigenschaft als gesetzlichem Erben zukommendes Recht nicht geltend machen. Das gleiche gilt für Rechte, die gegen den Fiskus als gesetzlichen Erben geltend gemacht werden wollen, also insbesondere für Ansprüche der Nachlaßgläubiger (§ 1966).

II. Bezüglich des Feststellungsverfahrens vgl. § 1965.

An die erfolgte Feststellung knüpft sich die Vermutung, daß ein anderer Erbe als der Fiskus nicht vorhanden ist (§ 1964). Ein Ausschluß des wahren Erben tritt aber hierdurch nicht ein. Der Weg der klagweisen Geltendmachung seines Erbrechts bleibt ihm offen.

III. Dem Fiskus kann möglicherweise nur die Stellung eines Vorerben zukommen, so z. B. wenn die Bedingung, unter welcher ein Erbe eingesetzt ist, beim Tode des Erblassers noch schwebt und rücksichtlich der Zeit vom Erbfall bis zur Erfüllung der Bedingung ein anderer Erbe als der Fiskus nicht vorhanden ist (§ 2105).

Nacherbe kann der Fiskus in seiner Eigenschaft als gesetzlicher Erbe nicht werden.

IV. Kommt es nach § 2088 (vgl. auch § 2094 Abs. 2) nur rücksichtlich eines Bruchteils der Erbschaft zur gesetzlichen Erbfolge, so wird in Ermangelung eines anderen gesetzlichen Erben der Fiskus Miterbe des gewillkürten Erben.

V. Die rechtliche Stellung des zur gesetzlichen Erbfolge gelangenden Fiskus ist nach verschiedenen Richtungen hin eine eigenartige:

1. Ein literarisches oder künstlerisches Urheberrecht geht, soweit es bis zum Erbfall dem Erblasser zustand, auf den Fiskus als gesetzlichen Erben nicht über, sondern erlischt mit des Erblassers Tode. (Vgl. § 8 Abs. 2 des Ges. v. 19. 6. 1901 u. § 15 des Ges. v. 9. 1. 1876). Es wird jedoch, indem man § 2143 zur entsprechenden Anwendung bringt, gesagt werden müssen, daß, wenn der Fiskus nur Vorerbe ist, die Erlöschung des Urheberrechts nur für die Zeit der Vorerbfolge eintritt und somit nicht zum Nachteil des Nacherben.

2. Der Fiskus kann die ihm als gesetzlichem Erben anfallende Erbschaft nicht ausschlagen (§ 1942 Abs. 2).

3. Dem Fiskus als gesetzlichem Erben ist die Geltendmachung der beschränkten Haftung für die Nachlaßverbindlichkeiten wesentlich erleichtert: Eine Inventarfrist kann ihm nicht bestimmt werden und durch Versäumung der Inventarfrist kann er daher auch das Recht zur Beschränkung seiner Haftung nicht einbüßen (§ 2011 BGB. und § 780 Abs. 2 ZPO.).

V. Erhöhung des gesetzlichen Erbteils durch Wegfall von Miterben.

§ 12.

Vgl. § 1935, dazu Strohal I S. 59ff.

VI. Die Ausgleichung von Vorempfängen unter Abkömmlingen.

1. Gegenstand der Ausgleichung.

§ 13.

I. Wenn mehrere Abkömmlinge des Erblassers als gesetzliche Erben zur Erbfolge gelangen, so kann die praktische Gestaltung der letzteren infolge der auf ergänzender Rechtsvorschrift beruhenden Ausgleichungspflicht (§§ 2050 bis 2057) eine erhebliche Veränderung erfahren.

Was im folgenden für Fälle dieser Art ausgeführt wird, gilt übrigens „im Zweifel" auch dann, wenn Abkömmlinge auf dasjenige als Erben eingesetzt sind, was sie als gesetzliche Erben erhalten würden, oder wenn die ihnen vom Erblasser durch Verfügung von Todes wegen zugewiesenen Erbteile doch wenigstens in demselben Verhältnisse stehen wie die gesetzlichen Erbteile (§ 2052).

Die Erbenausgleichung des heutigen Rechtes knüpft an die von Kaiser Leo im Jahre 472 (vgl. l. 17 C. 6.20) eingeführte und von Justinian weiter ausgebildete Kollation des neueren römischen Rechtes an. Sie ist in im einzelnen sehr verschiedener Ausgestaltung fast von allen modernen Gesetzgebungen aufgenommen worden. Die einschlagenden Vorschriften des BGB. berühren sich am meisten mit denen des preuß. ALR. und haben mit diesen insbesondere die Berücksichtigung deutschrechtlicher Gedanken gemein.

II. Der gesetzlichen Ausgleichung unterliegen nur Zuwendungen, die der Erblasser bei seinen Lebzeiten einem Abkömmling gemacht hat, aber auch von ihnen wieder nur diejenigen, hinsichtlich welcher nach der Auffassung des Gesetzes als wahrscheinlicher Wille des Erblassers anzunehmen ist, daß sie bei der Feststellung desjenigen, was jeder von mehreren Abkömmlingen aus dem Nachlasse wirklich erhalten soll, mit zu berücksichtigen sind. Auf dieser Erwägung beruht die Bestimmung des § 2050. Ihr zufolge haben Abkömmlinge bei Vorhandensein der Voraussetzungen unter I zur Ausgleichung zu bringen:

1. dasjenige, was sie vom Erblasser als „Ausstattung" erhalten haben (§ 2050 Abs. 1, dazu § 1624);

2. Zuschüsse, die zu dem Zwecke gegeben worden sind, als Einkünfte verwendet zu werden, sowie Aufwendungen für die Vorbildung zu einem Berufe, die einen wie

die anderen jedoch nur insoweit, als sie das den Vermögensverhältnissen des Erblassers entsprechende Maß überstiegen haben (§ 2050 Abs. 2).

Zweifelsfragen; dazu Strohal I S. 64 ff.

Da die Ausgleichungspflicht nicht auf zwingender Rechtsvorschrift beruht, so entfällt sie, wenn der Erblasser ihren Eintritt ausgeschlossen hat. Eine dies aussprechende Anordnung kann der Erblasser sowohl bei der Zuwendung (§ 2050 Abs. 1) als auch später durch letztwillige Verfügung treffen.

Andere als die unter Z. 1 und 2 genannten Zuwendungen sind zur Ausgleichung nur zu bringen, wenn der Erblasser die Ausgleichung bei der Zuwendung oder, jedoch unbeschadet des dem Abkömmling zukommenden Pflichtteilsrechtes, letztwillig angeordnet hat (§ 2050 Abs. 3).

2. Die bei der Ausgleichung beteiligten Personen.

§ 14.

I. Die in § 13 unter II bezeichneten Zuwendungen sind zur Ausgleichung in aller Regel nur zu bringen, wenn der Empfänger, dafern mit der Zeit der Zuwendung der Erbfall zusammenträfe, unmittelbar als Verwandter erster Ordnung zur Erbfolge berufen sein würde. Nach dieser Regel unterliegt also eine Zuwendung an einen entfernteren, tatsächlich aber zur Erbfolge gelangenden Abkömmling, der im vorausgesetzten Falle durch einen noch lebenden näheren Abkömmling von der gesetzlichen Erbfolge ausgeschlossen sein würde, ebensowenig der Ausgleichung, als die Zuwendung an einen Empfänger, der die rechtliche Stellung eines Abkömmlings (etwa durch Legitimation oder durch Annahme an Kindesstatt) erst nach der Zuwendung erlangt hat (§ 2053). Selbst unter den soeben bezeichneten Verhältnissen tritt jedoch die Ausgleichungspflicht des Empfängers dann ein, wenn sie vom Erblasser bei der Zuwendung oder letztwillig angeordnet worden ist.

Denjenigen Fällen, in welchen ein zur Erbfolge gelangender Abkömmling zur Ausgleichung nicht verpflichtet ist, obschon er eine Zuwendung der im § 2050 bezeichneten Art vom Erblasser erhalten hat, stehen andere Fälle gegenüber, in denen einem Miterben die Verpflichtung zur Ausgleichung einer Zuwendung obliegt, die nicht er selbst, sondern ein später weggefallener Abkömmling erhalten hat, an dessen Stelle er getreten ist. Hierbei kommen nach Maßgabe des § 2051 folgende Möglichkeiten in Betracht:

1. An die Stelle des vor oder nach dem Erbfall weggefallenen näheren Abkömmlings tritt ein entfernterer Abkömmling; dann hat der letztere diejenige Ausgleichungspflicht zu tragen, welche jenem obliegen würde, dafern er Erbe geworden wäre.

2. Fällt ein Abkömmling, der, wenn zur Erbfolge gelangend, wegen einer von ihm erhaltenen Zuwendung zur Ausgleichung verpflichtet sein würde, vor oder nach dem Erbfall derart weg, daß infolgedessen der einem anderen Abkömmling an der Erbschaft zukommende Anteil sich nach § 1935 oder nach § 2094 (d. i. durch Anwachsung) vergrößert, so trifft den letzteren Abkömmling auch die dem Anteile, um welchen sich der ursprüngliche Anteil vergrößert, entsprechende Ausgleichungspflicht.

3. Hatte der Erblasser für einen wegfallenden Abkömmling einen Ersatzerben eingesetzt, so ist im Zweifel anzunehmen, daß dieser, selbst wenn er ein Abkömmling des Erblassers nicht ist, aus dem Nachlaß nicht mehr erhalten soll, als der weg-

gefallene Abkömmling unter Berücksichtigung der Ausgleichungspflicht erhalten haben würde (§ 2051 Abs. 2).

II. Nach § 2050 haben Abkömmlinge die der Ausgleichung unterliegenden Gaben untereinander auszugleichen. Sowie die Ausgleichungspflicht nur Abkömmlinge bezw. diejenigen, welche in der unter I angegebenen Weise an ihre Stelle treten, trifft, so kommt die Ausgleichung grundsätzlich auch nur miterbenden Abkömmlingen des Erblassers zustatten, also nicht auch dem neben den Abkömmlingen zur Erfolge gelangenden überlebenden Ehegatten des Erblassers und auch nicht dem extraneus, der neben den zur gesetzlichen Erbfolge gelangenden Abkömmlingen des Erblassers einen Bruchteil der Erbschaft kraft einer vom Erblasser getroffenen letztwilligen Verfügung erhält.

3. Die Durchführung der Ausgleichung.

§ 15.

I. Die Ausgleichung gelangt bei der Auseinandersetzung unter den Miterben zur praktischen Durchführung. Zu diesem Zwecke sind die zur Ausgleichung zu bringenden Zuwendungen in Geld zu veranschlagen. Der hierbei anzusetzende Wert einer Zuwendung bestimmt sich im allgemeinen nach der Zeit, zu der jene erfolgt ist. Die Zulässigkeit einer hinsichtlich der Bewertung einer Zuwendung bei dieser zwischen dem Erblasser und dem Empfänger getroffenen Verabredung oder einer diese Bewertung betreffenden letztwilligen Anordnung des Erblassers ist aber hierdurch nicht ausgeschlossen. Der Gesamtwert aller Zuwendungen wird sodann dem Werte desjenigen zugerechnet, was vom Nachlasse den Miterben zusammen zukommt, unter welchen die Ausgleichung stattfindet. Nachdem auf der hierdurch gewonnenen Grundlage die Erbteile der einzelnen Anteilsberechtigten berechnet worden sind, wird jedem Miterben der Wert der von ihm zur Ausgleichung zu bringenden Zuwendungen auf seinen Erbteil angerechnet. Vgl. § 2055.

Hat ein Miterbe durch die Zuwendung mehr erhalten, als ihm nach Maßgabe der eben dargelegten Berechnungsweise aus dem Nachlaß gebühren würde, so ist er zur Herausgabe des Mehrbetrags nicht verpflichtet. Bei der Verteilung des Nachlasses unter die übrigen Miterben soll in solchem Falle „der Wert der Zuwendung und der Erbteil des Miterben außer Ansatz bleiben" (§ 2056). Die richtige Anwendung dieser Vorschrift erheischt einige Vorsicht.

II. Erfährt ein Erbteil unter Verhältnissen, bei denen eine Ausgleichung in Frage kommt, durch den vor oder nach dem Erbfall eintretenden Wegfall eines Miterben nach § 1935 oder nach § 2095 eine Vergrößerung, so gilt nach den eben berufenen Bestimmungen der zum ursprünglichen Erbteil hinzukommende Teil rücksichtlich der Ausgleichungspflicht nicht nur dann als besonderer Erbteil, wenn er mit einer Ausgleichungspflicht belastet ist, sondern auch dann, wenn lediglich eine Belastung des ursprünglichen Erbteils mit einer Ausgleichungspflicht vorliegt.

III. Ist die Durchführung der Ausgleichung bei der Auseinandersetzung versäumt worden und hat infolgedessen ein Miterbe aus dem Nachlaß weniger erhalten, als ihm mit Rücksicht auf die Vorschriften über die Ausgleichung gebührt hatte, so steht ihm gegen die hierdurch zu Unrecht begünstigten Miterben ein Anspruch auf Herausgabe der ungerechtfertigten Bereicherung zu.

4. Die rechtliche Natur der Ausgleichung.

§ 16.

Die Bestimmungen des BGB. über die Ausgleichung sind so geartet, daß vermöge derselben die Erbfolge der bei der Ausgleichung Beteiligten eine besondere auch gegenüber dritten Personen bedeutsame Gestaltung erfährt. Dies zeigt sich nach folgenden Richtungen hin:

1. Die Ausgleichungsberechtigung hat nach dem BGB. nicht den Charakter eines dem Ausgleichungsberechtigten neben seinem Erbrecht zustehenden Forderungsrechts, sondern nur den einer besondern Eigenschaft des Erbrechts des Ausgleichungsberechtigten, zufolge welcher dieser bei der Auseinandersetzung einen größeren Anteil des Nachlasses für sich in Anspruch nehmen kann, als ihm hiervon ohne die Ausgleichungsberechtigung gebühren würde. Dementsprechend verhält es sich auch mit der Ausgleichungspflicht; sie ist nicht eine den Ausgleichungspflichtigen belastende obligationenrechtliche Verbindlichkeit (Schuld), sondern eine den Gehalt seines Erbrechts mindernde Eigenschaft, vermöge deren er aus dem Nachlaß weniger erhält, als er abgesehen von der Ausgleichungspflicht zu erhalten haben würde.

2. Die unter Z. 1 hervorgehobene Beschaffenheit des Erbrechts des Ausgleichungsberechtigten und des Ausgleichungsverpflichteten gewinnt auch entscheidende Bedeutung bei der Haftung der dabei in Betracht kommenden Miterben für die Nachlaßverbindlichkeiten.

2. Kapitel.

Auf ergänzendem Rechtssatz beruhender Einzelerwerb.

§ 17.

I. In zwei Fällen wendet das BGB. durch Vorschriften ergänzenden Charakters gewissen Personen Vermögensvorteile aus dem Nachlaß in gleicher Weise zu, als ob die Zuwendung durch letztwillige Vermächtnisverfügung des Erblassers getroffen worden wäre (sogenannte gesetzliche Vermächtnisse). Hierher gehört:

1. Die Bestimmung des § 1932, zufolge deren dem neben Verwandten der zweiten Ordnung oder neben Großeltern zur gesetzlichen Erbfolge gelangenden überlebenden Ehegatten außer dem Erbteil auch das schon früher erwähnte Recht auf den Voraus zugesprochen wird.

2. Zufolge der das deutschrechtliche Institut des sogenannten Dreißigsten aufnehmenden Vorschrift des § 1969 ist der Erbe nach vermächtnisrechtlichen Grundsätzen verpflichtet, Familienangehörigen des Erblassers, die zur Zeit des Todes des letzteren zu dessen Hausstande gehört und von ihm Unterhalt bezogen haben, in den ersten dreißig Tagen nach dem Eintritt des Erbfalls in demselben Umfange, wie der Erblasser es getan hat, Unterhalt zu gewähren und die Benutzung der Wohnung und der Haushaltungsgegenstände zu gestatten.

II. Während man in den unter I. Z. 1 und 2 bezeichneten Fällen immerhin von „gesetzlichen Vermächtnissen" reden kann, ist es ganz unangebracht, wenn auch der Pflichtteilsanspruch, die Ausgleichungsberechtigung und der nach § 1963 der schwangeren Mutter des erwarteten Erben zukommende Anspruch auf vermeintliche gesetzliche Vermächtnisse zurückgeführt werden wollen.

2. Abschnitt.

Verfügungen von Todes wegen.

1. Kapitel.

Allgemeines.

§ 18.

I. Der Erblasser kann hinsichtlich seines Nachlasses und nach einzelnen später genauer zu bezeichnenden Richtungen hin auch in Beziehung auf Rechtsverhältnisse, die nicht zum Nachlaß gehören, rechtsgeschäftliche Anordnungen, Verfügungen von Todes wegen — so genannt, weil ihr Wirksamwerden den Tod des Verfügenden zur notwendigen Voraussetzung hat — treffen. Diese Verfügungen sind entweder einseitige, auf dem einseitigen Willen des Erblassers beruhende und aus diesem Grunde jederzeit widerrufliche, oder zweiseitige, vertragsmäßige.

Die einseitige Verfügung von Todes wegen heißt, auch wenn sie die Einsetzung eines Erben nicht enthält, nach der Terminologie des BGB. Testament oder letztwillige Verfügung (§§ 1937 bis 1940); sie führt die letztere Bezeichnung, weil sie, wenn bis zu des Verfügenden Tode unwiderrufen geblieben, in der Tat das letzte Wort enthält, das der Erblasser in der gesetzlich vorgeschriebenen Form bezüglich seines Nachlasses gesprochen oder geschrieben hat.

Die vertragsmäßige Verfügung von Todes wegen heißt Erbvertrag (§ 1941); durch sie ist der Erblasser in aller Regel unwiderruflich gebunden, mag auch das vertragsmäßig Verfügte seinem später in einem Testamente geäußerten letzten Willen nicht entsprechen.

II. Von allgemeiner Bedeutung für Verfügungen von Todes wegen überhaupt sind folgende Punkte:

1. Sie können vom Erblasser nur persönlich getroffen werden. Vgl. §§ 2064, 2274.

2. Obschon das BGB. Verfügungeu von Todes wegen kennt, durch die der Erblasser fest gebunden wird, so läßt es doch Verträge nicht zu, vermöge deren der Erblasser verpflichtet werden soll, eine Verfügung von Todes wegen (Testament oder Erbvertrag) zu errichten oder nicht zu errichten, aufzuheben oder nicht aufzuheben. Eine hierauf gerichtete Verabredung ist nichtig (§ 2302).

2. Kapitel.

Das Testament.

I. Errichtung des Testaments.

A. Fähigkeit zur Errichtung.

§ 19.

I. Die Fähigkeit zur Testamentserrichtung läßt sich nicht positiv, sondern nur negativ, d. h. dadurch bestimmen, daß die Personen bezeichnet werden, welchen diese Fähigkeit fehlt. Unfähig zur Testamentserrichtung sind:

1. Personen unter 16 Jahren. Wer das sechzehnte Lebensjahr vollendet hat, kann dagegen, obschon in seiner Geschäftsfähigkeit noch beschränkt, ein Testament allerdings errichten. Der Zustimmung seines gesetzlichen Vertreters bedarf er hierzu nicht. Vgl. § 2229.

2. Geschäftsunfähige. Als solche kommen wegen der Vorschrift des § 2229 hier nur mehr in Betracht:

a) die wegen Geisteskrankheit Entmündigten (§ 104 Z. 3) und

b) solche nicht entmündigte Personen, die sich in einem die freie Willensbestimmung ausschließenden und seiner Natur nach nicht bloß vorübergehenden Zustande krankhafter Störung der Geistestätigkeit befinden (§ 104 Z. 2).

3. Die wegen Geistesschwäche, Verschwendung oder Trunksucht Entmündigten (vgl. aber doch auch § 2253 Abs. 2). Die Unfähigkeit tritt schon mit der Stellung des Antrags ein, auf Grund dessen die Entmündigung erfolgt (§ 2229).

Nichtig ist außerdem die von einem an sich testierfähigen, aber vorübergehend Sinnlosen im Zustande der Bewußtlosigkeit oder Störung der Geistestätigkeit errichtete letztwillige Verfügung (§ 105 Abs. 2).

II. Aus dem unter I Gesagten hat sich ergeben, daß entmündigte Personen — gleichviel aus welchem Grunde die Entmündigung erfolgt ist — grundsätzlich testierunfähig sind. Hierbei ist aber doch noch folgendes zu beachten:

1. Vgl. § 115.
2. Vgl. § 2230 Abs. 1.
3. Vgl. § 2230 Abs. 2.

III. Wesentlich verschieden von den unter I hervorgehobenen Fällen wirklicher Testierunfähigkeit sind diejenigen Fälle, in welchen dem Erblasser die Errichtung eines Testaments nur deshalb unmöglich wird, weil ihm keine Testamentsform zur Verfügung steht, die zu beobachten, er imstande ist. Zur Errichtung eines Testaments unvermögend in diesem Sinne sind nach Maßgabe der §§ 2238, 2247 in Verbindung mit § 2243 Stumme oder aus anderem Grunde am Sprechen verhinderte Personen,

1. dafern sie minderjährig sind, oder
2. dafern sie Geschriebenes nicht lesen können; oder
3. dafern sie nicht schreiben können.

IV. Die Gestaltung des ehelichen Güterrechts führt eine Beschränkung der Testierfähigkeit der Ehegatten überhaupt und der Ehefrau insbesondere nicht herbei.

B. Form.

1. Im allgemeinen.

§ 20.

I. Die Entwürfe I und II und die Reichstagsvorlage entschieden sich im Anschluß an das im weitaus größeren Teile des Reiches bereits geltende Recht übereinstimmend dahin, daß ein Testament in ordentlicher Form nur vor einem Richter oder einem Notar errichtet werden kann. Hiergegen wurde jedoch in der Reichstagskommission geltend gemacht, daß die in den romanischen Ländern und in Österreich anerkannte Form des eigenhändigen (holographen) Testaments auch in manchen Teilen Deutschlands (nämlich in Baden, in der bayrischen Pfalz sowie im Gebiete des rheinischen Rechtes) fest eingebürgert sei, und daß jedenfalls kein Grund vorliege, die Wohltat dieser durch Bequemlichkeit und Billigkeit sich auszeichnenden Testamentsform denjenigen, welche sich bereits im rechtlichen Genuß derselben befinden, zu entziehen; auch werde die Zulassung der eigenhändigen Form, die übrigens nur neben die gerichtliche oder notarielle Form treten und somit niemandem aufgedrängt werden solle, zweifellos den kleinen Leuten zustatten kommen und überhaupt den Vorteil bieten, daß die Erblasser ihren Absichten leichter die Verwirklichung sichern können, als wenn sie lediglich auf die strengeren und schwerfälligeren Formen des gerichtlichen oder notariellen Testaments angewiesen wären. Diese Auffassung, der sich der Reichstag angeschlossen hat, ist im BGB. (§ 2231) zum Siege gelangt. Darnach kann ein Testament in ordentlicher Form errichtet werden:

1. Als öffentliches Testament vor einem Richter oder Notar. Zufolge des im Art. 141 EG. gemachten Vorbehalts kann übrigens landesgesetzlich bestimmt werden, daß zur Mitwirkung bei Errichtung eines öffentlichen Testaments im Sinne des § 2231 Z. 1 entweder nur die Gerichte oder nur die Notare zuständig sind.

2. Als Privattestament durch eine von dem Erblasser unter Angabe des Ortes und Tages eigenhändig geschriebene und unterschriebene Erklärung.

Unter gewissen Voraussetzungen gestattet das BGB. auch den Gebrauch außerordentlicher Testamentsformen, die sämtlich miteinander gemein haben, daß sie hinter den bei der Testamentserrichtung vor einem Richter oder Notar zu beobachtenden Förmlichkeiten an Strenge zurückbleiben. Mit Rücksicht auf die Zulassung der eigenhändigen Form ist jedoch die Bedeutung der außerordentlichen Testamentsformen keine sehr erhebliche. Abgesehen hiervon ergeben sich auch noch weitere Testamentsformen nach den später zu bezeichnenden und neben dem BGB. maßgebenden Reichs- und Landesgesetzen (vgl. darüber unten § 22a d. Darstellung).

II. Fremd ist dem BGB. das Mißgebilde des sogenannten testamentum mysticum im Sinne des römischen und gemeinen Rechts. Seine Eigentümlichkeit besteht darin, daß der Erblasser durch die in seinem formgerechten Testament enthaltene einfache Verweisung auf eine andere, früher oder später errichtete und an eine bestimmte Form nicht gebundene Urkunde den in dieser getroffenen letzwilligen Anordnungen ohne weiteres Wirksamkeit verleihen kann.

2. Die ordentlichen Testamentsformen.

a) Errichtung vor einem Richter oder Notar.

§ 21.

Die Form der Errichtung eines Testaments vor einem Richter oder einem Notar wird in den §§ 2233 bis 2246 genauer bestimmt. Vgl. übrigens auch FGbG. §§ 169—182, ferner EG. Art. 57, 58.

I. Die Errichtung des gerichtlichen Testaments findet nicht vor einem Richterkollegium statt, sondern vor einem Einzelrichter, der, soweit nicht die Ausnahme des § 167 GVG. eingreift, demjenigen Amtsgerichte angehören muß, zu dessen Bezirk der Errichtungsort gehört (§ 167 FGbG. und § 22 GVG.).

In betreff der örtlichen Zuständigkeit eines Notars zur Vornahme notarieller Akte bestehen reichsgesetzliche Vorschriften zurzeit noch nicht.

II. Zur Errichtung eines gerichtlichen Testaments muß der Richter einen Gerichtsschreiber oder zwei Zeugen und zu der eines notariellen Testaments muß der Notar einen zweiten Notar oder zwei Zeugen zuziehen (§ 2233).

Von der Mitwirkung ausgeschlossen sind die in den §§ 2234—2236 bezeichneten Personen.

Als Zeugen sollen nicht mitwirken die in § 2237 bezeichneten Personen.

Die Aktspersonen müssen nicht nur bei der Verlesung, Genehmigung und Unterzeichnung der aufgenommenen Urkunde (§ 174 FGbG.), sondern auch während der ganzen Verhandlung zugegen sein (§ 2239).

III. Die Errichtung des Testaments vor Gericht oder Notar kann entweder durch mündliche Erklärung zu Protokoll oder durch Übergabe einer, sei es vom Erblasser, sei es von einer anderen Person geschriebenen oder wohl auch mittels Schreibmaschine oder durch Druck hergestellten offenen oder verschlossenen Schrift erfolgen, hinsichtlich deren der Erblasser in aller Regel mündlich und nur in dem Ausnahmefall des § 2243 schriftlich erklärt, daß sie seinen letzten Willen enthalte. Wer minderjährig ist oder Geschriebenes nicht zu lesen vermag, kann sich nur der ersteren, und wer nach der Überzeugung des Richters, Notars stumm oder sonst am Sprechen verhindert ist, nur der letzteren Form bedienen. Vgl. §§ 2238, 2243.

In betreff des von einem Blinden, einem Tauben oder einem Taubstummen zu errichtenden Testaments enthält das BGB. besondere Vorschriften nicht.

IV. Über die Errichtung des Testaments muß ein Protokoll, und zwar abgesehen von dem Falle des § 2245 in deutscher Sprache aufgenommen werden (§ 2240). Was es enthalten muß, und wie bei der Protokollerrichtung zu verfahren ist, bestimmen §§ 2241, 2242.

Besonderes bestimmt § 2243 für den Fall, daß der Erblasser am Sprechen verhindert ist.

V. Auf den Fall, daß der Erblasser der deutschen Sprache nicht mächtig ist, beziehen sich §§ 2244, 2245.

VI. Über Verschluß und Verwahrung des Testaments vgl. § 2246.

VII. Verletzt der Richter oder der Notar bei der Testamentserrichtung vorsätzlich oder fahrlässig seine Amtspflicht derart, daß das Testament wegen Formmangels nichtig ist, so haftet er nach Maßgabe des § 839 jedenfalls dem Erblasser auf Schadensersatz, also z. B. auf Ersatz der Kosten der wegen Nichtigkeit des ersten Testaments vorgenommenen neuerlichen Testamentserrichtung. Zweifelhaft ist, ob auf Grund des § 839 eine Haftung des Richters bezw. Notars auch gegenüber denjenigen Personen anzunehmen ist, welchen infolge der Nichtigkeit des Testaments eine Zuwendung entgeht, die ihnen sonst zuteil geworden wäre. Hierfür spricht, daß der Erblasser die Mitwirkung des Richters, Notars gerade um derjenigen willen in Anspruch nimmt, welche er in seinem Testament bedenkt, so daß man mit Rücksicht hierauf sagen kann, daß der Richter, Notar auch diesen Personen gegenüber eine Amtspflicht zu erfüllen habe. Abgesehen hiervon kann aber den Richter, Notar, dafern die besonderen Voraussetzungen hierfür vorliegen, auch die Haftung nach § 826 treffen.

b) Das eigenhändige Testament.

§ 21 a.

I. Die Form des eigenhändigen Testaments kann selbstverständlich nicht erfüllen, wer nicht schreiben kann. Zufolge positiver Vorschrift (§ 2247) kann in eigenhändiger Form aber auch nicht testieren, wer minderjährig ist oder Geschriebenes nicht zu lesen vermag.

II. Zur Erfüllung der Form des eigenhändigen Testaments fordert § 2231 Z. 2 eine vom Erblasser unter Angabe des Ortes und Tages eigenhändig geschriebene und unterschriebene Erklärung.

Viel umstritten ist die Frage, ob das Orts- und Zeitdatum des eigenhändigen Testaments in dem Sinne richtig sein muß, daß ein Widerspruch mit dem wirklichen Sachverhalt das Testament nichtig macht. Bejahend RG. in Bd. 51 S. 166, dagegen besonders Strohal I S. 109 ff., Hölder in Jherings Jahrb. 50 S. 277, Danz, Auslegung der Rechtsgeschäfte (2. Aufl.) S. 242 ff.

III. Auf Verlangen des Erblassers ist das von ihm errichtete eigenhändige Testament in amtliche Verwahrung zu nehmen und ihm hierüber ein Hinterlegungsschein zu erteilen. Es ist hierbei an die „besondere" amtliche Verwahrung im Sinne des § 2246 durch die landesgesetzlich berufenen Behörden zu denken. Die Rückgabe aus der Verwahrung kann vom Erblasser jederzeit verlangt werden und darf nur an diesen persönlich erfolgen. Vgl. §§ 2248, 2256 Abs. 3.

3. Außerordentliche Testamentsformen des BGB.

§ 22.

I. Testamentserrichtung in außerordentlicher Form läßt das BGB. in folgenden Fällen zu:

1. Ist zu besorgen, daß der Erblasser früher sterben werde, als die Errichtung eines Testaments vor einem Richter oder einem Notar möglich ist, so kann er vor dem Vorsteher der Gemeinde, in der er sich aufhält, oder vor dem Vorsteher des landesgesetzlich einer Gemeinde gleichgestellten Verbandes oder Gutsbezirkes testieren (sogenanntes Dorftestament, im Anschluß an das preuß. R. auch Nottestament genannt). Der Vorsteher, der hier an die Stelle des Richters, Notars tritt, muß zwei Zeugen zuziehen. In dem aufzunehmenden Protokolle muß die Besorgnis, welche die Wahl dieser Testamentsform veranlaßte, festgestellt werden; daß sie in Wirklichkeit nicht begründet war, steht der Gültigkeit des Testaments nicht entgegen. Im übrigen kommen die für die Testamentserrichtung vor einem Richter oder einem Notar geltenden Vorschriften auch hier zur Anwendung. Vgl. § 2249.

2. Hält sich der Erblasser an einem Orte auf, der infolge Ausbruchs einer Krankheit oder sonstiger außerordentlicher Umstände dergestalt abgesperrt ist, daß die Errichtung eines Testaments vor einem Richter oder einem Notar nicht möglich oder doch erheblich erschwert ist, so kann er nach § 2250:

a) in der durch den § 2249 Abs. 1 (vgl. oben 1) bestimmten Form oder

b) mündlich vor drei Zeugen testieren.

Das wie im Falle unter a) so auch in dem unter b) aufzunehmende Protokoll braucht die Feststellung des Grundes, aus dem es zur Testamentserrichtung in dieser Form gekommen ist, nicht zu enthalten. Unter Zuziehung eines Dolmetschers kann ein Testament zwar in der unter a), nicht aber auch in der unter b) bezeichneten Form errichtet werden. Abgesehen von den hierdurch entfallenden Vorschriften des § 2244 und denen des selbstverständlich unanwendbaren § 2243 finden die auf das Protokoll sich beziehenden Bestimmungen der §§ 2240 bis 2245 auch auf das mündliche Zeugentestament Anwendung. In betreff der an die Testamentszeugen zu stellenden Anforderungen gilt beim mündlichen Zeugentestament des § 2250 dasselbe wie beim gerichtlichen oder notariellen Testament. Das Protokoll über das mündliche Zeugentestament braucht nicht von einem Zeugen selbst aufgenommen zu werden, muß aber nach Maßgabe von § 2242 Abs. 3 in Verbindung mit § 2250 Abs. 2 von allen Zeugen unterschrieben werden.

3. Wer sich während einer Seereise an Bord eines deutschen, nicht zur Kaiserlichen Marine gehörenden Fahrzeugs außerhalb eines inländischen Hafens befindet, kann sich der oben unter Z. 2b erwähnten Testamentsform bedienen (§ 2251).

II. Hinsichtlich aller bisher unter Ziffer 1 bis 3 besprochenen Fälle ist jetzt noch zu bemerken, daß das in einer dieser außerordentlichen Formen errichtete Testament als nicht errichtet gilt, wenn seit der Errichtung drei Monate verstrichen sind und der Erblasser noch lebt. So lange der Erblasser „außerstande ist", ein Testament vor einem Richter oder einem Notar zu errichten, sind Beginn und Lauf dieser Frist gehemmt, und im Falle des Seetestaments des § 2251 wird die Frist durch eine vom Erblasser vor Ablauf derselben unternommene neue Seereise unterbrochen, so daß sie von der Beendigung der letzteren an neuerdings voll zu berechnen ist. Ist der Erblasser für tot erklärt worden, so behält das in außerordentlicher Form errichtete Testament seine Kraft, dafern nur die Frist zu der Zeit noch nicht verstrichen war, auf welche die letzte Nachricht vom Leben des Erblassers zurückreicht. Vgl. § 2252.

4. Anderweite Testamentsformen.

§ 22a.

I. Reichsrechtliche Vorschriften.

1. Nach Maßgabe des durch das BGB. unberührt bleibenden § 44 des Reichsmilitärgesetzes vom 2. Mai 1874 können die daselbst bestimmten Personen unter den daselbst angegebenen Voraussetzungen „privilegierte" militärische letztwillige Verfügungen treffen.

2. Nach Art. 44 EG. z. BGB. finden unter den daselbst genauer bezeichneten Umständen die Vorschriften des § 44 Reichsmilitärgesetzes auf Personen, die zur Besatzung eines in Dienst gestellten Schiffes oder Fahrzeuges der Kaiserlichen Marine gehören, und andere an Bord eines solchen Schiffes genommene Personen entsprechende Anwendung.

3. Nach § 1 Nr. 1 Ges. vom 28. Mai 1901, betreffend die freiwillige Gerichtsbarkeit und andere Angelegenheiten in Heer und Marine sind „im Felde", beim Heere, für die nach § 167 FGbG. den Amtsgerichten zustehenden Verrichtungen auch die Kriegsgerichtsräte und Oberkriegsgerichtsräte zuständig. Hierbei handelt es sich somit nicht um eine ganz eigenartige Testamentsform, sondern nur darum, daß bei den in Frage kommenden Personen und unter den angegebenen Verhältnissen an Stelle des bei der Errichtung eines ordentlichen Testaments nach § 2231 Nr. 1 zur Mitwirkung berufenen Richters eine andere Amtsperson treten kann. Das nach Maßgabe der hier einschlagenden Vorschriften errichtete Testament hat daher auch den Charakter eines in „ordentlicher Form" (§ 2231) errichteten.

4. Den Reichskonsuln kommt nach § 16 des Ges. betreffend die Organisation der Bundeskonsulate vom 8. November 1867 innerhalb ihres Amtsbezirks hinsichtlich der Rechtsgeschäfte von Reichsangehörigen die Stellung der Notare zu; vor ihnen können daher auch Testamente und Erbverträge von Reichsangehörigen errichtet werden. Die Zuständigkeit zu dieser Mitwirkung ist übrigens für die zur Ausübung der Konsulargerichtsbarkeit ermächtigten Konsuln im Gesetz vom 7. April 1900 über die Konsulargerichtsbarkeit auch noch dadurch ausgesprochen, daß sie nach § 7 Nr. 2 daselbst zu den durch Reichsgesetz den Amtsgerichten übertragenen Angelegenheiten berufen sind. Die Form und die Wirksamkeit des vor dem Konsul errichteten Testaments bestimmt sich nach dem BGB. Vgl. den durch Art. 38 EG. z. BGB. in das oben erwähnte Gesetz vom 8. November 1867 eingefügten § 17a. Im Falle des § 2249 kann in den Konsulargerichtsbezirken ein Testament auch durch mündliche Erklärung vor drei Zeugen nach § 2250 errichtet werden (§ 38 Ges. über die Konsulargerichtsbarkeit vom 7. April 1900).

5. In den deutschen Schutzgebieten hat die Errichtung eines Testaments in ordentlicher öffentlicher Form vor dem vom Reichskanzler zur Ausübung der Gerichtsbarkeit ermächtigten Beamten zu erfolgen (§ 2 Schutzgebietsges. in der Fassung vom 10. September 1910 in Verbindung mit § 7 Nr. 2 des Ges. über d. Konsulargerichtsbarkeit vom 7. April 1900). Das über die Testamentserrichtung im Falle des § 2249 a. E. von Z. 4 Gesagte gilt auch hier (vgl. § 3 Schutzgebietsges.).

II. Der auf das Anerbenrecht sich beziehende Vorbehalt des Art. 64 EG. ermöglicht den Landesgesetzgebungen die Bestimmung einer besonderen Form für eine auf ein dem Anerbenrecht unterliegendes Grundstück und dessen Zubehör sich beziehende letztwillige Verfügung.

III. In betreff der Form der Testamente der Landesherrn, der Mitglieder landesherrlicher Familien und der Mitglieder von den landesherrlichen gleichgestellten Familien vgl. Art. 57, Art. 58 EG.

II. Inhalt des Testaments.

A. Im allgemeinen.

§ 23.

I. Das Testament kann einen sehr verschiedenen Inhalt haben und insbesondere enthalten: Erbeinsetzungen, Ernennungen von Nacherben, die Ausschließung eines Verwandten oder des Ehegatten von der gesetzlichen Erbfolge (§ 1938), Vermächtnisverfügungen, Auflagen, Anordnungen betreffend den Vorrang gewisser Vermächtnisse und Auflagen vor anderen Verfügungen solcher Art (§ 2189), eine Stiftung, d. h. eine Verfügung, zufolge welcher eine „rechtsfähige Stiftung" entstehen soll (§ 83), Pflichtteils-Entziehungen oder -Beschränkungen (die freilich nur bei Vorhandensein der hierzu erforderlichen Voraussetzungen wirksam sind), Bestimmungen über die unter mehreren Erben zu treffende Auseinandersetzung, über die Berücksichtigung oder Nichtberücksichtigung von Gaben, die der Erbe vom Erblasser voraus empfangen hat, bei der Berechnung des Erbteils, die Ernennung von Testamentsvollstreckern sowie Bestimmungen in betreff des Wirkungskreises derselben, Anordnungen über das dem Erblasser zu gewährende Begräbnis, familienrechtliche Anordnungen (vgl. hierzu die §§ 1369, 1598, 1638, 1639, 1651, 1687, 1688, 1777, 1782, 1792, 1803, 1856, 1868, 1880, 1909, 1917). Den Charakter von letztwilligen Verfügungen haben aber nicht minder Erklärungen, durch die frühere letztwillige Verfügungen widerrufen werden. Über die letztwillige Schiedsgerichtsklausel vgl. Strohal I S. 123 Anm. 3.

Bemerkenswert ist noch folgendes: Hatte der Erblasser einen obligatorischen Vertrag zugunsten eines Dritten, dessen Recht erst mit dem Tode des Versprechensempfängers (Erblassers) zur Entstehung gelangen soll, abgeschlossen und sich hierbei die Befugnis vorbehalten, ohne Zustimmung des Versprechenden an die Stelle des in dem Vertrage bezeichneten Dritten einen anderen zu setzen, so kann dies im Zweifel auch in einem Testamente geschehen (§ 332).

II. Während nach römischem und gemeinem Rechte die Erbeinsetzung den wesentlichen Inhalt des Testaments bildet, so daß ohne sie auch die übrigen testamentarischen Anordnungen nicht bestehen können, braucht das Testament des BGB. eine Erbeinsetzung überhaupt nicht zu enthalten und ist die Wirksamkeit der im Testamente neben der etwa vorhandenen Erbeinsetzung getroffenen sonstigen letztwilligen Verfügungen durch die Wirksamkeit der Erbeinsetzung grundsätzlich nicht bedingt. Um so weniger hat die Unwirksamkeit einer letztwilligen Verfügung, die Erbeinsetzung nicht ist, ohne weiteres die Unwirksamkeit aller übrigen testamentarischen Anordnungen zur Folge. Soweit jedoch im Einzelfalle besondere Gründe die Annahme rechtfertigen, daß der Erblasser die eine Verfügung nicht ohne die andere getroffen haben würde, muß dann freilich bei Unwirksamkeit der letzteren Verfügung auch die erstere als nicht getroffen behandelt werden (§ 2085).

Hat der Erblasser einem Testamente überhaupt oder einer einzelnen letztwilligen Verfügung den Vorbehalt einer Ergänzung beigefügt, so berechtigt dies allein noch nicht zum Schlusse, daß die Wirksamkeit des Testaments, der einzelnen Verfügung, nach der Absicht des Erblassers von der Vornahme und Wirksamkeit der Ergänzung abhängig sein solle. Soweit aber der Erblasser eine solche Absicht zum Ausdruck gebracht hat, ist sie selbstverständlich zu berücksichtigen. Vgl. § 2086.

Der Inhalt jeder einzelnen letztwilligen Verfügung ist durch Auslegung festzustellen. Sind verschiedene Auslegungen möglich, so ist im Zweifel derjenigen der Vorzug zu geben, bei welcher die Verfügung Erfolg haben kann (§ 2084).

III. In seinem Testamente trifft der Erblasser in aller Regel Verfügungen in Ansehung seines Nachlasses. Das Testament kann aber auch Verfügungen enthalten, die den Nachlaß nicht betreffen, und mit dem Wesen des Testaments ist es nicht unverträglich, daß in demselben auf den Nachlaß sich beziehende Verfügungen überhaupt nicht enthalten sind. Vgl. Strohal I S. 127 ff.

IV. Wenn schon dem Erblasser durch sein Testierrecht in weitem Umfange die Möglichkeit eröffnet ist, seinen Willen auch für die Zeit nach seinem Tode zur Geltung zu bringen, so ist ihm doch nicht die Anordnung gestattet, daß in dieser Beziehung statt seines Willens der Wille eines anderen maßgebend sein solle. In Konsequenz hiervon kann der Erblasser eine letztwillige Verfügung auch nicht in der Weise treffen, daß ein anderer, sei es nach reiner Willkür, sei es nach vernünftigem oder billigem Ermessen zu bestimmen hat, ob sie gelten oder nicht gelten soll, und kann er ebensowenig die Bestimmung der Person, welcher eine Zuwendung zukommen soll, oder des Gegenstandes der Zuwendung einem anderen überlassen (§ 2065). Ganz ausnahmelos wird dies freilich nicht durchgeführt. Denn nach den §§ 2151, 2152 ist es dem Erblasser gestattet, mehrere mit einem Vermächtnis in der Weise zu bedenken, daß der Beschwerte oder ein Dritter zu bestimmen hat, wer von diesen mehreren das Vermächtnis bezw. was jeder von ihnen erhalten soll. Bei Vermächtnissen und Auflagen ferner, deren Zweck der Erblasser bestimmt hat, kann er die Bestimmung der Leistung dem billigen Ermessen des Beschwerten oder eines Dritten überlassen (§§ 2156, 2192), und bei Auflagen kann er unter derselben Voraussetzung auch die Bestimmung der Person, an welche die Leistung erfolgen soll, dem Beschwerten oder einem Dritten anheimstellen (§ 2193). Vgl. ferner §§ 2072, 2198 bis 2200, 2048.

Den auf zwingender Rechtsvorschrift beruhenden Eintritt der Gesamtnachfolge in seinen Nachlaß kann der Erblasser weder ausschließen noch auf einen späteren Zeitpunkt als den des Erbfalls hinausschieben.

Fortsetzung (Die Zuwendungen).

§ 24.

I. Enger als der Begriff der letztwilligen Verfügung ist der der letztwilligen Zuwendung. Als solche stellt sich nur dar die (letztwillige) Einsetzung eines Erben, die Ernennung eines Nacherben und die Anordnung eines Vermächtnisses. Den durch eine letztwillige Zuwendung Begünstigten bezw. auf Grund derselben Berechtigten bezeichnet das BGB. ganz allgemein als den „Bedachten“.

Bedenken kann der Erblasser nicht nur natürliche, sondern auch juristische Personen. Die bedachte juristische Person kann auch eine auf einem Stiftungsgeschäfte des Erblassers beruhende und nach dessen Tode erst noch zu genehmigende Stiftung sein. Vgl. hierzu §§ 83, 84 und das bereits oben § 3 IV Ausgeführte. Hat der Erblasser einen nicht rechtsfähigen Verein oder ein Sammelvermögen im Sinne des § 1914 „bedacht“, so kann die Zuwendung so, wie sie erklärt ist, nicht aufrecht erhalten werden. Mit Rücksicht auf die Bestimmung des § 2084 wird man aber der Absicht des Erblassers nach Möglichkeit wenigstens indirekt gerecht zu werden versuchen müssen, und zwar im Falle der Bedenkung eines nicht rechtsfähigen Vereins etwa in der Art, daß man die Mitglieder des Vereins als bedacht ansieht, jedoch unter Beifügung der Auflage der Verwendung des Zugewendeten für den Vereinszweck und im Falle der Bedenkung eines Sammelvermögens derart, daß man in der Verfügung eine den Erben oder einen Vermächtnisnehmer belastende Auflage erblickt.

Ein auf die Person des Bedachten sich beziehender Satz von durchgreifender Bedeutung ergibt sich noch daraus, daß die Wirksamkeit von letztwilligen Zuwendungen keinesfalls vor dem Erbfall eintreten kann. Ihr Wirsamwerden ist daher immer ausgeschlossen, wenn die bedachte natürliche Person vor dem Erbfall gestorben ist oder die bedachte juristische Person vor diesem Zeitpunkte zu bestehen aufgehört hat (§§ 1923, 2160).

II. Auf Zuwendung aller Art beziehen sich die teils als Auslegungsregeln teils als Vorschriften ergänzender Natur gefaßten Bestimmungen der §§ 2066 bis 2073. Vgl. übrigens auch § 133.

Fortsetzung (Bedingungen und Befristungen).

§ 25.

In letztwilligen Verfügungen spielen Bedingungen und Befristungen eine nicht unerhebliche Rolle. Für sie gelten im allgemeinen die für rechtsgeschäftliche Bedingungen und Befristungen überhaupt maßgebenden Grundsätze. Es fehlt aber doch nicht ganz an Besonderheiten. Darnach gewinnt man folgende Ergebnisse:

I. Bedingungen.

1. Letztwillige Verfügungen vertragen nicht nur die Beifügung aufschiebender, sondern auch die auflösender Bedingungen; letzteres gilt im Gegensatz zum römischen Rechte auch bei Erbeinsetzungen (§§ 2103, 2104).

2. Die Bedingtheit einer Verfügung braucht nicht ausdrücklich ausgesprochen zu sein, und die Auslegung kann daher, selbst wenn sich der Erblasser des Ausdrucks „Bedingung“ gar nicht bedient hat, doch zu dem Ergebnisse führen, daß die Verfügung nur als eine bedingte gewollt ist. Für eine Gruppe von hierher gehörenden typischen Fällen enthält § 2077 eine wichtige Auslegungsregel.

3. Ist die aufschiebende Bedingung, unter der jemand als Erbe eingesetzt ist, zur Zeit des Erbfalls noch in der Schwebe, so tritt eine wesentlich andere Behandlung ein als nach römischem und gemeinem Rechte. Nach dem letzteren wird in solchem Falle bis zu dem Zeitpunkte, in welchem sich entscheidet, daß die Bedingung erfüllt oder ihre Erfüllung vereitelt ist, niemand zur Erfolge berufen. Nach dem BGB. (§ 2105) kommt es dagegen hier vorerst zur gesetzlichen Erbfolge, so daß der gewillkürte Erbe mit Eintritt der aufschiebenden Bedingung nur mehr die Stellung eines Nacherben erhält.

Der unter Beifügung einer auflösenden Bedingung Eingesetzte wird — vorausgesetzt, daß die auflösende Bedingung nicht bereits eingetreten ist — mit dem Erbfall zur Erfolge berufen, büßt jedoch seine Erbenstellung mit dem Eintritt der auflösenden Bedingung wieder ein.

4. Eine letztwillige Zuwendung unter der Bedingung, daß der Bedachte während eines Zeitraums von unbestimmter Dauer etwas in seiner Willkür Gelegenes unterläßt oder fortgesetzt tut, ist im Zweifel als Zuwendung unter der umgekehrten auflösenden Bedingung zu behandeln (§ 2075).

5. Die aus einem bedingten Rechtsgeschäft für den bedingt Berechtigten sich ergebende rechtliche Aussicht ist nach allgemeinen Grundsätzen vererblich. Bei letztwilligen Verfügungen verhält sich dies teilweise anders. Ist nämlich eine letztwillige Zuwendung unter einer aufschiebenden Bedingung gemacht, so hat man nach der Vorschrift des § 2074 im Zweifel als Willen des Erblassers anzunehmen, daß die Zuwendung nur gelten soll, wenn der Bedachte die Erfüllung der Bedingung erlebt. Allein im Gegensatz zum römischen Rechte ist hierdurch, weil es sich nach dem Rechte des BGB. nur um eine Auslegungsfrage handelt, die Vererblichkeit des bedingten Erb- und Vermächtnisrechts nicht schlechthin ausgeschlossen.

6. Verschieden von der unter Z. 5 besprochenen ist die weitere Frage: wann dem unter einer aufschiebenden Bedingung als Erbe Eingesetzten oder mit einem Vermächtnis Bedachten die Erbschaft, das Vermächtnis „anfällt". Unter dem „Anfall der Erbschaft" versteht das BGB. den Zeitpunkt, mit welchem die Erbschaft auf den Erben bezw. den Nacherben übergeht, d. h. mit welchem dieser in die Erbenstellung eintritt (§§ 1942, 2139), und unter dem Anfall des Vermächtnisses den Zeitpunkt, mit welchem die Forderung des Vermächtnisnehmers (unbeschadet der Möglichkeit der Ausschlagung) zur Entstehung kommt (§ 2176). Daraus ergibt sich von selbst, daß dem unter einer aufschiebenden Bedingung Bedachten die Erbschaft, das Vermächtnis keinesfalls vor der Erfüllung der Bedingung anfallen kann, und daß somit dieser Anfall, wenn die Bedingung zur Zeit des Erbfalls noch schwebt, erst mit der Erfüllung der Bedingung eintritt (§ 2139, 2177). Hierbei bleibt es auch in solchen Fällen, bei denen die Auslegungsregel des § 2074 nicht durchgreift. Der bereits eingetretene Anfall der Erbschaft, des Vermächtnisses an den Bedachten ist also nicht notwendige Voraussetzung für die Vererblichkeit der zur Zeit des Erbfalls für den letztwillig Bedachten sich ergebenden Rechtsposition.

7. Über unmögliche und unerlaubte Bedingungen enthält das BGB. gar keine Bestimmung. Man ist also auf die Behandlung nach der Natur der Sache angewiesen. Diese führt aber, wenigstens nach heutiger Rechtsauffassung, hinsichtlich der einer letztwilligen Verfügung beigefügten unmöglichen oder unerlaubten Bedingung zu keinem anderen Ergebnis, als wenn Bedingungen gleicher Art einem anderen Rechtsgeschäfte beigefügt sind. Demgemäß ist zu sagen, daß eine unter einer unmöglichen aufschiebenden Bedingung getroffene letztwillige Verfügung unwirksam ist. Im Falle einer unter einer unmöglichen auflösenden Bedingung getroffenen Verfügung erweist sich dagegen die Beifügung der Bedingung als wirkungslos und steht somit die Verfügung selbst einer unbedingt getroffenen gleich.

Für die Beurteilung der einem Rechtsgeschäft überhaupt und einer letztwilligen Verfügung insbesondere beigefügten unerlaubten Bedingung ist die Bestimmung des § 138 von maßgebender Bedeutung. Darnach ist ein gegen die guten Sitten verstoßendes Rechtsgeschäft nichtig. Da nun das Wesen der unerlaubten Bedingung gerade darin besteht, daß durch deren Beifügung das Rechtsgeschäft selbst zu einem gegen die guten Sitten verstoßenden wird, so macht die Beifügung einer unerlaubten Bedingung das Rechtsgeschäft überhaupt und die letztwillige Verfügung insbesondere nichtig. Dies gilt wie im Falle der Beifügung einer unerlaubten aufschiebenden Bedingung so grundsätzlich auch in dem der Beifügung einer unerlaubten auflösenden Bedingung. Doch ist die Gestaltung des konkreten Tatbestandes wohl zu beachten.

8. Wie die unmögliche und unerlaubte Bedingung so übergeht das Gesetz auch die unverständliche Bedingung mit Stillschweigen. Ist man aber auf die durch positive Vorschriften nicht eingeschränkte sachliche Beurteilung angewiesen, so kann es keinem Zweifel unterliegen, daß das unter einer aufschiebenden unverständlichen Bedingung vorgenommene Rechtsgeschäft als nichtig zu behandeln ist, und daß dieses Ergebnis auch in betreff so gearteter letztwilliger Verfügungen festgehalten werden muß. Ebenso wird auch zu entscheiden sein, wenn einem Rechtsgeschäft überhaupt und einer letztwilligen Verfügung insbesondere eine auflösende unverständliche Bedingung beigesetzt ist. Denn durch die Unverständlichkeit der auflösenden Bedingung wird zugleich in Frage gestellt, ob und für welche Zeit das Rechtsgeschäft wirksam sein soll. In ähnlicher Weise wie im Falle der Beifügung einer auflösenden unerlaubten Bedingung wird sich aber unter Umständen auch aus einer Verfügung, der eine auflösende unverständliche Bedingung beigefügt ist, eine Teilverfügung auslösen lassen, die von dem Verfügenden unter allen Umständen gewollt ist.

9. In betreff der im allgemeinen der freien Beurteilung unterliegenden Frage, ob eine rechtsgeschäftliche Bedingung als erfüllt anzusehen ist, sind drei positive Vorschriften maßgebend:

a) Nach der bei Rechtsgeschäften aller Art durchgreifenden Bestimmung des § 162 Abs. 1 gilt die in Wahrheit nicht eingetretene Bedingung als eingetreten, wenn ihr Eintritt von der Partei, zu deren Nachteil er gereichen würde, wider Treu und Glauben verhindert worden ist.

b) Von gleich durchgreifender Bedeutung wie die unter a) erwähnte Bestimmung ist die des § 162 Abs. 2. Darnach gilt der in Wahrheit erfolgte Eintritt einer Bedingung als nicht erfolgt, wenn er von der Partei, zu deren Vorteil er gereicht, wider Treu und Glauben herbeigeführt worden ist.

c) Hierher gehört endlich noch die für bedingte letztwillige Zuwendungen insbesondere maßgebende Auslegungsregel des § 2076.

10. Bisher war nur von gewillkürten, das will hier sagen: von durch den Willen des Erblassers gesetzten Bedingungen die Rede. Was für sie gilt, darf nicht ohne weiteres auch auf die auf Rechtssatz beruhenden Schwebeverhältnisse angewendet werden, bei welchen durch den späteren Eintritt einer Rechtsbedingung (condicio iuris) entschieden wird, welche rechtliche Beurteilung in betreff des fraglichen Rechtsverhältnisses nach rückwärts hin maßgebend sein soll. Condiciones iuris in diesem Sinne sind gerade auf dem Gebiete des Erbrechts von erheblichem Belang. So gibt es vor allem zahlreiche Fälle, in denen die Berufung einer Person zur Erbfolge davon abhängig ist, daß ein Vorberufener Erbe nicht wird. Das Vorhandensein eines so beschaffenen Schwebeverhältnisses setzt immer voraus, daß der Erbfall bereits eingetreten ist, und daß der eventuell Berufene den Erbfall erlebt hat. Entscheidet sich aber dann hinterher, daß der Vorberufene, sei es, weil er ausschlägt (§ 1953), sei es, weil er für erbunwürdig erklärt wird (§ 2344), oder weil er nicht lebend zur Welt gekommen ist (§ 1923), oder weil die Verfügung von Todes wegen, laut welcher er zur Erbfolge berufen war, mit Erfolg angefochten worden ist (§ 142), nicht zur Erbfolge gelangt, so ist in allen diesen Fällen die Erbschaft als eine dem eventuell Berufenen schon mit dem Zeitpunkte des Erbfalls angefallene zu behandeln. Die für gewillkürte aufschiebende Bedingungen maßgebende Auslegungsregel des § 2074 ist also hier ganz

bedeutungslos. Der eventuell Berufene braucht in diesen Fällen den Eintritt der condicio iuris nicht zu erleben, sondern transmittiert, dafern er nur den Erbfall erlebt hat, sein schwebendes und nach Eintritt der condicio iuris als wirksam sich erweisendes Erbrecht auf seine Erben.

II. Befristung.

Letztwilligen Verfügungen mit Einschluß der Erbeinsetzungen können auch Anfangs- oder Endtermine wirksam beigesetzt werden. Im Falle eines Anfangstermins finden im allgemeinen die für die aufschiebende Bedingung und im Falle eines Endtermins die für die auflösende Bedingung maßgebenden Vorschriften entsprechende Anwendung (§ 163). Darnach wird insbesondere auch im Falle eines zur Zeit des Erbfalls noch nicht eingetretenen Anfangstermins der Anfall der Erbschaft an den ex die als Erbe Eingesetzten und der Anfall des Vermächtnisses an den in solcher Weise mit einem Vermächtnis Bedachten bis zum Eintritt des Termins hinausgeschoben (§§ 2105, 2177). Wesentlich anders als bei aufschiebend bedingter Erbeinsetzung und Vermächtnisverfügung ist jedoch bei letztwilligen Zuwendungen, denen ein Anfangstermin beigesetzt ist, die Frage nach der Vererblichkeit der Erb- bezw. Vermächtnisanwartschaft zu beurteilen. Die Auslegungsregel des § 2074, nach der die unter einer aufschiebenden Bedingung gemachte letzwillige Zuwendung im Zweifel nur für den Fall gelten soll, daß der Bedachte die Erfüllung der Bedingung erlebt, ist nämlich für die unter Beifügung einer aufschiebenden Befristung gemachte Zuwendung nur insoweit maßgebend, als in der Befristung eine aufschiebende Bedingung wirklich enthalten ist. Dies trifft aber nur zu, wenn es ungewiß ist, ob der Termin überhaupt eintreten wird (also beim sogenannten dies incertus an). Abgesehen hiervon ist die für einen erst nach dem Erbfall verstorbenen Bedachten begründet gewesene Anwartschaft aus einer unter Beifügung eines Anfangstermins gemachten letztwilligen Zuwendung grundsätzlich vererblich; anders ist nur zu entscheiden, wenn erhellt, daß der Erblasser das Erleben des Zeitpunktes durch den Bedachten zur Bedingung machen wollte. Vgl. § 2108.

III. Durch die Beifügung von Bedingungen und Zeitbestimmungen kann der Erblasser nicht eine Gebundenheit ins Unendliche schaffen, sondern nur innerhalb unüberschreitbarer zeitlicher Grenzen (§§ 2109, 2162, 2163, 2210).

B. Erbeinsetzung.

§ 26.

I. Zur Einsetzung eines Erben ist der Gebrauch besonderer Wortformeln nicht erforderlich. Ob ein Bedachter als Erbe oder als Vermächtnisnehmer behandelt werden soll, ist nach Maßgabe des Inhalts der ganzen Verfügung zu beurteilen. Ist jemand auf den ganzen Nachlaß oder einen Bruchteil desselben eingesetzt, so ist er, wenn auch vom Erblasser als Erbe nicht bezeichnet, doch als Erbe zu behandeln. Der vom Erblasser als Erbe geradezu Bezeichnete ist dagegen im Zweifel als Erbe doch nicht zu betrachten, wenn ihm nur einzelne Nachlaßgegenstände zugewendet sind. Anders wird es sich aber z. B. verhalten, wenn dem Bedachten diejenigen Gegenstände zugewendet sind, von welchen der Erblasser mit gutem Grunde annehmen durfte, daß sie praktisch den ganzen Nachlaß ausmachen (§ 2087). Für die Annahme einer über den Nachlaß als Ganzes getroffenen Verfügung wird man sich insbesondere auch zu entscheiden haben, wenn der Erblasser sein gesamtes unbewegliches Vermögen dem A und sein gesamtes bewegliches Vermögen dem B „vermacht"; A und B werden also nach Verhältnis der Werte des unbeweglichen und des beweglichen Vermögens als Erben zu behandeln sein.

II. Als Erbe kann wirksam nur eingesetzt werden, wer nach Maßgabe des in § 3 IV dieser Darstellung Ausgeführten Erbe werden kann. Unter Umständen wird aber eine zunächst als Erbeinsetzung gewollte Zuwendung, dafern sie als solche nicht zur Wirksamkeit gelangen kann, weil der als Erbe Benannte zur Zeit des Erbfalls noch nicht erzeugt ist, als Einsetzung eines Nacherben aufrechterhalten werden können. Vgl. § 2101 und unten § 27 d. D.

III. Hat der Erblasser nur einen Erben, und zwar ohne Beschränkung auf einen Bruchteil des Nachlasses eingesetzt, so wird dieser Alleinerbe. Im Falle der Beschränkung des Erben auf einen Bruchteil kommt es in Ansehung des Restes zur gesetzlichen Erbfolge; dasselbe gilt, wenn bei Einsetzung mehrerer Erben durch die allen zusammen zugewiesenen Bruchteile der Nachlaß nicht erschöpft wird. Sind mehrere Erben ohne Bestimmung der Anteile eingesetzt, so erben sie zu gleichen Teilen. Doch ist zu beachten, daß die Bestimmung der Anteile nicht nur direkt, sondern auch indirekt erfolgen kann. In den Fällen der §§ 2066 bis 2069 ist die Anteilsbestimmung im Zweifel in der daselbst bezeichneten Weise als erfolgt anzusehen. Eine indirekte Bestimmung der Anteile kann insbesondere in der Weise stattfinden, daß der Erblasser einige der von ihm eingesetzten Erben zu einer Gruppe zusammenfaßt, um dadurch auszudrücken, daß von den zu bildenden Hauptbruchteilen der Erbschaft nur einer auf alle zu dieser Gruppe gehörenden Erben zusammen als „gemeinschaftlicher" Erbteil entfallen soll. Der Erblasser kann selbstverständlich auch mehrere solcher Gruppen nebeneinander und innerhalb dieser Gruppen wieder Untergruppen bilden. Bei der Entscheidung der Frage, ob und inwieweit vom Erblasser solche Gruppenbildung gewollt ist, ist, soweit nicht die vorerwähnten Vorschriften der §§ 2066 bis 2069 eingreifen, der Auslegung der freieste Spielraum gegeben.

Ist den auf Bruchteile der Erbschaft eingesetzten Erben zusammen mehr zugewiesen als ein Ganzes, so tritt verhältnismäßige Minderung der Bruchteile ein; ist dagegen, obschon der Erblasser die Erbschaft unter die auf Bruchteile eingesetzten Erben ganz verteilen wollte, das Ganze nicht erschöpft, so kommt es zur verhältnismäßigen Erhöhung der Bruchteile. Sind von mehreren Erben die einen auf Bruchteile, die andern ohne Bruchteile eingesetzt, so erhalten die letzteren den Rest; dafern sich aber ein solcher nicht ergibt, wird für jeden ohne Bruchteil eingesetzten Erben ein Bruchteil in Ansatz gebracht, der dem geringsten der vergebenen Bruchteile gleichkommt, und dann zur verhältnismäßigen Minderung aller Bruchteile geschritten. Vgl. die Dispositivvorschriften der §§ 2088 bis 2093.

IV. Die nach Maßgabe von III sich ergebenden Erbteile können sich infolge des vor oder nach dem Erbfall eintretenden Wegfalls von Miterben durch Anwachsung (Akkreszenz) vergrößern (§ 2094.)

1. Die auf ergänzender Rechtsvorschrift beruhende Anwachsung tritt nur mit Rücksicht auf den vermutlichen Willen des Erblassers ein und kann deshalb von diesem sowohl direkt als indirekt ausgeschlossen werden (§ 2094 Abs. 3).

Als dem vermutlichen Willen des Erblassers entsprechend ist die Anwachsung offenbar anzusehen:

a) Im Falle der Einsetzung mehrerer Erben auf einen gemeinschaftlichen Erbteil; fällt einer dieser Erben weg, so tritt Anwachsung zugunsten der übrigen ein (§ 2094 Abs. 1 Satz 2).

b) Im Falle der Einsetzung mehrerer Erben zur ganzen Erbschaft ohne feste Bestimmung der Erbteile, wobei sich übrigens doch wieder aus der Art und Weise der getroffenen Verfügung ein bevorzugtes Anwachsungsrecht einzelner Erben ergeben kann. War der Weggefallene nämlich mit anderen zu einem gemeinschaftlichen Erbteil berufen, so tritt die Anwachsung zunächst zugunsten dieser anderen ein.

Das Gesetz (§ 2094) geht aber hierüber noch erheblich hinaus, indem es den Erbteil eines wegfallenden Erben den übrigen Erben, selbst wenn diese lediglich auf Bruchteile der Erbschaft eingesetzt sind, ganz allgemein schon dann anwachsen läßt, wenn mehrere Erben in der Weise eingesetzt sind, daß sie (dafern alle zum definitiven Erwerbe gelangen würden) die gesetzliche Erbfolge ausschließen. Hierfür läßt sich geltend machen, daß aus den, den Erbeinsetzungen beigefügten Anteilsbestimmungen für sich allein noch keineswegs auf eine vom Erblasser beabsichtigte definitive Beschränkung der Erben auf die zugewiesenen Teile geschlossen werden kann, und daß solche Anteilsbestimmungen erfahrungsgemäß sehr häufig nur zur Festlegung des Verhältnisses getroffen werden, nach welchem der Gesamtnachlaß den zur Erbfolge gelangenden Miterben zukommen soll. Bei der Beurteilung von Einzelfällen darf jedoch nicht übersehen werden, daß aus der Art der Anteilsbestimmung und aus dem sonstigen Inhalt der Verfügung sich nicht nur eine besondere Gestaltung, sondern unter Umständen auch eine indirekte Ausschließung der Anwachsung ergeben kann.

Hat der Erblasser nur über einen Teil der Erbschaft durch Erbeinsetzung verfügt, so daß in Ansehung des Restes gesetzliche Erbfolge stattfindet, so soll (§ 2094 Abs. 2) Anwachsung unter den eingesetzten Erben nur eintreten, „soweit sie auf einen gemeinschaftlichen Erbteil eingesetzt sind". Aber auch hier darf man sich nicht lediglich an den Buchstaben des Gesetzes halten; freie Beurteilung des Einzelfalls ist vielmehr durch seine Vorschrift nicht ausgeschlossen.

2. Eine Anwachsung im Sinne des BGB. kann sowohl

a) dadurch eintreten, das ein Miterbe vor dem Erbfall wegfällt, als

b) auch dadurch, daß der Wegfall des Miterben erst nach dem Erbfall stattfindet.

3. Soweit nach dem unter Z. 1 und 2 Gesagten die Voraussetzungen der Anwachsung zugunsten mehrerer Erben nebeneinander überhaupt gegeben sind, erfolgt sie nach dem Verhältnis der ursprünglichen Erbteile dieser Erben (§ 2094).

4. Für das römische Akkreszenzrecht gilt der wichtige Satz portio portioni adcrescit. Seine praktische Bedeutung besteht darin, daß der Anwachsungsberechtigte den Zeitpunkt des Eintritts der Anwachsung nicht zu erleben braucht, sondern daß sich die Anwachsung auch nach dem Tode des Anwachsungsberechtigten zugunsten der Erben desselben vollzieht.

Dieselbe Behandlung tritt auch nach dem BGB. ein, aber nicht zufolge eines dem Anwachsungsrecht eigentümlichen Satzes, sondern nach Maßgabe der allgemein durchgreifenden Bestimmung des § 1953 (vgl. auch § 2344), wonach es in allen

Fällen, in denen der zunächst als Erbe Berufene wegfällt, nach rückwärts hin so gehalten wird, als ob der eventuell Berufene schon von vornherein berufen gewesen wäre.

5. Nach einmal erfolgter Annahme des ursprünglichen Erbteils kann der Erbe den ihm nach dem Rechte der Anwachsung anfallenden weiteren Erbteil nicht mehr ausschlagen, und nach der Ausschlagung des ursprünglichen Erbteils kann dem Ausschlagenden ein weiterer Erbteil nach dem Rechte der Anwachsung nicht mehr anfallen. Vgl. § 2095, der dem nach dem Rechte der Anwachsung anfallenden Erbteil in Übereinstimmung mit der römischen Auffassung hinsichtlich der Annahme und Ausschlagung die Selbständigkeit abspricht.

6. Ist der erledigte Erbteil mit Vermächtnissen oder Auflagen belastet, so wächst er dem Anwachsungsberechtigten mit diesen Lasten an (§§ 2161, 2192).

7. In Ansehung der Vermächtnisse und Auflagen, mit denen der ursprüngliche oder der anwachsende Erbteil belastet ist, sowie in Ansehung der Ausgleichungspflicht gilt jeder dieser Erbteile als besonderer Erbteil (§ 2095). Vgl. ferner die hier noch nicht zu besprechende Bestimmung des § 2007 Satz 2.

V. Der Anwachsung im technischen Sinne verwandt, aber mit ihr keineswegs identisch ist ein Vorgang, dessen Möglichkeit sich aus der Vorschrift des § 1952 ergibt. Nach der berufenen Bestimmung ist das Recht des Erben, eine angefallene Erbschaft auszuschlagen, vererblich und kann von mehreren Erbeserben jeder den seinem Erbteil entsprechenden Teil der dem Erben angefallenen Erbschaft ausschlagen. Beispiel: A ist der ursprüngliche Erblasser; sein Erbe B stirbt, noch bevor sein Recht zur Ausschlagung erloschen ist. B wird von X und Y, sagen wir, zu gleichen Teilen beerbt. Y schlägt jedoch zwar nicht die ihm zukommende Hälfte der Erbschaft des B, wohl aber seinen Anteil an der zu dieser Erbschaft gehörenden Erbschaft des A aus. Wem fällt jetzt dieser Anteil zu? Aus Gründen, die hier noch nicht ausgeführt werden können, muß angenommen werden, daß zu der von X bereits erworbenen Hälfte der Erbschaft des A jetzt auch noch die infolge der Ausschlagung des Y erledigte zweite Hälfte kommt.

VI. Wie das Gesetz für den Fall, daß der zunächst berufene gesetzliche Erbe nicht zum definitiven Erwerbe gelangt, entferntere gesetzliche Erben beruft, so kann auch der Erblasser für den Fall, daß der von ihm zunächst als Erbe Eingesetzte (Institut) nicht Erbe sein kann oder will, oder daß ein Gleiches, bezüglich eines bestimmten gesetzlichen Erben zutrifft, einen anderen als Erben einsetzen, d. h. einen Ersatzerben (Vulgarsubstituten) ernennen. Selbst wenn der Erblasser nur eine der beiden vorerwähnten Möglichkeiten hervorgehoben hat, so gilt die Einsetzung des Ersatzerben im Zweifel doch für beide. Vgl. §§ 2096, 2097.

Die dem eingesetzten Erben auferlegten Beschwerungen treffen in aller Regel auch den Ersatzerben (§§ 2161, 2192). Eine der Erbeinsetzung beigefügte Bedingung bildet dagegen im Zweifel nicht auch eine Bedingung der Einsetzung des Ersatzerben. Ein dem zunächst eingesetzten Erben zugewendetes Vorausvermächtnis ist dadurch allein, daß die Berufung des Ersatzerben zur Wirksamkeit gelangt, noch nicht erledigt; ob es aber im Falle der Erledigung als für den Ersatzerben ausgesetzt anzusehen ist, muß nach Maßgabe der besonderen Umstände durch Auslegung ermittelt werden.

Nach römischem und gemeinem Rechte wird die Berufung eines Vulgarsubstituten als Berufung unter einer gewillkürten aufschiebenden Bedingung behandelt und muß demgemäß der Vulgarsubstitut nicht nur den Erbfall, sondern auch den Wegfall des Instituten erleben. Zu einer anderen Entscheidung gelangt man auf Grund des BGB. Nach der von ihm mit Recht angenommenen Auffassung gehört die Ersatzberufung mit zu denjenigen Fällen, bei welchen die Berufung einer Person zur Erbfolge von der condicio iuris abhängig ist, daß eine vorberufene

Person nicht zur Erbfolge gelangt. Es verhält sich nämlich mit der Ersatzberufung in der Tat genau so wie mit der eventuellen Berufung des gesetzlichen Erben bei Vorhandensein eines zunächst berufenen gewillkürten Erben oder wie mit der eventuellen Berufung eines entfernteren gesetzlichen Erben bei Vorhandensein eines zunächst berufenen näheren gesetzlichen Erben. In allen diesen Fällen wird es nach dem Wegfall des Vorberufenen gleichmäßig so gehalten, als ob dieser gar nicht vorhanden gewesen wäre (§§ 1953, 2344). Folge davon ist aber wieder, daß der eventuell Berufene, hier der Ersatzerbe, sein eventuelles Erbrecht auf seinen Erben transmittiert, wenn er zwar nicht den Wegfall des Vorberufenen (hier des Instituten), aber doch den Erbfall erlebt hat.

Im Falle der Ernennung eines Ersatzerben für einen Miterben geht die Ersatzberufung der Anwachsung vor (§ 2099); ist jedoch für mehrere Miterben nur ein Ersatzerbe ernannt, so kann die durch Auslegung zu ermittelnde Absicht des Erblassers immerhin auch darauf gehen, daß die Ersatzberufung erst wirksam werden soll, wenn die zunächst berufenen und untereinander anwachsungsberechtigten Miterben sämtlich weggefallen sind. Hat der Erblasser die eingesetzten Erben gegenseitig (substitutio reciproca) oder hat er für einen von ihnen die übrigen Miterben (also nicht bloß einzelne von ihnen) als Ersatzerben ernannt, so bestimmen sich die den Miterben in ihrer Eigenschaft als Ersatzerben zukommenden Anteile im Zweifel nach dem Verhältnis ihrer ursprünglichen Erbteile (§ 2098 Abs. 1; vgl. auch § 2094 Abs. 1 Satz 1); im ersten Falle ist außerdem im Zweifel anzunehmen, daß die auf einen gemeinschaftlichen Erbteil Eingesetzten als Ersatzerben für diesen Erbteil den anderen Miterben vorgehen (§ 2098 Abs. 2; vgl. auch § 2094 Abs. 1 Satz 2).

VII. In betreff der alternativen Erbeinsetzung enthält das BGB. keine Bestimmung. Eine solche unterliegt daher der freien Beurteilung, die nach Lage der Umstände des Einzelfalles zu sehr verschiedenen Ergebnissen führen kann.

C. Einsetzung eines Nacherben.

1. Voraussetzungen der Nacherbfolge.

§ 27.

I. Der Erblasser kann ausdrücklich anordnen, daß die Erbschaft zunächst einem Vorerben zufallen und von diesem sodann auf einen Nacherben übergehen soll (§ 2100). Die Einsetzung eines Nacherben ist aber auch in der Anordnung zu erblicken, daß der Erbe mit dem Eintritt eines bestimmten Zeitpunktes oder Ereignisses die Erbschaft einem anderen herauszugeben hat; der andere erhält also hier die Stellung eines Nacherben und nicht bloß die eines Vermächtnisnehmers (§ 2103).

Die Anordnung einer Nacherbfolge hat man ferner anzunehmen (sogenannte konstruktive Nacherbfolge) sowohl im Falle der Einsetzung eines Erben mit Beifügung eines Endtermins oder einer auflösenden Bedingung als auch im Falle der Einsetzung eines Erben mit Beifügung eines Anfangstermins oder einer im Zeitpunkte des Erbfalls noch nicht erfüllten aufschiebenden Bedingung. Liegt die zuerst erwähnte Voraussetzung vor, so greift nämlich in Ermangelung einer besonderen Bestimmung des Erblassers die Annahme durch, daß diejenigen als Nacherben eingesetzt sind, welche die gesetzlichen Erben des Erblassers sein würden, wenn er zur Zeit des Eintritts des Zeitpunktes, des Ereignisses gestorben wäre; nach der ausdrücklichen Bestimmung des Gesetzes gehört jedoch der Fiskus zu den hier in Betracht kommenden gesetzlichen Erben nicht (§ 2104). Im zweiten Falle wird dagegen der eingesetzte Erbe als Nacherbe behandelt, dem, dafern der Erblasser anderes nicht bestimmt hat, die gesetzlichen Erben als Vorerben vorangehen (§ 2105).

Ein besonders wichtiger Fall der Nacherbfolge ist gegeben, wenn der Nachlaß als Ganzes nach der Anordnung des Erblassers einer erst nach dem Erbfall erzeugten Person zukommen soll. Zufolge der Bestimmung des § 1923 kann eine solche Person keinesfalls Erbe werden, sondern nur Nacherbe; dem entsprechend soll daher auch im Zweifel angenommen werden, daß sie, wenn schon vom Erblasser als „Erbe" bezeichnet, doch nur als Nacherbe eingesetzt werden wollte (§ 2101 Abs. 1 Satz 1).

Was im vorhergehenden über den Fall der Einsetzung einer zur Zeit des Erbfalls noch nicht erzeugten Person gesagt worden ist, gilt grundsätzlich in gleicher Weise auch für die Einsetzung einer erst nach dem Erbfall zur Entstehung gelangenden juristischen Person (§ 2101 Abs. 2). Anders verhält es sich nur mit einer vom Erblasser errichteten und erst nach dem Erbfall genehmigten Stiftung; sie steht in Ansehung einer Zuwendung des Erblassers demjenigen gleich, welcher zur Zeit des Erbfalls als nasciturus vorhanden ist, und erlangt daher auch, wenn vom Erblasser als Erbin eingesetzt, sobald ihre Genehmigung erfolgt ist, die rechtliche Stellung eines schon zur Zeit des Erbfalls vorhanden gewesenen Erben und nicht bloß die eines Nacherben (§ 84).

II. Die Einsetzung einer Person als Nacherbe enthält im Zweifel zugleich auch die Einsetzung als Ersatzerbe, nämlich für den Fall, als der Vorerbe wegfallen sollte, und unter der Voraussetzung, daß der als Nacherbe Eingesetzte zur Zeit des Erbfalls (im Sinne des § 1923) bereits lebt. Ist zweifelhaft, ob jemand als Ersatzerbe oder als Nacherbe eingesetzt ist, so hat man sich für das erstere zu entscheiden (§ 2102).

III. Die Einsetzung von Nacherben darf nicht schrankenlos zugelassen werden, denn sonst wäre der Erblasser, besonders mit Rücksicht darauf, daß die Nacherben zur Zeit des Erbfalls noch nicht erzeugt zu sein brauchen, in der Lage, seine Erbschaft zu einem auf unabsehbare Zeit gebundenen Vermögen, d. i. zu einer Art Fideikommiß zu machen Der Entwurf I. Lesung hatte, um eine solche dauernde Vinkulierung auszuschließen, festsetzen zu müssen geglaubt, daß die Nacherbfolge nur einmal eintreten dürfe. Bei der zweiten Lesung ist dies mit Recht aufgegeben worden. Die der Einsetzung von Nacherben gezogenen gesetzlichen Schranken (vgl. § 2109) sind jetzt folgende. Die Einsetzung eines Nacherben wird in aller Regel unwirksam, wenn der Fall der Nacherbfolge vor Ablauf von dreißig Jahren nach dem Erbfall noch nicht eingetreten ist. Die starre Durchführung dieser Regel würde jedoch in nicht gerade seltenen Fällen zu ganz unbefriedigenden Ergebnissen führen. Das Gesetz gestattet daher unter Umständen auch die Überschreitung der dreißigjährigen Frist, und zwar:

1. wenn die Nacherbfolge für den Fall angeordnet ist, daß in der Person des Vorerben oder des Nacherben ein bestimmtes Ereignis eintritt und derjenige, in dessen Person dieser Eintritt erfolgen soll, zur Zeit des Erbfalls lebt, d. h. (vgl. § 1923) bereits erzeugt ist.

Allen hierher gehörenden Fällen ist gemeinsam, daß der Zustand der Gebundenheit ein langes Menschenleben nicht überdauern kann; denn wenn der Vorerbe oder der Nacherbe, in dessen Person das Ereignis eintreten soll, eine juristische Person ist, so bewendet es bei der dreißigjährigen Frist.

2. Die Nacherbenernennung ist ohne weitere Beschränkung zulässig, wenn der eingesetzte Nacherbe ein zu erwartender Bruder oder eine zu erwartende Schwester des Vor- oder Nacherben ist.

IV. Bei der Nacherbfolge muß man zwei maßgebende Zeitpunkte wohl auseinander halten. Es kommt in Betracht:

1. Der „Fall der Nacherbfolge" (§§ 2108, 2109), d. i. der Zeitpunkt, in welchem die Nacherbfolge sich verwirklicht, mit welchem der Nacherbe in die Erbenstellung eintritt; im § 2106 wird im Hinblick auf diesen Zeitpunkt die nach der Terminologie des Gesetzes vollkommen zutreffende, aber doch leicht mißzuverstehende Wendung gebraucht, daß die Erbschaft dem Nacherben „anfällt".

Die Bestimmung des Falles der Nacherbfolge hängt innerhalb der gesetzlichen Schranken vom Willen des Erblassers ab. Hat dieser eine besondere Bestimmung nicht getroffen, so tritt der Fall der Nacherbfolge regelmäßig mit dem Tode des Vorerben ein. (§ 2106 Abs. 1.) Ist aber ein als Erbe Eingesetzter nur deshalb als Nacherbe zu behandeln, weil er zur Zeit des Erbfalls noch nicht erzeugt war, oder trifft dasselbe bei einer als Erbin eingesetzten juristischen Person aus dem Grunde zu, weil sie zur Zeit des Erbfalls noch nicht entstanden ist, so tritt die Nacherbfolge, vorausgesetzt, daß ihre Anordnung nicht nach Maßgabe der Vorschrift des § 2109 bereits unwirksam geworden ist, im ersten Falle mit der Geburt des Nacherben und im zweiten Falle mit der Entstehung der juristischen Person ein (§ 2106 Abs. 2).

Tritt der Fall der Nacherbfolge erst nach dem Tode des Vorerben ein, so vererbt dieser sein Erbrecht auf seinen Erben, so daß also der Nacherbe erst nach dem Erben des Vorerben in die Erbenstellung einrückt.

2. Ein zweiter maßgebender Zeitpunkt, er soll in Ermangelung eines gesetzlichen Ausdrucks als Zeitpunkt des Voranfalls bezeichnet werden, ist derjenige, mit welchem der Nacherbe eine vererbliche Anwartschaft auf den Eintritt der Nacherbfolge erwirbt. Der als Nacherbe Eingesetzte braucht also keineswegs unter allen Umständen den Fall der Nacherbfolge selbst zu erleben, es genügt in der Regel, wenn er auch nur einen früheren Zeitpunkt: den Voranfall der bevorstehenden Nacherbfolge erlebt hat. Welcher Zeitpunkt ist dies? Derselbe kann keinesfalls vor dem Erbfall liegen, fällt aber mit diesem regelmäßig zusammen, wenn der als Nacherbe Eingesetzte zur Zeit des Erbfalls bereits bezw. noch lebt. Vgl. dazu § 2108 Abs. 2, aber auch § 2104, 2074; in diesem Zusammenhang auch zu beachten § 2107.

V. Nach der ausdrücklichen Bestimmung des § 2108 Abs. 1 finden die Vorschriften des § 1923 auf die Nacherbfolge „entsprechende" Anwendung.

2. Rechtliche Stellung des Vorerben bis zum Eintritt der Nacherbfolge.

§ 28.

Solange der Fall der Nacherbfolge noch nicht eingetreten ist, kommt die Erbenstellung dem Vorerben zu. Er ist während dieser Zeit nicht etwa bloßer Nießbraucher der Erbschaft, sondern Erbe und daher Eigentümer, Gläubiger, Schuldner, soweit dies bisher der Erblasser war, aber nur auf Zeit, d. h. bis zum Zeitpunkte des Eintrittes des Falles der Nacherbfolge. Er steht daher auch der Erbschaft sehr viel weniger frei gegenüber als ein anderer Erbe, dem eine Ablösung durch einen Nacherben nicht bevorsteht.

Die praktische Stellung des Vorerben ist übrigens nicht unter allen Umständen die gleiche.

I. Regelmäßig gelten folgende Grundsätze:

1. Der Vorerbe hat dem Nacherben auf Verlangen ein (mit der Angabe des Tages der Aufnahme zu versehendes und von ihm zu unterzeichnendes) Verzeichnis der zur Erbschaft gehörenden Gegenstände mitzuteilen (§ 2121) und er hat, wenn Grund zur Annahme besteht, daß durch seine Verwaltung das Recht des Nacherben erheblich verletzt wird, diesem auch über den späteren Bestand der Erbschaft Auskunft zu erteilen (§ 2127). Auf Veranlassung des Vorerben oder des Nacherben kann es ferner zu einer Feststellung des Zustandes der zur Erbschaft gehörenden Sachen und rücksichtlich gewisser Objekte (Wald, Bergwerk oder eine andere auf Gewinnung von Bodenbestandteilen gerichtete Anlage) zur Feststellung eines das Maß der Nutzung und die Art der wirtschaftlichen Behandlung bestimmenden und bei erheblicher Änderung der Umstände entsprechend zu ändernden Wirtschaftsplans kommen. Vgl. §§ 2122, 2123.

2. Bis zum Eintritt des Falles der Nacherbfolge gebühren dem Vorerben nach Maßgabe des § 101 die Nutzungen der zur Erbschaft gehörenden Gegenstände und kommt ihm die Verwaltung der Erbschaft zu. Obschon zu dieser Verwaltung aus eigenem Rechte berufen, hat sich der Vorerbe bei ihrer Führung doch vor Augen zu halten, daß er die Erbschaft nach dem Eintritt der Nacherbfolge in dem Zustande herauszugeben hat, der sich bei einer bis zur Herausgabe fortgesetzten ordnungsmäßigen Verwaltung ergibt (§ 2130). Soweit diese Herausgabepflicht in Frage kommt, ist also der Vorerbe dem Nacherben gegenüber zur ordnungsmäßigen Führung der Verwaltung verpflichtet und hat er für diejenige Sorgfalt einzustehen, welche er in eigenen Angelegenheiten anzuwenden pflegt (§ 2131). Auf Verlangen des Nacherben hat der Vorerbe über seine Verwaltung auch Rechenschaft abzulegen (§ 2130 Abs. 2).

Verwaltungspflichten besonderer Art obliegen dem Vorerben nach folgenden Richtungen hin:

a) Geld, das nach den Regeln einer ordnungsmäßigen Wirtschaft dauernd anzulegen ist, darf er nur nach den für die Anlegung von Mündelgeld geltenden Vorschriften anlegen (§ 2119).

b) Auf Verlangen des Nacherben hat er

α) in betreff der zur Erbschaft gehörenden Buchforderungen gegen das Reich oder einen Bundesstaat in das Schuldbuch den Vermerk eintragen zu lassen, daß er über die Forderung nur mit Zustimmung des Nacherben verfügen kann (§ 2118); und unter derselben Voraussetzung ist er

β) verpflichtet, die zur Erbschaft gehörenden Inhaberpapiere (nebst den Erneuerungsscheinen), soweit sie nicht, wie z. B. Banknoten, nach § 92 zu den verbrauchbaren Sachen gehören, und mit Ausschluß der Zins-, Renten- oder Gewinnanteilscheine, bei einer Hinterlegungsstelle oder bei der Reichsbank mit der Bestimmung zu hinterlegen, daß die Herausgabe nur mit Zustimmung des Nacherben verlangt werden kann. An eine derartige Hinterlegung knüpft das Gesetz die Folge, daß der Vorerbe über die hinterlegten Papiere nur mit Zustimmung des Nacherben verfügen kann. Was hier in betreff der Inhaberpapiere gesagt worden ist, gilt übrigens in gleicher Weise auch für die mit Blankoindossament versehenen Orderpapiere. Vgl. § 2116.

Die unter β) erwähnte Verpflichtung des Vorerben ist jedoch keine ganz unbedingte. Denn diesem steht nach § 2117 das Recht zu, die Papiere, statt sie in der angegebenen Weise zu hinterlegen, mit der Bestimmung, daß er über sie nur mit Zustimmung des Nacherben verfügen kann, auf seinen Namen umschreiben oder, dafern sie von dem Reiche oder einem Bundesstaate ausgestellt sind, mit der gleichen Bestimmung in Buchforderungen gegen das Reich oder den Bundesstaat umwandeln zu lassen.

c) Im Falle eines nach Maßgabe des § 2123 festgesetzten Wirtschaftsplans ist der Vorerbe dem Nacherben gegenüber zur Einhaltung desselben verpflichtet.

Wegen der durch die ordnungsmäßige Benutzung herbeigeführten Veränderungen und Verschlechterungen von Erbschaftsgegenständen haftet der Vorerbe nicht (§ 2132).

Hat er aber einen Erbschaftsgegenstand für sich verbraucht oder sonst verwendet, so ist er mit dem Eintritt des Falles der Nacherbfolge dem Nacherben gegenüber, unbeschadet weiterer Haftung wegen Verschuldens, zum Werterſatz verpflichtet (§ 2134).

Die auf die Zeit der Dauer seines Rechtes (vgl. § 103) entfallenden gewöhnlichen Erhaltungs- und Verwaltungskosten und ordentlichen Lasten trägt dem Nacherben gegenüber der Vorerbe (§ 2124 Abs. 1 u. § 2126). Hinsichtlich der sonstigen Aufwendungen auf die Erbschaft ist folgendermaßen zu entscheiden: Sind sie so geartet, daß der Vorerbe sie zum Zwecke der Erhaltung von Erbschaftsgegenständen den Umständen nach für erforderlich halten darf, oder bestehen sie in der Deckung außerordentlicher Lasten, die als auf den Stammwert der Erbschaftsgegenstände gelegt anzusehen sind, so darf er sie aus der Erbschaft bestreiten oder steht ihm, wenn er sie aus seinem eigenen Vermögen bestreitet, beim Eintritt des Falles der Nacherbfolge ein gegen den Nacherben, den die Verpflichtung als Nachlaßverbindlichkeit trifft, sich richtender Anspruch auf vollen Ersatz zu. Wegen Verwendungen auf die Erbschaft, für die das eben Gesagte nicht zutrifft, kann dagegen der Vorerbe vom Nacherben nur nach den Vorschriften über die Geschäftsführung ohne Auftrag Ersatz verlangen, jedoch unbeschadet des Rechtes zur Wegnahme einer Einrichtung, mit der er eine zur Erbschaft gehörende Sache versehen hat. Vgl. §§ 2124 bis 2126.

3. Eine Beschränkung der Verfügungsmacht des Vorerben hinsichtlich der zur Erbschaft gehörenden Gegenstände tritt von Rechts wegen in folgenden Fällen ein:

a) In betreff der Verfügungen über zur Erbschaft gehörende **Grundstücke** oder über **Rechte an Grundstücken** (§ 2113 Abs. 2, vgl. aber auch § 2114); demgemäß ist nach § 52 GBO. bei der Eintragung des Vorerben von Amts wegen zugleich auch das Recht des Nacherben einzutragen.

b) Rücksichtlich **unentgeltlicher Verfügungen über Erbschaftsgegenstände überhaupt**, soweit sie nicht einer sittlichen Pflicht oder einer auf den Anstand zu nehmenden Rücksicht entsprechen. Dasselbe gilt selbstverständlich auch von den Verfügungen über einen Erbschaftsgegenstand, die der Vorerbe zum Zwecke der Erfüllung eines von ihm erteilten Schenkungsversprechens macht (§ 2113 Abs. 2).

Verfügungen im Sinne von a) und b) sind grundsätzlich insoweit unwirksam, als sie das Recht des Nacherben vereiteln oder beeinträchtigen würden; doch finden die Vorschriften zugunsten derjenigen, welche Rechte von einem Nichtberechtigten herleiten, entsprechende Anwendung. Ist also z. B. im Falle a) das Recht des Nacherben im Grundbuch nicht eingetragen und erfolgt auf Grund einer vom Vorerben hinsichtlich eines zur Erbschaft gehörenden Grundstücks vorgenommenen Auflassung die Eintragung des Erwerbers, so kommt diesem die Vorschrift des § 892 zustatten. Veräußert ferner der Vorerbe eine zur Erbschaft gehörende bewegliche Sache unentgeltlich (Fall b) an einen Dritten, dem die Beschränkung der Verfügungsmacht des Veräußerers nicht bekannt war und dem diese Unkenntnis auch nicht als grobe Fahrlässigkeit angerechnet werden kann, so erwirbt der Dritte nach Maßgabe der §§ 932 bis 934 das Eigentum. Ein nach manchen Richtungen hin noch weiter gehender Schutz des Dritten kann sich ferner nach Maßgabe der hier nicht weiter zu besprechenden Vorschriften der §§ 2366, 2367 dann ergeben, wenn der veräußernde Vorerbe durch einen Erbschein legitimiert ist, in dem der bevorstehende Eintritt einer Nacherbfolge unerwähnt geblieben ist.

c) In betreff der zur Erbschaft gehörenden Hypothekenforderungen, Grundschulden und Rentenschulden ist noch besonders zu bemerken, daß dem Vorerben neben dem Rechte der Kündigung auch das Recht zur Einziehung zusteht, aber nur in der Weise, daß das Kapital an ihn nach Beibringung der Einwilligung des Nacherben gezahlt, oder daß es für ihn und den Nacherben hinterlegt wird. Für andere Verfügungen über eine Hypothekenforderung, Grundschuld oder Rentenschuld gilt ohne weiteres das unter a) Gesagte. Vgl. § 2114.

d) Verfügungen über einen Erbschaftsgegenstand, die im Wege der Zwangsvollstreckung oder der Arrestvollziehung oder durch den Konkursverwalter erfolgen, sind, dafern sie nicht infolge der Geltendmachung des Anspruchs eines Nachlaßgläubigers oder eines an einem Erbschaftsgegenstand bestehenden und dem Nacherben gegenüber wirksamen Rechtes vorgenommen worden sind, im Falle des Eintrittes der Nacherbfolge insoweit unwirksam, als sie das Recht des Nacherben vereiteln oder beeinträchtigen würden. Vgl. § 2115, ferner § 773 ZPO. und § 128 KO.

e) Wenn der Vorerbe ein zur Erbschaft gehörendes Grundstück einem Dritten miet- oder pachtweise überläßt, so liegt darin zwar keine Verfügung im technischen Sinne über das Grundstück, aber doch ein einer solchen Verfügung sehr verwandter Vorgang. Denn auch im Falle solcher Überlassung entsteht die Frage, ob der Nacherbe nach dem Eintritte des Falles der Nacherbfolge an das Miet- oder Pachtverhältnis gebunden ist? Nach der Entscheidung des Gesetzes (§ 2135) sind hierbei die Vorschriften des § 1056 entsprechend zur Anwendung zu bringen.

Abgesehen von den Fällen unter a) bis e) kommt dem Vorerben — unbeschadet seiner Verantwortlichkeit — rücksichtlich der Erbschaftsgegenstände nach der Regel des § 2112 zunächst eine unbeschränkte Verfügungsmacht zu. Der Nacherbe ist aber jederzeit befugt, die Vornahme der schon oben unter Z. 2b erwähnten Maßregeln zu verlangen, infolge welcher die Möglichkeit einer ihm nachteiligen Verfügung des Vorerben über zum Nachlaß gehörende Wertpapiere (der oben bezeichneten Art) und über zum Nachlaß gehörende Buchforderungen gegen das Reich oder einen Bundesstaat ausgeschlossen ist. Wird aber durch das Verhalten des Vorerben oder durch seine ungünstige Vermögenslage die Besorgnis einer erheblichen Verletzung der Rechte des Nacherben begründet, so kann dieser vom Vorerben Sicherstellung verlangen und, wenn diese nicht geleistet wird, nach Maßgabe des hier entsprechend anzuwendenden § 1052 die Anordnung einer unter gerichtlicher Aufsicht stehenden Verwaltung verlangen, infolge deren der Vorerbe das Recht, über Erbschaftsgegenstände zu verfügen, gänzlich einbüßt. Vgl. §§ 2128, 2129.

4. Ist der Vorerbe nur Teilerbe, so kann er über seinen Anteil am ungeteilten Nachlaß vorbehaltlich der Rechte des Nacherben nach § 2033 verfügen. In einen solchen Anteil können die Gläubiger des Vorerben mit derselben Beschränkung Zwangsvollstreckung führen (§ 859 Abs. 2 ZPO.). Soweit § 2033 nicht eingreift, ist eine Verfügung des Vorerben über sein Gesamtrecht ausgeschlossen. Die Ausübung der ihm zustehenden Vermögensrechte kann er jedoch im einzelnen einem anderen überlassen, und von seinen Gläubigern könnnen die ihm zukommenden Nutzungen gepfändet werden.

5. Schließt der Vorerbe, sei es im Rahmen der ordnungsmäßigen Verwaltung der Erbschaft, sei es außerhalb desselben, ihn verpflichtende und auf Nachlaßgegenstände sich beziehende obligatorische Verträge ab, so entstehen daraus grundsätzlich immer nur

Eigenverbindlichkeiten des Vorerben, nicht Nachlaßverbindlichkeiten; eine Abweichung hiervon tritt nur insoweit ein, als der Nacherbe nach § 2135 in die für ihn als Nachlaßverbindlichkeit in Betracht kommende Verpflichtung aus einem vom Vorerben hinsichtlich eines zur Erbschaft gehörenden Grundstücks abgeschlossenen Miet- oder Pachtvertrag eintritt. Die Erfüllung der vorerwähnten Eigenverbindlichkeiten kann der Vorerbe — unbeschadet der ihn treffenden Verantwortlichkeit — aus der Erbschaft insoweit bewirken, als er nach Maßgabe der Ausführungen unter Z. 3 über Nachlaßgegenstände verfügen kann. Geht die Verbindlichkeit des Vorerben auf Zahlung einer Geldsumme, so ist jedoch dem Gläubiger die Durchführung der Zwangsvollstreckung in zur Erbschaft gehörende Gegenstände durch § 2115 versagt. Hatte sich der Vorerbe dagegen dem Dritten gegenüber in Ansehung eines zur Erbschaft gehörenden Gegenstandes zur Vornahme einer ihm zukommenden Verfügung (z. B. zur Eigentumsübertragung an einer beweglichen Sache) verpflichtet, so kann diese während der Dauer der Vorerbfolge vom Gläubiger nach § 897 ZPO. erzwungen werden. Sind Eigenverbindlichkeiten des Vorerben, deren Erfüllung aus der Erbschaft rechtlich zulässig gewesen wäre, bis zum Eintritt der Nacherbfolge unerfüllt geblieben, so kann der Vorerbe vom Nacherben insoweit Liberierung verlangen, als die Verbindlichkeiten innerhalb des Rahmens der ordnungsmäßigen Verwaltung der Erbschaft oder zwar darüber hinaus, aber zwecks auf die Erbschaft gemachter Verwendungen (vgl. § 2125) eingegangen worden und nach den früher dargelegten Grundsätzen wirtschaftlich vom Nacherben zu tragen sind.

6. Die vom Vorerben in Ansehung der ihm angefallenen und der eventuellen Nacherbfolge unterliegenden Erbschaft oder in Ansehung einzelner zu dieser gehörenden Gegenstände getroffenen Verfügungen von Todes wegen werden durch die nur auf Verfügungen im technischen Sinne sich beziehenden Vorschriften der §§ 2112 bis 2114 nicht berührt. Die Wirksamkeit solcher Verfügungen von Todes wegen ist vielmehr nach den für diese maßgebenden Grundsätzen zu beurteilen.

II. Soweit die auf die Rechte und Pflichten des Vorerben sich beziehenden gesetzlichen Vorschriften nur ergänzender Natur sind, kann der Erblasser hierüber auch anderes bestimmen, und zwar nach doppelter Richtung hin: entweder so, daß dem Vorerben die Verwaltung des Nachlasses und die Verfügung über Nachlaßgegenstände infolge der Bestellung eines Testamentsvollstreckers ganz entzogen ist (§ 2209, vgl. übrigens auch § 2222), oder auch so, daß dem Vorerben eine gegenüber der regelmäßigen Gestaltung größere Verfügungsfreiheit zugestanden ist. Alle in dieser Beziehung überhaupt zulässigen Befreiungen (§ 2136) gelten als dem Vorerben zugestanden, wenn der Erblasser den Nacherben auf dasjenige eingesetzt hat, was von der Erbschaft bei dem Eintritte der Nacherbfolge übrig sein wird, und im Zweifel auch schon dann, wenn der Erblasser bestimmt hat, daß der Vorerbe zur freien Verfügung über die Erbschaft berechtigt sein soll (§ 2137). Die Geltung des Surrogationsprinzips (§ 2111) wird jedoch durch eine solche Anordnung nicht berührt, und selbst in diesen Fällen kann der Nacherbe vom Vorerben nach Maßgabe des § 2121 die Mitteilung eines Verzeichnisses der zur Erbschaft gehörenden Gegenstände verlangen und den Zustand derselben nach Maßgabe des § 2122 feststellen lassen. Auch wird durch die dem Vorerben vom Erblasser zugestandenen Befreiungen an der Unwirksamkeit der durch die Vorschrift des § 2113 Abs. 2 getroffenen unentgeltlichen Verfügungen über Erbschaftsgegenstände und der im § 2115 bezeichneten Verfügungen, die in betreff eines Erbschaftsgegenstandes im Wege der Zwangsvollstreckung oder der Arrestvollziehung oder durch den Konkursverwalter erfolgen, nichts geändert. Vgl. §§ 2136, 2137.

Die Herausgabepflicht eines Vorerben, dem der Erblasser alle zulässigen Befreiungen zugestanden hatte, beschränkt sich auf die bei ihm noch vorhandenen Erbschaftsgegenstände, mit Einschluß derjenigen, die dies durch Surrogation geworden sind, sie erstreckt sich dagegen nicht auch auf den Werterſatz wegen eines vom Vorerben für sich verwendeten Erbschaftsgegenstandes oder auf die dem Vorerben hierdurch zugegangene Bereicherung (vgl. §§ 2136, 2137 in Verbindung mit § 2134). Demgemäß kann aber auch der Vorerbe für Verwendungen auf Gegenstände, die er infolge dieser Beschränkung nicht herauszugeben hat, nicht Ersatz zu verlangen. Wegen seines Gebarens mit der Erbschaft ist ein solcher Vorerbe dem Nacherben zum Schadensersatz nur verpflichtet, wenn er die Erbschaft in der Absicht, den Nacherben zu benachteiligen, vermindert oder wenn er diesem durch eine der Vorschrift des § 2113 zuwider vorgenommene unentgeltliche Verfügung über einen Erbschaftsgegenstand einen Nachteil zugefügt hat. Vgl. § 2138.

3. Eintritt der Nacherbfolge.

§ 28a.

I. Mit dem Eintritt des Falles der Nacherbfolge fällt die Erbschaft dem Nacherben an, und tritt dieser, wenn er schon im voraus wirksam angenommen hat, unabweisbar, sonst mit der Möglichkeit der Ausschlagung in die Erbenstellung ein. Hierzu bedarf es also nicht erst der Herausgabe der Erbschaft; auch schon vor dieser ist der Nacherbe Eigentümer der Erbschaftssachen, Gläubiger und Schuldner in betreff der Nachlaßforderungen und Nachlaßverbindlichkeiten u. dgl. (§ 2139).

Die vom Vorerben in schuldloser Unkenntnis von dem bereits erfolgten Eintritt des Falles der Nacherbfolge über Nachlaßgegenstände getroffenen Verfügungen werden jedoch hinsichtlich ihrer Wirksamkeit zur Wahrung des Interesses des Vorerben und zum Schutze Dritter so behandelt, als ob der Fall der Nacherbfolge zur Zeit der Verfügung noch nicht eingetreten wäre. Dafern und soweit eine solche Verfügung also, wenn vor dem Eintritte des Falles der Nacherbfolge vorgenommen, wirksam sein würde, ist sie unter den angegebenen Voraussetzungen und mit der gleich zu erwähnenden Beschränkung wirksam, obschon sie erst nach dieser Zeit getroffen wurde. Der bezeichnete Schutz wird jedoch demjenigen Dritten versagt, welchem in dem nach Maßgabe der Sachlage entscheidenden Zeitpunkte der Eintritt des Falles der Nacherbfolge bekannt war oder bekannt sein mußte, oder m. a. W.: soweit die Rechtsstellung eines solchen Dritten in Betracht kommt, bewendet es bei der Unwirksamkeit der Verfügung (§ 2140).

Besonders hervorzuheben ist noch, daß die infolge des Erbfalls durch Vereinigung von Recht einer- und Verbindlichkeit oder Belastung andererseits erloschenen Rechtsverhältnisse bei Eintritt des Falles der Nacherbfolge nicht nur im Verhältnis zwischen Vor- und Nacherben, sondern auch dritten Personen gegenüber als nicht erloschen gelten (§ 2143).

II. Gegenstand der Nacherbfolge ist die Erbschaft überhaupt oder der vom Erblasser bestimmte Erbteil. Fällt dem Vorerben infolge des Wegfalls eines Miterben, sei es nach § 1935, sei es durch Anwachsung oder Ersatzberufung ein weiterer Erbteil zu, so erstreckt sich das Recht des Nacherben im Zweifel auch auf diesen; dagegen verbleibt im Zweifel dem Vorerben, was ihm der Erblasser als Vorausvermächtnis zugewendet hat. Vgl. § 2110.

Darauf, daß ihm von der Erbschaft etwas verbleibe, hat der Vorerbe kein Recht; er kann dem Nacherben insbesondere nicht einen der sogenannten quarta Trebellianica d. r. R. entsprechenden Abzug machen.

In der zwischen dem Erbfall und dem Eintritt des Falles der Nacherbfolge liegenden Zeit kann der Bestand der Erbschaft durch zufällige Ereignisse, infolge wirksamer Verfügungen des Vorerben oder des Testamentsvollstreckers über Erbschaftsgegenstände, infolge des sonstigen pflichtgemäßen oder pflichtwidrigen Gebarens dieser Personen, sowie infolge des Eingreifens Dritter Verminderungen, Vermehrungen und sonstige Veränderungen erfahren. Für die rechtliche Beurteilung solcher Veränderungen sind die Vorschriften des § 2111 von maßgebender Bedeutung. Darnach erstreckt sich das Recht des Nacherben als *solchen* auf den vom Vorerben gemachten Erwerb jedenfalls insoweit nicht, als er dem letzteren als Nutzung gebührt. Im übrigen gehört in Ansehung der Nacherbfolge nicht nur derjenige Erwerb zur Erbschaft, welchen der Vorerbe auf Grund eines zur Erbschaft gehörenden Rechtes oder als Ersatz für die Zerstörung, Beschädigung oder Entziehung eines Erbschaftsgegenstandes macht, sondern auch dasjenige, was der Vorerbe durch Rechtsgeschäft mit den Mitteln der Erbschaft erwirbt (§ 2111 Abs. 1). Als zur Erbschaft gehörend ist außerdem noch zu behandeln, was der Vorerbe dem Inventar eines erbschaftlichen Gutes einverleibt (§ 2111 Abs. 2). Die berufenen Vorschriften beruhen zwar nicht ausschließlich, aber doch überwiegend auf dem Prinzip der unmittelbaren Surrogation, vermöge dessen an die Stelle eines aus der Erbschaft ausscheidenden Gegenstandes bei Vorhandensein der angegebenen Voraussetzungen ohne weiteres ein anderer tritt. Dem Schuldner einer auf einem mit dem Vorerben abgeschlossenen *Rechtsgeschäft* beruhenden, kraft des Surrogationsprinzips aber zur Erbschaft und damit zugleich zu dem der Nacherbfolge unterliegenden Vermögen gehörenden Forderung wird dieser Umstand oft unbekannt sein. Auf daß er hierdurch nicht Schaden leide, hat er die Zugehörigkeit einer *solchen* Forderung zur Erbschaft erst dann gegen sich gelten zu lassen, wenn er von dieser Zugehörigkeit Kenntnis erlangt, und finden auf seine Rechtsstellung die Bestimmungen der §§ 406 bis 408 entsprechende Anwendung (§ 2111 Abs. 1 Satz 2).

III. Der zur Nacherbfolge Berufene kann die Erbschaft auch ausschlagen, und zwar — vorausgesetzt, daß er zu dieser Zeit bereits existiert — sobald der *Erbfall* eingetreten ist. Schlägt er aus, so verbleibt die Erbschaft in Ermangelung einer anderen Bestimmung des Erblassers dem Vorerben. Vgl. § 2142.

D. Vermächtnisse.

1. *Im allgemeinen.*

a) Die Personen des Vermächtnisses.

§ 29.

I. Der Ausdruck „Vermächtnis“ wird in verschiedener Bedeutung gebraucht. Man versteht darunter zunächst die Vermächtnisverfügung des Vermächtnisgebers, d. i. des Erblassers, dann aber auch die aus dieser Verfügung für den Vermächtnisbedachten (Vermächtnisnehmer) sich ergebende Berechtigung und für den Vermächtnisbeschwerten sich ergebende Belastung; unter Vermächtnis versteht man endlich nicht selten das Vermachte, den vermachten Gegenstand.

II. Vermächtnisbeschwerter kann nicht nur der Erbe (und zwar gleichviel, ob seine Berufung auf Verfügung von Todes wegen oder auf Gesetz beruht), sondern auch ein Vermächtnisnehmer sein. Hat der Erblasser hierüber nichts bestimmt, so ist der Erbe als beschwert anzusehen (§ 2147). Mehrere mit demselben Vermächtnis beschwerte Erben sind im Zweifel nach dem Verhältnis der Erbteile, mehrere Vermächtnisnehmer unter der gleichen Voraussetzung nach dem Verhältnis des Wertes der Vermächtnisse beschwert (§ 2148). Fällt der ursprünglich Beschwerte weg, so bleibt das Vermächtnis regelmäßig, d. h. sofern nicht ein anderer Wille des Erblassers anzunehmen ist, doch bestehen; es gilt dann derjenige als beschwert, welchem der Wegfall des zunächst Beschwerten unmittelbar zustatten kommt (§ 2161).

Im Falle der Nacherbfolge kann ein Vermächtnis lediglich dem Vorerben (so daß er es aus den ihm während der Dauer seines Rechtes zukommenden Nutzungen zu bestreiten hat) oder lediglich dem Nacherben (vgl. § 2163 Abs. 1 Z. 2) auferlegt sein. In Ermangelung einer besonderen Bestimmung des Erblassers wird man jedoch anzunehmen haben, daß das Vermächtnis als Last der Erbschaft behandelt werden soll und daher, wenn von dem Vorerben entrichtet, dem Nacherben als Abzugspost in Rechnung gestellt werden kann.

Hat der Erblasser angeordnet, daß ein vermachter Gegenstand bei dem Eintritt eines nach dem Anfall des Vermächtnisses eintretenden bestimmten Zeitpunktes oder Ereignisses einem Dritten zukommen soll, so gilt hinsichtlich des zugunsten des Dritten angeordneten Vermächtnisses nicht der Erbe, sondern der erste Vermächtnisnehmer als beschwert (§ 2191 Abs. 1).

III. 1. Wer Vermächtnisbedachter, Vermächtnisnehmer sein kann, ergibt sich bereits aus § 24 I dieser Darstellung. Zur Ergänzung des dort Gesagten ist hier nur beizufügen, daß der Vermächtnisnehmer (mag er nun eine natürliche oder juristische Person sein) nicht schon zur Zeit des Erbfalls existent zu sein braucht.

Hat der Erblasser bestimmt, daß dem eingesetzten Erben ein Erbschaftsgegenstand nicht zukommen soll, so gilt der Gegenstand nach der ergänzenden Vorschrift des § 2149 (vgl. auch § 2104) als den gesetzlichen Erben, jedoch mit Ausschluß des Fiskus, vermacht.

2. Ist der (praktisch auch zur Erbfolge gelangende) Erbe mit einem Vermächtnis bedacht, so liegt ein sogenanntes „Vorausvermächtnis" (entsprechend dem römischen Prälegat) vor. Es kann in zwei Gestaltungen vorkommen: einmal in der Weise, daß eine bestimmte andere Person (z. B. der Miterbe) mit dem zugunsten des Erben ausgesetzten Vermächtnis beschwert ist, dann aber auch so, daß der bedachte Erbe rücksichtlich des Vermächtnisses zugleich auch als Beschwerter oder doch als Mitbeschwerter in Betracht kommt; auch im letzteren Falle gilt es, im Gegensatz znm römischen Rechte, durchaus als Vermächtnis (§ 2150).

3. Mit *einem* Vermächtnis können auch *mehrere* bedacht sein, und zwar in sehr verschiedener Weise:

a) So, daß der Beschwerte oder ein Dritter zu bestimmen hat, wer von den mehreren das Vermächtnis erhalten soll (§ 2151 Abs. 1). Vgl. auch § 2152.

b) So, daß der Beschwerte oder ein Dritter zu bestimmen hat, was jeder der Bedachten von dem vermachten Gegenstand erhalten soll, vgl. § 2153.

c) Einfach so, daß die Bedachten den vermachten Gegenstand zusammen haben sollen. Die Anteile der Mitvermächtnisnehmer richten sich nach der vom Erblasser direkt oder indirekt getroffenen Bestimmung und nach den zunächst für den Fall der Einsetzung mehrerer Erben maßgebenden und hier entsprechend anzuwendenden Vorschriften der §§ 2089 bis 2093 (§ 2157).

Fällt von mehreren durch die Einheit des allen zusammen vermachten Gegenstandes verbundenen Vermächtnisnehmern einer vor oder nach dem Erbfall weg, so wächst, dafern der Erblasser anderes weder direkt noch indirekt bestimmt hat, der Anteil des Weggefallenen den übrigen Bedachten nach Verhältnis ihrer Anteile zu. Dadurch allein, daß die Anteile der Bedachten vom Erblasser bestimmt worden sind, ist die Anwachsung noch nicht als ausgeschlossen zu betrachten. Ein bevorzugtes Anwachsungsrecht besteht unter solchen Mitvermächtnisnehmern, die auf einen der zu bildenden Vermächtnisanteile zusammenberufen sind (§ 2158).

Der durch Anwachsung — die sich immer von selbst und, sofern nicht ein anderer Wille des Erblassers anzunehmen ist, cum onere (§ 2161) vollzieht — anfallende Vermächtnisanteil ist sowohl hinsichtlich der ihn als auch der den ursprünglichen Anteil belastenden Vermächtnisse und Auflagen als besonderes Vermächtnis zu behandeln (§ 2159). Den Wegfall des Mitbedachten braucht der Anwachsungsberechtigte nicht zu erleben, und die Anwachsung kommt also auch hier (vgl. o. § 26 IV) den Erben des Erwerbers des ursprünglichen Vermächtnisanteils zustatten (§ 2180 Abs. 3 und § 1953 Abs. 1, 2). In der Annahme oder Ausschlagung des ursprünglichen Anteils ist zugleich auch die Annahme oder Ausschlagung des durch Anwachsung hinzukommenden Anteils gelegen.

4. Wie bei Erbeinsetzungen ist auch bei Vermächtnissen eine Ersatzberufung möglich. Die hinsichtlich des Ersatzerben maßgebenden Vorschriften der §§ 2097 bis 2099 finden auch auf den Ersatzvermächtnisnehmer entsprechende Anwendung (§ 2190).

5. Der Einsetzung eines Nacherben entspricht auf dem Gebiete des Vermächtnisrechtes die Bedenkung mit einem Nachvermächtnis, d. h. mit einem Vermächtnis, zufolge dessen das Vermachte dem Bedachten erst nach einem anderen Vermächtnisnehmer (Vorvermächtnisnehmer) mit dem Eintritt eines bestimmten Zeitpunktes oder Ereignisses zukommen soll. Vgl. § 2191 und dazu Strohal I S. 211.

b) Schranken der Wirksamkeit der Vermächtnisse.

§ 30.

I. Auf denselben Gründen, in deren Berücksichtigung das Gesetz der vom Erblasser beabsichtigten dauernden Vinkulierung der Erbschaft als solcher Schranken setzt (vgl. § 2109 und hierzu § 27 dieser Darstellung), beruhen im Vermächtnisrecht die Vorschriften der §§ 2162, 2163; sie ziehen nämlich die zeitlichen Grenzen, über welche die Wirksamkeit von Vermächtnisverfügungen nicht hinausreichen kann.

II. Nach der für das römische Recht maßgebenden regula Catoniana ist ein Vermächtnis, das wegen seines Inhaltes der Wirksamkeit entbehrt haben würde, dafern der Erblasser im Augenblicke der Errichtung des Vermächtnisses verstorben wäre, grundsätzlich unwirksam, selbst wenn der der Wirksamkeit der Verfügung entgegenstehende Umstand zur Zeit des wirklichen Todes des Erblassers nicht mehr vorhanden ist. Dem BGB. ist diese Regel fremd; man hat vielmehr folgendermaßen zu entscheiden:

1. Nach § 2171 ist ein Vermächtnis unwirksam, das auf eine zur Zeit des Erbfalls unmögliche Leistung gerichtet ist oder gegen ein zu dieser Zeit bestehendes gesetzliches Verbot verstößt. Außerdem ordnet § 2171 aber noch die entsprechende Anwendung der Bestimmung des § 308 sowohl auf den Fall der Unmöglichkeit der Leistung als auch auf den der Verbotswidrigkeit an.

Hinsichtlich der Frage der Unmöglichkeit der Leistung vgl. noch § 2172.

2. Zufolge der auf Rechtsgeschäfte aller Art sich beziehenden Vorschrift des § 138 ist selbstverständlich auch eine Vermächtnisverfügung, die gegen die guten Sitten verstößt, nichtig. Ob aber ein Verstoß gegen die guten Sitten vorliegt, wird nach Analogie der Entscheidung des § 2171 auch hier nicht nach der Zeit der Errichtung, sondern nur nach der Zeit des Erbfalles zu beurteilen sein. Auch nach dieser Richtung hin spielt also das Recht der regula Catoniana nach dem BGB. keine Rolle mehr.

III. Ist ein Erbe, Nacherbe, Vermächtnisnehmer mit einem Vermächtnis derart beschwert, daß das Vermächtnis nur gelten soll, dafern der Beschwerte zum Erwerbe gelangt, so wird das Vermächtnis durch den Wegfall des Beschwerten unwirksam (§§ 2085, 2161).

IV. **Kurz** hinzuweisen ist schon an dieser Stelle auf die erst in anderem Zusammenhang zu besprechende Vorschrift des § 2306 Abs. 1 Satz 1.

c) Erwerb und Ausschlagung.

§ 31.

I. Das Recht aus dem Vermächtnis erwirbt der Vermächtnisnehmer von selbst, jedoch mit der Möglichkeit der Ausschlagung (§§ 2174, 2176). Hierbei sind zunächst in ähnlicher Weise wie bei der Nacherbfolge (vgl. oben § 27 IV) zwei Zeitpunkte auseinanderzuhalten.

1. Der eine derselben ist der Anfall des Vermächtnisses, d. i. der Zeitpunkt, mit welchem „die Forderung des Vermächtnisnehmers" unbeschadet des Rechtes, das Vermächtnis auszuschlagen, „zur Entstehung kommt" (§ 2176). Er trifft regelmäßig mit dem Erbfall zusammen, tritt aber unter Umständen erst später ein, und zwar: wenn der Bedachte zur Zeit des Erbfalls noch nicht erzeugt ist, erst mit dessen Geburt, wenn die Persönlichkeit des Bedachten durch ein erst nach dem Erbfall eintretendes Ereignis bestimmt wird, mit dem Eintritt des Ereignisses, und wenn das Vermächtnis unter einer aufschiebenden Bedingung oder unter Bestimmung eines zur Zeit des Erbfalls noch nicht eingetretenen Anfangstermins angeordnet ist, mit dem Eintritt der Bedingung oder des Termins (§§ 2176 bis 2178).

Die rechtliche Bedeutung des Vermächtnisanfalls tritt nach folgenden Richtungen hin hervor:

a) Eine Vermächtnisverfügung wird unwirksam, wenn der Anfall des Vermächtnisses nicht vor dem Ablauf der in den §§ 2162, 2163 bestimmten Zeit eintritt.

b) Wenn der Anfall des Vermächtnisses erst nach dem Erbfall eintritt (§§ 2177, 2178), so finden rücksichtlich der zwischen diesen Zeitpunkten liegenden Zeit die Vorschriften über eine unter einer aufschiebenden Bedingung geschuldete Leistung Anwendung (§ 2179), und zwar selbst dann, wenn der Bedachte noch nicht einmal erzeugt ist.

c) Ist ein bestimmter zum Nachlaß gehörender Gegenstand (sei es nun eine Sache, sei es ein Recht, z. B. eine Forderung, ein Urheberrecht u. dgl.) vermacht, so erfährt der Vermächtnisanspruch mit dem Eintritt des Vermächtnisanfalls die im § 2184 bestimmte Erweiterung.

2. Unter Umständen kommt es wie bei der Nacherbfolge so auch im Vermächtnisrecht zu einem Voranfall, mit dessen Eintritt der Bedachte bereits eine vererbliche Anwartschaft auf das Vermächtnis erlangt. So z. B. bei einem unter Beifügung eines Anfangstermins (in dem eine Bedingung auch nicht verborgen ist) angeordneten Vermächtnisse. Hier tritt der Voranfall zugunsten des beim Tode des Erblassers bereits erzeugten (§ 1923) Vermächtnisnehmers schon mit dem Erbfall, der Anfall des Vermächtnisses selbst erst mit dem Eintritt des Termins ein. Ebenso kann es sich aber auch bei einem unter einer aufschiebenden Bedingung angeordneten Vermächtnisse verhalten, wenn im konkreten Falle die Auslegungsregel des § 2074 nicht zutrifft.

3. Neben den zwei soeben hervorgehobenen Zeitpunkten ist auch noch der der Fälligkeit des Vermächtnisanspruchs von Bedeutung. Dieser Zeitpunkt kann niemals vor dem Anfall des Vermächtnisses eintreten, unter Umständen aber auch über den Anfall noch hinausgeschoben sein. Genaueres bei Strohal I S. 219 ff.

II. Die an eine gesetzliche Frist nicht gebundene Ausschlagung des Vermächtnisses erfolgt durch Erklärung gegenüber dem Beschwerten; dasselbe gilt für die Annahme, der Bedeutung insofern zukommt, daß durch sie die Möglichkeit der Ausschlagung ausgeschlossen wird. Die Erklärung kann erst nach dem Eintritt des Erbfalls, aber doch schon vor dem Anfall des Vermächtnisses erfolgen; sie ist unwirksam, wenn sie unter einer Bedingung oder einer Zeitbestimmung abgegeben wird, und desgleichen, wenn sie die Annahme oder Ausschlagung nur hinsichtlich eines Teiles des Vermächtnisses ausspricht. Vgl. § 2180.

Das Recht zur Ausschlagung des Vermächtnisses geht auf den Erben des Bedachten über. Von mehreren Erben kann jeder den seinem Erbteil entsprechenden Teil des Vermächtnisses ausschlagen (§ 2180 Abs. 3).

Bezüglich der Wirkung der Ausschlagung vgl. Strohal I S. 223.

Die Anfechtung der Annahme oder Ausschlagung eines Vermächtnisses ist nicht nach den Sondervorschriften der §§ 1954 ff. über die Annahme oder Ausschlagung einer Erbschaft, sondern lediglich nach den allgemeinen Vorschriften der §§ 119 bis 124, 142 bis 144 zu beurteilen. Im Gegensatz zu § 1957 gilt daher auch die Anfechtung der Annahme noch nicht als Ausschlagung und die Anfechtung der Ausschlagung noch nicht als Annahme. Eine besondere Behandlung tritt jedoch bei der Anfechtung der Ausschlagung eines Vermächtnisses im Falle des § 2308 Abs. 2 ein.

d) Der Vermächtnisanspruch.

§ 32.

I. Der Vermächtnisanspruch des Bedachten geht auf Erfüllung der Vermächtnisforderung und kann, auch wenn ein Vermächtnisnehmer beschwert ist, beim Gerichtsstande der Erbschaft erhoben werden (§ 27 ZPO.). Die Leistungsverpflichtung des Beschwerten bestimmt sich dabei, soweit nicht erb- und vermächtnisrechtliche Sonderbestimmungen eingreifen (vgl. darüber insbesondere unten III und die weiteren Ausführungen über die einzelnen Arten von Vermächtnissen), nach den allgemeinen Vorschriften des Obligationenrechts.

II. Mit besonderen Sicherungsrechten ist der Vermächtnisgläubiger durch das BGB. nicht ausgerüstet. Er hat weder ein gesetzliches Pfandrecht noch einen gesetzlichen Pfandrechts- oder Hypothekentitel, ebensowenig greift zu seinen Gunsten ein gesetzliches Veräußerungsverbot ein. Wie jedem anderen Gläubiger kommen aber auch ihm die allgemeinen Sicherungsmittel des Arrestes und der einstweiligen Verfügung (§§ 916 ff., 935 ff. ZPO.) zustatten. Dem vermächtnisbeschwerten Erben gegenüber ergibt sich für den Vermächtnisgläubiger die Möglichkeit einer Sicherung durch die Vorschriften über die Nachlaßverwaltung und den Nachlaßkonkurs.

III. Der Vermächtnisanspruch unterliegt gewissen Beschränkungen, vermöge welcher er eine Kürzung erfahren oder wohl auch ganz undurchsetzbar werden kann. Hierbei ist zu unterscheiden, je nachdem der Erbe oder ein Vermächtnisnehmer der Beschwerte ist.

1. Dem beschwerten Erben kommen

a) unter hier noch nicht zu besprechenden Voraussetzungen die Vorschriften der §§ 1975 ff. über die Beschränkung der Haftung des Erben für die Nachlaßverbindlichkeiten zustatten. Doch mag schon hier hervorgehoben werden, daß der Erbe in dieser Beziehung (vgl. § 1992) besonders günstig gestellt ist, wenn die Überschuldung des Nachlasses nur auf Vermächtnissen und Auflagen beruht.

b) Ist der Erbe mit einem Pflichtteilsanspruch belastet, oder ist er selbst pflichtteilsberechtigt, so steht ihm im ersten Falle ein Recht zur Kürzung der ihm auferlegten Vermächtnisse (und Auflagen) nach § 2318 Abs. 1 und unter Umständen auch nach § 2322 und im zweiten Falle nach § 2318 Abs. 3 zu.

c) Hat der Erbe nach Maßgabe des § 2161 Vermächtnislasten zu tragen, die zunächst einem später weggefallenen Vermächtnisnehmer auferlegt waren, so haftet er dem Untervermächtnisnehmer nicht weiter, als diesem der ursprünglich beschwerte Vermächtnisnehmer gehaftet haben würde (§ 2187 Abs. 2).

d) Hat der beschwerte Erbe mehrere Erbteile erlangt — und hinsichtlich der Vermächtnisse und Auflagen gilt auch der durch Anwachsung erworbene Erbteil (§ 2095) sowie die nach § 1935 eingetretene Erhöhung des ursprünglichen Erbteils als besonderer Erbteil —, so ist das Maß der zulässigen Kürzung der Vermächtnisse und Auflagen in betreff jedes Erbteils besonders zu beurteilen.

e) Die falcidische Quart ist dem Bürgerlichen Gesetzbuch fremd.

2. Ein beschwerter Vermächtnisnehmer kann:

a) wenn er selbst eine Kürzung seines Vermächtnisses erfahren hat, und soweit nicht ein anderer Wille des Erblassers anzunehmen ist, auch die ihm auferlegten Beschwerungen verhältnismäßig kürzen (§ 2188). Er kann ferner

b) nach Maßgabe der Vorschriften (vgl. § 1992), welche für den beschränkt haftenden Erben gelten, der mit Vermächtnissen oder Auflagen überschwert ist, die Erfüllung der ihm auferlegten Vermächtnisse und Auflagen insoweit verweigern, als das von ihm aus dem Vermächtnis Erlangte nicht ausreicht (§ 2187 Abs. 1).

c) Vgl. § 2322.

d) Vgl. § 2187 Abs. 2.

e) Vgl. § 2159.

3. Soweit nach dem unter 1 und 2 Gesagten eine Kürzung von Vermächtnissen und Auflagen zulässig ist, findet der Abzug regelmäßig bei allen Vermächtnissen und Auflagen verhältnismäßig statt. Der Erblasser kann jedoch durch Verfügung von Todes wegen bestimmen, daß hierbei ein Vermächtnis oder eine Auflage den Vorrang vor den übrigen Beschwerungen haben soll (§ 2189).

2. Vermächtnis eines bestimmten Gegenstandes.

a) Der Gegenstand gehört dem Erblasser.

§ 33.

I. Das Vermächtnis eines bestimmten Gegenstandes ist mit Rücksicht auf den vermutlichen Willen des Erblassers regelmäßig nur wirksam, wenn und soweit der Gegenstand zur Zeit des Erbfalls zum Nachlaß gehört (§ 2169 Abs. 1). Bei dieser Regel bewendet es selbst dann, wenn der Erblasser eine dem Erben oder dem sonstigen Beschwerten gehörende Sache vermacht hat. Durch die Regel des § 2169 Abs. 1 werden insbesondere auch diejenigen Fälle getroffen, in welchen der vermachte Gegenstand, nachdem er dem Erblasser bereits gehört hatte, aus dessen Vermögen vor dem Erbfall wieder ausgeschieden ist, so z. B. dadurch, daß der Erblasser den Gegenstand entgeltlich oder unentgeltlich veräußert hat. In einem Vorgang der eben bezeichneten Art erblickt das Gesetz nicht etwa einen Widerruf des Vermächtnisses, sondern den Eintritt eines Falles, für welchen das Vermächtnis schon von vornherein gar nicht gewollt war. Gehört der vermachte Gegenstand zur Zeit des Erbfalls zum Nachlaß, so erweist sich dagegen das Vermächtnis selbst dann als wirksam, wenn der Gegenstand zur Zeit der Anordnung dem Erblasser noch nicht gehörte, oder nachdem er ihm gehört hatte, aus dessen Vermögen wieder durch einige Zeit ausgeschieden war.

Bei Anwendung der Regel ist noch folgendes zu beachten:

1. Vgl. § 2169 Abs. 4.

5. Vgl. § 2169 Abs. 3.

3. Ist an Stelle des vermachten, zur Zeit des Erbfalls aber nicht mehr zum Nachlaß gehörenden Gegenstandes ein Ersatz getreten, so gilt unter Umständen dieser als vermacht. Dieser Gedanke findet im einzelnen folgende Ausgestaltung:

a) Dafern dem Erblasser vermöge der Umstände, unter welchen der vermachte Gegenstand nach der Anordnung des Vermächtnisses unterging oder dem Erblasser entzogen worden ist, ein Anspruch auf Ersatz des Wertes erwachsen ist, gilt im Zweifel dieser Anspruch als vermacht (§ 2169 Abs. 3).

b) Vgl. § 2172 Abs. 2.

c) Vgl. § 2173.

4. Vgl. § 2175.

5. Vgl. § 2169 Abs. 2, dazu Strohal I S. 234.

II. Wer mit einem zur Erbschaft gehörenden bestimmten Gegenstand bedacht ist, kann vom Beschwerten die Herausgabe der seit dem Anfall des Vermächtnisses gezogenen Früchte des Gegenstandes, sowie auch desjenigen verlangen, was der Beschwerte in anderer Weise auf Grund des vermachten Rechtes (man denke z. B. an den durch das Eigentum am vermachten Grundstück vermittelten Erwerb des Eigentums an einer

Flußinsel, oder an der Hälfte eines im Grundstück gefundenen Schatzes) erlangt hat (vgl. § 2184).

Ist der vermachte Gegenstand eine Sache, so erstreckt sich das Vermächtnis im Zweifel auch auf das zur Zeit des Erbfalls vorhandene Zubehör sowie auf Ansprüche, die dem Erblasser wegen einer nach der Anordnung des Vermächtnisses erfolgten Beschädigung der Sache auf Ersatz der Wertminderung entstanden sind (§ 2164). Hinsichtlich der Verwendungen vgl. § 2185.

III. 1. Ist der vermachte Gegenstand belastet (sei es auch mit einem Nießbrauch, oder einem Pfandrecht, oder einer Hypothek, Grund-, Rentenschuld), so kann der Vermächtnisnehmer im Zweifel Beseitigung der Last nicht beanspruchen; ein dem Erblasser zustehender Anspruch auf Beseitigung gilt jedoch im Zweifel als mitvermacht (§ 2165 Abs. 1).

Über den Fall, daß auf einem vermachten Grundstück eine dem Erblasser selbst zustehende Hypothek, Grundschuld oder Rentenschuld ruht, vgl. § 2165 Abs. 2.

2. Besteht die Belastung des vermachten Gegenstandes in einem Pfandrechte (im Gegensatz zur Hypothek), so hat der Bedachte in Ermangelung einer besonderen Bestimmung des Erblassers mit dieser Last nicht ohne weiteres auch die persönliche Schuld zu tragen.

3. Anders entscheidet jedoch das Gesetz, wenn das vermachte Grundstück mit einer Hypothek für eine Schuld des Erblassers oder doch für eine Schuld belastet ist, für deren Berichtigung der Erblasser dem Schuldner gegenüber aufzukommen hat. Hier ist der Vermächtnisnehmer — mit Ausnahme des Falles, daß die das vermachte Grundstück belastende Hypothek eine Maximalhypothek im Sinne des § 1190 ist — im Zweifel dem Erben gegenüber zur rechtzeitigen Befriedigung des Gläubigers insoweit verpflichtet, als die Schuld durch den Wert des Grundstücks gedeckt wird (§ 2166). Genaueres hierüber und über die in den §§ 2167, 2168 behandelten Fragen bei Strohal I 239 ff.

IV. Hinsichtlich des Falles, daß der vermachte Gegenstand vom Erblasser vermietet oder verpachtet worden ist, enthält das Gesetz eine besondere Bestimmung nicht. Man hat also nach allgemeinen Grundsätzen zu entscheiden. Ergebnisse bei Strohal I S. 243.

b) Das Verschaffungsvermächtnis.

§ 34.

I. Die Geltung der nur im Zweifel anzuwendenden Regel, daß das Vermächtnis eines bestimmten Gegenstandes nur insoweit wirksam ist, als der Gegenstand zur Zeit des Erbfalls zum Nachlaß gehört, entfällt, wenn erhellt, daß der Erblasser den von ihm bezeichneten Gegenstand dem Bedachten auch für den Fall zuwenden wollte, daß er nicht zur Erbschaft gehört. Es liegt dann ein sogen. Verschaffungsvermächtnis, d. h. ein Vermächtnis vor, zufolgedessen der Beschwerte verpflichtet ist, den vermachten Gegenstand, obschon dieser zur Zeit des Erbfalls nicht zur Erbschaft, sondern dem Beschwerten oder einem Dritten gehört, dem Bedachten zu verschaffen (§ 2170 Abs. 1).

II. Die Verpflichtung des mit einem Verschaffungsvermächtnis Beschwerten bestimmt sich nach § 2182 Abs. 2, 3; vgl. auch § 2170 Abs. 2, § 2172, ferner § 275. Über den sogen. concursus duarum causarum lucrativarum vgl. Strohal I S. 246 ff.

3. Vermächtnis von Rechten an Sachen oder an Rechten.

§ 34 a.

Vgl. Strohal I S. 248.

4. Vermächtnis einer nur der Gattung nach bestimmten Sache.

§ 35.

I. Eine den vermachten Gegenstand nur der Gattung nach bezeichnende Anordnung kann nicht allein hinsichtlich vertretbarer, sondern auch in betreff nicht vertretbarer Sachen stattfinden. Der wichtigste Fall der ersten Art ist das Vermächtnis einer bestimmten Geldsumme. Was der mit einem solchen Vermächtnis Beschwerte zu leisten hat, bestimmt sich nach den allgemeinen Vorschriften der §§ 244, 245. Im übrigen gelten für das auf Leistung von Sachen gerichtete Gattungsvermächtnis folgende Grundsätze:

1. In Ermangelung einer die Auswahl aus der Gattung betreffenden Bestimmung des Erblassers hat der Beschwerte eine den Verhältnissen des Bedachten entsprechende Sache zu leisten (§ 2155 Abs. 1). Der Erblasser kann aber die Bestimmung der Sache auch dem Bedachten oder einem Dritten überlassen; vgl. dazu § 2155 Abs. 2, 3.

2. Hinsichtlich der Gewährung der geleisteten Sache dem Rechte nach treffen den Beschwerten dieselben Verpflichtungen wie einen Verkäufer nach Maßgabe der in § 2182 Abs. 1 bezeichneten Vorschriften.

3. Ist die geleistete Sache mangelhaft, so kann der Vermächtnisnehmer verlangen, daß ihm an Stelle der mangelhaften Sache eine mangelfreie geliefert werde; statt dessen kann er Schadensersatz wegen Nichterfüllung dann beanspruchen, wenn der Beschwerte den Fehler arglistig verschwiegen hatte (§ 2183).

II. Bei dem Vermächtnis eines nur der Gattung nach bestimmten Gegenstandes kann sich als Wille des Erblassers ergeben, daß die Auswahl nur aus den zur Erbschaft gehörenden Sachen der bezeichneten Gattung stattfinden solle. Die Beurteilung der hierher gehörenden Fälle hängt von den Umständen ab.

5. Wahlvermächtnis.

§ 36.

Der Erblasser kann ein Vermächtnis auch in der Weise anordnen, daß der Bedachte von mehreren individuell bestimmten oder nur der Gattung nach bestimmten Gegenständen nur den einen oder den anderen erhalten soll (§ 2154). Auf ein solches Vermächtnis finden im allgemeinen die Vorschriften der §§ 262—265 Anwendung. Demgemäß steht das Wahlrecht im Zweifel dem Beschwerten zu, es kann aber auch dem Bedachten oder einem Dritten eingeräumt sein. Die dem Beschwerten zukommende Wahl findet durch Erklärung gegenüber dem Bedachten, die Wahl des Bedachten oder des Dritten dagegen durch Erklärung gegenüber dem Beschwerten statt (vgl. § 263 und hinsichtlich des wahlberechtigten Dritten § 2154 Abs. 1 Satz 2). Über den Fall, daß der Dritte die Wahl nicht treffen kann, vgl. § 2154 Abs. 2.

6. Befreiungs- und Schuldvermächtnis.

§ 37.

Das Vermächtnis einer bereits bestehenden Forderung (legatum nominis) wird durch die Vorschriften des Gesetzes über das Vermächtnis eines bestimmten

Gegenstandes getroffen. In betreff des Befreiungs- und des Schuldverhältnisses enthält das BGB. besondere Bestimmungen überhaupt nicht. Sie sind aber auch nicht notwendig; denn die richtige Entscheidung ist hier schon aus allgemeinen Gesichtspunkten zu gewinnen.

I. Im Falle eines Befreiungsvermächtnisses (legatum liberationis) will der Erblasser die Befreiung des Bedachten von einer Schuld herbeiführen, deren Gläubiger der Erblasser selbst oder der Beschwerte oder ein Dritter ist. Vgl. dazu Strohal I S. 253.

Aus dem Vermächtnis der Schuldbefreiung ergibt sich für den Vermächtnisnehmer in allen Fällen nur ein Anspruch auf Befreiung gegen den Beschwerten, niemals die Befreiung selbst (§ 2174). Ist jedoch die Befreiung von einer Schuld des Bedachten gegen den Erblasser vermacht, so kann der Bedachte sein Recht aus dem Vermächtnis auch dadurch geltend machen, daß er dem Anspruch des Beschwerten auf Leistung gegenüber die Erfüllung verweigert. Analoge Anwendung von § 821.

II. Hat der Erblasser dem Bedachten etwas mit dem Beisatze vermacht, daß er das Vermachte dem Bedachten schulde (legatum debiti, Schuldvermächtnis), so erlangt der Vermächtnisnehmer, dafern die Voraussetzungen eines rechtsgültigen Vermächtnisses sonst vorhanden sind, den vermächtnisrechtlichen Anspruch auf Leistung des vermachten Gegenstandes gegen den Beschwerten. Daß die angebliche Schuld wirklich besteht, braucht der Bedachte (sofern sich nicht ein anderes aus der Verfügung des Erblassers ergibt) nicht darzutun, und selbst der vom Beschwerten erbrachte Beweis, daß ein rechtsgültiges Schuldverhältnis nicht besteht, schließt den Anspruch aus dem Vermächtnis noch nicht aus. Doch kann wie jede andere letztwillige Verfügung, so auch ein Schuldvermächtnis wegen eines für den Erblasser entscheidend gewesenen Irrtums im Beweggrund nach Maßgabe des § 2078 angefochten werden.

Erfüllt der Erblasser die Schuld, deren Entrichtung er vermacht hatte, noch bei seinen Lebzeiten, so wird das Schuldvermächtnis gegenstandslos.

7. Vermächtnisse besonderen Inhalts.

§ 37a.

I. Vermächtnis des Nießbrauchs an der Erbschaft. Auslegungsfragen; dazu Strohal I S. 255.

II. Den Gegenstand eines Vermächtnisses kann auch eine dem Erblasser angefallene Erbschaft bilden. Genaueres bei Strohal I S. 255 ff.

III. Nach § 22 HGB. kann der Erblasser auch ein „bestehendes Handelsgeschäft“ zum Gegenstand einer vermächtnisweisen Zuwendung machen; dazu Strohal I S. 257.

E. Auflagen.

§ 38.

I. Die rechtliche Natur der Auflage ist bereits in § 6 dieser Darstellung bestimmt worden. Von der Anordnung einer Auflage wesentlich verschieden ist es, wenn der Erblasser, ohne dadurch den Erben, Vermächtnisnehmer verpflichten zu wollen, nur einen Wunsch, einen Rat, eine Empfehlung (sogen. nudum praeceptum) ausgesprochen hat.

II. Der Inhalt der Auflage kann ein sehr verschiedenartiger sein. Sehr häufig strebt der Erblasser dabei die Verwirklichung oder Beförderung eines öffentlichen oder gemeinnützigen Zweckes an. Möglicher Inhalt einer Auflage ist auch die Anordnung, daß der Bedachte bestimmte Mittel zur Errichtung einer Stiftung verwende. In anderen Fällen sorgt der Erblasser durch Anordnung von Auflagen für seine höchstpersönlichen Interessen, deren Wahrung ihm auch für die Zeit nach seinem Tode am Herzen liegt. Die Wirksamkeit einer Auflage ist selbst dadurch nicht ausgeschlossen, daß sie vorzugsweise den Vorteil des mit ihr Beschwerten bezweckt; man denke z. B. an Anordnungen über den Betrieb des zum Nachlaß gehörenden Erwerbsgeschäfts, über die Bewirtschaftung des Grundbesitzes, über die Anlegung von Kapitalien u. dergl. Um Auflagen solcher Art den Vollzug zu sichern, wird der Erblasser aber freilich einen Testamentsvollstrecker bestellen müssen; denn andernfalls könnten sie leicht unerfüllt bleiben, ohne daß den Beschwerten dabei ein erheblicher Nachteil träfe, und würden sie praktisch somit meist nicht mehr bedeuten als nuda praecepta.

III. Obschon die Auflagen nicht zu den Zuwendungen gehören, so finden auf sie doch manche für die letzteren maßgebende Bestimmungen entsprechende Anwendung. Vgl. § 2192 und die daselbst berufenen Paragraphen. Hervorzuheben ist noch:

1. Hat der Erblasser den Zweck einer Auflage bestimmt, so kann er die Bestimmung des Inhalts der Leistung in gleicher Weise wie bei Vermächtnissen (§§ 2192, 2065 Abs. 2, 2156) und nach der darüber noch hinausgehenden Bestimmung des § 2193 auch die Bestimmung der Person, an welche die Leistung erfolgen soll, dem Beschwerten oder einem Dritten überlassen.

2. Die aus Auflagen, mit denen der Erbe beschwert ist, sich ergebenden Verpflichtungen sind nach § 1967 Nachlaßverbindlichkeiten. Was oben (§ 32 dieser Darstellung) über die Gestaltung der Haftung des Erben für Vermächtnisverbindlichkeiten gesagt worden ist, gilt auch hier. Der mit Auflagen beschwerte Vermächtnisnehmer haftet für die ihm daraus erwachsenden Verbindlichkeiten nach den für die Haftung des Hauptvermächtnisnehmers hinsichtlich der diesem auferlegten Untervermächtnisse maßgebenden Grundsätzen. Ansprüche auf Erfüllung von Auflagen können, selbst wenn sie sich gegen einen Vermächtnisnehmer richten, im Gerichtsstande der Erbschaft geltend gemacht werden (§ 27 ZPO.).

3. Nicht unerwähnt darf bleiben, daß das Gesetz eine entsprechende Anwendung der die zeitliche Wirksamkeit von Vermächtnisverfügungen einschränkenden Vorschriften der §§ 2162, 2163 auf Auflagen nicht anordnet.

IV. Das Verlangen auf Vollziehung der Auflage kann in allen Fällen derjenige stellen, welchem der Wegfall des mit ihr zunächst Beschwerten unmittelbar zustatten kommen würde. Außerdem — d. h. auch wenn diese Voraussetzung nicht zutrifft — ist zum Verlangen berechtigt: der Erbe, soweit es sich um eine Auflage handelt, die nicht ihm selbst auferlegt ist, der Miterbe und sicherlich auch der Erbe des Erben bezw. des Miterben. Liegt die Vollziehung der Auflage im öffentlichen Interesse, so kann auch die nach Landesrecht zuständige Behörde die Vollziehung verlangen. Vgl. § 2194. Hat der Erblasser eine Testamentsvollstreckung angeordnet, so kann nach den für diese maßgebenden gesetzlichen Bestimmungen der Testamentsvollstrecker die vom Erblasser angeordneten Auflagen entweder selbst vollziehen oder doch ihre Vollziehung verlangen.

V. Eine vom Erblasser dem Erben oder einem Vermächtnisnehmer gemachte Auflage kann sich aus verschiedenen Gründen als unwirksam erweisen, so z. B. weil ihre Vollziehung schon von vornherein unmöglich ist oder nachträglich durch Zufall unmöglich wird. Dies hat in aller Regel nicht auch die Unwirksamkeit der unter der

Auflage gemachten Zuwendung zur Folge, es wäre denn anzunehmen, daß der Erblasser die Zuwendung ohne die Auflage nicht gemacht haben würde (§ 2195). Nach der Vorschrift des Gesetzes soll es im allgemeinen so selbst dann gehalten werden, wenn die Vollziehung der Auflage infolge eines von dem Beschwerten zu vertretenden Umstandes unmöglich geworden ist, oder wenn der Beschwerte zur Vollziehung einer Auflage, die nicht auch von einem Dritten vollzogen werden kann, rechtskräftig verurteilt ist und die zulässigen Zwangsmittel erfolglos gegen ihn angewendet worden sind. Eine Modifikation tritt in den hierher gehörenden Fällen nur insofern ein, daß derjenige, welchem der Wegfall des zunächst Beschwerten unmittelbar zustatten kommen würde, von dem letzteren nach den Grundsätzen über die Herausgabe einer ungerechtfertigten Bereicherung die Herausgabe der Zuwendung insoweit fordern kann, als diese zur Vollziehung der Auflage hätte verwendet werden müssen. Vgl. § 2196. Die Würdigung der besonderen Umstände des Falles kann aber doch auch zu anderer Lösung führen.

F. Testamentsvollstrecker.

1. Historisches.

§ 39.

Zusammenhang mit der letztwilligen Treuhand des älteren deutschen, insbesondere des langobardischen Rechtes. Obschon bestimmt, den vom Erblasser getroffenen Verfügungen von Todes wegen den Erfolg zu sichern, war die letztwillige Treuhand ihrem Wesen nach doch ein sachenrechtliches Institut. Erst infolge der Einwirkung des römischen Rechts verlor die letztwillige Treuhand ihre sachenrechtliche Grundlage und vollzog sich ihre Umbildung zur Testamentsvollstreckung. Seine weitere Ausgestaltung erhielt das Institut durch Praxis, Wissenschaft und partikulare Gesetzgebung.

Die Testamentsvollstreckung nach dem BGB.

a) Anordnung der Vollstreckung, Beginn und Beendigung des Amtes.

§ 40.

I. Anordnungen in betreff der Testamentsvollstreckung kann der Erblasser nur letztwillig treffen. Ihre Wirksamkeit ist durch das Vorhandensein und die Wirksamkeit anderweiter letztwilliger Anordnungen grundsätzlich (§ 2085) nicht bedingt. Die Testamentsvollstreckung setzt insbesondere nicht einen Testamentserben voraus, für sie ist auch Raum bei eintretender gesetzlicher Erbfolge. Zur Vollstreckung kann der Erblasser nicht nur einen, sondern auch mehrere Personen berufen. Die Beifügung von Bedingungen und Zeitbestimmungen ist zulässig, möglich ist auch eine Ersatzberufung. Die Bestimmung der Person des Vollstreckers kann vom Erblasser nicht nur selbst getroffen, sondern auch einem Dritten oder dem Nachlaßgericht überlassen werden. Auf Grund der vom Erblasser letztwillig erteilten Ermächtigung kann endlich auch der als Testamentsvollstrecker Ernannte einen oder mehrere Mitvollstrecker oder sich selbst einen Nachfolger ernennen. Vgl. §§ 2197—2200.

Die Ernennung des Testamentsvollstreckers ist unwirksam, wenn dieser zur Zeit, zu welcher er sein Amt anzutreten hat, geschäftsunfähig oder in der Geschäftsfähigkeit beschränkt ist oder nach § 1910 zur Besorgung seiner Vermögensangelegenheiten einen Pfleger erhalten hat (§ 2201). Frauenspersonen können als Testamentsvollstrecker ernannt werden, und selbst juristische Personen sind von der Testamentsvollstreckung nicht ausgeschlossen.

Der wirksam als Testamentsvollstrecker Ernannte kann sich über die Annahme oder Ablehnung des Amtes erst nach dem Erbfall und nur dem Nachlaßgericht gegenüber erklären. Eine gesetzliche Verpflichtung des Ernannten zur Übernahme des Amtes besteht nicht; doch kann ihm das Nachlaßgericht auf Antrag eines Beteiligten eine Frist zur Erklärung mit der Wirkung bestimmen, daß das Amt als abgelehnt zu gelten hat, wenn die Annahme nicht vor Ablauf der Frist erklärt wird. Die vom Ernannten unter einer Bedingung oder einer Zeitbestimmung abgegebene Annahme oder Ablehnung ist unwirksam. Mit dem Zeitpunkte, in welchem der Ernannte annimmt, beginnt sein Amt als Testamentsvollstrecker. Für dessen Führung kann er, sofern der Erblasser ein anderes nicht bestimmt hat, eine angemessene Vergütung verlangen; über ihre Höhe entscheidet im Streitfall nicht das Nachlaß-, sondern das Prozeßgericht. Vgl. §§ 2202, 2221.

II. Das Amt des Testamentsvollstreckers wird beendigt:

1. Durch dessen Tod, oder wenn nachträglich ein Fall eintritt, der, wenn schon früher vorhanden gewesen, die Ernennung nach § 2201 unwirksam gemacht hätte (§ 2225).

2. Mit dem Eintritt der auflösenden Bedingung, unter der die Ernennung erfolgt ist, oder durch Zeitablauf, wenn der Vollstrecker nur für bestimmte Zeit ernannt ist, oder wenn die auf die Testamentsvollstreckung sich beziehende Anordnung nach § 2210 unwirksam geworden ist.

3. Durch dem Nachlaßgericht gegenüber erklärte Kündigung des Vollstreckers. Trotz der von ihm seinerzeit erklärten Annahme des Amtes ist also dem Testamentsvollstrecker die Möglichkeit einer Zurücklegung desselben nicht entzogen. In betreff der bei der Kündigung zu nehmenden Rücksichten treffen jedoch den Testamentsvollstrecker dieselben Verpflichtungen, wie nach § 671 Abs. 2 und 3 den kündigenden Beauftragten; Nichtbeobachtung dieser Rücksichten macht den Vollstrecker daher auch dem Erben, möglicherweise aber auch einem Vermächtnisnehmer gegenüber schadensersatzpflichtig. Vgl. §§ 2226, 2219.

4. Durch Entlassung des Vollstreckers von seiten des Nachlaßgerichts. Sie kann auf Antrag eines Beteiligten ausgesprochen werden, wenn ein wichtiger Grund dazu, z. B. grobe Verletzung der dem Vollstrecker obliegenden Pflichten, Unfähigkeit desselben zu ordnungsmäßiger Geschäftsführung, vorliegt. Bevor die Entlassung erfolgt, soll der Testamentsvollstrecker, wenn tunlich, gehört werden (§ 2227).

III. Die Einsicht in Erklärungen, die in betreff der vom Erblasser einem Dritten oder dem Testamentsvollstrecker selbst überlassenen Ernennung eines Testamentsvollstreckers (vgl. §§ 2198, 2199), oder in betreff der Annahme oder Ablehnung des Amtes und der Kündigung der Testamentsvollstreckung (vgl. §§ 2202, 2226) abgegeben worden sind, hat das Nachlaßgericht jedem, der ein rechtliches Interesse glaubhaft macht, zu gestatten (§ 2228; vgl. auch §§ 78, 85 FGbG.).

b) Wirkungskreis und Pflichten des Testamentsvollstreckers.

§ 40a.

I. Bezüglich des Wirkungskreises des Testamentsvollstreckers ist zu unterscheiden: zwischen dem vom Gesetz durch ergänzende Rechtssätze sehr umfassend ausgestalteten normalen Wirkungskreise und denjenigen Fällen, in welchen der Wirkungskreis zufolge besonderer Bestimmungen des Erblassers ein noch weitergehender, oder ein eingeschränkterer, oder endlich ein besonders gearteter ist (§ 2208).

1. Regelmäßig kommen dem Vollstrecker folgende Aufgaben zu:

a) Er hat die letztwilligen Verfügungen des Erblassers, soweit sie wirksam sind, zur Ausführung zu bringen, also insbesondere für die Erfüllung und Sicherstellung von Vermächtnissen und Auflagen und für die Verwirklichung einer vom Erblasser letztwillig angeordneten Stiftung zu sorgen (§§ 2203, 2217, 83).

b) Bei Vorhandensein mehrerer Erben hat der Testamentsvollstrecker unter ihnen nach Maßgabe der gesetzlichen Vorschriften (vgl. §§ 2042—2056) die Auseinandersetzung zu bewirken; vor der Ausführung des Auseinandersetzungsplans soll er aber doch die Erben hören (§ 2204).

c) Er hat, solange die Erfüllung der ihm obliegenden Aufgaben es erfordert, den Nachlaß zu verwalten, ist berechtigt, die zum Nachlaß gehörenden Sachen in Besitz zu nehmen, und im allgemeinen auch mit der rechtlichen Macht ausgerüstet, über die seiner Verwaltung unterliegenden Nachlaßgegenstände mit Ausschluß des Erben (§ 2211) zu verfügen. Unentgeltliche Verfügungen kann er jedoch nur treffen, soweit sie einer sittlichen oder einer auf den Anstand zu nehmenden Rücksicht entsprechen. Vgl. § 2205. Aus seinem Rechte zur Verwaltung des Nachlasses ergibt sich für den Testamentsvollstrecker auch eine weitgehende Befugnis zur Eingehung von Verbindlichkeiten für den Nachlaß, und zwar nach doppelter Richtung hin: einmal soweit die Eingehung zur ordnungsmäßigen Verwaltung erforderlich ist, sodann aber auch insoweit, als er die Verbindlichkeit zu einer Verfügung eingeht, zu deren Vornahme er auch ohne vorangegangene Verbindlichkeit berechtigt ist. Zum Zwecke seiner besseren Legitimation gegenüber dritten Personen kann der Testamentsvollstrecker sogar verlangen, daß der Erbe ihm zur Eingehung von Verpflichtungen der bezeichneten Art die Einwilligung erteile. Aus den vom Testamentsvollstrecker innerhalb der Grenzen seiner Kontrahierungsbefugnis, sei es mit, sei es ohne Einwilligung des Erben, für den Nachlaß eingegangenen Verpflichtungsgeschäften entstehen Nachlaßverbindlichkeiten im Sinne des § 1967, für die der Erbe daher auch nach den in betreff seiner Haftung für die Nachlaßverbindlichkeiten überhaupt maßgebenden Grundsätzen aufzukommen hat. Nach denselben Grundsätzen hat der Erbe dem Testamentsvollstrecker übrigens auch die Aufwendungen zu ersetzen, welche dieser zur Ausführung der ihm obliegenden Aufgaben gemacht hat und den Umständen nach für erforderlich halten durfte. Vgl. §§ 2206 2218 (670).

2. Der regelmäßige Wirkungskreis des Testamentsvollstreckers kann durch besondere Bestimmung des Erblassers

a) eine Erweiterung erfahren, und zwar insbesondere in der Weise, daß der Vollstrecker in der Eingehung von Verbindlichkeiten für den Nachlaß nicht beschänkt sein soll;

b) eine Einschränkung, so z. B. in der Weise, daß nur *einzelne* Nachlaßgegenstände der Verwaltung des Vollstreckers unterstehen sollen, oder so, daß der Vollstrecker die Verfügungen des Erblassers nicht selbst ausführen soll.

Im letzterwähnten Falle ist übrigens der Vollstrecker im Zweifel doch berechtigt, die Ausführung von dem Erben zu verlangen; im Falle a) dagegen ist er ungeachtet der ihm vom Erblasser zugestandenen Erweiterung seiner Befugnisse doch nicht zur Erteilung von Schenkungsversprechen berechtigt, soweit dadurch nicht einer sittlichen Pflicht oder einer auf den Anstand zu nehmenden Rücksicht entsprochen wird. Vgl. §§ 2207, 2208.

3. Besonders geartet ist der Wirkungskreis des Testamentsvollstreckers in folgenden Fällen:

a) Der Erblasser kann einem Testamentsvollstrecker ohne Zuweisung sonstiger Aufgaben lediglich die Verwaltung des Nachlasses übertragen, sowie anordnen, daß dem Vollstrecker die Verwaltung auch nach Erledigung der sonstigen Aufgaben verbleiben soll. Soweit dem Vollstrecker die Verwaltung des Nachlasses in solcher Weise übertragen ist, hat man im Zweifel auch anzunehmen, daß ihm die rechtliche Macht zur Eingehung von Nachlaßverbindlichkeiten in dem oben unter Z. 2a angegebenen Maße zustehen soll.

Eine derartige Verpflichtung des Nachlasses läßt das Gesetz jedoch nicht für unbeschränkte Zeit zu. Vgl. in dieser Beziehung §§ 2209, 2210.

b) Der Erblasser kann einen Testamentsvollstrecker auch lediglich zu dem Zwecke ernennen, daß dieser bis zu dem Eintritt einer angeordneten Nacherbfolge die Rechte des Nacherben ausübt und dessen Pflichten erfüllt (§ 2222).

c) Ein Testamentsvollstrecker kann endlich lediglich für die Ausführung der einem Vermächtnisnehmer auferlegten Beschwerungen bestellt werden (§ 2223).

II. Die dem Testamentsvollstrecker kraft Gesetzes obliegenden Pflichten sind folgende:

1. Unverzüglich nach Annahme seines Amtes hat er dem Erben ein Verzeichnis der seiner Verwaltung unterliegenden Nachlaßgegenstände und der bekannten Nachlaßverbindlichkeiten mitzuteilen und ihm die zur Aufnahme des Inventars sonst erforderliche Beihilfe zu leisten. Vgl. § 2215 und daneben auch § 260.

2. Soweit der Testamentsvollstrecker zur Verwaltung überhaupt berufen ist, hat er diese ordnungsmäßig zu führen. Über die Verpflichtungen des Vollstreckers im einzelnen vgl. §§ 2216—2218.

3. Wegen schuldbarer Verletzung der ihm obliegenden Verpflichtungen haftet der Vollstrecker dem Erben und, wenn ein Vermächtnis zu vollziehen ist, auch dem Vermächtnisnehmer (§ 2219).

4. Die in den §§ 2215, 2216, 2218, 2219 bestimmten Verpflichtungen kann der Erblasser dem Testamentsvollstrecker nicht erlassen (§ 2220). Hierdurch nicht ausgeschlossen ist jedoch die Wirksamkeit der vom Erblasser getroffenen Anordnung, daß der Testamentsvollstrecker überhaupt nur für eigenes Verschulden zu haften und nur für diejenige Sorgfalt einzustehen habe, welche er in eigenen Angelegenheiten anzuwenden pflegt (§§ 276—278).

III. Über die Amtsführung mehrerer Testamentsvollstrecker vgl. 2224, 2219 Abs. 2.

IV. Das Vorhandensein eines Testamentsvollstreckers übt einen wesentlichen Einfluß auf die Rechtsstellung des Erben und dritter Personen aus: In dieser Beziehung ist folgendes hervorzuheben:

1. Der Erbe kann über einen der Verwaltung des Vollstreckers unterliegenden Nachlaßgegenstand nicht verfügen (§ 2211). Dementsprechend ist daher auch, wenn es zur Eintragung des Erben bei einem zum Nachlaß gehörenden und der Verwaltung

des Vollstreckers unterliegenden Grundbuchobjekte kommt, von Amts wegen zugleich auch die aus der Ernennung des Testamentsvollstreckers sich ergebende Verfügungsbeschränkung einzutragen (§ 53 GBO.).

2. Gläubiger des Erben, die nicht Nachlaßgläubiger sind, können auf der Verwaltung des Testamentsvollstreckers unterliegende Nachlaßgegenstände nicht zum Zwecke ihrer Befriedigung greifen (§ 2214).

3. In betreff der Geltendmachung von zum Nachlaß gehörenden Rechten und von Ansprüchen gegen den Nachlaß gilt Nachstehendes:

a) Ein der Verwaltung des Vollstreckers unterliegendes Recht kann nur von diesem gerichtlich geltend gemacht werden (§ 2212). Das in einem solchen Prozesse ergangene Urteil wirkt für und gegen den Erben (§ 327 Abs. 1 ZPO.).

b) Steht dem Vollstrecker die Verwaltung des Nachlasses nicht zu, so ist die Geltendmachung eines gegen den Nachlaß gerichteten Anspruchs nur gegen den Erben zulässig (§ 2213 Abs. 1 Satz 2). Vgl. aber auch die Ausführung unter e.

c) Ein Pflichtteilsanspruch kann unter allen Umständen nur gegen den Erben geltend gemacht werden (§ 2213 Abs. 1 Satz 3). Vgl. aber auch hier die Ausführung unter e.

d) Abgesehen von den Fällen unter b und c können Ansprüche gegen den Nachlaß sowohl gegen den Testamentsvollstrecker als auch gegen den Erben geltend gemacht werden, jedoch mit dem Unterschiede, daß der letztere erst nach der Annahme der Erbschaft, der erstere dagegen auch schon vor diesem Zeitpunkte belangt werden kann (§ 2213 Abs. 1 Satz 1 und Abs. 2).

e) Das über einen gegen den Nachlaß gerichteten Anspruch zwischen dem Testamentsvollstrecker und einem Dritten ergehende Urteil wirkt, dafern der Vollstrecker zur Führung des Rechtsstreits berechtigt war, auch für und gegen den Erben. Auf Grund desselben kann der siegende Kläger nach § 748 ZPO. Zwangsvollstreckung in die der Verwaltung des Vollstreckers unterliegenden Gegenstände führen, und nach § 727 ZPO. kann er auch die Erteilung einer vollstreckbaren Ausfertigung gegen den Erben verlangen; daß die Verwaltung des Testamentsvollstreckers noch besteht, schließt die Erteilung der Ausfertigung nicht aus (§§ 327, 728 ZPO.).

Das vom Dritten gegen den Erben erwirkte Urteil wirkt dagegen nicht gegen den Testamentsvollstrecker. Zur Führung der Zwangsvollstreckung über der Verwaltung des Vollstreckers unterliegende Gegenstände ist daher ein gegen den Erben ergangenes Urteil niemals genügend, sondern bedarf es, wenn zunächst nur gegen den Erben auf Leistung geklagt worden ist (§ 2213), immer noch eines gegen den Vollstrecker ergangenen Urteils auf Duldung der Zwangsvollstreckung (§ 2213 Abs. 3 und § 748 ZPO.). In dem gegen ihn zu diesem Zwecke geführten Prozesse kann der Testamentsvollstrecker von materiellen Einwendungen aller Art, auch von solchen, deren der Erbe sich nicht bedient hat, Gebrauch machen.

4. Über die Frage, ob und in welchem Umfange der Testamentsvollstrecker aktiv und passiv in sogen. Erbrechtsstreitigkeiten legitimiert ist, vgl. Strohal I S. 290 ff.

c) Rechtliche Natur der Testamentsvollstreckung.

§ 40 b.

Wie man sich die Testamentsvollstreckung theoretisch zurecht zu legen habe, ist eine vielbesprochene Frage. Eine ältere Lehre hat die Erklärung aus dem Gesichtspunkte eines dem Vollstrecker vom Erblasser erteilten Auftrages zu gewinnen gesucht. Jetzt ist diese sogen. Mandatstheorie bereits allgemein aufgegeben.

Meinungsverschiedenheit besteht darüber, ob der Testamentsvollstrecker bei seinem rechtsgeschäftlichen und prozessualen Auftreten in fremdem oder in eigenem Namen handelt. Vom Standpunkte der ersten Auffassung ergibt sich dann wieder die Frage, wen der Testamentsvollstrecker hierbei vertritt? Folgende Meinungen sind geäußert worden:

1. Zunächst die, daß der Testamentsvollstrecker als Vertreter des Erblassers auftrete; hiergegen ist einfach zu sagen, daß eine nicht mehr vorhandene Person auch nicht mehr vertreten werden kann.

2. Eine andere Ansicht will den Testamentsvollstrecker als Vertreter des Nachlasses angesehen wissen. Allein selbst wenn man sich über das Bedenken, daß hierbei die Vertretung von etwas angenommen wird, was weder eine natürliche noch eine juristische Person ist, hinwegsetzen wollte, so reicht doch auch diese Annahme zur Erklärung des zu Erklärenden nicht aus. Man denke dabei insbesondere an die dem Testamentsvollstrecker nach den §§ 2203, 2223 zukommende Befugnis zur Sorge für die Ausführung der einem Vermächtnisnehmer auferlegten Beschwerungen, ferner an die Stellung des nur zur Verwaltung einzelner Nachlaßgegenstände berufenen oder des nur beaufsichtigenden Testamentsvollstreckers (§ 2208 Abs. 2), oder an den Testamentsvollstrecker mit den im § 2222 bestimmten Befugnissen.

3. Es ist endlich gesagt worden, der Testamentsvollstrecker sei Vertreter des Erben in Ansehung des Nachlasses. Allein auch diese Annahme scheitert an der Beschaffenheit der bei der Testamentsvollstreckung sich ergebenden rechtlichen Vorgänge. Wie soll es z. B. mit dieser Annahme verträglich sein, wenn der Vollstrecker vom Erben nach § 2206 Abs. 2 die Erteilung der Einwilligung zur Eingehung einer Nachlaßverbindlichkeit oder nach § 2208 Abs. 2 die Ausführung einer Anordnung des Erblassers verlangt, oder sich vom Erben nach § 2217 eine Sicherheit bestellen läßt, oder wenn er, nachdem der Erbe einem klagenden Nachlaßgläubiger gegenüber zur Leistung verurteilt worden ist, der Klage des Gläubigers auf Duldung der Zwangsvollstreckung Einwendungen entgegenstellt?

Das Ergebnis ist also: der Testamentsvollstrecker handelt, wenn er *als solcher* auftritt, nicht in fremdem, sondern in eigenem Namen, nicht kraft eines ihm gar nicht zukommenden Vertretungsrechtes, sondern kraft eines ihm zur Erfüllung bestimmter Aufgaben gegebenen Eigenrechtes zur rechts- und prozeßgestaltenden Einflußnahme auf eine ihm materiell fremde Interessen- und Rechtssphäre und mit Rechtswirkungen, die den an das Handeln eines gesetzlichen Vertreters sich knüpfenden zwar hier und da verwandt sind, sich mit diesen aber durchaus nicht decken.

III. Unwirksamkeit und Aufhebung des Testaments.

A. Unwirksamkeit.

§ 41.

I. Dem Ausdruck Unwirksamkeit kommt in seiner Anwendung auf Rechtsgeschäfte neben einer engeren auch eine weitere Bedeutung zu. Die letztere umfaßt außer der Unwirksamkeit im e. S. auch die zur Zeit der Vornahme des Rechtsgeschäftes vorhandene (also ursprüngliche), und die infolge einer wirksamen Anfechtung nach rückwärts hin

(§ 142) anzunehmende Nichtigkeit. In der folgenden Darstellung ist von der ursprünglichen Nichtigkeit auszugehen.

II. Die ursprüngliche Nichtigkeit einer letztwilligen Verfügung kann beruhen: auf dem Mangel der vorgeschriebenen Form (§ 125), auf dem Mangel der Testierfähigkeit des Erblassers (vgl. oben § 19 d. B.), darauf, daß der Erblasser seine Erklärung im Zustande der Bewußtlosigkeit oder vorübergehender Störung der Geistestätigkeit (§ 105 Abs. 2), oder daß er sie als eine nicht ernstlich gemeinte und in der Erwartung, es werde der Mangel der Ernstlichkeit nicht verkannt werden, abgegeben hat (§ 118), endlich auf dem vom Gesetz für schlechthin unzulässig erklärten Inhalt der Verfügung (vgl. §§ 134, 138, 2263, 2302).

Die Bestätigung einer wegen Formmangels, wegen des zur Zeit der Errichtung vorhanden gewesenen Mangels der Testierfähigkeit des Erblassers oder nach § 105 Abs. 2 oder nach § 118 nichtigen letztwilligen Verfügung wirkt nicht als solche, sondern nur insofern, als sie sich als neue Errichtung der Verfügung darstellt (§ 141 Abs. 1).

III. Abgesehen von den Fällen des § 105 Abs. 2 und des § 118 ist eine letztwillige Verfügung wegen sogen. Willensmängel niemals schon von vornherein nichtig. Was zunächst die Mentalreservation und Simulation betrifft, so können die in den §§ 116 Satz 2, 117 hervorgehobenen Fälle der Nichtigkeit bei letztwilligen Verfügungen aus dem Grunde gar nicht vorkommen, weil die bezeichneten Bestimmungen sich nur auf empfangsbedürftige Willenserklärungen beziehen. Willensmängel anderer Art machen in grundsätzlicher Übereinstimmung mit den allgemeinen Vorschriften der §§ 119, 120, 123 die mangelhafte letztwillige Verfügung nicht nichtig, sondern nur anfechtbar. Besonderes gilt für letztwillige Verfügungen jedoch insofern, daß bei ihnen die Anfechtung wegen Mangelhaftigkeit des Willens des Erklärenden in weiterem Umfange zugelassen ist als bei anderen Rechtsgeschäften.

A. Leitender Grundsatz ist, daß letztwillige Verfügungen anfechtbar sind, wenn und *soweit* sie der wahren Absicht des Erblassers nicht entsprechen. Anfechtbarkeit ist insbesondere begründet:

1. *Soweit* der Erblasser das von ihm z. B. infolge Verschreibens Erklärte nicht einmal erklären wollte, oder soweit er über den Inhalt seiner Erklärung im Irrtum war, dafern (hier wie dort) anzunehmen ist, daß er die Erklärung bei Kenntnis der Sachlage nicht abgegeben haben würde (§ 2078 Abs. 1). Steht letzteres fest, so ist die Verfügung als eine der wirklichen Absicht des Erblassers widersprechende selbst dann anfechtbar, wenn erhebliche Gründe dafür sprechen, daß ein von „verständiger Würdigung des Falles" geleiteter Erblasser eine mit der Aufrechterhaltung der Verfügung sich vertragende Absicht gehabt haben würde.

2. *Soweit* der Erblasser zu seiner Verfügung lediglich durch irrige Annahmen und Erwartungen (Irrtum im Beweggrund) bestimmt worden ist, unterliegt sie gleichfalls der Anfechtung (§ 2078 Abs. 2). Hierin liegt eine doppelte Abweichung von den für Rechtsgeschäfte unter Lebenden geltenden Grundsätzen. Denn während der bloße Irrtum im Beweggrund bei rechtsgeschäftlichen Erklärungen unter Lebenden in aller Regel ganz bedeutungslos ist, unterliegt eine auf solchem Irrtum beruhende letztwillige Verfügung mit Recht der Anfechtung, und während bei Rechtsgeschäften unter Lebenden ein ausnahmsweiser Fall der Anfechtbarkeit wegen eines Irrtums im Beweggrund dann gegeben ist, wenn der Erklärende zu seiner Erklärung durch arglistige

Täuschung bestimmt wurde (§ 123), spielt dieser Fall bei letztwilligen Verfügungen deshalb keine besondere Rolle, weil dieselben, wenn auf einem für den Erblasser maßgebend gewesenen Irrtum im Beweggrund beruhend, schlechthin anfechtbar sind, auch wenn dieser Irrtum nicht durch eine von einem andern verübte arglistige Täuschung hervorgerufen worden ist.

Unter den Gesichtspunkt eines Irrtums im Beweggrund bringt das Gesetz (§ 2079) auch den Fall, daß der Erblasser in seinem Testament einen zur Zeit des Erbfalls vorhandenen Pflichtteilsberechtigten übergangen hat, dessen Vorhandensein ihm bei der Errichtung nicht bekannt war oder auf dessen späteres Zuwachsen er nicht gerechnet hatte. Die Behandlung weist jedoch folgende Besonderheiten auf: Nach der Vorschrift des § 2079 greift im Zweifel die Annahme durch, daß der Erblasser, dafern er den bezeichneten Umstand gekannt oder vorausgesehen hätte, dem Pflichtteilsberechtigten das gesetzliche Erbrecht unverkürzt belassen und deshalb so, wie er tatsächlich verfügt hat, nicht verfügt haben würde. Während also der wegen eines für den Erblasser angeblich bestimmend gewesenen Irrtums im Beweggrund Anfechtende sonst (§ 2078 Abs. 2) die vom Gegner bestrittene Kausalität dieses Irrtums darlegen muß, kommt dem Anfechtenden im Falle des § 2079 die erwähnte Annahme zustatten, und während § 2078 Abs. 2 den Umfang der Zulässigkeit und die Wirkung der Anfechtung positiv begrenzt, unterliegen nach § 2079 im allgemeinen alle Verfügungen des Erblassers der vollwirksamen Anfechtung, soweit nicht erhellt, daß der Erblasser eine dabei in Frage kommende Verfügung auch bei Kenntnis der Sachlage getroffen haben würde (vgl. Satz 2 des § 2079).

3. Anfechtbar ist eine letztwillige Verfügung endlich noch insoweit, als der Erblasser zu ihr widerrechtlich durch Drohung bestimmt worden ist (§ 2078 Abs. 2).

B. Anfechtungsberechtigt ist immer nur der nach dem Erbfall durch die Verfügung nachteilig Betroffene, also regelmäßig ein Nachlaßbeteiligter, niemals der Erblasser selbst.

Als den im konkreten Falle zur Anfechtung Berechtigten bezeichnet das Gesetz im allgemeinen denjenigen, welchem die Aufhebung der letztwilligen Verfügung unmittelbar zustatten kommen würde (§ 2080 Abs. 1). Handelt es sich also z. B. um eine anfechtbare Erbeinsetzung, so ist nur anfechtungsberechtigt, wer im Falle erfolgreicher Anfechtung an Stelle des anfechtbar als Erbe Eingesetzten unmittelbar als Erbe in Betracht kommt. Bei einem anfechtbaren Vermächtnis ist folgendermaßen zu unterscheiden: Kommt der Erfolg der Anfechtung nur dem Beschwerten zustatten, so ist nur er anfechtungsberechtigt; führt die erfolgreiche Anfechtung dagegen zu einer Ersatzberufung oder zur Anwachsung an einen Mitvermächtnisnehmer, so ist nur der Ersatzberufene bezw. der Mitvermächtnisnehmer anfechtungsberechtigt.

Eine noch weitergehende Beschränkung des Anfechtungsrechtes kann darin bestehen, daß es dem an der Aufhebung der Verfügung unmittelbar Interessierten nicht schlechthin, sondern nur unter der weiteren Voraussetzung gewährt ist, daß er zugleich derjenige ist, mit Rücksicht auf welchen allein zutrifft, daß der Erblasser bei Kenntnis der Sachlage die anfechtbare Verfügung nicht angeordnet haben würde. So verhält es sich vor allem bei der nach § 2079 eintretenden Anfechtbarkeit wegen irrtümlicher Übergehung eines Pflichtteilsberechtigten. Das Anfechtungsrecht ist hier nur für den zur Zeit des Erbfalls vorhandenen Pflichtteilsberechtigten begründet (§ 2080 Abs. 3). War dagegen der Pflichtteilsberechtigte noch vor dem Erbfall gestorben oder hatte er nach der Errichtung der vom Erblasser getroffenen Verfügung auf sein gesetzliches Erbrecht verzichtet (§ 2346), so bleibt die Verfügung in Wirksamkeit, obschon es an einer anderen Person nicht fehlt, der die Aufhebung der Verfügung unmittelbar zum Vorteil gereichen würde.

Wie in dem soeben besprochenen Falle, verhält es sich auch sonst, wenn die Anfechtbarkeit lediglich darauf beruht, daß der durch einen Irrtum im Beweggrund geleitete Erblasser die von ihm wirklich getroffene Verfügung bei Kenntnis der Sachlage nur um einer bestimmten Person willen, deren Beeinträchtigung ihm ferne lag, nicht getroffen haben würde. Auch hier ist nur diese Person und auch sie nur, dafern sie den Erbfall erlebt, anfechtungsberechtigt (§ 2080 Abs. 2).

Das in der Person des hiernach Anfechtungsberechtigten begründete Anfechtungsrecht geht, sofern es nicht vorher (z. B. durch Verzicht oder Präklusion) bereits erloschen ist, auf den Erben des Anfechtungsberechtigten über.

C. In betreff der Art der Anfechtung ist nach § 2081 in folgender Weise zu unterscheiden:

1. Die Anfechtung hat durch Erklärung des Anfechtungsberechtigten gegenüber dem Nachlaßgericht zu erfolgen:

a) Wenn durch die anfechtbare Verfügung „ein Erbe eingesetzt, ein gesetzlicher Erbe von der Erbfolge ausgeschlossen, ein Testamentsvollstrecker ernannt oder eine Verfügung solcher Art aufgehoben wird" (§ 2081 Abs. 1). Man wird diese Vorschrift ausdehnend dahin auslegen dürfen, daß das Gesetz durch sie alle Verfügungen umfaßt wissen will, welche die Berufung zur Erbfolge (also z. B. auch die Ernennung eines Nacherben oder die Wiederaufhebung einer solchen Anordnung) oder die Testamentsvollstreckung (also z. B. auch eine Anordnung über den Wirkungskreis des Testamentsvollstreckers) betreffen.

b) Dieselben Anforderungen wie in den Fällen unter a) stellt das Gesetz (§ 2081 Abs. 3) auch an die Anfechtung „einer letztwilligen Verfügung, durch die ein Recht für einen andern nicht begründet wird". Eine Verfügung solcher Art erblickt das Gesetz (mit Rücksicht auf § 1940) insbesondere in der Anordnung einer Auflage. Hierher gehört aber auch die (in anfechtbarer Weise erfolgte) Aufhebung einer angeordnet gewesenen Auflage. Desgleichen die testamentarisch getroffene rein familienrechtliche Anordnung sowie die Aufhebung derselben, und doch wohl auch die vom Erblasser ausgesprochene oder wieder zurückgenommene Entziehung oder Beschränkung des Pflichtteils. Unter den Wortlaut der Vorschrift fällt übrigens auch, zwar nicht die Anordnung, wohl aber die Aufhebung eines Vermächtnisses; überwiegende sachliche Gründe sprechen jedoch gegen diese Subsumption.

Die in den Fällen a) und b) vom Anfechtungsberechtigten abgegebene Anfechtungserklärung soll das Nachlaßgericht demjenigen mitteilen, welchem die angefochtene Verfügung unmittelbar zustatten kommt; auch hat es die Einsicht der Erklärung jedem zu gestatten, der ein rechtliches Interesse glaubhaft macht (§ 2081 Abs. 2).

2. In allen übrigen (durch die unter Z. 1a und b erwähnten Vorschriften nicht getroffenen) Fällen erfolgt die Anfechtung einer letztwilligen Verfügung nach Maßgabe der allgemeinen Vorschrift des § 143 durch formlose Erklärung gegenüber dem Anfechtungsgegner. Dies gilt insbesondere für die Anfechtung von Verfügungen, durch die Vermächtnisse angeordnet oder aufgehoben werden.

3. Unterliegen mehrere, ja vielleicht sogar alle letztwilligen Anordnungen des Erblassers der Anfechtung desselben Anfechtungsberechtigten, so ist eine einheitliche Anfechtung durch Erklärung gegenüber dem Nachlaßgericht jedenfalls dann möglich, wenn die anfechtbaren Verfügungen sämtlich unter Z. 1 (a oder b) fallen. Trifft dies dagegen für keine der Verfügungen zu, so muß, soweit nicht die im § 2085 a. E. bezeichnete Annahme durchgreift, jede einzelne von ihnen nach Maßgabe des unter Z. 2 Gesagten besonders angefochten werden. Gehören die anfechtbaren Verfügungen teils zur Gruppe Z. 1, teils zu der Z. 2, so wird die durch Erklärung der Anfechtung beim Nachlaßgericht erfolgende Anfechtung der unter Z. 1 fallenden Verfügungen die besondere Anfechtung der übrigen Verfügungen nur insoweit entbehrlich machen, als ihr Bestand nach Maßgabe des § 2085 von dem Bestande der durch Erklärung gegenüber dem Nachlaßgericht wirksam angefochtenen Verfügungen abhängig ist.

D. Die Wirkung der erfolgreichen Anfechtung bestimmt sich nach der Vorschrift des § 142 Abs. 1. Sie besteht also darin, daß die angefochtene letztwillige Verfügung, und soweit mit dieser eine andere, nicht besonders angefochtene Verfügung in untrennbarem Zusammenhange steht, auch diese (§ 2085), aber immer nur insoweit, als der Anfechtungsgrund dies rechtfertigt, als von vornherein nichtig anzusehen ist.

Was insbesondere denjenigen betrifft, welcher sich auf Grund einer anfechtbaren Erbeinsetzung in der Erbenstellung befunden hat, so gilt der von ihm scheinbar gemachte erbrechtliche Erwerb nach stattgehabter wirksamer Anfechtung nach rückwärts hin als nicht erfolgt.

Im Falle wirksamer Anfechtung einer Vermächtnisverfügung gilt zwar diese als von Anfang an nichtig. Die Gültigkeit der auf Grund der Verfügung vom Beschwerten vorgenommenen Übertragung des Eigentums an dem scheinbar vermachten Gegenstand wird aber hierdurch nicht berührt. Denn der Eigentumserwerb des Bedachten beruht nicht unmittelbar auf der Vermächtnisverfügung, sondern auf einem selbständigen Rechtsgeschäft des Beschwerten mit dem Bedachten. Mit Rücksicht darauf jedoch, daß der letztere den ihm überlassenen Gegenstand ohne rechtlichen Grund erhalten hat, ist er nach den §§ 812 ff. dem Beschwerten zur Herausgabe der ungerechtfertigten Bereicherung verpflichtet.

Hatte der durch eine anfechtbare und später angefochtene letztwillige Verfügung Begünstigte auf deren rechtlichen Bestand vertraut, so kann er wegen der erfahrenen Enttäuschung doch keinesfalls Schadensersatz verlangen (§ 2078 Abs. 3).

E. Der Anfechtungsbefugnis ist eine mit dem Zeitpunkte, in welchem der Anfechtungsberechtigte von dem Anfechtungsgrunde Kenntnis erlangt hat, beginnende einjährige Präklusivfrist gesetzt. Mit Ablauf von 30 Jahren seit dem Erbfall ist die Anfechtung schlechthin ausgeschlossen.

Im Falle einer durch eine anfechtbare letztwillige Verfügung begründeten Verpflichtung zu einer Leistung kann jedoch die letztere vom Beschwerten selbst dann noch verweigert werden, wenn das Recht zur Anfechtung wegen Versäumung der Anfechtungsfrist bereits erloschen ist. Vgl. §§ 2082, 2083.

IV. Eine letztwillige Verfügung kann, obschon sie gültig errichtet und auch nicht aufgehoben worden ist, der Wirksamkeit dennoch entbehren oder diese wohl auch hinterher verlieren, so z. B., weil der Bedachte vor dem Erbfall gestorben ist (§§ 1923, 2160), oder nach dem Erbfall ausgeschlagen hat (§§ 1953, 2180), oder weil die Erfüllung der Bedingung, unter der jemand bedacht wurde, vereitelt worden ist (vgl. § 158 und hierzu noch § 2077), oder weil der Fall der angeordneten Nacherbfolge nicht vor dem Ablauf der im § 2109 bestimmten Frist eingetreten ist, oder weil eine hinsichtlich der Form begünstigte letztwillige Verfügung ihre Wirksamkeit nach § 2252 durch Zeitablauf einbüßt.

In allen diesen und verwandten Fällen liegt Unwirksamkeit im engeren Sinne vor. Von der Nichtigkeit hebt sie sich dadurch ab, daß für sie nicht überall schlechthin dasselbe gilt, was in betreff der Nichtigkeit bestimmt ist. Übrigens stehen sich die Fälle der Unwirksamkeit im engeren Sinne nicht durchaus gleich. Jeder derselben ist nach seiner eigentümlichen Beschaffenheit zu beurteilen und, was für eine bestimmte Gruppe derselben zutreffend ist, darf nicht unvorsichtig verallgemeinert werden.

B. Aufhebung.

§ 42.

I. Es liegt im Wesen der letztwilligen Verfügung, daß sie vom Erblasser jederzeit widerrufen werden kann (§ 2253 Abs. 1). Dies steht mit der gesetzlichen Anerkennung des Erbvertrags nicht in Widerspruch (vgl. dazu Strohal I S. 310). Unwirksam ist die vom Erblasser seiner letztwilligen Verfügung beigesetzte oder in anderer Weise zum Ausdruck gebrachte Bestimmung, daß eine von ihm später errichtete Verfügung von Todes wegen schlechthin ungültig oder doch nur gültig sein solle, wenn sie in bestimmter Form errichtet werde oder bestimmte Merkmale an sich trage (sogen. derogatorische Klausel). Vgl. übrigens noch § 2302.

II. Die Aufhebung einer letztwilligen Verfügung setzt im allgemeinen Testierfähigkeit des Erblassers voraus. Eine Ausnahme hiervon tritt nur im Falle der Entmündigung des Erblassers wegen Geistesschwäche, Verschwendung und Trunksucht ein. Ein solcher Erblasser kann, ungeachtet seiner Unfähigkeit zur Errichtung eines Testaments mit positivem Inhalt, ein vor der Entmündigung errichtetes Testament (ganz oder auch nur teilweise) allerdings widerrufen (§ 2253 Abs. 2). Vgl. hierzu Eingehendes bei Strohal I § 42 Anm. 3.

III. Der Widerruf einer letztwilligen Verfügung kann

1. in Testamentsform erfolgen (§ 2254). Durch ein neues Testament mit lediglich positivem Inhalt wird jedoch ein früheres Testament nur insoweit aufgehoben, als es mit dem früheren in Widerspruch steht (§ 2258 Abs. 1). Ist das neue Testament schon von vornherein nichtig oder infolge wirksamer Anfechtung nach § 142 als ein von Anfang an nichtiges anzusehen, so entbehrt es selbstverständlich auch der aufhebenden Kraft.

Zweifelhaft kann die Beurteilung der aufhebenden Wirkung des späteren Testaments jedoch dann werden, wenn es hinterher lediglich seine Wirksamkeit einbüßt. Hinsichtlich eines hierher gehörenden Falles finden wir zwar im Gesetz eine ausdrückliche Entscheidung. Nach § 2252 Abs. 1 gilt nämlich das in außerordentlicher Form errichtete und durch Zeitablauf seine Wirksamkeit einbüßende Testament nach Ablauf der bestimmten Zeit „als nicht errichtet"; einem solchen Testamente kann daher auch aufhebende Wirkung nicht zugeschrieben werden. Auf andere Fälle nachträglicher Unwirksamkeit eines Testaments darf aber dies nicht ohne weiteres übertragen werden.

Beispiel: Der Erblasser hat in seinem Testament Nr. 1 den A und in seinem Testament Nr. 2 (ohne daß darin die Aufhebung des Testaments Nr. 1 insbesondere ausgesprochen ist) den B als Alleinerben eingesetzt. Gelangt das Testament Nr. 1 dadurch wieder zur Wirksamkeit, daß der im Testament Nr. 2 eingesetzte B vor dem Erblasser stirbt oder die Erbschaft ausschlägt oder für erbunwürdig erklärt wird? Die stärkeren Gründe sprechen für die Verneinung der Frage.

2. Dem Widerruf des Testamentes steht es gleich, wenn der Erblasser seine Aufhebungsabsicht durch Vernichtung der Testamentsurkunde oder durch an ihr vorgenommene Veränderungen zum Ausdruck bringt. Hierbei wird, dafern nur feststeht, daß die Vernichtung oder Veränderung der Testamentsurkunde vom Erblasser vorgenommen worden ist, vermutet, daß die Aufhebung beabsichtigt war (§ 2255).

3. Eine besondere Bewandtnis hat es mit dem durch die Bestimmung des § 2256 Abs. 1 gegebenen Falle eines fingierten Widerrufs des vor einem Richter oder vor einem Notar oder nach § 2249 (vor dem Vorsteher der Gemeinde oder des durch Landesgesetz einer Gemeinde gleichgestellten Verbandes oder Gutsbezirkes) errichteten Testaments. Ein solches Testament „gilt" nämlich „als widerrufen, wenn die in amtliche Verwahrung genommene Urkunde dem Erblasser zurückgegeben wird". Hieraus ist mit Sicherheit zu entnehmen, daß in diesem Falle der Eintritt des Widerrufseffekts durch das Vorhandensein einer Widerrufsabsicht des Erblassers nicht bedingt ist. Gerade dies wollte durch die Wendung „gilt als widerrufen" zum Ausdruck gebracht werden. Von praktischer Erheblichkeit ist das wesentlich deshalb, weil dem Erblasser, indem er von dem ihm zustehenden Rechte, die Rückgabe des Testaments jederzeit verlangen zu können (§ 2256 Abs. 2), Gebrauch macht, dabei das Bewußtsein von dem infolge der Rückgabe eintretenden Widerrufseffekt vollständig fehlen kann. Selbst wenn übrigens der Erblasser das Verlangen auf Rückgabe des Testaments in Widerrufsabsicht gestellt hat, so tritt doch die Wirkung des nach § 2256 zu beurteilenden Widerrufs nicht schon mit der Stellung des Verlangens auf Rückgabe des Testaments, sondern erst mit dieser selbst ein. Bei der Beurteilung solcher Fälle darf aber doch nicht übersehen werden, daß in dem schriftlichen Verlangen der Rückgabe des Testaments ein in Testamentsform, und zwar in der Form des eigenhändigen Testaments ausgesprochener und nach § 2254 wirksamer Widerruf bereits enthalten sein kann.

Erhält der Erblasser ein von ihm errichtetes eigenhändiges Testament, das auf sein Verlangen nach § 2248 in amtliche Verwahrung genommen worden ist, aus dieser auf sein Begehren wieder zurück, so bleibt das Testament trotzdem wirksam (§ 2256 Abs. 3). Diese dem Wesen des eigenhändigen Testaments vollkommen angemessene Entscheidung führt übrigens zu einer nicht unerheblichen weiteren Frage, die das Gesetz unerledigt läßt. Es ist nämlich sehr wohl möglich, daß die vom Erblasser dem Richter, Notar und Gemeindevorsteher nach § 2238 (vgl. auch § 2249) übergebene Schrift den von dem Gesetze an das eigenhändige Testament gestellten Anforderungen vollständig entspricht, und daß der Erblasser die weiteren Solennitäten nur der größeren Sicherheit wegen oder mit Rücksicht auf die Ortsüblichkeit u. dgl. vornehmen ließ. Darf dann angenommen werden, daß das Testament infolge der Rücknahme aus der amtlichen Verwahrung nur den Charakter eines öffentlichen (gerichtlichen, notariellen, Gemeinde-) Testaments einbüßt und somit als eigenhändiges fortbesteht? Vgl. dazu Strohal I S. 317 ff.

IV. Der durch Testament erfolgte Widerruf einer letztwilligen Verfügung kann selbst wieder widerrufen werden. In solchem Falle gilt die letztere so, als ob der Widerruf niemals erfolgt wäre. Dementsprechend lebt auch ein durch ein späteres Testament widerrufenes früheres Testament wieder auf, wenn das spätere Testament widerrufen wurde oder nach § 2256 (sei es auch ohne Widerrufsabsicht) als widerrufen gilt. Vgl. §§ 2257, 2258 Abs. 2.

IV. Gemeinschaftliches Testament.

a) Wesen, Voraussetzungen und Inhalt.

§ 43.

I. Das Wesen des gemeinschaftlichen Testaments (testamentum simultaneum) besteht in der durch Gemeinschaftlichkeit des Errichtungsvorgangs geschaffenen Verbindung der letztwilligen Verfügungen mehrerer Erblasser zu einer formellen Einheit. Ein solches Testament kann nach der Vorschrift des § 2265 nur von Ehegatten, nicht auch von anderen Personen, selbst nicht von Verlobten errichtet werden.

II. Die Errichtung eines gemeinschaftlichen Testaments kann nicht nur in ordentlicher Form, sondern auch unter Beobachtung einer außerordentlichen Form erfolgen, dafern nur die Voraussetzungen, unter welchen eine solche Form überhaupt zugelassen ist, vorhanden sind.

Im einzelnen ist zu sagen:

1. Im Falle der Errichtung des gemeinschaftlichen Testaments vor einem Richter oder Notar können (vgl. § 2238) grundsätzlich beide Gatten ihre Anordnungen entweder mündlich zu Protokoll erklären oder eine Schrift mit der zunächst von dem einen Gatten und dann von dem anderen abzugebenden Erklärung übergeben, daß die Schrift ihren gemeinschaftlichen letzten Willen enthalte. Kann den an ein gemeinschaftliches Testament zu stellenden Anforderungen aber auch dadurch genügt werden, daß der eine Gatte durch mündliche Erklärung zu Protokoll, der andere durch Übergabe einer Schrift in Verbindung mit der nach § 2238 bezw. § 2243 abzugebenden Erklärung testiert? Die Frage läßt keine allgemeine Beantwortung zu und ist je nach Maßgabe der Sachlage bald zu bejahen, bald zu verneinen.

2. Zur Errichtung eines gemeinschaftlichen Testaments in eigenhändiger Form genügt es, wenn einer der Ehegatten das Testament nach Maßgabe der Vorschrift des § 2231 Nr. 2 errichtet und der andere Ehegatte die mit Angabe des Ortes und Tages versehene eigenhändig geschriebene und unterschriebene Erklärung beifügt, daß das Testament auch als sein Testament gelten solle (§ 2267). Hiermit ist übrigens nur das Mindestmaß der an das gemeinschaftliche Testament in eigenhändiger Form gestellten Anforderungen festgesetzt. Es muß deshalb die Errichtung des gemeinschaftlichen Testaments in einer Urkunde auch in der Art für zulässig erachtet werden, daß jeder der beiden Ehegatten seine letztwillige Anordnung unter Angabe von Ort und Zeit niederschreibt und am Schlusse beider Niederschriften unterschreibt, oder daß zunächst der eine Ehegatte und dann der andere den Gesamtinhalt des Testaments unter Angabe von Ort und Zeit niederschreibt und unterschreibt. Ist einer der beiden Ehegatten (vgl. § 2247) außerstande, in eigenhändiger Form zu testieren, so ist die Errichtung des gemeinschaftlichen Testaments in dieser Form selbstverständlich ausgeschlossen.

3. Die wegen einer den Erblasser bedrohenden nahen Todesgefahr nach § 2249 eintretende Formerleichterung greift bei einem gemeinschaftlichen Testamente schon dann Platz, wenn die Voraussetzung des § 2249 nur auf Seite eines der Ehegatten vorliegt (§ 2266).

III. Da ein gemeinschaftliches Testament nur von Ehegatten errichtet werden kann, so hängt dessen Wirksamkeit, und zwar seinem ganzen Inhalt nach von der Gültigkeit der von den Errichtern geschlossenen Ehe ab, ohne daß dabei die Absichten der Erblasser weiter in Betracht kommen. Anders verhält es sich jedoch, wenn die von den Errichtern des gemeinschaftlichen Testaments rechtsgültig geschlossene Ehe späterhin vor dem Tode des Erblassers aufgelöst worden ist, oder wenn der „Erblasser" (§ 2077), d. i. hier der zuerst oder mit dem anderen Ehegattten gleichzeitig verstorbene Ehegatte, zur Zeit seines Todes auf Scheidung wegen Verschuldens des anderen Ehegatten zu klagen berechtigt war und die Klage auf Scheidung oder auf Aufhebung der ehelichen Gemeinschaft bereits erhoben hatte. Ob die im gemeinschaftlichen Testament getroffenen Verfügungen auch für diese Fälle gelten sollen, ist eine im Zweifel freilich zu verneinende, möglicherweise aber doch auch zu bejahende Auslegungsfrage. Vgl. § 2268.

IV. Wenn schon es nicht zum Wesen des gemeinschaftlichen Testaments gehört, daß die testierenden Ehegatten sich gegenseitig als Erben einsetzen oder auch nur vermächtnisweise bedenken, so werden doch gerade solche Verfügungen in aller Regel seinen Inhalt bilden. Das testamentum simultaneum wird also sehr häufig zugleich auch testamentum reciprocum (mutuum) sein. In Verbindung mit der gegenseitigen Einsetzung des einen Ehegatten als Erben des anderen wird in gemeinschaftlichen Testamenten nicht selten auch verfügt, daß der beiderseitige Nachlaß nach dem Tode des Überlebenden an einen Dritten fallen soll. Dies kann in zweifacher Weise aufgefaßt werden: Entweder so, daß der Dritte für den gesamten Nachlaß als Erbe des zuletzt verstorbenen Ehegatten eingesetzt gilt, oder so, daß er in Ansehung des Nachlasses des vorverstorbenen Ehegatten als Nacherbe, dem der überlebende Ehegatte als Vorerbe vorangeht, und nur in Ansehung des sonstigen Vermögens des überlebenden Ehegatten als Erbe in Betracht kommen soll. Nach § 2269 Abs. 1 hat man sich im Zweifel für die erste Annahme zu entscheiden. Haben aber Ehegatten in einem gemeinschaftlichen Testament, durch das sie sich gegenseitig als Erben einsetzen, ein erst nach dem Tode des Überlebenden zu erfüllendes Vermächtnis angeordnet, so ist im Zweifel anzunehmen, daß das Vermächtnis dem Bedachten erst mit dem Tode des Überlebenden anfallen soll (§ 2269 Abs. 2).

Obschon es ferner möglich ist, daß die in einem gemeinschaftlichen Testamente enthaltenen beiderseitigen Verfügungen völlig unabhängig nebeneinander stehen, so wird sich doch sehr häufig die Annahme eines derartigen Zusammenhangs der beiderseitigen Verfügungen aufdrängen, vermöge dessen die Verfügungen des einen Ehegatten nicht ohne die Verfügungen des anderen getroffen sein würden. Man spricht in solchem Falle von einer Korrespektivität der beiderseitigen Verfügungen, von einem testamentum correspectivum. Ob und inwieweit Korrespektivität vorliegt, ist durch Auslegung festzustellen. Im Zweifel ist sie in den im § 2270 Abs. 2 bezeichneten Fällen als vorhanden anzunehmen.

Soweit Korrespektivität vorliegt, hat die Nichtigkeit und der Widerruf der einen

Verfügung die Unwirksamkeit der anderen zur Folge (§ 2270 Abs. 1). Das Gesetz behandelt darnach also korrespektive Verfügungen so, als ob die eine unter der Bedingung getroffen worden wäre, daß die andere nicht nichtig ist und nicht widerrufen wird. Dies findet jedoch auf andere letztwillige Anordnungen als Erbeinsetzungen, Vermächtnisse und Auflagen keine Anwendung (§ 2270 Abs. 3), d. h. das Gesetz erkennt bei letztwilligen Verfügungen anderer Art Korrespektivität im technischen Sinne nicht an.

B. Widerruf.

§ 43 a.

Der Widerruf der in einem gemeinschaftlichen Testament enthaltenen Verfügungen gestaltet sich sehr verschieden:

I. Er kann durch einen gemeinschaftlichen Akt der Ehegatten erfolgen, und zwar:

1. Durch ein neues gemeinschaftliches Testament, das entweder den ausdrücklichen Widerruf des früheren Testaments ausspricht oder lediglich vermöge seines Inhalts nach Maßgabe des § 2258 aufhebend wirkt.

2. Durch einen zwischen den Ehegatten geschlossenen Erbvertrag; seine aufhebende Kraft bestimmt sich nach § 2289 Abs. 1 Satz 1.

3. Durch *gemeinschaftliche* (§ 2272) Zurücknahme des vor einem Richter oder einem Notar oder nach § 2249 errichteten Testaments nach Maßgabe des § 2256.

4. Durch *gemeinschaftliche* Vernichtung der Testamentsurkunde in Verbindung mit beiderseitiger Widerrufsabsicht (vgl. § 2255 mit § 2272). In gleicher Weise muß die in beiderseitiger Widerrufsabsicht *gemeinschaftlich* erfolgende *Durchstreichung* einzelner Verfügungen des gemeinschaftlichen Testaments hinsichtlich eben dieser Verfügungen wirken (§ 2255).

II. Der Widerruf braucht aber nicht notwendig ein gemeinschaftlicher zu sein. Die bloße Gemeinschaftlichkeit des Errichtungsvorgangs schließt vielmehr die Möglichkeit des einseitigen Widerrufs der von jedem Erblasser im gemeinschaftlichen Testament getroffenen Verfügungen noch nicht aus. Die für den Widerruf von letztwilligen Anordnungen maßgebenden allgemeinen Grundsätze erfahren jedoch bei gemeinschaftlichen Testamenten erhebliche Abweichungen.

1. In den Fällen des § 2256 Abs. 1 ist die Rücknahme eines gemeinschaftlichen Testaments auf Grund einseitigen Antrags eines Ehegatten ausgeschlossen (§ 2272).

2. Als grundsätzlich ausgeschlossen muß auch angesehen werden der einseitige Widerruf aller oder einzelner von einem Ehegatten im gemeinschaftlichen Testament getroffenen Verfügungen durch die im § 2255 bezeichneten Handlungen, also durch Vernichtung der Testamentsurkunde, Durchstreichen u. dgl.

3. Die im gemeinschaftlichen Testament enthaltenen Verfügungen nicht korrespektiver Natur kann derjenige Ehegatte, von welchem sie als verfügt anzusehen sind, jederzeit ohne Wissen und Willen des anderen Gatten durch *Testament* widerrufen oder abändern.

4. Ganz besondere Vorschriften sind für den Widerruf der in einem gemeinschaftlichen Testament enthaltenen *korrespektiven* Verfügungen maßgebend. Hierbei ist, abgesehen von dem unter c zu behandelnden eigentümlichen Falle, wieder zwischen dem Widerruf bei Lebzeiten des anderen Ehegatten und dem Widerruf nach dem Tode desselben zu unterscheiden.

a) Widerruf bei Lebzeiten des anderen Teiles. Er hat nach § 2271 Abs. 1 Satz 1 in Verbindung mit § 2296 mittels einer dem anderen Teile gegenüber abzugebenden gerichtlich oder notariell beurkundeten Erklärung zu erfolgen. „Durch eine neue Verfügung von Todes wegen kann ein Ehegatte bei Lebzeiten des anderen seine Verfügung nicht einseitig aufheben" (§ 2271 Abs. 1 Satz 2). Wie hat man dies zu verstehen? Die nächstliegende und zugleich der Absicht des Gesetzes allein entsprechende Auffassung ist, daß der nicht gemeinschaftliche und in diesem Sinne einseitige Widerruf einer korrespektiven Verfügung bei Lebzeiten beider Gatten überhaupt nur nach Maßgabe des § 2271 Abs. 1 Satz 1 stattfinden kann. Über Einschränkungen dieses Grundsatzes vgl. Strohal I S. 335.

Im übrigen ist noch zu bemerken, daß eine von einem Gatten, noch bevor der Anforderung des § 2271 Abs. 1 Satz 1 entsprochen worden ist, errichtete neue Verfügung von Todes wegen keineswegs nichtig ist, sondern nur den korrespektiven Verfügungen des früheren gemeinschaftlichen Testaments gegenüber der aufhebenden Kraft entbehrt. Fallen diese korrespektiven Verfügungen aus irgendwelchem Grunde in sich zusammen, so vermögen sich daher auch die in der neuen Verfügung von Todes wegen enthaltenen und im Gegensatz zu den früheren korrespektiven Verfügungen getroffenen neuen Anordnungen als wirksam zu erweisen.

b) Mit dem Tode des anderen Ehegatten erlischt für den Überlebenden das Recht zum Widerruf einer korrespektiven Zuwendung an einen Dritten oder einer korrespektiven Auflage, d. h. von Anordnungen, die ungeachtet des Todes des anderen Ehegatten noch Bestand haben können, regelmäßig gänzlich. Anders verhält es sich jedoch:

α) Wenn der überlebende Teil das ihm von dem verstorbenen Teile Zugewendete ausschlägt (§ 2271 Abs. 2 Satz 1); oder auch ohne diese Voraussetzung,

β) wenn sich der vom Überlebenden Bedachte einer Verfehlung schuldig macht, welche jenen zur Entziehung des Pflichtteils berechtigt oder, falls der Bedachte dem Überlebenden als Pflichtteilsberechtigter nicht gegenübersteht, zur Entziehung des Pflichtteils doch berechtigen würde, wenn der Bedachte ein Abkömmling des Erblassers wäre (§ 2271 Abs. 2 Satz 2);

γ) weitere Möglichkeiten des Widerrufs ergeben sich aus der Eigenart besonderer Fälle.

Zu α) Die hierbei in Betracht kommende nächstliegende Gestaltung ist, daß durch die korrespektive Verfügung des zuerst verstorbenen Gatten lediglich der Überlebende bedacht ist und daß die Entscheidung über die Annahme oder Ausschlagung des Hinterlassenen noch vor dem Tode des überlebenden Gatten stattfindet. Erfolgt die Ausschlagung, so fällt zwar dadurch allein die korrespektive Verfügung des überlebenden Gatten noch nicht zusammen, sie unterliegt aber nunmehr dem freien Widerruf durch neue Verfügung von Todes wegen nach allgemeinen Grundsätzen (§ 2271 Abs. 2 zweiter HS.). Hatte der Überlebende noch vor der Ausschlagung eine die Aufhebung der korrespektiven Verfügung aussprechende Verfügung von Todes wegen errichtet, so wird diese infolge der Ausschlagung wirksam. Im Falle der Annahme des ihm Zugewendeten wird dagegen der Überlebende an seine korrespektive Verfügung so gebunden wie ein durch Erbvertrag gebundener Erblasser.

Über Einzelheiten vgl. Strohal I S. 338 ff.

Zu β) In diesem Falle durfte der vorverstorbene Gatte den Fortbestand der Verfügung des Überlebenden zugunsten des Dritten loyalerweise nicht erwarten. Der Überlebende kann daher die Zuwendung an den Dritten nach Maßgabe der §§ 2294 und 2336 aufheben (§ 2271 Abs. 2 Satz 2). Die Aufhebung erfolgt durch letztwillige Verfügung unter Angabe des rechtfertigenden Grundes. Durch die vom Überlebenden nach Maßgabe des § 2271 Abs. 2 Satz 2 getroffene Aufhebungsverfügung wird nur dessen Anordnung aufgehoben, nicht auch die Verfügung des vorverstorbenen Gatten. Diese bleibt wirksam, mag sie auch eine dem Überlebenden gemachte und von ihm angenommene Zuwendung zum Inhalte haben. Selbst eine vom Verstorbenen zugunsten des Dritten, dem der Überlebende seine Zuwendung entzog, gemachte Zuwendung bleibt durch die Aufhebungsverfügung des Überlebenden unberührt, wenn und soweit hinsichtlich ihrer der Vorverstorbene als Verfügender rechtlich in Betracht kommt.

Zu γ) Die unter α und β besprochenen Gestaltungen sind im Gesetz selbst vorgesehen. Es gibt aber sicherlich auch noch andere Umstände, vermöge welcher die Gebundenheit des Überlebenden entfällt. Dazu Strohal I S. 344.

c) Ist der durch eine korrespektive Verfügung Bedachte ein pflichtteilsberechtigter Abkömmling wenigstens eines der Ehegatten und hat sich derselbe in solchem Maße der Verschwendung ergeben oder ist er in solchem Maße überschuldet, daß sein späterer Erwerb erheblich gefährdet ist, so kann der Erblasser sowohl bei Lebzeiten wie nach dem Tode des anderen Ehegatten durch letztwillige Verfügung diejenigen Anordnungen treffen, welche nach § 2338 zum Zwecke der Pflichtteilsbeschränkung in guter Absicht zulässig sind (§ 2271 Abs. 3). Die korrespektive Verfügung des vorverstorbenen Ehegatten wird durch die vom Überlebenden nach § 2271 Abs. 3 getroffene Anordnung in ihrer Wirksamkeit nicht berührt.

C. Besondere Fragen.

§ 43 b.

Vgl. Strohal I S. 345 ff.

3. Kapitel.

Der Erbvertrag.

I. Begriff und Abschluß.

§ 44.

I. Gewisse Verfügungen von Todes wegen, nämlich Erbeinsetzungen mit Einschluß der Ernennung von Nacherben, Vermächtnisse und Auflagen können auch vertragsmäßig getroffen werden (§§ 1941, 2278). Ein Vertrag solchen Inhalts heißt Erbvertrag. Er war dem römischen Rechte fremd und ist in Deutschland erst nach der Rezeption des römischen Rechtes unter dem Einfluß deutschrechtlicher Gedanken durch Praxis und Gewohnheitsrecht zur Entwicklung gelangt. Die modernen Kodifikationen haben das Institut übernommen und weiter ausgebildet; einzelne von ihnen lassen jedoch den Erbvertrag nur unter Ehegatten zu. Das deutsche BGB. enthält eine solche Beschränkung nicht.

Geschlossen wird der Erbvertrag zwischen dem Erblasser und einer demselben gegenüberstehenden Partei, welche jenen an seine Erklärung durch ihre Zustimmung bindet. Der Erbvertrag kann übrigens auch ein zweiseitiger, d. h. ein so beschaffener sein, daß jede der beiden Parteien hinsichtlich ihres Nachlasses vertragsmäßige Verfügungen trifft. Für den Begriff des Erbvertrages ist dies jedoch ebensowenig wesentlich, als daß die im Erbvertrag enthaltenen Zuwendungen zugunsten des anderen Teiles gemacht sind; der Erbvertrag ist auch als Vertrag zugunsten Dritter möglich (§ 1941 Abs. 2).

So wenig es nach dem BGB. zum Wesen des Testaments gehört, daß es eine Erbeinsetzung enthalte, so wenig gehört es zum Wesen des Erbvertrags, daß er auf die Bestellung eines Vertragserben gerichtet, daß er also Erbeinsetzungsvertrag sei. In einem Erbvertrag im Sinne des BGB. können auch lediglich Vertragsvermächtnisse oder vertragsmäßige Auflagen ausgesetzt sein. Den auf Gewährung eines Vertragsvermächtnisses oder auf Anordnung einer Auflage gerichteten erbrechtlichen Vertrag pflegt man als Vermächtnisvertrag bezw. Auflagevertrag zu bezeichnen; das Gesetz hat jedoch diese Bezeichnungen nicht angenommen.

II. Der als Erblasser Auftretende kann den Erbvertrag immer nur persönlich, nicht durch einen Vertreter schließen (§ 2274) und bedarf hierzu regelmäßig auch der unbeschränkten Geschäftsfähigkeit, so zwar daß bei dem Mangel derselben ein wirksamer Erbvertrag selbst dann nicht zustande kommt, wenn der gesetzliche Vertreter bezw. das Vormundschaftsgericht zustimmt (§ 2275 Abs. 1).

Eine Ausnahme von dieser Regel tritt ein, wenn der Erbvertrag unter Ehegatten oder Verlobten geschlossen wird. Der Erblasser kann hier in der Geschäftsfähigkeit auch beschränkt sein, nur bedarf es dann zur Wirksamkeit des auch in diesem Falle vom Erblasser persönlich zu schließenden Erbvertrags der Zustimmung des gesetzlichen Vertreters und, wenn dieser ein Vormund ist, auch der Genehmigung des Vormundschaftsgerichts (§§ 2274, 2275).

Die dem vertragsmäßig sich bindenden Erblasser als lediglich annehmend gegenüberstehende Partei braucht den Vertrag nicht persönlich zu schließen und kann in ihrer Geschäftsfähigkeit auch beschränkt, ja sogar geschäftsunfähig sein. Im letzteren Falle muß für sie selbstverständlich ein Vertreter handeln; im ersteren kann sie auch persönlich mitwirken, ohne daß sie dabei zur Bindung des Erblassers der Genehmigung durch den gesetzlichen Vertreter bedarf (§ 107).

III. Der Erbvertrag kann ausnahmslos nur bei gleichzeitiger Anwesenheit beider Teile vor einem Richter oder einem Notar (vgl. aber Art. 141 EG.) geschlossen werden. Hierbei finden regelmäßig auch noch die Vorschriften der §§ 2233 bis 2245 über die Errichtung eines gerichtlichen oder notariellen Testaments mit der Maßgabe Anwendung, daß, was nach diesen Vorschriften für den Erblasser bestimmt ist, für jeden der Vertragschließenden gilt (§ 2276 Abs. 1). Aus der Berufung des § 2238 in § 2276 muß insbesondere geschlossen werden, daß der Erblasser eine von ihm zu treffende Verfügung auch in schriftlicher Abfassung, die von ihm weder eigenhändig geschrieben noch unterschrieben zu sein braucht, offen oder verschlossen mit der mündlichen Erklärung übergeben kann, daß sie den Gegenstand des Erbvertrags bilden soll.

Für einen Erbvertrag zwischen Ehegatten und Verlobten, der mit einem Ehevertrag in derselben Urkunde verbunden ist, genügt (§ 2276 Abs. 2) die für den Ehevertrag vorgeschriebene Form. Die sich hieraus ergebende Formerleichterung besteht mit Rücksicht auf § 1434, der auch für Eheverträge die Form der gerichtlichen oder notariellen Errichtung vorschreibt, darin, daß in dem bezeichneten Falle die Beobachtung der Vorschriften der §§ 2233 bis 2245 entfällt. Allein die Bedeutung dieser Erleichterung wird doch zugleich wieder sehr erheblich dadurch abgeschwächt, daß für Eheverträge die den Vorschriften der §§ 2233 bis 2245 BGB. nachgebildeten Bestimmungen der §§ 169 bis 182 des FGbG. maßgebend sind (vgl. § 168 des bezeichneten Gesetzes). Einzelheiten bei Strohal I S. 355.

Der Erbvertrag kann aber nicht nur mit einem Ehevertrag, sondern auch mit Verträgen anderer Art verbunden werden, so z. B. mit einem Annahmevertrag (§ 1750) oder mit einem Erbverzichtsvertrag (2348). Zur Gültigkeit des Erbvertrags genügt jedoch in diesen Fällen nicht die Beobachtung der für den Annahmevertrag, Erbverzichtsvertrag, geforderten Form, sondern es muß hier den Anforderungen des § 2276 voll entsprochen sein.

IV. In dem in der vorgeschriebenen Form, selbst wenn sie (im Falle des § 2276 Abs. 2) hinter der bei der Errichtung eines gerichtlichen oder notariellen Testaments zu beobachtenden zurückbleibt, errichteten Erbvertrag kann jeder der Vertragschließenden (also nicht bloß der durch vertragsmäßige Verfügungen gebundene Vertragsteil) unter der selbstverständlichen Voraussetzung, daß er testierfähig ist, auch einseitig jede Verfügung treffen, die durch Testament getroffen werden kann (§ 2299 Abs. 1). Mit Rücksicht auf die zwischen ihnen getroffene vertragsmäßige Verfügung von Todes wegen können also die Vertragschließenden, auch wenn sie nicht Ehegatten sind, ihre letztwilligen Verfügungen in dem Sinne gemeinschaftlich treffen, daß diese von einem Rechtsakt umschlossen sind, an dessen Errichtung beide als Parteien teilgenommen haben.

V. Dafern die Parteien nicht das Gegenteil verlangen, soll die über einen Erbvertrag aufgenommene Urkunde unter Anwendung der für gerichtliche oder notarielle Testamente maßgebenden Vorschrift des § 2246 verschlossen, mit einer Aufschrift versehen und in besondere amtliche Verwahrung gebracht werden. Ein dieses Verfahren ausschließendes Verlangen der Parteien soll im Zweifel als vorhanden angenommen werden, wenn der Erbvertrag mit einem anderen Vertrag in derselben Urkunde verbunden wird. Ist der Erbvertrag in besondere amtliche Verwahrung genommen worden, so soll jedem der Vertragschließenden ein Hinterlegungsschein erteilt werden. Vgl. § 2277.

II. Rechtliche Natur und Wirkungen.

§ 45.

I. Vertragsmäßige Verfügungen von Todes wegen unterstehen, abgesehen davon, daß sie dem freien Widerruf entzogen sind, und soweit das Gesetz nicht anderes bestimmt, den auf sie entsprechend anzuwendenden Vorschriften über letztwillige Zuwendungen und Auflagen (§ 2279 Abs. 1). Zu diesen Vorschriften gehört insbesondere auch die des § 2077 betreffend die Wirksamkeit von Zuwendungen, die der Erblasser zugunsten seines Ehegatten, seines Verlobten gemacht hat; bei unter Ehegatten, Verlobten geschlossenen Erbverträgen sind jedoch vertragsmäßige Zuwendungen als im Sinne des § 2077 durch die Gültigkeit und den Fortbestand der Ehe, des Verlöbnisses des Erblassers mit dem anderen Vertragsteile bedingt auch insoweit anzusehen, als ein Dritter bedacht ist (§ 2279 Abs. 2).

Besonderes gilt in Ansehung der Anfechtung des Erbvertrags. Während bei dem jederzeit frei widerruflichen Testamente von einem dem Erblasser zukommenden Anfechtungsrechte niemals die Rede sein kann, verhält es sich in dieser Beziehung bei dem den Erblasser bindenden Erbvertrag anders. Einen anfechtbaren Erbvertrag kann zunächst der Erblasser selbst anfechten, ein Nachlaßbeteiligter, dem der Erbvertrag im Wege steht, dagegen nur dann, wenn das Anfechtungsrecht des Erblassers zur Zeit des Erbfalls noch nicht erloschen war (§ 2285).

1. Über die Anfechtung des Erbvertrags durch den Erblasser selbst ist folgendes zu sagen:

a) Die Anfechtungsgründe sind grundsätzlich dieselben, die wir als solche bei der Anfechtung letztwilliger Verfügungen bereits kennen gelernt haben (vgl. §§ 2078, 2079). Abweichendes gilt nur im Falle der Anfechtung wegen eines im Erbvertrag aus Irrtum übergangenen oder erst später zugewachsenen Pflichtteilsberechtigten. Hier kommt es im Gegensatz zur Vorschrift des § 2079 lediglich darauf an, daß der Pflichtteilsberechtigte zur Zeit der durch den Erblasser erfolgenden Anfechtung vorhanden ist (§ 2281 Abs. 1). Trifft diese Voraussetzung zu, so ist die Anfechtung wirksam, mag auch der Pflichtteilsberechtigte infolge seines Wegfalls vor dem Erbfall oder aus anderem Grunde von der Erbfolge ausgeschlossen sein.

b) Die Anfechtung kann regelmäßig nur durch den Erblasser persönlich erfolgen. Ist er in der Geschäftsfähigkeit beschränkt, so bedarf er zur Anfechtung nicht der Zustimmung seines gesetzlichen Vertreters. Für einen geschäftsunfähigen Erblasser kann jedoch mit der Genehmigung des Vormundschaftsgerichts der gesetzliche Vertreter anfechten (§ 2282).

c) Die Anfechtung kann bei Lebzeiten des anderen Vertragsteils nur durch eine diesem gegenüber abgegebene gerichtlich oder notariell beurkundete Erklärung erfolgen (§ 2282 Abs. 3). Nach dem Tode des anderen Vertragsteils kann überhaupt nur mehr die Anfechtung einer im Erbvertrag zugunsten eines Dritten getroffenen Verfügung oder einer vertragsmäßigen Auflage in Frage kommen. Sie hat gegenüber dem Nachlaßgericht des verstorbenen Vertragsteils durch Abgabe einer gerichtlich oder notariell beurkundeten Erklärung (§ 2282 Abs. 3) zu erfolgen. Das Nachlaßgericht soll die Erklärung dem Dritten mitteilen (§ 2281 Abs. 2).

d) Zur Anfechtung steht dem Erblasser eine Jahresfrist zu Gebote. Sie beginnt regelmäßig mit dem Zeitpunkte, in welchem der Erblasser von dem Anfechtungsgrunde Kenntnis erlangt, im Falle der Anfechtbarkeit wegen Drohung aber mit dem Zeitpunkte, in welchem die Zwangslage aufgehört hat. Ist der Erblasser nach der Errichtung des Erbvertrags geschäftsunfähig geworden, so schadet die Versäumung der Anfechtungsfrist durch den nach § 2282 Abs. 2 zur Anfechtung berechtigt gewesenen gesetzlichen Vertreter doch nicht dem Erblasser selbst; nach Wegfall der Geschäftsunfähigkeit kann er den Erbvertrag in gleicher Weise anfechten, wie wenn er eines gesetzlichen Vertreters entbehrt hätte (§ 2283 Abs. 3).

e) Ein anfechtbarer Erbvertrag kann von dem in der Geschäftsfähigkeit beschränkten Erblasser selbst mit Zustimmung des gesetzlichen Vertreters oder mit Genehmigung des Vormundschaftsgerichts durch Bestätigung nicht unanfechtbar gemacht werden. Solche Bestätigung ist dagegen möglich, wenn der sie persönlich erklärende Erblasser unbeschränkt geschäftsfähig ist (§ 2284). Der Beobachtung einer Form bedarf es hierzu nach den allgemeinen Grundsätzen des BGB. (§ 144) nicht, so daß also z. B. eine erzwungene oder auf maßgeblichem Irrtum beruhende vertragsmäßige Erbeinsetzung durch formlose Bestätigung des Erblassers volle Wirksamkeit erlangen kann.

f) Die regelmäßige Wirkung der durch den Erblasser erfolgten Anfechtung ergibt sich aus § 142. Darnach ist die angefochtene vertragsmäßige Verfügung von Todes wegen als von Anfang an nichtig anzusehen. Unter Umständen kann das Ergebnis aber doch auch ein anderes sein, so daß infolge der Anfechtung lediglich die vertragsmäßige Bindung entfällt und die Verfügung als letztwillige bestehen bleibt.

g) Hat der Erblasser den Erbvertrag mit Erfolg angefochten, so ist er dem anderen Teile nach Maßgabe des § 122 zur Vergütung des negativen Interesses verpflichtet (arg. a c. aus § 2279 in Verbindung mit § 2078 Abs. 3).

2. War das Anfechtungsrecht des Erblassers zur Zeit seines Todes noch nicht erloschen, so kann der Erbvertrag von den nach Maßgabe des § 2080 an dem Schicksal des Nachlasses Beteiligten nach den für die Anfechtung letztwilliger Verfügungen (§§ 2081 bis 2083) geltenden Grundsätzen angefochten werden. Dem hiernach Anfechtungsberechtigten kommt dann die Anfechtungsfrist des § 2082 selbständig zu statten. Nach Versäumung der ihm zukommenden Anfechtungsfrist kann der Anfechtungsberechtigte aber doch noch immer von dem im § 2083 bestimmten Einrederechte Gebrauch machen. Vgl. § 2285.

II. Der Erbvertrag ist kein Vertrag, durch den sich der Erblasser zu einer Leistung verpflichtet, also kein obligatorischer Vertrag; er ist auch kein Vertrag, durch den der Erblasser dem andern Vertragschließenden ein gegenwärtiges Recht an seinem Vermögen einräumt, er hat nichts Verwandtes mit den Geschäften, welche durch dingliche Rechte bestellt werden, er ist kein dinglicher Vertrag. Der Erbvertrag ist auch kein aus einseitiger Verfügung von Todes wegen und einem daran sich anschließenden Vertrage, durch den der Erblasser auf den Widerruf seiner Verfügung verzichtet, sich zusammensetzendes Doppelgeschäft. Der Erbvertrag ist vielmehr ein einheitliches Geschäft wie das Testament; während jedoch der Erblasser in diesem einseitig von Todes wegen verfügt, tut er dies im Erbvertrag nicht einseitig, sondern vertragsmäßig, und während die einseitigen Verfügungen von Todes wegen frei widerruflich sind, sind die vertragsmäßigen Verfügungen grundsätzlich unwiderruflich. Im übrigen haben die in einem Erbvertrag verfügten Erbeinsetzungen, Vermächtnisse, Auflagen abgesehen von später noch hervorzuhebenden Abweichungen im einzelnen denselben Charakter, als ob sie in einem Testament angeordnet wären.

Das eben Gesagte ist nach verschiedenen Richtungen hin noch näher auszuführen und zugleich auch gegen Zweifel sicher zu stellen.

1. Die Eigenart des Erbvertrags und die für seinen Abschluß erforderliche Form bringen es mit sich, daß auf ihn die im allgemeinen Teil des BGB. enthaltenen Vorschriften über den „Vertrag" (§§ 145 bis 157) zum größten Teil nicht anwendbar sind. Zweifellos maßgebend sind nur die Bestimmungen der §§ 155, 157.

2. Den Charakter des Verfügungsgeschäftes unter Lebenden hat der Erbvertrag ebensowenig als die letztwillige Verfügung.

3. Ungeachtet der infolge des Erbvertrags sich ergebenden rechtlichen Gebundenheit des Erblassers ist dieser in der Verfügung über sein Vermögen durch Rechts-

geschäfte unter Lebenden durch den Erbvertrag grundsätzlich nicht beschränkt (§ 2286). Doch greifen zwei an das bisherige Recht anknüpfende Sonderbestimmungen ein:

a) Die eine derselben bezieht sich auf den Fall, daß der Erblasser in der Absicht, den Vertragserben zu beeinträchtigen, eine Schenkung gemacht hat. Nach der im § 2287 getroffenen Entscheidung ist hier der Vertragserbe nach dem an ihn erfolgten Anfall der Erbschaft berechtigt, von dem Beschenkten die Herausgabe des Geschenks nach den Vorschriften über die Herausgabe einer ungerechtfertigten Bereicherung und, wenn das erteilte Schenkungsversprechen noch nicht erfüllt ist, Befreiung von der Leistung zu fordern. Der Anspruch verjährt grundsätzlich in drei Jahren von dem Anfall der Erbschaft an, geht er jedoch auf Befreiung, so kann der Vertragserbe dem den Anspruch aus der Schenkung geltend machenden Beschenkten die Erfüllung selbst nach eingetretener Verjährung des Befreiungsanspruchs verweigern (§ 821). Im Verhältnis zu den Nachlaßgläubigern ist der im § 2287 bestimmte Anspruch nicht als Bestandteil des Nachlasses zu behandeln. Ihnen gegenüber sind vielmehr die geschenkten Gegenstände insoweit als aus des Erblassers Vermögen definitiv ausgeschieden zu betrachten, als nicht die Schenkung zu ihren Gunsten nach Maßgabe der Vorschriften der KO. bezw. des AnfGes. der Anfechtung unterliegt. Der des Rechts zur Beschränkung seiner Haftung teilhaftige Vertragserbe kann daher auch den Nachlaßgläubigern die Befriedigung aus seinem Anspruch gegen den Beschenkten bezw. aus dem durch die Geltendmachung dieses Anspruchs Erlangten verwehren. Über Einzelheiten vgl. Strohal I S. 372.

b) Durch eine weitere Sonderbestimmung (vgl. § 2288) kommt das Gesetz dem Vertragsvermächtnisnehmer im Falle einer vom Erblasser absichtlich herbeigeführten Beeinträchtigung des event. Vermächtnisanspruchs zu Hilfe. Hat nämlich der Erblasser den vermachten Gegenstand in der Absicht, den Bedachten zu beeinträchtigen, zerstört, bei Seite geschafft oder beschädigt, so kommt diesem, soweit der Erbe hierdurch außerstand gesetzt worden ist, die Leistung so zu bewirken, wie sie im Sinne des Erbvertrags erfolgen sollte, ein gegen den Erben sich richtender Anspruch auf Ersatz des Wertes bezw. der Wertminderung zu. Und hat der Erblasser den vermachten Gegenstand in gleicher Beeinträchtigungsabsicht entgeltlich oder unentgeltlich veräußert oder belastet, so ist der Erbe trotzdem zur Leistung des von den aufgelegten Lasten zu befreienden Gegenstandes, event. nach Maßgabe des § 2170 Abs. 2 zum Werterfatz bezw. zum Ersatz des mit Rücksicht auf die Belastung sich ergebenden Minderwertes verpflichtet. War aber die Veräußerung oder Belastung schenkweise erfolgt, so steht dem Bedachten, soweit er vom Erben Ersatz nicht erlangen kann, ein Anspruch gegen den Beschenkten auf Herausgabe des Geschenks nach den Vorschriften über die Herausgabe einer ungerechtfertigten Bereicherung zu; er verjährt in drei Jahren vom Anfall des Vermächtnisses an.

4. Die viel verhandelte Frage, ob man den Erbvertrag als ein aus einseitiger Verfügung von Todes wegen und einem vertragsmäßigen Widerrufsverzicht sich zusammensetzendes Doppelgeschäft oder, wie dies hier geschehen ist, als ein einheitliches Geschäft auffaßt, ist nicht allein von theoretischer, sondern auch von praktischer Bedeutung; vgl. dazu Strohal I S. 376.

Kann aber auch die Lehre vom Erbvertrag nach dem BGB. nicht auf Grund der Theorie vom Doppelgeschäft aufgebaut werden, so darf der Gegensatz der vertragsmäßigen Verfügung von Todes wegen zur letztwilligen Anordnung doch nicht überspannt werden. Wer den Willen hat, eine Verfügung von Todes wegen als vertragsmäßige zu errichten, kann selbstverständlich nicht wollen, daß sie eine nur einseitige sei. Mit jenem Willen wohl verträglich ist aber der eventuelle Wille, daß die zunächst als eine vertragsmäßige gewollte Verfügung von Todes wegen als letztwillige gelten solle, soweit sie als vertragsmäßige nicht zustande kommt oder hinterher aufhört, als solche wirksam zu sein. Man muß aber noch weiter gehen. Denn selbst in solchen Fällen, in denen dem Erblasser die Möglichkeit, daß sich seine Verfügung als vertragsmäßige nicht wirksam erweisen werde, ganz fern lag, wird doch sehr oft anzunehmen sein, daß der Erblasser sie bei Kenntnis der die Wirksamkeit des beabsichtigten Erbvertrags ausschließenden Umstände als letztwillige gewollt haben würde, und deshalb Konversion (vgl. § 140) Platz zu greifen haben.

III. Obschon das römische Recht den Erbvertrag nicht kannte, so hat es doch ein Institut ausgebildet, daß sich mit dem auf Gewährung eines Vermächtnisses gerichteten Erbvertrag (Vermächtnisvertrag) zwar durchaus nicht deckt, aber doch in manchen Punkten berührt, nämlich die vertragsmäßige Schenkung auf den Todesfall; im gemeinen Rechte bestanden beide Institute, die Schenkung auf den Todesfall und der Vermächtnisvertrag, nebeneinander. Nach dem Vorgang anderer Gesetzgebungen ist auch das BGB. bestrebt, dies zu vereinfachen:

1. Auf das unter der Bedingung, daß der Beschenkte den Schenker überlebt, erteilte und bei Lebzeiten des Schenkers unerfüllt gebliebene Schenkungsversprechen finden nämlich schlechtweg die Vorschriften über Verfügungen von Todes wegen Anwendung (§ 2301 Abs. 1). Hieraus ergibt sich, daß ein solches Schenkungsversprechen keinesfalls stärkere Wirkung haben kann als eine erbvertragsmäßige Zuwendung. Soll ihm diese Wirkung zukommen, so muß aber auch den formellen Anforderungen, die das Gesetz an den Abschluß eines Erbvertrages stellt, entsprochen sein. Liegen die Voraussetzungen hierfür nicht vor, so wird sich aber unter Umständen das Schenkungsversprechen doch als letztwillige Verfügung aufrechterhalten lassen.

2. Eine vom Schenker bereits vollzogene Schenkung wird dagegen trotz der ihr beigefügten Bestimmung, daß der geschenkte Gegenstand an den Schenker wieder zurückfallen solle, wenn der Beschenkte den letzteren nicht überlebt, durchaus nach den Vorschriften über Schenkungen unter Lebenden behandelt (§ 2301 Abs. 2).

Für eine spezifische Schenkung auf den Todesfall bleibt darnach kein Raum.

IV. 1. Eine dem Erbvertrage vorangegangene letztwillige Verfügung wird durch jenen soweit aufgehoben, als sie das Recht des vertragsmäßig Bedachten oder die praktische Wirksamkeit einer vertragsmäßigen Auflage b e e i n t r ä c h t i g e n würde (§ 2289 Abs. 1 Satz 1). Hierin liegt eine wesentliche Abweichung von der auf die Widerrufswirkung eines späteren Testaments gegenüber einem früheren Testament sich beziehenden Bestimmung des § 2258 Abs. 1. Denn während nach dieser das frühere Testament durch das spätere nur insoweit aufgehoben wird, als es mit jenem in W i d e r s p r u c h steht, wirkt ein späterer Erbvertrag einem früheren Testamente gegenüber, selbst wenn er mit diesem nicht in Widerspruch steht, insoweit aufhebend oder doch einschränkend, als der ungeänderte Bestand der früheren letztwilligen Anordnung die dem Inhalt des Erbvertrags entsprechende Stellung des vertragsmäßig Bedachten bezw. die nach Maßgabe dieses Inhalts sich bestimmende Wirksamkeit der vertragsmäßigen Auflage nachteilig beeinflussen würde.

2. Besonderes gilt in dem Falle, wo dem Erbvertrag ein bisher noch nicht widerrufenes gemeinschaftliches korrespektives Testament vorangegangen ist. Diesem gegenüber kommt dem Erbvertrag die seinem Inhalt und der Vorschrift des § 2289 entsprechende aufhebende Kraft schlechthin nur dann zu, wenn der Erbvertrag von denselben Personen geschlossen wurde, die früher das korrespektive Testament errichtet hatten. Trifft dagegen einer der Ehegatten, welche gemeinschaftlich und korrespektiv testiert hatten, bei Lebzeiten oder nach dem Tode des anderen Ehegatten eine erbvertragsmäßige Verfügung in einem mit einem Dritten abgeschlossenen Erbvertrag, so vermag dieser der früheren korrespektiven Verfügung gegenüber nur insoweit aufhebend zu wirken, als der Erblasser die letztere auch durch Testament hätte aufheben können.

III. Aufhebung des Erbvertrags.

§ 46.

I. Verfügungen von Todes wegen, welche der durch Erbvertrag gebundene Erblasser nachträglich getroffen hat, sind grundsätzlich insoweit unwirksam, als sie das Recht des vertragsmäßig Bedachten oder die Wirksamkeit einer vertragsmäßigen Auflage beeinträchtigen würden (§ 2289 Abs. 1 Satz 2). Sie erweisen sich dagegen als wirksam, wenn und soweit eine solche Beeinträchtigung infolge nachträglicher Aufhebung der erbvertragsmäßigen Verfügung oder infolge ihrer aus anderen Gründen eintretenden Unwirksamkeit ausgeschlossen ist. Im einzelnen ist noch folgendes zu sagen:

1. Hinsichtlich des Widerrufs der in einem Erbvertrag von dem einen oder dem anderen Teile getroffenen letztwilligen Verfügungen gilt grundsätzlich dasselbe, wie wenn sie durch Testament getroffen worden wären. Dieser Widerruf kann jedoch von dem Urheber der Verfügung auch in einem Vertrag ausgesprochen werden, durch den eine vertragsmäßige Verfügung aufgehoben wird (§ 2299 Abs. 2). Wird aber der Erbvertrag im ganzen durch Vertrag aufgehoben, so treten die vorerwähnten Verfügungen auch ohne besondere Aufhebungsanordnung außer Kraft, sofern nicht ein anderer Wille des Erblassers anzunehmen ist (§ 2299 Abs. 3): dasselbe gilt in Ansehung der einseitigen Verfügungen des Vertragserblassers auch im Falle der Aufhebung des Erbvertrags durch Ausübung des Rücktrittsrechtes, aber, obschon das Gesetz (§ 2299 Abs. 3) diesen Unterschied nicht hervorhebt, doch wohl nicht hinsichtlich der einseitigen Verfügungen des anderen Teiles.

2. Der Erblasser kann sich in dem Erbvertrage zweifellos die spätere Errichtung gewisser, den Vertragserben beschränkenden oder belastenden testamentarischen Verfügungen vorbehalten, und ein solcher Vorbehalt wird in Fällen, wo der Erbvertrag neben vertragsmäßigen auch einseitige Verfügungen von Todes wegen enthält, insbesondere in der Weise rätlich sein, daß es dem Erblasser freistehen solle, hinsichtlich des durch einseitige Verfügung Zugewendeten auch fortan nicht bloß durch einen dem Vertragserben zu statten kommenden Widerruf, sondern auch in anderer Weise testamentarisch frei zu verfügen.

3. Hat der Erblasser einem pflichtteilsberechtigten Abkömmling eine vertragsmäßige Zuwendung gemacht, so kann er nach Maßgabe des § 2338 durch spätere letztwillige Verfügung die durch das eigene Interesse des Bedachten gerechtfertigten

Maßregeln treffen, welche zum Zwecke der Pflichtteilsbeschränkung in guter Absicht zulässig sind (§ 2289 Abs. 2).

4. Eine vertragsmäßige Verfügung, durch die ein Vermächtnis oder eine Auflage angeordnet ist, kann von dem Erblasser durch Testament aufgehoben werden, dafern der andere Vertragschließende zustimmt; die dem Erblasser gegenüber abzugebende und, sobald diese Abgabe erfolgt ist (§ 130), dem Widerruf nicht mehr unterliegende Zustimmungserklärung bedarf der gerichtlichen oder notariellen Beurkundung. Die Erteilung der Zustimmung durch einen Vertreter des anderen Vertragsteiles ist nicht ausgeschlossen. Vgl. § 2291.

5. Ein zwischen Ehegatten geschlossener Erbvertrag kann durch ein gemeinschaftliches Testament eben dieser Ehegatten aufgehoben werden (§ 2292).

II. Ein Erbvertrag im ganzen sowie eine einzelne vertragsmäßige Verfügung, mag sie auch zugunsten eines Dritten getroffen sein, kann nach § 2290 Abs. 1 durch neuen Vertrag (contrarius consensus) von denjenigen Personen aufgehoben werden, welche den Erbvertrag geschlossen haben. Von solcher vertragsmäßiger Aufhebung kann also nicht mehr die Rede sein, wenn diejenige Partei, welcher gegenüber der Erblasser sich gebunden hatte, bereits gestorben ist.

Der Aufhebungsvertrag bedarf derselben Form wie der Erbvertrag selbst (§ 2290 Abs. 4, § 2276). Während der Erblasser den Vertrag nur persönlich schließen kann, ist bezüglich der anderen Partei Vertretung zulässig. Ist der Erblasser in der Geschäftsfähigkeit beschränkt, so bedarf er der Zustimmung des gesetzlichen Vertreters nicht. Fehlt der anderen Partei die unbeschränkte Geschäftsfähigkeit, so ist zur Wirksamkeit des von ihr selbst oder statt ihrer von ihrem gesetzlichen Vertreter geschlossenen Vertrags regelmäßig die Genehmigung des Vormundschaftsgerichts erforderlich. Die Zustimmung des gesetzlichen Vertreters dieser Partei bezw. der Abschluß durch den gesetzlichen Vertreter derselben genügt nur, wenn sie unter elterlicher Gewalt steht, und der Vertrag unter Ehegatten oder unter Verlobten geschlossen wird. Vgl. § 2290 Abs. 2, 3.

Der nach § 2290 geschlossene Vertrag hebt die vertragsmäßige Verfügung, auf welche er sich bezieht, auf und entkleidet sie damit jeder rechtlichen Wirkung. Ein durch Erbvertrag gebundener Erblasser kann aber immerhin auch nur die Absicht haben, infolge eines mit dem anderen Vertragsteil geschlossenen neuen Vertrags nur der Möglichkeit teilhaftig zu werden, schlechthin oder innerhalb gewisser Begrenzung, den anderen Vertragsteil beeinträchtigende Verfügungen von Todes wegen wirksam treffen zu können. Obschon das Gesetz eines Vertrags solchen Inhalts keine besondere Erwähnung macht, so ist er doch zweifellos zulässig. Den im § 2290 an den Aufhebungsvertrag gestellten Anforderungen wird aber auch hier entsprochen werden müssen.

Eigentümlich gestaltet sich nach dem BGB. das Verhältnis des im § 2290 geregelten Aufhebungsvertrags zum Erbverzicht; vgl. dazu Strohal I S. 394 ff.

III. Das Gesetz kennt auch den Rücktritt des Erblassers von einer vertragsmäßigen Verfügung auf den Todesfall. Solcher Rücktritt ist möglich:

1. Wenn und soweit der Erblasser sich den Rücktritt im Erbvertrag vorbehalten hat (§ 2293).

2. Wenn sich der Bedachte einer Verfehlung schuldig gemacht hat, die den Erblasser zur Entziehung des Pflichtteils berechtigt oder ihn, falls der Bedachte ein

Pflichtteilsberechtigter nicht ist, zur Entziehung des Pflichtteils doch berechtigen würde, wenn jener ein Abkömmling des Erblassers wäre (§ 2294).

3. Wenn die Verfügung mit Rücksicht auf eine rechtsgeschäftliche Verpflichtung des Bedachten, dem Erblasser für dessen Lebenszeit wiederkehrende Leistungen, insbesondere den Unterhalt zu gewähren, getroffen ist, und die Verpflichtung vor dem Tode des Erblassers aufgehoben wurde (§ 2295). Worauf die Aufhebung beruht, ist gleichgültig. Nach dem Wortlaut des Gesetzes muß aber wirkliche Aufhebung der rechtsgeschäftlichen Verpflichtung vorliegen. Es dürfte sich aber ausdehnende Auslegung auf verwandte Fälle rechtfertigen lassen.

Soweit darnach ein Rücktritt vom Erbvertrag überhaupt zulässig ist, kann er nur durch den Erblasser persönlich, nicht durch einen Vertreter erfolgen. Ein in der Geschäftsfähigkeit beschränkter Erblasser bedarf der Zustimmung seines gesetzlichen Vertreters nicht. Der Rücktritt erfolgt bei Lebzeiten des anderen Vertragschließenden durch eine diesem gegenüber abzugebende gerichtlich oder notariell beurkundete Erklärung. Die zugunsten eines Dritten getroffene vertragsmäßige Verfügung kann der zum Rücktritt berechtigte Erblasser nach dem Tode des anderen Vertragschließenden durch Testament aufheben. Vgl. §§ 2296, 2297.

IV. Der zweiseitige Erbvertrag.

§ 47.

Besonderes ist jetzt noch über den zweiseitigen Erbvertrag zu sagen. Für ihn gelten, soweit nicht ein anderer Wille der Vertragschließenden ersichtlich ist, folgende Grundsätze: Die Nichtigkeit auch nur einer vertragsmäßigen Verfügung hat die Unwirksamkeit des ganzen Vertrags zur Folge. Macht ferner auch nur einer der Vertragschließenden von dem vorbehaltenen Rücktritt Gebrauch, so wird dadurch der ganze Vertrag aufgehoben. Mit dem Tode eines Vertragsteils erlischt regelmäßig das vorbehaltene Rücktrittsrecht des Überlebenden; schlägt dieser jedoch das ihm durch den Vertrag Zugewendete aus, so kann er seine Verfügung kraft des vorbehaltenen Rücktrittsrechtes durch Testament aufheben. Vgl. § 2298. Über Einzelfragen Strohal I. S. 404 ff.

4. Kapitel.

Eröffnung der Verfügungen von Todes wegen.

§ 48.

I. Testamente sind nach dem Tode des Erblassers alsbald amtlich zu eröffnen Eine entgegenstehende Bestimmung des Erblassers ist nichtig (§ 2263). Zur Eröffnung berufen ist das Nachlaßgericht, dafern sich das Testament nicht bei einem anderen Gerichte in amtlicher Verwahrung befindet; im letzteren Falle obliegt die Eröffnung diesem anderen Gerichte (§ 2260 und § 2161 Satz 1). Das bei einer nicht richterlichen Behörde oder bei einem Notar in amtlicher Verwahrung sich befindende Testament ist nach dem Tode des Erblassers an das Nachlaßgericht abzuliefern; erforderlichenfalls hat dieses die Ablieferung zu veranlassen (§ 2259 Abs. 2). In den hierdurch nicht getroffenen Fällen ist der Besitzer des Testaments, nachdem er von dem Tode des Erblassers Kenntnis erlangt hat, zur unverzüglichen (vgl. hierzu § 121) Ablieferung an das Nachlaßgericht privatrechtlich verpflichtet (§ 2259 Abs. 1). Zur Erfüllung dieser Ablieferungspflicht kann der Besitzer von jedem Interessenten erforderlichenfalls im Wege der Klage verhalten werden. Es greift aber außerdem noch die Vorschrift des § 83 FGbG. durch: Darnach kann das Nachlaßgericht den Besitzer des Testaments in den Fällen des § 2259 Abs. 1 durch Ordnungsstrafe zur Ablieferung anhalten; besteht aber Grund zur Annahme, daß jemand ein Testament in Besitz hat, zu dessen Ablieferung er nach § 2259 Abs. 1 verpflichtet ist, so kann er von dem Nachlaßgericht zur Leistung des Offenbarungseides verhalten werden.

Das im Vorhergehenden über die Eröffnung von Testamenten Gesagte ist auf die Eröffnung von Erbverträgen entsprechend zur Anwendung zu bringen (§ 2300). Diese Eröffnung hat nicht nur stattzufinden, wenn der Erbvertrag in die im § 2277 erwähnte besondere amtliche Verwahrung gelangt ist, sondern auch, wenn dies nicht zutrifft. Im ersten Falle ist der Erbvertrag vom Nachlaßgericht bezw. von dem in § 2261 Satz 1 bezeichneten anderen Gericht zu eröffnen. Im zweiten Falle ist lediglich das Nachlaßgericht zur Eröffnung berufen. Befindet sich der Erbvertrag bei einem Notar oder bei einem vom Nachlaßgericht verschiedenen Gericht in gewöhnlicher Verwahrung, so greift die öffentlichrechtliche Pflicht des § 2259 Abs. 2 zur Ablieferung des über den Erbvertrag aufgenommenen Aktes an das Nachlaßgericht durch.

II. Bei der Eröffnung der Verfügung von Todes wegen (Testament, Erbvertrag) hat das Nachlaßgericht (oder das hierzu berufene andere Gericht bezw. die nach Landesrecht berufene Behörde) nach Maßgabe von § 2260 (vgl. auch §§ 2261, 2300) vorzugehen.

III. Bei zu eröffnenden gemeinschaftlichen Testamenten und Erbverträgen sind die Verfügungen des überlebenden Teiles, soweit sie sich sondern lassen, weder zu verkünden noch sonst zur Kenntnis der Beteiligten zu bringen. Befand sich ein, Verfügungen des überlebenden Teiles enthaltendes gemeinschaftliches Testament oder ein solcher Erbvertrag bisher in besonderer amtlicher Verwahrung, so ist das Testament, der Erbvertrag nach erfolgter Verkündigung der Anordnungen des vorverstorbenen Teiles unter Zurückbehaltung einer beglaubigten Abschrift wieder zu verschließen und in diese Verwahrung zurückzubringen. Vgl. §§ 2273, 2300. Nicht ganz unzweifelhaft ist die Behandlung in denjenigen Fällen, in welchen ein gemeinschaftliches Testament mit dem angegebenen Inhalt oder ein solcher Erbvertrag sich bisher in besonderer amtlicher Verwahrung nicht befunden hatte. Dazu Strohal I S. 413, 414.

IV. Nach vorgenommener Eröffnung einer Verfügung von Todes wegen hat das Nachlaßgericht die bei derselben nicht zugegen gewesenen Beteiligten von dem sie betreffenden Inhalt der Verfügung in Kenntnis zu setzen (§§ 2262, 2300). Es hat ferner jedem, der ein rechtliches Interesse glaubhaft macht, und soweit dieses Interesse reicht, die Einsichtnahme in die eröffnete Verfügung und die Abnahme einer Abschrift zu gestatten und die letztere auf Verlangen auch zu beglaubigen. Vgl. § 2264 und § 2300, in dem freilich § 2264 nicht berufen ist; s. außerdem § 34 FGbG.

3. Abschnitt.

Pflichtteilsrecht.

I. Die grundsätzliche Gestaltung des Pflichtteilsrechtes.

1. Pflichtteilsberechtigung und Pflichtteilsanspruch.

§ 49.

I. Ein Noterbenrecht, d. h. ein selbst gegen den von einem testierfähigen Erblasser formgerecht und auch sonst nach Maßgabe der allgemeinen Vorschriften über Verfügungen von Todes wegen rechtsgültig ausgesprochenen Willen wirksam werdendes Erbrecht ist dem BGB. durchaus fremd. Der Gedanke des Pflichtteilsrechtes ist dagegen wie von anderen modernen Gesetzgebungen so auch vom BGB. aus dem römischen Rechte übernommen worden. Gewisse dem Erblasser nahestehende Personen haben nämlich nach dem BGB. ein Anrecht darauf, daß ihnen dem Werte nach wenigstens ein Teil desjenigen zukomme, was sie bei eintretender gesetzlicher Erbfolge als Erbteil erhalten würden. Die pflichtteilsberechtigten Personen sind im allgemeinen die Abkömmlinge des Erblassers, dessen Eltern und der überlebende Ehegatte, dagegen nicht weitere Verwandte des Erblassers in der aufsteigenden Linie und auch nicht des Erblassers Geschwister. Vgl. § 2303.

Wer von den genannten Personen von der gesetzlichen Erbfolge durch Erbverzicht ausgeschlossen ist, hat selbstverständlich auch kein Pflichtteilsrecht (§§ 2346, 2349). Das Pflichtteilsrecht kommt ferner auch denjenigen nicht zu, gegen welche die Erbunwürdigkeit mit Erfolg geltend gemacht worden ist (§§ 2344, 2345); dasselbe gilt für diejenigen, welche zwar nicht auf das gesetzliche Erbrecht, aber doch auf das Pflichtteilsrecht verzichtet haben (§ 2346 Abs. 2), oder auf welche sich ein solcher Verzicht miterstreckt (§ 2349), sowie für diejenigen, welchen der Erblasser den Pflichtteil rechtmäßig entzogen hat (§§ 2333 bis 2337).

Der Pflichtteil des im gegebenen Falle Pflichtteilsberechtigten, gleichviel ob es sich dabei um einen Abkömmling oder den Vater, die Mutter oder den überlebenden Ehegatten des Erblassers handelt, beläuft sich grundsätzlich auf die Hälfte des Wertes desjenigen Erbteils, welchen der Pflichtteilsberechtigte bei der gesetzlichen Erbfolge erhalten würde (§ 2303).

II. Aus dem Pflichtteilsrecht ergibt sich nicht immer, sondern nur unter gewissen Voraussetzungen ein gegen den Erben oder den Miterben sich richtender Anspruch des Pflichtteilsberechtigten auf Leistung des Pflichtteils. In dieser Beziehung muß folgendermaßen unterschieden werden:

1. Schlechthin begründet ist der Pflichtteilsanspruch nur, wenn der Pflichtteilsberechtigte vom Erblasser durch Verfügung von Todes wegen von der Erbfolge ausgeschlossen, und ihm ohne rechtmäßige Pflichtteilsentziehung auch sonst nichts hinterlassen ist. Der Anspruch geht dann auf Leistung der Hälfte des Wertes des gesetzlichen Erbteils (§ 2303). Der eigentümliche Charakter des Pflichtteilsanspruchs wird aber in der Regel auch dadurch nicht geändert, daß der Erblasser dem Pflichtteilsberechtigten den Pflichtteil geradezu zugewendet hat; denn solche Zuwendung ist im Zweifel nicht als Erbeinsetzung anzusehen (§ 2304).

2. Obschon der Pflichtteilsberechtigte als solcher kein Recht darauf hat, Erbe zu werden, so muß er sich doch zufrieden geben, wenn er, sei es als gesetzlicher Erbe, sei es kraft einer vom Erblasser getroffenen Verfügung von Todes wegen, die Hälfte des Erbteils, welche auf ihn bei eintretender gesetzlicher Erbfolge entfallen würde, oder mehr als diese Hälfte, unbeschränkt und unbeschwert als Erbe erlangt. Die Möglichkeit der Ausschlagung dieses Erwerbs bleibt dem Pflichtteilsberechtigten zwar offen; macht er aber von derselben Gebrauch, so erwächst ihm doch daraus ein Pflichtteilsanspruch gegen denjenigen, welcher Erbe wirklich wird, nicht. Vgl. §§ 2305, 2306.

Ist dem Pflichtteilsberechtigten ein Erbteil hinterlassen, der kleiner ist als die Hälfte des gesetzlichen Erbteils, so kommt ihm, mag er diesen Erbteil nun annehmen oder ausschlagen, gegen den Miterben ein Pflichtteilsanspruch nur hinsichtlich des Wertes desjenigen Anteils der Erbschaft zu, um welchen der hinterlassene Erbteil hinter der Hälfte des gesetzlichen Erbteils zurückbleibt (§ 2305).

3. Ist der als Erbe berufene Pflichtteilsberechtigte durch Einsetzung eines Nacherben, Voranstellung eines Vorerben, Ernennung eines Testamentsvollstreckers, eine Teilungsanordnung beschränkt oder durch Anordnung von Vermächtnissen oder Auflagen beschwert, so muß nach § 2306 also unterschieden werden:

a) Wenn der dem Pflichtteilsberechtigten hinterlassene Erbteil die Hälfte des gesetzlichen Erbteils nicht übersteigt, so gelten Beschränkungen und Beschwerungen der vorbezeichneten Art im Interesse der Pflichtteilsberechtigten als nicht angeordnet. Ein Pflichtteilsanspruch ist daher für den Pflichtteilsberechtigten nur nach Maßgabe des unter Z. 2 a. E. Gesagten begründet (§ 2306 Abs. 1 Satz 1).

b) Ist der dem Pflichtteilsberechtigten mit Beschränkungen und Beschwerungen der bezeichneten Art hinterlassene Erbteil dagegen größer als die Hälfte des gesetzlichen Erbteils, so steht dem in solcher Weise zur Erbfolge Berufenen die Möglichkeit offen, entweder den Erbteil mit den Beschränkungen, Beschwerungen mit der Wirkung anzunehmen, daß ein Pflichtteilsanspruch gar nicht zur Entstehung gelangt, oder aber den Erbteil auszuschlagen und von dem zur Erbfolge Gelangenden den Pflichtteil zu verlangen. Die Annahme des hinterlassenen Erbteils kann es in diesem Falle mit sich bringen, daß der Pflichtteilsberechtigte aus dem Nachlasse weniger erhält als den Pflichtteil. Das Gesetz trifft deshalb im Interesse des Pflichtteilsberechtigten die besondere Vorsorge, daß die Ausschlagungsfrist nicht beginnt, bevor der Pflichtteilsberechtigte von der Beschränkung oder Beschwerung Kenntnis erlangt. Vgl. § 2306 Abs. 1 Satz 2.

War die Beschränkung oder Beschwerung zur Zeit der Ausschlagung weggefallen, so kann der Pflichtteilsberechtigte, dafern er hiervon keine Kenntnis hatte, die Ausschlagung anfechten. Vgl. § 2308 Abs. 1.

4. Mit einem ihm vom Erblasser gewährten Vermächtnisse braucht sich der Pflichtteilsberechtigte nicht abfinden zu lassen. Er kann es vielmehr ausschlagen und den vollen Pflichtteil beanspruchen. Im Falle der Annahme des Vermächtnisses kann er den Pflichtteil so weit begehren, als dieser durch den Wert des vermachten Gegenstandes nicht gedeckt ist. Dieser Wert wird aber voll in Ansatz gebracht, selbst wenn die Vermächtnisanordnung Beschränkungen oder Beschwerungen der früher erwähnten Art enthält (§ 2307 Abs. 1).

Ist mit dem Vermächtnisse *der Erbe* beschwert, so kann er den Pflichtteilsberechtigten unter Bestimmung einer angemessenen Frist zur Erklärung über die Annahme des Vermächtnisses mit der Wirkung auffordern, daß das Vermächtnis als ausgeschlagen gilt, wenn die Annahme nicht vor dem Ablauf der Frist erklärt wird (§ 2307 Abs. 2).

War das Vermächtnis mit einer Beschränkung oder Beschwerung der früher bezeichneten Art hinterlassen, so kann der Pflichtteilsberechtigte die tatsächlich erfolgte oder als erfolgt anzusehende Ausschlagung anfechten, wenn die Beschränkung, Beschwerung zur Zeit der Ausschlagung weggefallen war und ihm dies nicht bekannt gewesen ist. Die Anfechtung erfolgt durch Erklärung gegenüber dem Beschwerten; im übrigen finden auch für sie die für die Anfechtung der Ausschlagung einer Erbschaft geltenden Vorschriften entsprechende Anwendung. Vgl. §§ 2307, 2308.

2. Das Pflichtteilsrecht der entfernteren Abkömmlinge und der Eltern.

§ 50.

Nicht ohne Schwierigkeit ist die Frage, unter welchen Voraussetzungen den Eltern des Erblassers bei Vorhandensein von Abkömmlingen desselben und entfernteren Abkömmlingen bei Vorhandensein eines ihre Verwandtschaft mit dem Erblasser vermittelnden näheren Abkömmlings ein Recht auf den Pflichtteil zukommt. Man muß hierbei davon ausgehen, daß bei der gesetzlichen Erbfolge in aller Regel entferntere Abkömmlinge durch den noch lebenden näheren Abkömmling, der ihre Verwandtschaft mit dem Erblasser vermittelt, und die Eltern durch das Vorhandensein von Abkömmlingen des Erblassers ausgeschlossen werden. Grundsätzlich haben daher auch des Erblassers Eltern bei Vorhandensein von Abkömmlingen und entferntere Abkömmlinge bei Vorhandensein des ihre Verwandtschaft mit dem Erblasser vermittelnden näheren Abkömmlings kein Pflichtteilsrecht. Die Geltung dieser Regel ist aber keine ausnahmslose. Vgl. § 2309 und dazu Strohal I S. 427 ff. Zur Herausstellung des Verhältnisses von Regel und Ausnahme diene hier folgendes:

I. Zwei Gruppen von Fällen finden durch die Vorschriften der §§ 2346 Abs. 1, 2349 (Erbverzicht) und des § 2344 (Erbunwürdigkeitserklärung) ihre Erledigung. Die Vorschrift des § 2309 bezieht sich auf diese Fälle nicht.

II. Im übrigen ist § 2309 maßgebend. Bei der Besprechung dieser Bestimmung soll vorausgesetzt werden, daß der Erblasser einen einzigen Abkömmling ersten Grades, der bei eintretender gesetzlicher Erbfolge alle übrigen Verwandten ausschließen würde, hinterläßt. Er soll als A bezeichnet werden. Aus § 2309 ergeben sich nun für die verschiedenen Möglichkeiten folgende Lösungen:

1. Liegen die Verhältnisse so, daß A dem Erben gegenüber den vollen Pflichtteil verlangen kann, so sind A's Abkömmlinge oder die Eltern des Erblassers nicht pflichtteilsberechtigt.

2. Kann A den Pflichtteil nicht verlangen, weil dieser ihm vom Erblasser rechtmäßig entzogen worden ist, und ist ihm auch sonst vom Erblasser nichts hinterlassen worden, so sind A's Abkömmlinge und in deren Ermangelung die Eltern des Erblassers pflichtteilsberechtigt. Ist dem A dagegen unter sonst gleichen Voraussetzungen etwas vom Erblasser hinterlassen worden, und hat A dies auch angenommen, so mindert sich der den Abkömmlingen des A event. den Eltern des Erblassers gebührende Pflichtteil um den Wert des von A in der angegebenen Weise Erworbenen.

3. Kann A den Pflichtteil deswegen nicht verlangen, weil er nicht auf sein gesetzliches Erbrecht überhaupt, sondern lediglich auf sein Pflichtteilsrecht verzichtet hat

(§ 2346 Abs. 2), so wird anzunehmen sein, daß durch den Verzicht nur die Verfügungsfreiheit des Erblassers vergrößert und somit nicht ein fremdes Pflichtteilsrecht zur Entstehung gebracht werden sollte (dazu meine Ausführung bei Planck V[3] S. 791).

4. Soweit A den Pflichtteil deshalb nicht verlangen kann, weil er die ihm ohne Beschränkungen und Beschwerungen der im § 2306 Abs. 1 Satz 2 bezeichneten Art angebotene Erbfolge ausgeschlagen hat, sind A's Abkömmlinge bezw. die Eltern des Erblassers pflichtteilsberechtigt.

3. Der gesetzliche Erbteil als Grundlage der Pflichtteilsberechnung.

§ 51.

I. Für die Berechnung des Pflichtteils ist die Feststellung desjenigen Erbteils von maßgebender Bedeutung, welcher auf den Pflichtteilsberechtigten bei der gesetzlichen Erbfolge entfallen würde. Die sich hierbei ergebende Frage, wer zum Zwecke dieser Feststellung neben dem Pflichtteilsberechtigten mit in Ansatz zu bringen ist, entscheidet § 2310 also:

1. „Wer durch Erbverzicht von der gesetzlichen Erbfolge ausgeschlossen ist, wird nicht mitgezählt".

2. Mitzuzählen ist dagegen:

a) wer von der gesetzlichen Erbfolge durch letztwillige Verfügung ausgeschlossen ist, und zwar selbst dann, wenn dem Ausgeschlossenen wegen einer ihm zur Last fallenden Verfehlung der Pflichtteil rechtmäßig entzogen worden ist;

b) desgleichen derjenige, welcher die Erbfolge ausgeschlagen hat, oder

c) für erbunwürdig erklärt worden ist;

d. endlich auch derjenige, welcher nicht auf sein gesetzliches Erbrecht, sondern lediglich auf das Pflichtteilsrecht verzichtet hat.

II. Zu sehr bemerkenswerten Ergebnissen kann das Eingreifen des § 2310 in Fällen führen, wo der überlebende Ehegatte als pflichtteilsberechtigt in Betracht kommt. Folgende Gestaltungen verdienen besonders hervorgehoben zu werden:

Wenn der überlebende Ehegatte neben Verwandten erster Ordnung zur gesetzlichen Erbfolge gelangen würde, so entfiele auf ihn nach § 1931 ein Viertel der Erbschaft als gesetzlicher Erbteil. Sein Pflichtteil beläuft sich im vorausgesetzten Falle also auf ein Achtel der Erbschaft. Hierbei bleibt es nach § 2310 selbst dann, wenn der einzige Abkömmling des Erblassers, obschon er aus dem Nachlaß nichts erhalten hat, aus irgend einem Grunde den Pflichtteil nicht verlangen kann, und infolgedessen nach § 2309 das Pflichtteilsrecht des noch lebenden und von den Verwandten zweiter Ordnung allein in Betracht kommenden Vaters des Erblassers zur Geltung gelangt. Das Eigentümliche hierbei ist, daß die Bestimmung des Pflichtteils des Vaters nach ganz anderen Grundsätzen zu erfolgen hat, als die Berechnung des Pflichtteils des überlebenden Ehegatten. Denn während für diese nach § 2310 derjenige gesetzliche Erbteil als Grundlage zu dienen hat, der auf den überlebenden Ehegatten entfiele, wenn neben ihm der Abkömmling zur Erbfolge gelangte, muß der Bestimmung des Pflichtteils des Vaters des Erblassers diejenige Gestaltung der gesetzlichen Erbfolge zugrunde gelegt werden, welche sich ergibt, wenn der Vater als einziger Verwandter zweiter Ordnung mit dem überlebenden Ehegatten zusammentrifft. In diesem Falle würde aber die Erbschaft zur Hälfte dem Vater und zur anderen Hälfte dem überlebenden Ehegatten zukommen (§ 1931), so daß der auf ein Viertel der Erbschaft sich belaufende Pflichtteil des Vaters zwar kleiner ist als der Pflichtteil, welcher auf den Sohn des Erblassers entfallen sein würde, dafern er pflichtteilsberechtigt wäre, aber trotz der §§ 1931 und 2303 doppelt so groß als der Pflichtteil des überlebenden Ehegatten.

4. Der Betrag des Pflichtteils.

§ 52.

I. Hat der Pflichtteilsberechtigte die Deckung seines vollen Pflichtteils dadurch erlangt, daß er in Ansehung der Hälfte seines gesetzlichen Erbteils oder darüber hinaus Erbe geworden ist, so ist eine Ermittelung des Pflichtteilsbetrages regelmäßig entbehrlich. Notwendig aber wird sie überall dort, wo das eben Gesagte nicht zutrifft und deshalb in Frage steht, ob und in welchem Umfange dem Pflichtteilsberechtigten der Pflichtteilsanspruch gegen den Erben zukommt. Hierbei wird nach positiver Vorschrift der Bestand und der Wert des Nachlasses zur Zeit des Erbfalls zugrunde gelegt. Der Wert ist, soweit erforderlich, durch Schätzung zu ermitteln, und unmaßgeblich ist in aller Regel eine vom Erblasser getroffene Wertbestimmung (§ 2311).

Besonders hervorzuheben sind noch folgende Punkte:

1. Die infolge des Erbfalls durch Vereinigung erloschenen Rechtsverhältnisse müssen für die Pflichtteilsberechnung als nicht erloschen behandelt werden.

2. Über die in dem Falle, daß zum Nachlaß eine noch nicht ausgeschlagene, aber auch noch nicht angenommene Erbschaft oder ein solches Vermächtnis gehört, sich ergebenden Fragen vgl. Strohal I S. 444 ff.

3. Neben den Aktivposten des Nachlasses sind selbverständlich auch Passivposten zu berücksichtigen. Allein in welchem Umfange? In dieser Beziehung ist zweifellos, daß von dem Werte der Aktivbestandteile des Nachlasses die „vom Erblasser herrührenden Schulden" im Sinne des § 1967 und desgleichen die vom Erblasser herrührenden sonstigen Lasten, ferner die Kosten der standesmäßigen Beerdigung des Erblassers (§ 1968 und § 224 Nr. 2 KO.) und im Falle der Todeserklärung des Erblassers die dem Nachlaß zur Last fallenden Kosten des Verfahrens (vgl § 224 Nr. 3 KO.) in Abzug zu bringen sind. Dasselbe wird zu gelten haben für die Kosten der im Interesse des Pflichtteilsberechtigten gebotenen Sicherung des Nachlasses und für die Kosten der zur Ermittelung des Pflichtteilsbetrags erforderlichen Feststellung des Bestandes und Wertes des Nachlasses, nicht dagegen für die Verbindlichkeiten aus Vermächtnissen und Auflagen, für Pflichtteilsansprüche, für die Kosten der zwischen den Erbprätendenten geführten Prozesse und für die vom Erben zu entrichtende Erbsteuer.

Über den Fall, daß zum Nachlaß bedingte Rechte oder Verbindlichkeiten gehören, vgl. § 2313.

II. Auf die Berechnung des Pflichtteilsbetrages sich beziehende Sondervorschriften enthalten die §§ 2311 (Abs. 1 Satz 2) und 2312.

III. Behufs Wahrung seines Pflichtteilsanspruchs kann der Pflichtteilsberechtigte, dafern er nicht selbst Erbe ist, vom Erben Auskunft über den Bestand des Nachlasses fordern. Er kann ferner verlangen, daß er zur Aufnahme des Verzeichnisses der Nachlaßgegenstände zugezogen werde, daß diese Aufnahme durch die nach Landesrecht zuständige Behörde oder durch einen zuständigen Beamten oder Notar erfolge, daß ihm das Verzeichnis vorgelegt, und daß der Wert der Nachlaßgegenstände ermittelt werde Die hierzu erforderlichen Kosten fallen dem Nachlaß zur Last. Besteht Grund zur Annahme, daß das Verzeichnis nicht mit der erforderlichen Sorgfalt aufgestellt worden ist, so hat der Erbe auf Verlangen des Pflichtteilsberechtigten den durch Klage bezw. Zwangsvollstreckung erzwingbaren Offenbarungseid nach § 260 zu leisten. Vgl. § 2314.

5. Besondere Eigenschaften des Pflichtteilsanspruchs.

§ 53.

I. Nach der ausdrücklichen Entscheidung des Gesetzes entsteht der Anspruch auf den Pflichtteil mit dem Erbfall (§ 2317 Abs. 1). Obschon durch diese Bestimmung — laut der Mot. V S. 417 — allen Zweifeln in betreff des Zeitpunktes der Entstehung des Pflichtteilsanspruchs ein Ende bereitet werden sollte, so können solche doch nicht ganz unterdrückt werden. Die Verhältnisse, unter denen der Pflichtteilsanspruch zur Entstehung gelangt, sind nämlich sehr verschieden geartet. Man muß in dieser Beziehung drei Hauptmöglichkeiten auseinanderhalten.

1. Es gibt zunächst Fälle, in denen schon zur Zeit des Erbfalls objektiv feststeht, daß der Pflichtteilsberechtigte den Pflichtteil verlangen kann. Der Pflichtteilsanspruch entsteht also hier zweifellos schon mit dem Erbfall.

2. Eine zweite Gruppe von Fällen charakterisiert sich dadurch, daß der Pflichtteilsberechtigte den Pflichtteil nur verlangen kann, wenn er das ihm Hinterlassene ausschlägt (§§ 2306, 2307). Wenn § 2317 trotzdem auch mit Bezug auf Fälle solcher Art entscheidet, daß der Pflichtteilsanspruch schon mit dem Erbfall entstanden sei, so kann dies also nur dahin verstanden werden, daß der erst nach dem Erbfall dadurch, daß der Pflichtteilsberechtigte das ihm Hinterlassene ausgeschlagen hat, entstandene Pflichtteilsanspruch juristisch hinterher so zu behandeln ist, als ob er schon mit dem Erbfall entstanden wäre.

3. Eine dritte Gruppe von Fällen ergibt sich nach Maßgabe des § 2309 daraus, daß infolge von nach dem Erbfall eingetretenen Umständen entferntere Verwandte des Erblassers pflichtteilsberechtigt werden, die vorerst wegen des Vorhandenseins eines pflichtteilsberechtigten näheren Verwandten nicht in Betracht kommen konnten.

Umstände solcher Art liegen vor:

a) wenn der nächststehende Abkömmling des Erblassers für erbunwürdig erklärt wird;

b) wenn derselbe das ihm Hinterlassene unter Umständen ausschlägt, vermöge derer nicht er, sondern ein entfernterer Verwandter pflichtteilsberechtigt wird.

Auch hier ist die Entscheidung, daß der Pflichtteilsanspruch des entfernteren Verwandten schon mit dem Erbfall entstanden ist, offenbar unmöglich. Man wird sich also gleichfalls mit der Annahme zu behelfen haben, daß der erst später entstandene Pflichtteilsanspruch hinterher als ein schon mit dem Erbfall entstandener behandelt werden soll. Doch muß schon an dieser Stelle bemerkt werden, daß sich der vollständigen Durchführung dieser Annahme einzelne Schwierigkeiten entgegenstellen.

II. Der Pflichtteilsanspruch wird mit dem Zeitpunkte, in welchem er entsteht, vom Pflichtteilsberechtigten bereits definitiv erworben. Der Erwerb des Pflichtteilsanspruchs ist also anders zu beurteilen als der Erwerb eines Vermächtnisanspruchs. Denn die Vermächtnisforderung kommt nach § 2176 mit dem Zeitpunkt des Vermächtnisanfalls in der Person des Vermächtnisnehmers unbeschadet des Rechtes, das

Vermächtnis auszuschlagen, zur Entstehung. Der Erwerb des Pflichtteilsanspruchs ist sofort ein definitiver; eine Ausschlagung im technischen Sinne kann hinsichtlich desselben gar nicht vorkommen. Möglich ist aber selbstverständlich ein Erlaß des Pflichtteilsanspruchs durch Vertrag des Pflichtteilsberechtigten mit dem Erben.

Der in der Person eines Pflichtteilsberechtigten entstandene oder nach rückwärts hin als entstanden anzusehende Pflichtteilsanspruch ist vererblich und übertragbar (§ 2317 Abs. 2); der Pfändung ist der (noch nicht abgetretene) Anspruch jedoch erst unterworfen, wenn er durch Vertrag anerkannt oder rechtshängig geworden ist (§ 852 Abs. 1 ZPO.). Im Falle eines über das Vermögen des Pflichtteilsberechtigten eröffneten Konkurses ist der Pflichtteilsanspruch in die Masse nur einzubeziehen, wenn er zur Zeit der Eröffnung des Verfahrens bereits durch Vertrag anerkannt oder rechtshängig geworden und somit der Pfändung unterworfen war (§ 1 KO.).

III. „Der Pflichtteilsanspruch verjährt in drei Jahren von dem Zeitpunkte an, in welchem der Pflichtteilsberechtigte von dem Eintritte des Erbfalls und von der ihn beeinträchtigenden Verfügung Kenntnis erlangt, ohne Rücksicht auf diese Kenntnis in dreißig Jahren von dem Eintritte des Erbfalls an" (§ 2332 Abs. 1; vgl. übrigens auch die allgemeine Vorschrift des § 207). In den oben unter I Z. 2 hervorgehobenen Fällen wird der Beginn der Verjährung nicht dadurch hinausgeschoben, daß der Pflichtteilsanspruch vom Pflichtteilsberechtigten erst nach der Ausschlagung der Erbschaft oder eines Vermächtnisses geltend gemacht werden kann (§ 2332 Abs. 3). Weniger einfach gestaltet sich die Anwendung des § 2332 auf die oben unter I Z. 3 hervorgehobenen Fälle; vgl. dazu Strohal I S. 456, 457.

6. Die Pflichtteilslast.

§ 54.

Der Pflichtteilsanspruch ist dem Pflichtteilsberechtigten gegenüber von dem Erben zu tragen. Sind mehrere Erben vorhanden, so haften sie dem Pflichtteilsberechtigten nach Maßgabe der §§ 2058 bis 2063. Ist jedoch von den mehreren Erben einer selbst pflichtteilsberechtigt, so kann er nach der Teilung die Befriedigung eines anderen Pflichtteilsberechtigten so weit verweigern, daß ihm sein eigener Pflichtteil verbleibt. Für den Ausfall haften dann nach der zwingenden Vorschrift des § 2319 die übrigen Erben. Allein auch abgesehen hiervon kann es, ohne daß der Pflichtteilsberechtigte selbst davon berührt wird, zu einer Abwälzung der zunächst den Erben oder Miterben treffenden Pflichtteilslast auf andere Personen kommen.

I. Ist der mit einem Pflichtteilsanspruch belastete Erbe mit Vermächtnissen oder Auflagen beschwert, so kann er diese durch Geltendmachung einer peremptorischen Einrede soweit kürzen, daß die Pflichtteilslast von ihm nur in dem Verhältnis getragen wird, in welchem der Wert des nach Abzug des vollen Wertes der Vermächtnisse und Auflagen Verbleibenden zu dem Werte der Vermächtnisse und Auflagen steht. Einem pflichtteilsberechtigten Vermächtnisnehmer gegenüber freilich darf der Erbe das Vermächtnis nur soweit kürzen, daß jenem der Pflichtteil verbleibt (§ 2318 Abs. 1, 2).

Ist der mit dem Pflichtteilsanspruch eines anderen belastete Erbe selbst pflichtteilsberechtigt, so kann er die ihm auferlegten Vermächtnisse und Auflagen jedenfalls in dem Maße kürzen, als er hierzu berechtigt sein würde, wenn er nicht pflichtteilsberechtigt wäre; nach Abs. 3 von § 2318 darf er aber die Vermächtnisse und Auflagen sogar so weit kürzen, daß ihm sein eigener Pflichtteil verbleibt. Bei Anwendung dieser Vorschrift ist übrigens einige Vorsicht zu beobachten; vgl. Strohal I S. 459, 460.

II. Sind mehrere Erben vorhanden, so haben sie zur Deckung einer auf dem Nachlaß ruhenden Pflichtteilslast untereinander regelmäßig nach Verhältnis ihrer Erbteile beizutragen. Abweichungen hiervon treten jedoch in folgenden Fällen ein: Wird jemand an Stelle des Pflichtteilsberechtigten, sei es, weil dieser von der Erbfolge ausgeschlossen ist, sei es, weil er seinen gesetzlichen Erbteil (mit Rücksicht auf die ihm auferlegten Beschwerungen) ausgeschlagen hat, gesetzlicher Erbe, so hat jener im Verhältnis zum Miterben die Pflichtteilslast in Höhe des erlangten Vorteils zu tragen (§ 2320 Abs. 1). Dieselbe Behandlung hat im Zweifel auch rücksichtlich desjenigen einzutreten, welchem der Erblasser den Erbteil des Pflichtteilsberechtigten durch Verfügung von Todes wegen zugewendet hat (§ 2320 Abs. 2).

Ist der von der Erbfolge ausgeschlossene Pflichtteilsberechtigte mit einem Vermächtnis bedacht und nimmt er dasselbe an, so hat der an Stelle des Pflichtteilsberechtigten tretende gesetzliche Erbe in der Höhe des dadurch erlangten Vorteils den Miterben gegenüber die Last des Vermächtnisses zu tragen. Das gleiche gilt im Zweifel auch für den auf den Erbteil des Pflichtteilsberechtigten berufenen gewillkürten Erben (§ 2320).

III. Schlägt der Pflichtteilsberechtigte, um den Pflichtteilsanspruch in vollem Umfange geltend machen zu können (§ 2307), ein ihm zugewendetes Vermächtnis aus, so kann der Erbe, welchem die Ausschlagung zu statten kommt, wegen der Pflichtteilslast zu einer Kürzung der ihm sonst noch auferlegten Vermächtnisse und Auflagen so weit nicht schreiten, als der von ihm durch die Ausschlagung des Pflichtteilsberechtigten erlangte Vorteil reicht. Ist dagegen umgekehrt ein Vermächtnisnehmer mit einem an einen Pflichtteilsberechtigten zu entrichtenden Vermächtnis beschwert und schlägt dieser aus, so ist der Vermächtnisnehmer dem Erben gegenüber in Höhe des erlangten Vorteils zum Tragen der Pflichtteilslast verpflichtet. Vgl. § 2321.

IV. Hat der Pflichtteilsberechtigte eine mit Vermächtnissen oder Auflagen beschwerte Zuwendung, sei es nun eine Berufung zur Erbfolge, sei es ein Vermächtnis, ausgeschlagen, so kann derjenige, welchem die Ausschlagung zustatten kommt, diese Beschwerungen so weit kürzen, als dies zur Deckung der Pflichtteilslast erforderlich ist (§ 2322).

V. Soweit der dem Pflichtteilsberechtigten gegenüber zur Leistung des Pflichtteils verpflichtete Erbe die Pflichtteilslast auf Grund der Vorschriften der §§ 2320 bis 2322 (vgl. dazu die Ausführungen unter II bis IV) auf einen anderen abwälzen kann, ist er zu der ihm sonst nach Maßgabe von § 2318 Abs. 1 zustehenden Kürzung der Vermächtnisse und Auflagen nicht berechtigt (§ 2323).

VI. Die unter I bis V besprochenen Bestimmungen des § 2318 Abs. 1 und der §§ 2320 bis 2323 über die Abwälzung der Pflichtteilslast sind nur dispositiver Natur. Der Erblasser kann daher in dieser Beziehung durch Verfügung von Todes wegen Abweichendes anordnen. Vgl. § 2324. An der kraft Gesetzes eintretenden Haftung des Erben dem Pflichtteilsberechtigten gegenüber vermag dagegen der Erblasser nichts zu ändern.

II. Die Berücksichtigung von Vorempfängen.

1. Anrechnung auf den Pflichtteil.

§ 55.

Bei der Pflichtteilsberechnung sind unter Umständen Gaben zu berücksichtigen, die dem Pflichtteilsberechtigten vom Erblasser durch Rechtsgeschäft unter Lebenden zugewendet worden sind. Die Berücksichtigung einer solchen Gabe kann zunächst darin bestehen, daß der Pflichtteilsberechtigte sich den Wert derselben auf den Pflichtteil anrechnen zu lassen hat. Mit dieser Anrechnung beschäftigt sich § 2315.

I. Nach der berufenen Bestimmung hat sich der Pflichtteilsberechtigte, gleichviel ob er ein Abkömmling des Erblassers ist oder nicht ist, auf den Pflichtteil lediglich dasjenige anrechnen zu lassen, was ihm von dem Erblasser durch Rechtsgeschäft unter Lebenden mit der Bestimmung zugewendet worden ist, daß es auf den Pflichtteil angerechnet werden soll (§ 2315 Abs. 1). Indem der empfangende Teil das ihm vom Erblasser mit der bezeichneten Bestimmung Zugewendete annimmt, fügt er sich der Bestimmung und wird diese infolge der erzielten Einigung, die einer Form nicht bedarf und auch nicht ausdrücklich erklärt zu sein braucht, wirksam. Kraft gesetzlicher Vorschrift findet eine nach § 2315 zu beurteilende Anrechnung niemals statt.

II. Der Wert der auf den Pflichtteil anzurechnenden Zuwendung bestimmt sich — soweit es nicht zwischen dem Erblasser und dem Empfänger zu einer wirksamen Einigung über einen anderen Wert gekommen ist — nach der Zeit der Zuwendung; er wird bei der Berechnung des Pflichtteils dem Nachlaß zugerechnet (§ 2315 Abs. 2).

III. Nach Abs. 3 von § 2315 soll, wenn der Pflichtteilsberechtigte ein Abkömmling des Erblassers ist, die Vorschrift des § 2051 Abs. 1 entsprechende Anwendung finden. Beispiele bei Strohal I S. 469.

IV. Wenn § 2315 in seinem Abs. 2 bestimmt, daß der Wert der Zuwendung bei der Bestimmung des Pflichtteils dem Nachlaß zugerechnet wird, so bezieht sich dies grundsätzlich nur auf die Berechnung des Pflichtteils desjenigen Pflichtteilsberechtigten, welcher die Zuwendung empfangen hatte. Wie verhält es sich aber, wenn außerdem noch der Pflichtteil eines anderen Pflichtteilsberechtigten, etwa der des überlebenden Ehegatten zu berechnen ist? Man wird unterscheiden müssen. Besteht die Zuwendung an den pflichtteilsberechtigten Empfänger derselben in einer Schenkung im Sinne des § 2325, so ist sie bei der Berechnung des Pflichtteils des pflichtteilsberechtigten Ehegatten zwar nicht nach § 2315, aber doch nach § 2325 zu berücksichtigen. Andernfalls ist der Pflichtteil des neben dem Empfänger der nach § 2315 zu behandelnden Gabe pflichtteilsberechtigten überlebenden Ehegatten ohne Rücksichtnahme auf diese Gabe nur vom Nachlaßvermögen zu berechnen.

2. Berücksichtigung der Ausgleichungspflicht bei der Pflichtteilsberechnung.

§ 56.

I. Besondere Vorschriften widmet das BGB. der Berechnung des Pflichtteils von Abkömmlingen, unter denen bei eintretender gesetzlicher Erbfolge eine Zuwendung des Erblassers zur Ausgleichung zu bringen sein würde, in seinem § 2316. Wie im Falle des § 2315, so handelt es sich auch hier um die Berücksichtigung gewisser Vorempfänge bei der Pflichtteilsberechnung, aber um eine Berücksichtigung ganz anderer Art. Denn während die im § 2315 bezeichneten Vorempfänge auf den Pflichtteil anzurechnen sind, bezieht sich § 2316 auf die Anrechnung auf den Pflichtteil überhaupt nicht, sondern ist er lediglich bestrebt, die in den §§ 2050 bis 2056 enthaltenen Bestimmungen über die unter Abkömmlingen bei der gesetzlichen Erbfolge zu treffende Ausgleichung auch für die Pflichtteilsberechnung zu verwerten:

1. Behufs Herausstellung des dem § 2316 zugrunde liegenden Gedankens empfiehlt es sich, von dem Falle auszugehen, wo dem als Erben eingesetzten extraneus nur ein Abkömmling des Erblassers gegenübersteht, welcher von diesem einen unter § 2050 (nicht aber auch unter § 2315) fallenden Vorempfang, also etwa eine Ausstattung, erhalten hatte. Der Bestand des Nachlasses soll mit 10000, der Vorempfang des Abkömmlings ebenfalls mit 10000 angenommen werden. Wieviel kann hier der Abkömmling als Pflichtteil beanspruchen? Es scheint ziemlich naheliegend zu sein, daß der Vorempfang dem Bestand des Nachlasses zugerechnet und auf den darnach sich ergebenden Pflichtteil angerechnet wird. Das BGB. (im Gegensatz zum E. I) weist jedoch diese Auffassung vollständig ab. Von seinem Standpunkte aus ist vielmehr entscheidend, daß der gesetzliche Erbteil des einzigen Abkömmlings ungeachtet eines von demselben erhaltenen und nach § 2050 zu beurteilenden Vorempfangs die ganze Erbschaft, also in unserem Falle 10000 ausmacht. Da aber der Pflichtteil der Hälfte des Wertes des gesetzlichen Erbteils gleich sein soll, so gebührt dem Abkömmling nach der Auffassung des BGB. als Pflichtteil der Betrag von 5000.

2. Sind mehrere Abkömmlinge vorhanden, so bestimmt sich der Pflichtteil jedes einzelnen von ihnen „nach demjenigen, was auf den gesetzlichen Erbteil unter Berücksichtigung der Ausgleichungspflicht bei der Teilung entfallen würde“ (§ 2316 Abs. 1). Es ist hiernach folgendes Verfahren einzuschlagen:

a) Dem Werte des reinen Nachlasses, soweit er unter die Abkömmlinge zu verteilen ist, sind die Werte sämtlicher der Ausgleichung unterliegenden Zuwendungen zuzurechnen (§ 2055).

b) Auf Grundlage der nach a sich ergebenden Summe werden die „Erbteile“ der einzelnen Abkömmlinge berechnet (§ 2055).

c) Von dem Erbteil jedes Abkömmlings ist der Wert desjenigen in Abzug zu bringen, was der betreffende Abkömmling an der Ausgleichung unterliegenden Zuwendungen erhalten hat. Damit ist der Betrag gewonnen, den der Abkömmling im Falle der gesetzlichen Erbfolge aus dem wirklichen Nachlaßbestande bei der Teilung erhalten würde.

d) Die Hälfte des zugunsten des einzelnen Abkömmlings nach Maßgabe von c sich herausstellenden Betrags ist der Pflichtteil dieses Abkömmlings.

Beispiele bei Strohal I S. 475 ff.

3. Verhältnis des § 2316 Abs. 1 zu § 2303 und § 2055; dazu Strohal I S. 476, 477.

II. In den durch die Bestimmung des § 2316 Abs. 1 getroffenen Fällen ergibt sich zugunsten desjenigen Abkömmlings, welcher nichts oder doch weniger zur Ausgleichung zu bringen hat als der neben ihm in Betracht kommende Abkömmling, ein Pflichtteil, dessen Betrag notwendig größer sein muß als der Wert der Hälfte des lediglich von dem reinen Erbvermögen berechneten gesetzlichen Erbteils. Infolge davon ist es daher auch möglich, daß der Pflichtteil eines solchen Abkömmlings selbst dann noch nicht gedeckt ist, wenn dieser zu einem Erbteil Erbe wird, der die Hälfte des gesetzlichen Erbteils nicht nur erreicht, sondern sogar übersteigt. Trifft dies im konkreten Falle zu, so kann der Abkömmling, soweit sein Pflichtteil durch den erlangten Erbteil nicht gedeckt ist, gegen den Miterben den Pflichtteilsanspruch geltend machen (§ 2316 Abs. 2). Beispiel bei Strohal I S. 478.

III. Abs. 3 von § 2316 bedarf genauerer Würdigung:

1. Der daselbst berufene Abs. 1 von § 2050 bezieht sich auf die von einem Abkömmling des Erblassers, der neben anderen Abkömmlingen desselben zur gesetzlichen Erbfolge gelangt, vorausempfangene Ausstattung; sie soll zur Ausgleichung gebracht werden, soweit nicht der Erblasser bei der Zuwendung oder durch letztwillige Verfügung ein anderes angeordnet hat. Der auf die Pflichtteilsberechnung sich beziehende Abs. 3 von § 2316 beschränkt jedoch, soweit das Pflichtteilsrecht der übrigen Abkömmlinge in Betracht kommt, das Bestimmungsrecht des Erblassers. Dabei bleibt jedoch fraglich, welche Bedeutung der bei der Zuwendung getroffenen Bestimmung zukommt, daß der Abkömmling sich die empfangene Ausstattung nach Maßgabe von § 2315 auf den Pflichtteil anrechnen zu lassen habe (vgl. darüber unten IV).

2. Zu den Zuwendungen, welche Abkömmlinge in Ermangelung einer anderweitigen Bestimmung des Erblassers bei der gesetzlichen Erbfolge untereinander zur Ausgleichung zu bringen haben, gehören außer der im Abs. 1 von 2050 allein erwähnten Ausstattung auch die Zuschüsse und Aufwendungen des § 2050 Abs. 2. Gilt hinsichtlich ihrer, soweit die Berechnung des Pflichtteils anderer Abkömmlinge in Frage kommt, dasselbe, was Abs. 3 von § 2316 in Ansehung der Ausstattung (§ 2050 Abs. 1) bestimmt, oder ist nicht vielmehr daraus, daß Abs. 3 von § 2316 nur den Abs. 1 von § 2050 beruft, das Gegenteil zu erschließen? Für die erste Entscheidung spricht sowohl der Umstand, daß der 2. Absatz des jetzigen § 2050 von der zweiten Kommission lediglich als ein Zusatz zu Abs. 1 des § 2050 aufgefaßt wurde, als auch die sachliche Erwägung, daß eine scharfe Trennung zwischen der Ausstattung des Abs. 1 und den Zuschüssen und Aufwendungen des Abs. 2 von § 2050 sich als undurchführbar erweist.

IV. Die vollständige Durchführung der im § 2316 Abs. 1 angeordneten Pflichtteilsberechnung wird unmöglich, wenn hinsichtlich einer unter § 2050 fallenden Zuwendung die rechtsgültige Bestimmung getroffen worden ist, daß sie nach Maßgabe von § 2315 auf den Pflichtteil angerechnet werden soll. Das bedarf genauerer Darlegung:

1. Es soll zunächst von folgendem Falle ausgegangen werden: Nachlaß = 14 000. Die Söhne des Erblassers A und B, von denen der erstere eine der Ausgleichung unterliegende Gabe von 6000, der letztere eine solche Gabe von 4000, jedoch mit der Bestimmung der Anrechnung auf den Pflichtteil erhalten hat, sind durch Einsetzung eines extraneus von der Erbfolge ausgeschlossen. Das der Pflichtteilsberechnung zugrunde zu legende Vermögen beläuft sich demnach auf: 14 000 (Nachlaß) + 6000 (Vorempfang des A) + 4000 (Vorempfang des B) = 24 000, und der gesetzliche Erbteil jedes Sohnes beträgt 12 000. Die nach § 2316 vorzunehmende Ermittelung des dem A gebührenden Pflichtteils macht keine Schwierigkeit; er ist $= \frac{12000-6000}{2}$

= 3000. Offenbar verkehrt wäre es dagegen, wenn bezüglich des B einerseits gesagt werden wollte, sein Pflichtteil sei $= \frac{12\,000 - 4000}{2} = 4000$, und dann andererseits auf diesen Betrag der ganze Vorempfang von 4000 angerechnet werden wollte, so daß auf B praktisch als Pflichtteil nichts mehr entfiele. Dies würde der Vorschrift des § 2315, die in unserem Falle aus dem Grunde maßgebend ist, weil ja doch B seinen Vorempfang nach der Bestimmung des Erblassers auf den Pflichtteil anzurechnen hat, direkt widersprechen. Denn bei der Berechnung des Pflichtteils nach § 2315 ist nicht der durch den Vorempfang geminderte gesetzliche Erbteil des Pflichtteilsberechtigten, sondern dieser Erbteil selbst, also in unserem Falle der Betrag von 12 000 zugrunde zu legen; der Betrag des Pflichtteils beträgt also 6000, auf die aber allerdings der Vorempfang von 4000 anzurechnen ist, so daß dem B praktisch noch ein Pflichtteilsbetrag von 2000 gebührt.

Die Reichstagskommission hat es jedoch für notwendig gehalten, so gearteten Fällen eine besondere Bestimmung zu widmen, und auf ihre Veranlassung ist deshalb in den § 2316 noch der in der Reichstagsvorlage fehlende Abs. 4 eingefügt worden. Darnach soll eine unter § 2050 fallende Zuwendung, bezüglich deren der Erblasser Anrechnung auf den Pflichtteil bestimmt hat, auf den nach Abs. 1 von § 2316 berechneten Pflichtteil nur mit der Hälfte des Wertes zur Anrechnung kommen. Die Anwendung dieser wenig durchsichtigen Vorschrift führt in dem vorhin behandelten Falle bezüglich des Pflichtteils des B zu genau demselben Resultat, wie es oben durch Heranziehung des § 2315 gewonnen worden ist. Denn ob man sagt, der effektive Pflichtteil des B sei $= \frac{12\,000}{2} - 4000 = 2000$, oder er sei $= \frac{12\,000 - 4000}{2} - 2000 = 2000$, ist praktisch dasselbe.

2. Schwieriger wird die Beurteilung, wenn man sich Fälle vor Augen hält, in denen bei eintretender gesetzlicher Erbfolge neben den Abkömmlingen auch noch der überlebende Ehegatte als Erbe in Betracht kommen würde. Es soll folgender Sachverhalt angenommen werden. Nachlaß = 50 000. Eingesetzt ist ein extraneus. Als nächste gesetzliche Erben würden in Betracht kommen die Söhne des Erblassers A und B, von denen der erstere einen der Ausgleichung unterliegenden Vorempfang von 10 000 erhalten hat, und der überlebende Ehegatte G. Auf dieser Grundlage sollen zwei Gestaltungen ins Auge gefaßt werden.

a) Setzt man zunächst voraus, daß der Erblasser bei der Zuwendung an den A eine Bestimmung im Sinne des § 2315 **nicht** getroffen hat, so ist zum Zwecke der nach § 2316 Abs. 1 erfolgenden Berechnung der Pflichtteile der Söhne A und B vorerst der gesetzliche Erbteil des überlebenden Ehegatten im Betrage von 12 500 vom Nachlaßbestande abzuziehen (§ 2055 Abs. 1 a. E.). Dem Reste von 37 500 ist sodann die Zuwendung an A zuzurechnen, so daß die hierdurch gewonnene Summe von 47 500 denjenigen Betrag bildet, von welchem die gesetzlichen Erbteile von A und B im Sinne des § 2055 zu berechnen sind. Sie betragen für A und B je 23 750. Der Pflichtteil des A aber ist $= \frac{23\,750 - 10\,000}{2} = 6875$ und der des B $= \frac{23\,750}{2} = 11\,875$.

b) Wie verhält es sich aber mit den Pflichtteilen von A und B, wenn der Erblasser bei der Zuwendung an den A die Anrechnung auf den Pflichtteil im Sinne des § 2315 bestimmt hat?

α) Pflichtteil des A. Berechnet man ihn mit der herrschenden Ansicht nach der Formel des § 2316 Abs. 4 und damit zugleich nach Maßgabe des Abs. 1 von § 2316 und unter Anwendung des § 2055 Abs. 1 Satz 2 „nach demjenigen, was auf den gesetzlichen Erbteil unter Berücksichtigung der Ausgleichungspflicht bei der Teilung entfallen würde", so beläuft er sich auf $\frac{23750-10000}{2} - 5000 = 1875$. Infolge dieses Verfahrens erhält A also dadurch, daß zu dem anzurechnenden Vorempfang von 10000 noch der effektive Pflichtteilsbetrag von 1875 hinzutritt, auf seinen Pflichtteil im ganzen 11875, d. i. im Gegensatz zur Bestimmung des Erblassers, zur Erklärung, durch die sich A dieser Bestimmung gefügt hat, und zu der im Abs. 4 von § 2316 selbst für maßgebend erklärten Bestimmung des § 2315 mehr, als ihm als Pflichtteil gebühren würde, wenn er den Vorempfang nicht erhalten hätte und dieser sich somit im Nachlaß befände. Denn unter dieser Voraussetzung würde sich A's Pflichtteilsanspruch nur auf 11250 belaufen. Der dem A mit Rücksicht auf seinen anzurechnenden Vorempfang gebührende effektive Pflichtteil scheint daher auch nicht größer sein zu können als 11250—10000=1250, d. h. m. a. W.: bei der Pflichtteilsberechnung für den A wird dessen anzurechnender Vorempfang nach Maßgabe des § 2315 Abs. 2 dem Gesamtnachlaß und nicht bloß demjenigen Teile des Nachlasses zuzurechnen sein, welcher bei der gesetzlichen Erbfolge auf A und B entfallen würde.

β) Pflichtteil des B. Völlig gewiß ist, daß die Zuwendung an den A bei der Pflichtteilsberechnung für den B nicht völlig unberücksichtigt bleiben darf. Denn ihre Nichtberücksichtigung würde, da es sich nicht nur um eine dem A nach § 2315 auf den Pflichtteil anzurechnende Zuwendung handelt, sondern zugleich um eine solche, die bei eintretender gesetzlicher Erbfolge zur Ausgleichung zu bringen wäre, mit dem Grundgedanken des § 2316 in Widerspruch stehen. Fraglich kann nur sein, wie die Berücksichtigung zu erfolgen hat. Zwei Berechnungsweisen stehen zur Wahl. Man kann

aa) entweder mit der überwiegenden Meinung ganz nach § 2316 Abs. 1 vorgehen und gewinnt dann als Pflichtteil des B wie oben unter a den Betrag von 11875; oder man kann

bb) die Zuwendung an den A bei der Pflichtteilsberechnung für den B in der Weise berücksichtigen, daß man die bei der Pflichtteilsberechnung für den A nach § 2315 Abs. 2 erfolgende Zurechnung der Zuwendung von 10000 zum Gesamtnachlaß auch dem B zustatten kommen läßt. Man gelangt dabei zu folgender Rechnung: 50000 (Nachlaß) + 10000 (Zuwendung an den A) = 60000; nach Abzug des bei solchem Vermögensbestand rechnerisch sich ergebenden gesetzlichen Erbteils des überlebenden Ehegatten von 15000 verbleiben 45000. Als gesetzlicher Erbteil des B würde sich somit ergeben der Betrag von 22500 und als Pflichtteil der Betrag von 11250. Gründe für diese Ansicht bei Strohal I S. 488, s. auch Kreß, Erbengemeinschaft S. 220.

V. **Für die Entscheidung der Frage, ob und wie die Berechnung der Pflichtteile von Abkömmlingen nach § 2316 durchzuführen ist, kann auch die Vorschrift des § 2310 von maßgebender Bedeutung sein. Vgl. darüber Strohal I S. 490 ff.**

III. Entziehung und Beschränkung des Pflichtteils.

§ 57.

I. Der Erblasser kann einer pflichtteilsberechtigten Person den Pflichtteil unter gewissen Voraussetzungen zur Strafe entziehen. In betreff eines Abkömmlings des Erblassers ist aber auch eine Beschränkung des Pflichtteils in guter Absicht möglich. Die Entziehung sowohl wie die Beschränkung erfolgt durch letztwillige Verfügung. Der Grund muß zur Zeit der Errichtung bestehen und in der Verfügung angegeben werden. Der Beweis des Grundes liegt demjenigen ob, welcher dem Pflichtteilsberechtigten gegenüber die Entziehung oder Beschränkung geltend macht (vgl. §§ 2336, 2338).

II. Über die Entziehung des Pflichtteils zur Strafe ist zu bemerken:

1. Liegen die Voraussetzungen für gänzliche Entziehung des Pflichtteils vor, so kann der Erblasser selbstverständlich auch beliebige Beschränkungen anordnen.

2. Bezüglich der Gründe für die Entziehung des Pflichtteils ist zu unterscheiden:

a) Einem Abkömmling kann der Erblasser den Pflichtteil aus den im § 2333 angegebenen Gründen entziehen.

Im Falle des § 2333 Nr. 5 ist die Entziehung jedoch unwirksam, wenn sich der Abkömmling zur Zeit des Erbfalles von dem ehrlosen oder unsittlichen Lebenswandel dauernd abgewendet hat (vgl. § 2336 Abs. 4).

b) Der Pflichtteil kann ferner entzogen werden: dem Vater, der Mutter aus den in § 2334 bezeichneten Gründen;

c) dem Ehegatten wegen einer Verfehlung der im § 2335 bezeichneten Art.

3. Das Recht zur Entziehung des Pflichtteils erlischt in allen Fällen durch Verzeihung. Eine bereits ausgesprochene Entziehung wird durch nachfolgende Verzeihung unwirksam. Vgl. § 2337.

III. Eine nicht zur Strafe, sondern lediglich im wohlverstandenen Interesse des Pflichtteilsberechtigten — also in guter Absicht, bona mente — erfolgende Beschränkung des Pflichtteils ist nur gegenüber einem pflichtteilsberechtigten Abkömmling, der in solchem Maße der Verschwendung ergeben oder verschuldet ist, daß sein späterer Erwerb erheblich gefährdet wird, zulässig. Unter diesen Voraussetzungen kann der Erblasser verfügen:

1. daß nach dem Tode des Abkömmlings dessen gesetzliche Erben das jenem Hinterlassene oder den ihm gebührenden Pflichtteil als Nacherben oder als Nachvermächtnisnehmer nach Verhältnis ihrer gesetzlichen Erbteile erhalten sollen;

2. daneben oder auch selbständig, d. h. ohne die Verfügung unter Z. 1 kann der Erblasser ferner für die Lebenszeit des Abkömmlings die Verwaltung des demselben Zugewendeten, aber unter Wahrung des Anspruchs des Pflichtteilsberechtigten auf den jährlichen Reinertrag, einem Testamentsvollstrecker übertragen.

Die Anordnungen unter Z. 1 und 2 sind jedoch — soweit ihre Geltung nicht auf den Vorschriften der §§ 2306, 2307 beruht — unwirksam, wenn der Abkömmling zur Zeit des Erbfalls sich von dem verschwenderischen Leben dauernd abgewendet hat, oder wenn die den Grund der Anordnung bildende Überschuldung nicht mehr besteht. Vgl. § 2338.

Über Einzelheiten vgl. Strohal I S. 500 ff.

IV. Recht auf Ergänzung des Pflichtteils.

§ 58.

I. Durch eventuelle Pflichtteilsrechte seiner Abkömmlinge, Eltern, seines Ehegatten wird der Erblasser in der freien Verfügung über sein Vermögen durch Rechtsgeschäfte unter Lebenden grundsätzlich ebensowenig beschränkt, als er dies zufolge des in anderem Zusammenhange Gesagten ist durch die aus einem von ihm geschlossenen Erbvertrag entspringenden eventuellen Rechte des unwiderruflich Bedachten. Wie im Falle des Erbvertrags, so läßt sich dieser Grundsatz auch auf unserem Gebiete nicht ganz ausnahmslos durchführen, und hier wie dort fordern Schenkungen des Erblassers eine besondere Behandlung. Um den Pflichtteilsberechtigten gegen Beeinträchtigung seines Rechtes zu sichern, gewährt ihm das Gesetz im Falle einer vom Erblasser vorgenommenen Schenkung ein Recht auf Ergänzung des Pflichtteils (§ 2325), so daß zu dem lediglich vom Nachlaßvermögen berechneten ordentlichen Pflichtteil als außerordentlicher Pflichtteil noch der Betrag hinzukommt, um welchen jener größer wäre, wenn der verschenkte Gegenstand noch zum Nachlaß gehörte. Das BGB. knüpft hierdurch an schon im römischen Rechte enthaltene und von den modernen Gesetzgebungen aufgenommene und weitergebildete Gedanken an, gestaltet sie aber in zum Teile eigenartiger Weise aus. Vgl. §§ 2325 bis 2331.

II. Bei der Darstellung des Rechtes auf Ergänzung des Pflichtteils soll zunächst von dem besonders zu besprechenden Falle, daß der Pflichtteilsberechtigte selbst ein Geschenk vom Erblasser erhalten hat, abgesehen und nur der Normalfall ins Auge gefaßt werden, daß ein Dritter beschenkt worden ist. Es hat dann folgende Beurteilung einzutreten:

1. Das Recht auf Pflichtteilsergänzung ist nicht dadurch bedingt, daß die vom Erblasser vorgenommene Schenkung geradezu in der Absicht erfolgt ist, den Pflichtteilsberechtigten zu verkürzen, und auch nicht dadurch, daß der Pflichtteilsberechtigte zur Zeit der Schenkung bereits vorhanden war.

2. Wegen solcher Schenkungen, durch die der Erblasser einer sittlichen Pflicht oder einer auf den Anstand zu nehmenden Rücksicht entsprochen hat, kann eine Ergänzung des Pflichtteils keinesfalls gefordert werden (§ 2330). Hinsichtlich anderer Schenkungen entfällt das Recht auf Ergänzung des Pflichtteils regelmäßig dann, wenn zur Zeit des Erbfalls bereits zehn Jahre seit der „Leistung" des verschenkten Gegenstandes verflossen sind: ist die Schenkung jedoch an den Ehegatten des Erblassers erfolgt, „so beginnt die Frist nicht vor der Auflösung der Ehe", d. h. die während der Ehe erfolgte Schenkung bleibt nur dann unberücksichtigt, wenn zur Zeit des Erbfalls zehn Jahre seit der Auflösung der Ehe verstrichen sind (§ 2325 Abs. 3).

3. Soweit die vom Erblasser gemachten Schenkungen bei der Pflichtteilsberechnung überhaupt in Betracht kommen, sind verbrauchbare Sachen mit dem Werte anzusetzen, den sie zur Zeit der Schenkung (nicht etwa zur Zeit der Leistung des geschenkten Gegenstandes) hatten; andere Gegenstände mit dem Werte zur Zeit des Erbfalles und, dafern dieser zur Zeit der Schenkung geringer war, mit diesem geringeren Werte (§ 2325 Abs. 2). Genaueres bei Strohal I S. 508.

War ein vom Erblasser erteiltes Schenkungsversprechen zur Zeit des Erbfalles noch nicht erfüllt, so ist der Wert der geschuldeten Leistung bei der Berechnung des ordentlichen Pflichtteils als Nachlaßpassivum zu behandeln. Handelt es sich aber um die Berechnung der Pflichtteilsergänzung, so ist der Wert des Geschenks nach Maßgabe des § 2325 dem Nachlaß wieder zuzurechnen.

4. Soweit die §§ 2325 ff. besonderes nicht bestimmen, gelten die allgemeinen pflichtteilsrechtlichen Vorschriften auch für das Recht auf Pflichtteilsergänzung.

5. Die Verwirklichung des Rechtes auf die Pflichtteilsergänzung gestaltet sich je nach den Umständen verschieden. Ist neben dem ordentlichen Pflichtteil auch die Pflichtteilsergänzung durch das dem Pflichtteilsberechtigten vom Erblasser Hinterlassene und von ihm Angenommene vollständig gedeckt, so kommt ein spezifischer Anspruch auf Pflichtteilsergänzung nicht in Frage. Wenn und insoweit dagegen diese Deckung nicht gegeben ist, richtet sich der Ergänzungsanspruch des Pflichtteilsberechtigten zunächst gegen den Erben und in dem Falle, daß der Pflichtteilsberechtigte Teilerbe geworden ist, gegen den Miterben. Eine Richtung gegen den Beschenkten erhält der Ergänzungsanspruch nur insoweit, als der Erbe bezw. Miterbe zur Ergänzung nicht verpflichtet ist (vgl. § 2329).

Einzelheiten:

a) Ein Recht auf Pflichtteilsergänzung kann unter Umständen auch begründet sein, wenn der Pflichtteilsberechtigte Alleinerbe des Erblassers geworden ist. Soweit hier der Wert der Erbschaft hinter dem Werte der Hälfte des durch die Zurechnung der Schenkung zum Werte der Erbschaft sich ergebenden Gesamtbetrags zurückbleibt, hat der pflichtteilsberechtigte Erbe den Anspruch auf Ergänzung gegen den Beschenkten (§ 2329 Abs. 1 Satz 2).

b) Ist der Erbe (Allein- oder Teilerbe), gegen den von seiten eines Pflichtteilsberechtigten ein Anspruch auf Ergänzung des Pflichtteils geltend gemacht wird, selbst pflichtteilsberechtigt, so kann er die von ihm verlangte Ergänzung des Pflichtteils „soweit verweigern, daß ihm sein eigener Pflichtteil mit Einschluß dessen verbleibt, was ihm zur Ergänzung des Pflichtteils gebühren würde" (§ 2328). Dafür kann sich aber wieder der Pflichtteilsberechtigte wegen der ihm gebührenden Ergänzung des Pflichtteils an den Beschenkten halten (§ 2329). Diese Behandlung führt übrigens unter Umständen zu unbilligen Ergebnissen (vgl. dazu Strohal I S. 515).

c) Zu den bereits unter a und b berührten Fällen, in denen der Pflichtteilsberechtigte das ihm als Ergänzung des Pflichtteils noch Gebührende vom Beschenkten fordern kann, kommt endlich noch ein dritter hinzu, der durch die Bestimmung des § 2329 Abs. 1 Satz 1 zwar nicht allein, aber doch zweifellos mit getroffen ist. Der Fall ist gegeben, wenn und soweit der Erbe zur Ergänzung des Pflichtteils deswegen nicht verpflichtet ist, weil der nach Maßgabe des § 2311 abzuschätzende Wert des Nachlasses zur Deckung der Pflichtteilsergänzung nicht ausreicht (vgl. dazu meine Ausführung bei Planck V^3 S. 847).

d) Soweit nach dem unter a bis c Gesagten ein Anspruch des Pflichtteilsberechtigten gegen den Beschenkten überhaupt begründet ist, kann der erstere vom letzteren „die Herausgabe des Geschenkes zum Zwecke der Befriedigung wegen des fehlenden Betrags nach den Vorschriften über die Herausgabe einer ungerechtfertigten Bereicherung fordern" (§ 2329). Der Anspruch ist ein eigenartiger. Er geht auf einen Geldbetrag. Allein die Verurteilung des Beklagten hat mit der Beschränkung zu erfolgen, daß dem Kläger zum Zwecke seiner Befriedigung die Führung der Zwangsvollstreckung nur insoweit eröffnet werde, als sich bei Anwendung der Vorschriften über die Herausgabe einer ungerechtfertigten Bereicherung eine ungerechtfertigte Bereicherung des Beschenkten aus der Schenkung ergibt. Dem Beschenkten steht es jedoch zu, diese Art der Befriedigung des Pflichtteilsberechtigten durch Zahlung des fehlenden Betrags abzuwenden (§ 2329 Abs. 2).

Der Anspruch des Pflichtteilsberechtigten gegen den Beschenkten verjährt in drei Jahren von dem Eintritt des Erbfalls an (§ 2332 Abs. 2).

Hatte der Erblasser mehrere Schenkungen gemacht, so „haftet der früher Beschenkte nur insoweit, als der später Beschenkte nicht verpflichtet ist" (§ 2329 Abs. 3). Darnach ist also zunächst festzustellen, wieviel von dem Betrag der Pflichtteilsergänzung nach Maßgabe des nach § 2325 Abs. 2 sich bestimmenden Wertes des geschenkten Gegenstandes auf den später Beschenkten entfällt. Nur insoweit, als der ermittelte Betrag hinter dem Gesamtbetrag der Pflichtteilsergänzung zurückbleibt, haftet der früher Beschenkte.

III. 1. Eine besondere Erörterung ist jetzt noch der Frage zu widmen, wie mit der Pflichtteilsberechnung vorzugehen ist, wenn der Pflichtteilsberechtigte selbst ein Geschenk vom Erblasser erhalten hat. Nach § 2327 ist hier zu unterscheiden, ob der

Erblasser bei der Schenkung die Anrechnung auf den Pflichtteil angeordnet oder solche Anordnung unterlassen hat. Im ersten Falle ist die Schenkung auf den Gesamtbetrag des Pflichtteils und der Ergänzung anzurechnen. Im zweiten Falle, der uns im folgenden allein zu beschäftigen hat, ist die Schenkung dagegen nicht auf den Gesamtbetrag des Pflichtteils, sondern nur auf die Ergänzung anzurechnen.

Die Konsequenzen dieser Entscheidung ergeben sich aus folgenden Beispielen:

a) Wert des Nachlasses = 20000. Als Erbe ist E (extraneus) eingesetzt, während des Erblassers Sohn A aus dem Grunde übergangen ist, weil ihm der Erblasser ohnedies schon 40000 durch Schenkung zugewendet hatte. Trotzdem kann A von E nach § 2327 die Entrichtung des ordentlichen Pflichtteils von 10000 verlangen. Die Frage der Ergänzung des Pflichtteils kommt gar nicht in Betracht, weil der einzige Beschenkte zugleich der einzige Pflichtteilsberechtigte ist.

b) Als Alleinerben seines Nachlasses von 20000 setzt der Erblasser mit Rücksicht darauf, daß er seinem Sohne A kurz vorher ohnedies 40000 geschenkt hatte, seinen zweiten Sohn B ein. Nach § 2327 muß B dem A noch 5000 als ordentlichen Pflichtteil herausgeben, so daß ihm nur 15000 verbleiben.

c) Erbe des Nachlasses im Werte von 20000 wird E. Bei Lebzeiten des Erblassers hat dessen einziger Sohn ein Geschenk im Werte von 5000 und tertius ein Geschenk im Werte von 15000 vom Erblasser erhalten. Der Gesamtpflichtteil des A beträgt somit: $\frac{20000 + 15000 + 5000}{2}$ = 20000, wovon 10000 auf den ordentlichen Pflichtteil und 10000 auf die Pflichtteilsergänzung entfallen. Auf die letztere hat sich A den Wert der erhaltenen Schenkung anrechnen zu lassen, so daß er als Pflichtteilsergänzung noch 5000 zu beanspruchen hat. Bei der vorausgesetzten Sachlage haftet wie für den ordentlichen Pflichtteil so auch für die Pflichtteilsergänzung der Erbe.

Aus den vorgelegten Beispielen ist somit ersichtlich, daß sich für den vom Erblasser beschenkten Pflichtteilsberechtigten ein Anspruch auf Pflichtteilsergänzung nur ergeben kann, wenn außer ihm noch ein Dritter beschenkt worden ist, und daß auch nur in diesem Falle die Anrechnung des erhaltenen Geschenks auf die Pflichtteilsergänzung praktisch wird.

2. Für eine bestimmte Gruppe von hierher gehörenden Fällen trifft § 2327 Abs. 2 eine Sonderbestimmung. Ihr Eingreifen setzt voraus:

a) daß ein vom Erblasser beschenkter Abkömmling, der, wenn mit der Zeit der Schenkung der Erbfall zusammenträfe, unmittelbar als gesetzlicher Erbe erster Ordnung berufen sein würde, vor oder nach dem Erbfall weggefallen ist, und

b) daß an Stelle des weggefallenen Abkömmlings ein anderer Abkömmling des Erblassers pflichtteilsberechtigt geworden ist.

Trifft dies zu, so hat sich der unter b bezeichnete Abkömmling nach § 2327 Abs. 2 in Verbindung mit § 2051 Abs. 1 hinsichtlich der Pflichtteilsergänzung so behandeln zu lassen, als ob die Schenkung ihm selbst gemacht worden wäre. Beispiele bei Strohal I S. 523 ff.

3. Ist neben dem vom Erblasser beschenkten Pflichtteilsberechtigten noch ein weiterer Pflichtteilsberechtigter vorhanden, so kann unter Umständen diesem gegen jenen der Anspruch auf Pflichtteilsergänzung zustehen.

4. Die Vorschrift des § 2325 Abs. 3, nach der Schenkungen grundsätzlich unberücksichtigt bleiben, wenn zur Zeit des Erbfalls zehn Jahre seit der Leistung des verschenkten Gegenstandes verstrichen sind, ist, dafern der Erblasser nicht Anrechnung auf den Pflichtteil nach § 2315 angeordnet hat, auch auf eine Schenkung anzuwenden, welche der wegen der Schenkung an einen Dritten die Pflichtteilsergänzung verlangende Pflichtteilsberechtigte selbst vom Erblasser erhalten hat. Der Punkt ist streitig; vgl. dazu Strohal I S. 526.

4. Abschnitt.

Erbverzicht.

§ 59.

I. Durch Erbverzicht können Personen, die ohne denselben als Erben, Vermächtnisnehmer oder Pflichtteilsberechtigte am Nachlaß beteiligt sein würden, von solcher Beteiligung ausgeschlossen sein. Der dem römischen Rechte fremde Erbverzicht beruht wie der Erbvertrag auf deutschrechtlicher und moderner Entwicklung. Er erfolgt durch Vertrag zwischen dem Erblasser und dem event. Erben, Vermächtnisnehmer, Pflichtteilsberechtigten und bedarf der gerichtlichen oder notariellen Beurkundung in dem Sinne, daß der Verzichts**vertrag**, also nicht etwa bloß die Erklärung des Verzichtenden, sondern auch die Erklärung des Erblassers gerichtlich oder notariell beurkundet sein muß (§ 2348). Eine Verbindung des Erbverzichts mit anderen Verträgen, z. B. mit einem Erbvertrag, ist nicht ausgeschlossen.

So wenig wie der Erbvertrag ist der Erbverzicht ein obligatorischer Vertrag. Durch den Erbverzichtsvertrag wird also nicht eine Verpflichtung zu einer Leistung begründet; seine Wirkung ist eine rein **erbrechtliche**. Sie besteht darin, daß, soweit der Erbverzicht gültig erfolgt ist, der Verzichtende (und mit ihm auch derjenige, für welchen der Verzicht nach § 2349 mit wirksam ist) als Erbe, Vermächtnisnehmer, Pflichtteilsberechtigter gar nicht in Betracht kommt. Der Erbverzicht ist hiernach wesentlich verschieden von folgenden Vorgängen:

1. Von der Ausschlagung einer Erbschaft oder eines Vermächtnisses.

2. Von den im § 312 erwähnten Verträgen über den Nachlaß eines noch lebenden Dritten oder über den Pflichtteil oder ein Vermächtnis aus dem Nachlaß eines noch lebenden Dritten.

3. Von dem nach dem Erbfall zwischen einem Pflichtteilsberechtigten und dem Erben geschlossenen, einer bestimmten Form nicht bedürftigen Vertrag, durch welchen der erstere seinen Pflichtteilsanspruch aufgibt.

II. Das Bürgerliche Gesetzbuch anerkennt — und zwar mit Recht — nicht nur einen Verzicht auf das gesetzliche Erbrecht der Verwandten und des Ehegatten, sondern auch den Verzicht auf das testamentarische und vertragsmäßige Erbrecht, sowie auf in einem Testament oder Erbvertrag ausgesetzte Vermächtnisse (§§ 2346, 2352). In betreff des aus einem Erbvertrag sich ergebenden eventuellen Erb- und Vermächtnisrechts sind jedoch auseinanderzuhalten:

1. die nach § 2290 zu beurteilende und der Zuziehung der etwa bedachten **dritten** Person nicht bedürftige Wiederaufhebung des Erbvertrags durch hierauf gerichteten neuerlichen Vertrag der Parteien, welche den Erbvertrag abgeschlossen haben, und

2. der Verzicht der in einem zwischen A und B geschlossenen Erbvertrag unwiderruflich bedachten dritten Person, der seine praktische Bedeutung dann bewährt, wenn es zu einem Wiederaufhebungsvertrag zwischen B und A nicht gekommen ist. Ein solcher Verzichtsvertrag ist sowohl bei Lebzeiten wie nach dem Tode des anderen Vertragsteiles möglich und bedarf im ersten Falle der Zustimmung des anderen Vertragsteiles nicht.

III. Der Verzichtende braucht den Erbverzicht nicht persönlich zu schließen. Fehlt ihm die unbeschränkte Geschäftsfähigkeit, so ist, gleichviel, ob er den Verzicht persönlich (was aber bei Geschäftsunfähigkeit des Verzichtenden selbstverständlich ausgeschlossen ist) oder durch seinen gesetzlichen Vertreter abschließt, zur Wirksamkeit des Verzichts regelmäßig Genehmigung des Vormundschaftsgerichts erforderlich. Die Zustimmung des gesetzlichen Vertreters genügt jedoch, wenn der Verzichtende unter elterlicher Gewalt steht, und der Verzichtsvertrag unter Ehegatten oder Verlobten geschlossen wird. Vgl. §§ 2347 Abs. 1, 2352.

Der Erblasser kann den Vertrag in aller Regel nur persönlich schließen und bedarf, wenn er in der Geschäftsfähigkeit beschränkt ist, nicht der Zustimmung seines gesetzlichen Vertreters. Ist der Erblasser jedoch geschäftsunfähig, so kann dessen gesetzlicher Vertreter den Vertrag für ihn schließen; in diesem Falle ist aber, es sei denn, daß der Erblasser unter elterlicher Gewalt steht, und der Vertrag zugleich unter Ehegatten oder unter Verlobten geschlossen wird, auch noch die Genehmigung des Vormundschaftsgerichts erforderlich. Vgl. § 2347 Abs. 2.

IV. Besonders wichtig ist der Verzicht auf das gesetzliche Erbrecht. Über ihn ist noch genauer zu sprechen.

1. Ist der verzichtende gesetzliche Erbe nicht pflichtteilsberechtigt, so wird durch den Erbverzicht ein Erfolg hergestellt, der sich in einem Hauptpunkte mit der Wirkung deckt, welche der Erblasser auch ohne Erbverzicht schon dadurch herbeiführen kann, daß er den betreffenden gesetzlichen Erben durch letztwillige Verfügung von der gesetzlichen Erbfolge ausschließt. Vgl. aber doch auch § 2310.

2. Gehört der auf sein gesetzliches Erbrecht schlechthin verzichtende Anwärter zugleich auch zu den in concreto pflichtteilsberechtigten Personen, so kommt ihm infolge des Verzichts auch ein Pflichtteilsrecht nicht mehr zu (§ 2346 Abs. 1).

3. Der Verzicht auf das gesetzliche Erbrecht braucht nicht notwendig ein vollständiger zu sein:

a) Es ist also z. B. sehr wohl möglich, daß ein eventueller gesetzlicher Erbe lediglich auf einen Bruchteil des bei eintretender normaler gesetzlicher Erbfolge auf ihn entfallenden Erbteils verzichtet.

b) Beim Erbverzicht eines eventuellen gesetzlichen Erben, der zugleich auch pflichtteilsberechtigt ist, sind noch folgende Möglichkeiten zu berücksichtigen:

α) Der Verzichtende kann hier seinen Verzicht auf das Pflichtteilsrecht beschränken (§ 2346 Abs. 2).

β) Kann ein Erbverzicht auch in der Weise stattfinden, daß der Verzichtende auf sein gesetzliches Erbrecht mit Vorbehalt des Pflichtteilsrechtes verzichtet? Diese bisher überwiegend verneinte Frage wird in den Motiven V S. 472 mit Recht bejaht. Eingehendes bei Strohal I S. 535 ff.

4. Die in der Theorie des Erbverzichts vielbesprochene Frage, ob der Verzicht eines eventuellen Erben auf das gesetzliche Erbrecht auch dessen Nachkommen von der gesetzlichen Erbfolge ausschließe, entscheidet § 2349 dahin, daß sich die Wirkung des von einem Abkömmling oder Seitenverwandten des Erblassers geleisteten Verzichts auf das gesetzliche Erbrecht, sofern nur ein anderes nicht bestimmt ist, auch auf dessen Abkömmlinge erstreckt. Vgl. dazu Strohal I S. 536 ff.

5. Der Verzicht auf das gesetzliche Erbrecht kann sowohl ein absoluter, schlechthin gewollter, als auch ein nur relativer sein. Das letztere trifft zu, wenn der Verzicht lediglich zugunsten bestimmter Personen erfolgt, deren erbrechtliche Stellung durch den Verzicht verbessert werden soll. Im Zweifel ist anzunehmen, daß ein solcher Verzicht nur gelten soll, wenn derjenige, zu dessen Gunsten er erfolgt ist, Erbe wird (§ 2350 Abs. 1). Im Falle eines von seiten eines Abkömmlings geleisteten Verzichts auf das gesetzliche Erbrecht hat man aber im Zweifel sogar anzunehmen, daß der Verzicht nur zugunsten der anderen Abkömmlinge und des Ehegatten des Erblassers gelten soll (§ 2350 Abs. 2).

V. Die Leistung des Erbverzichts erfolgt nicht selten gegen eine dem Verzichtenden vom Erblasser gewährte Abfindung. In solchem Falle kommen aber keineswegs die Vorschriften über gegenseitige obligatorische Verträge zur Anwendung. Nach der Auffassung des Gesetzes liegen vielmehr zwei Verträge vor: der Vertrag, zufolge dessen dem Verzichtenden für seinen Verzicht eine Abfindung gewährt wird, und der Erbverzichtsvertrag, zufolge dessen mit Rücksicht auf die gewährte Abfindung auf das Erbrecht Verzicht geleistet wird. Über das Verhältnis dieser beiden Verträge zueinander vgl. Strohal I S. 539 ff.

VI. Ein Vertrag, durch den auf das gesetzliche Erbrecht oder auch nur auf das Pflichtteilsrecht verzichtet worden ist, kann durch einen neuen Vertrag derselben Personen, welche jenen geschlossen haben, wieder aufgehoben werden. Der Aufhebungsvertrag bedarf derselben Form wie der Verzichtsvertrag selbst, und was für diesen im § 2347 Abs. 2 in Ansehung des Erblassers vorgeschrieben ist, soll auch auf den Aufhebungsvertrag zur Anwendung gebracht werden. Vgl. § 2351. An dieser Normierung ist bemerkenswert, daß ihr zufolge der in seiner Geschäftsfähigkeit beschränkte Erblasser den auf Wiederaufhebung eines seinerzeit vielleicht teuer erkauften Erbverzichts gerichteten Vertrag ohne Zustimmung seines gesetzlichen Vertreters bezw. ohne Genehmigung des Vormundschaftsgerichts wirksam abschließen kann.

5. Abschnitt.

Erbunwürdigkeit.

§ 60.

I. Die Erbunwürdigkeit (Indignität) ist römischen Ursprungs; wie von den meisten modernen Gesetzgebungen ist sie auch vom BGB. festgehalten, zugleich aber in einer der modernen Auffassung entsprechenden Weise ausgestaltet worden. Nach den Bestimmungen des BGB. sind zwei Momente für den Begriff der Erbunwürdigkeit wesentlich:

1. Es gibt keine absolute, sondern nur eine relative Erbunwürdigkeit, d. h. man kann nur erbunwürdig sein im Verhältnis zu einem bestimmten Erblasser, gegen den man sich vergangen hat.

2. Die Erbunwürdigkeit ist nicht von Amts wegen zu berücksichtigen, sondern sie muß von anderen Nachlaßbeteiligten gegen den Erbunwürdigen geltend gemacht werden. Geschieht aber letzteres auf dem vom Gesetz vorgezeichneten Wege der Anfechtung, so gilt der dem Unwürdigen angefallene erbrechtliche Erwerb als von ihm nicht gemacht.

II. Erbunwürdig ist nach § 2339 Abs. 1:

1. wer den Erblasser vorsätzlich und widerrechtlich getötet oder zu töten versucht oder in einen Zustand versetzt hat, infolgedessen der Erblasser bis zu seinem Tode unfähig war, eine Verfügung von Todes wegen zu errichten oder aufzuheben;
2. wer den Erblasser vorsätzlich und widerrechtlich verhindert hat, eine Verfügung von Todes wegen zu errichten oder aufzuheben;
3. wer den Erblasser durch arglistige Täuschung oder widerrechtlich durch Drohung bestimmt hat, eine Verfügung von Todes wegen zu errichten oder aufzuheben;
4. wer sich in Ansehung einer Verfügung des Erblassers von Todes wegen einer nach den Vorschriften der §§ 267 bis 274 des Strafgesetzbuches strafbaren Handlung schuldig gemacht hat.

Die Unwürdigkeit wird in allen diesen Fällen durch Verzeihung des Erblassers beseitigt (§ 2343); außerdem soll sie in den Fällen unter Nr. 3 und 4 auch schon dann als nicht eingetreten gelten, „wenn vor dem Eintritt des Erbfalls die Verfügung, zu deren Errichtung der Erblasser bestimmt oder in Ansehung deren die strafbare Handlung begangen worden ist, unwirksam geworden ist, oder die Verfügung, zu deren Aufhebung er bestimmt worden ist, unwirksam geworden sein würde" (§ 2339 Abs. 2). Vgl. Strohal I S. 544 ff.

III. Seine Erbunwürdigkeit bildet für den zur Erbfolge Berufenen zunächst kein Hindernis des Anfalls der Erbschaft. Allein sobald dieser erfolgt ist, kann der Erbschaftserwerb des Erbunwürdigen von jedem angefochten werden, welchem der Wegfall desselben, sei es auch nur mittelbar, zu statten kommt. Einem erbunwürdigen Nacherben gegenüber kann jedoch die Anfechtung schon erfolgen, sobald die Erbschaft dem Vorerben angefallen ist. Die Anfechtung geschieht mittels Klage, die innerhalb der im § 2082 für die Anfechtung von letztwilligen Verfügungen bestimmten Frist zu erheben und darauf zu richten ist, daß der Erbe für unwürdig erklärt werde. Ist dies rechtskräftig ausgesprochen, so gilt der Anfall an den Erbunwürdigen als nicht erfolgt, und wird die Erbschaft nach rückwärts hin als demjenigen angefallen behandelt, welcher, dafern der Unwürdige vor dem Erbanfall gestorben wäre, schon von vornherein als Erbe in Betracht gekommen sein würde. Vgl. § 2340 bis 2342, 2344.

Eine nicht zu verkennende Schwierigkeit ergibt sich aus § 2344 in Verbindung mit § 2080 Abs. 1; vgl. dazu Strohal I S. 548 ff.

IV. Gegenüber einem erbunwürdigen Vermächtnisnehmer oder einem die Leistung des Pflichtteils verlangenden Pflichtteilsberechtigten bedarf es zur Geltendmachung der Unwürdigkeit nicht der Erhebung der Klage, sondern erfolgt die Anfechtung des Vermächtnis- bezw. Pflichtteilsanspruchs nach den Grundsätzen, die für die Anfechtung von auf mangelhafter Willensbestimmung beruhenden Vermächtnisverfügungen gelten (§ 2345). Hat aber der einem erbunwürdigen Vermächtnisnehmer oder einem solchen Pflichtteilsberechtigten gegenüber zur Leistung Verpflichtete die für die Vornahme der Anfechtung maßgebende Präklusivfrist versäumt, so steht ihm dem Anspruch des die Leistung Fordernden gegenüber eine peremptorische Einrede (d. h. ein Recht zur Verweigerung der Leistung) zu (§§ 2345, 2083).

3. Hauptstück.

Der Erwerb der Erbschaft.

1. Abschnitt.

Annahme und Ausschlagung.

I. Ausschlagungsrecht und Ausschlagungsfrist.

§ 61.

I. Aus dem nach Maßgabe der §§ 1922, 1942 von Rechts wegen sich vollziehenden Übergang der Erbschaft auf den Erben ergibt sich in aller Regel noch nicht der Eintritt einer endgültigen Rechtslage. Denn dieser Übergang — er heißt technisch: Anfall der Erbschaft (§ 1942 Abs. 1) — erfolgt unbeschadet des dem Erben grundsätzlich zukommenden Rechtes zur Ausschlagung der Erbschaft. Nur dem Fiskus, wenn und soweit er gesetzlicher Erbe wird, ist das Recht der Ausschlagung versagt (§ 1942 Abs. 2). Abgesehen hiervon und abgesehen auch von einigen weiteren, aus der Vorschrift des § 1946 sich erklärenden und später zu besprechenden Ausnahmefällen führt der Anfall der Erbschaft vorerst zu einem Stadium, während dessen ungewiß ist, ob der für den zunächst berufenen Erben eingetretene Erbschaftserwerb als ein nur provisorischer oder als definitiver zu gelten haben wird. Diese Ungewißheit findet ihre Erledigung nach der letzteren Richtung hin, wenn der Erbe entweder

1. die für die Ausschlagung vorgeschriebene Frist verstreichen ließ, ohne vorher ausgeschlagen zu haben, oder

2. wenn er noch vor dem Ablauf der Ausschlagungsfrist seinen Willen, die Erbschaft anzunehmen, in rechtswirksamer Weise zum Ausdruck bringt.

Nur bei Vorhandensein des zweiten Tatbestandes spricht das Gesetz von „Annahme der Erbschaft" im technischen Sinne (vgl. besonders §§ 1943, 1955, 1956). Hinsichtlich des unter Ziff. 1 bezeichneten Tatbestandes bedient es sich dagegen der Wendung, daß die Erbschaft mit Ablauf der Frist als angenommen gilt (§ 1943); es bringt durch diese Fassung einerseits zum Ausdruck, daß die Versäumung der Ausschlagungsfrist dem rechtlichen Erfolge nach (Ausschluß der Ausschlagungsmöglichkeit, Endgültigkeit des Erbschaftserwerbs) zwar der „Annahme" gleichsteht, andererseits aber auch, daß sie im Gegensatz zu dieser rechtsgeschäftlichen Charakter nicht hat.

II. Der Ausschlagung ist durch die im § 1944 bestimmte Ausschlagungsfrist eine gesetzliche Schranke gesetzt. Die Frist beträgt regelmäßig 6 Wochen und nur dann sechs Monate, wenn der Erblasser seinen letzten Wohnsitz nur im Ausland gehabt hat, oder wenn sich der Erbe bei dem Beginn der Frist im Ausland aufhält. Die Frist beginnt regelmäßig mit dem Zeitpunkt, in welchem der Erbe von dem Anfall und dem Grunde der Berufung Kenntnis erlangt hat, im Falle einer Berufung durch Verfügung von Todes wegen jedoch nicht vor der Verkündung der Verfügung; Kenntnis des Erben von der erfolgten Verkündung ist jedoch zum Beginn der Frist nicht erforderlich.

Einzelnes.

1. Der im § 1944 für den Beginn der Ausschlagungsfrist geforderten Kenntnis des Erben von dem Erbfall und dem Grunde der Berufung steht fahrlässige (selbst grobfahrlässige) Unkenntnis nicht gleich. Auf welchem Wege der Erbe die erforderliche Kenntnis erlangt hat, ist gleichgültig, auf amtlicher Mitteilung braucht sie nicht zu beruhen. Ob im konkreten Falle wirkliche Kenntnis angenommen werden darf, ist nach Maßgabe der Umstände zu entscheiden. Ausführliches bei Strohal II S. 3 ff.

2. Ist der Erbe geschäftsunfähig oder in der Geschäftsfähigkeit beschränkt, so kann für den Beginn der Ausschlagungsfrist nur die Kenntnis des gesetzlichen Vertreters maßgebend sein.

3. Auf den Lauf der Ausschlagungsfrist finden die für die Verjährung geltenden Vorschriften der §§ 203, 206 entsprechende Anwendung (§ 1944 Abs. 2). Daraus ergibt sich:

a) Der Lauf der Frist ist gehemmt, solange der Erbe durch Stillstand der Rechtspflege oder in anderer Weise durch höhere Gewalt an der Abgabe der Ausschlagungserklärung verhindert ist.

b) Ist der geschäftsunfähige oder in der Geschäftsfähigkeit beschränkte Erbe ohne gesetzlichen Vertreter, so wird die Ausschlagungsfrist nicht vor dem Ablauf von sechs Wochen (bezw. in denjenigen Fällen, in welchen die Ausschlagungsfrist sechs Monate beträgt, nicht vor dem Ablauf von sechs Monaten) nach dem Zeitpunkt beendet, in welchem der Erbe geschäftsfähig wird oder der Mangel der Vertretung aufhört. Hierbei ist aber wohl zu beachten, daß die Frist, um beendet werden zu können, begonnen haben, und daß also in dieser Beziehung den Anforderungen des Gesetzes entsprochen sein muß.

4. Die Eröffnung des Konkurses über das Vermögen des Erben ist für den Beginn und den Lauf der Ausschlagungsfrist ohne Bedeutung. Vgl. § 9 KO.

5. Stirbt der Erbe nach dem Erbfall, aber noch vor der Entscheidung über Annahme oder Ausschlagung, so muß in betreff der Ausschlagungsfrist also unterschieden werden:

a) Hatte der Erbe auch den Anfall der Erbschaft erlebt, so geht das Recht der Ausschlagung auf die Erbeserben über (§ 1952 Abs. 1). Genaueres bei Strohal II S. 11 ff.

b) Es gibt aber auch Fälle, in denen sich eine Berufung zur Erbfolge als wirksam erweist, obschon der Erbe, nachdem er den Erbfall überlebt hat, doch noch vor dem Anfall der Erbschaft gestorben ist. So verhält es sich einmal überall dort, wo die Berufung des Erben von der condicio iuris abhängig ist, daß ein Vorberufener ausschlägt oder für erbunwürdig erklärt wird (§§ 1953, 2344), dann aber auch in dem durch § 2108 getroffenen Falle der Nacherbfolge, wenn die Anwartschaft der bevorstehenden Nacherbfolge auf den Erben des Erben übergeht. Hier und dort kann die Ausschlagungsfrist bei der vorausgesetzten Sachlage immer erst für den Erbeserben beginnen.

6. Ist der Erbe kraft verschiedener nacheinander wirksam werdender Berufungsgründe berufen (also z. B. zunächst als Testamentserbe und dann als gesetzlicher Erbe, oder als gesetzlicher Erbe mehrerer Ordnungen), so läuft ihm, sobald der zunächst wirkende Berufungsgrund in der Art bedeutungslos geworden ist, daß die Wirksamkeit des weiteren Berufungsgrundes hierdurch unberührt geblieben ist, mit Rücksicht auf den neuerlichen Anfall der Erbschaft nach Maßgabe des § 1944 eine weitere Ausschlagungsfrist.

7. Wegen des Beginnes der Ausschlagungsfrist für den zur Nacherbfolge Berufenen vgl. zu § 1944 Abs. 2 auch § 2139.

8. Bei der Berechnung der Ausschlagungsfrist sind die allgemeinen Vorschriften der §§ 187 Abs. 1, 188 Abs. 2, 3 und 193 zu beachten.

9. Beweislast.

II. Die Rechtsgeschäfte der Annahme und Ausschlagung der Erbschaft.

§ 61a.

I. Die im Gesetz an die Versäumung der Ausschlagungsfrist geknüpfte Fiktion der Annahme kann, da die Kenntnis des Erben vom Anfall der Erbschaft Voraussetzung des Fristbeginns ist, selbstverständlich erst nach dem Anfall wirksam werden. Die Rechtsgeschäfte der Annahme und der Ausschlagung können dagegen wirksam vorgenommen werden, sobald der Erbfall eingetreten ist (§ 1946). Der bereits erfolgte Anfall der Erbschaft an den Erben oder gar der Beginn der Ausschlagungsfrist ist also zur Wirksamkeit der Annahme oder Ausschlagung nicht gefordert. Demgemäß kann der Erbe, dafern nur der Anforderung des § 1946 entsprochen ist, auch schon zu einer Zeit annehmen oder ausschlagen, zu der seine Berufung noch davon abhängig ist, daß ein Vorberufener zum definitiven Erwerb nicht gelangt, und der event. Nacherbe schon vor dem Falle der Nacherbfolge.

Die Annahme und die Ausschlagung haben sodann miteinander gemein, daß sie nicht unter einer Bedingung oder unter einer Zeitbestimmung erfolgen und im Falle der Berufung zur ganzen Erbschaft nicht auf einen Teil von ihr und in dem der Berufung zu einem Erbteil nicht auf einen Teil des Erbteils beschränkt werden können (§§ 1947, 1950). Die Beifügung einer Bedingung oder Zeitbestimmung oder einer Beschränkung der bezeichneten Art würde also die Annahme bezw. die Ausschlagung unwirksam machen. Hervorzuheben ist jedoch schon hier die Vorschrift des § 1952 Abs. 3: Ihr zufolge kann im Falle, daß das Recht zur Ausschlagung vom Erben auf mehrere Erbeserben übergeht, jeder von diesen den seinem Erbteil entsprechenden Teil der Erbschaft ausschlagen.

II. Bei Geschäftsunfähigkeit des Erben kann die Annahme oder Ausschlagung der Erbschaft nur durch dessen gesetzlichen Vertreter erfolgen. Ist der Erbe beschränkt geschäftsfähig, so kann die Annahme oder Ausschlagung entweder in der Weise stattfinden, daß der Erbe mit Einwilligung des gesetzlichen Vertreters oder so, daß statt des Erben lediglich dessen gesetzlicher Vertreter handelt. Doch besteht in allen diesen Fällen zwischen Annahme und Ausschlagung folgender Unterschied: Während jene der Genehmigung des Vormundschaftsgerichts nicht bedarf, ist sie zu dieser in aller Regel erforderlich (§§ 1643 Abs. 2, 1822 Nr. 2).

Die Vornahme der Annahme oder der Ausschlagung der Erbschaft durch einen Bevollmächtigten des Erben ist nicht ausgeschlossen.

Durch die Eröffnung des Konkurses über das Vermögen des Erben wird dessen Recht zur Entscheidung über Annahme oder Ausschlagung einer ihm vor der Eröffnung des Verfahrens angefallenen Erbschaft nicht berührt. Die Entscheidung steht nicht dem Konkursverwalter, sondern nur dem Gemeinschuldner zu (§ 9 KO.). Entscheidet sich dieser für die Annahme, so gehört der Erwerb als ein schon vor der Eröffnung des Verfahrens gemachter zur Masse (§ 1 KO.). Die vom Gemeinschuldner erklärte Ausschlagung ist nach Maßgabe von § 9 KO. auch den Konkursgläubigern gegenüber wirksam.

Eine zur Erbfolge berufene Ehefrau bedarf zur Annahme oder Ausschlagung einer ihr angefallenen Erbschaft bei keinem Güterstande der Zustimmung ihres Gatten (vgl. §§ 1406 Nr. 1 und 1453 Abs. 1).

III. Die Ausschlagung kann nur durch Erklärung gegenüber dem Nachlaßgericht und nur in der Weise erfolgen, daß die Erklärung in öffentlich beglaubigter Form abgegeben wird (§ 1945 Abs. 1). Die Erklärung der Ausschlagung durch einen Bevollmächtigten ist nur wirksam, wenn dieser hierzu durch eine öffentlich beglaubigte und entweder der Erklärung beigegebene oder doch innerhalb der Ausschlagungsfrist noch nachgebrachte Vollmacht legitimiert ist (§ 1945 Abs. 2).

Die Angabe des Berufungsgrundes kann in der Ausschlagungserklärung enthalten sein oder fehlen. Trifft ersteres zu, so liegt nicht etwa die Ausschlagung unter einer Bedingung vor, sondern nur deren Beschränkung auf einen bestimmten Anfall. Erfolgt die Ausschlagung ohne Angabe des Berufungsgrundes, so scheint angenommen werden zu dürfen, daß sie hinsichtlich aller überhaupt in Frage kommenden Berufungsgründe zu gelten habe. Allein das Gesetz macht in dieser Beziehung eine auf Billigkeitserwägung beruhende Einschränkung, indem es bestimmt, daß sich die Ausschlagung im Zweifel zwar auf alle Berufungsgründe erstreckt, die dem Erben zur Zeit der Erklärung bekannt sind (§ 1949 Abs. 2), also im Zweifel nicht auf die ihm unbekannten.

Im vorstehenden ist vorausgesetzt worden, daß für den ausschlagenden Erben verschiedene Berufungsgründe in Betracht kommen. Dies bedarf der Erläuterung. Nicht zu denken ist dabei an Fälle, in denen der Erbe vermöge verschiedener Berufungsgründe zu verschiedenen Erbteilen nebeneinander berufen ist; denn auf sie bezieht sich die besondere und erst später zu würdigende Vorschrift des § 1951. Hier handelt es sich vielmehr um folgende Gestaltungen:

a) Der Erbe ist zunächst durch eine Verfügung von Todes wegen, eventuell aber auch zur gesetzlichen Erbfolge berufen. Die Beschränkung der Ausschlagung auf jenen Berufungsgrund ist zulässig, und möglich ist daher auch trotz solcher Ausschlagung die Annahme aus dem anderen Berufungsgrunde (§ 1948 Abs. 1).

b) Hierher gehören auch die Fälle, daß jemand wegen mehrfacher Verwandtschaft mit dem Erblasser in verschiedenen Ordnungen oder zuerst als überlebender Ehegatte, eventuell als Abkömmling etwa des mütterlichen Großvaters des Erblassers zur gesetzlichen Erbfolge berufen ist. Erfolgt die Ausschlagung ohne Beschränkung, so ist die Regel des § 1949 Abs. 2 maßgebend. Beschränkung der Ausschlagung durch Bezeichnung des konkreten Berufungsgrundes ist möglich.

c) Nach der ausdrücklichen Vorschrift des § 1948 Abs. 2 kann, wer durch Testament und durch Erbvertrag als Erbe berufen ist, die Erbschaft aus dem einen Berufungsgrund annehmen und aus dem anderen ausschlagen. Beispiele bei Strohal II S. 21 ff.

In diesen Zusammenhang gehört endlich noch die Frage, ob die Erbschaft zugunsten eines anderen ausgeschlagen werden kann; vgl. darüber Strohal II S. 23.

IV. Im Gegensatz zur Ausschlagung bedarf die Annahme der Erbschaft einer bestimmten Form nicht. Sie erfolgt dadurch, daß der Erbe den Willen, die Erbschaft anzunehmen — gleichviel in welcher Form —, in einer für ihn nach allgemeinen Grundsätzen bindenden Weise zum Ausdruck bringt. Darüber, was geschehen muß, damit solche Bindung eintritt, enthält sich das Gesetz (vgl. § 1943) mit Absicht jeder Vorschrift. Aus dem Wesen der Sache und aus geschichtlichen Zusammenhängen ergibt sich aber, daß die Annahme der Erbschaft sowohl

1. durch Abgabe einer Willenserklärung, als auch
2. durch Willensbetätigung stattfinden kann.

Zu 1. Als möglich muß vor allem die Erklärung der Annahme gegenüber dem Nachlaßgericht angesehen werden. Die Erklärung der Annahme braucht aber nicht dem Nachlaßgericht gegenüber abgegeben zu werden. Es wird als genügend anzusehen sein, wenn sie jemandem gegenüber erfolgt, der an der Entscheidung über Annahme oder Ausschlagung hinreichend interessiert ist, oder wenn der Erbe — indem er sich hierdurch an alle Interessenten wendet — seine Annahmeerklärung öffentlich verlautbart.

Zu 2. Die Annahme durch Betätigung des Annahmewillens entspricht im wesentlichen der römischen und gemeinrechtlichen pro herede gestio; ob sie vorliegt, ist nach Maßgabe der Umstände zu entscheiden.

III. Berufung desselben Erben zu verschiedenen Erbteilen.

§ 61 b.

I. Die Berufung eines Erben zu mehreren besonderen Erbteilen unterscheidet sich wesentlich von den Fällen der Erhöhung des gesetzlichen Erbteils nach § 1935 und von der Erweiterung des ursprünglichen Erbteils eines gewillkürten Erben durch Anwachsung nach § 2095. Denn nach den berufenen Paragraphen soll der Teil, um welchen sich hier und dort der ursprüngliche Erbteil vergrößert, den Charakter eines besonderen Erbteils überhaupt nur in Ansehung der Vermächtnisse und Auflagen, nach allen anderen Richtungen hin also nicht haben. Daraus — und nicht etwa auf Grund der in den bezeichneten Fällen gar nicht anwendbaren Bestimmung des § 1951 Abs. 2 — ergibt sich, daß sich die Annahme oder Ausschlagung eines gesetzlichen Erbteils ohne weiteres auch auf denjenigen Bruchteil der Erbschaft miterstreckt, um welchen sich jener Erbteil nach § 1935 erhöht, und die Annahme oder Ausschlagung des testamentarischen Erbteils auch auf den durch Anwachsung hinzukommenden Bruchteil.

Berufung zu mehreren Erbteilen im Sinne des § 1951 liegt dagegen vor:

1. In den Fällen des § 1927 und des § 1934.

2. Wenn jemand zu einem Anteil der Erbschaft durch Verfügung von Todes wegen, zu einem anderen kraft Gesetzes berufen ist.

3. Wenn jemand abgesehen von dem oben ausgeschiedenen Falle des § 2095 durch Verfügung von Todes wegen zu verschiedenen Anteilen der Erbschaft berufen ist.

Vom Standpunkt sachlicher Beurteilung scheint — soweit nicht vom Erblasser Besonderes bestimmt ist — hier überall kein Grund erfindlich zu sein, warum es dem Erben versagt sein soll, den einen Erbteil anzunehmen und den anderen auszuschlagen, oder umgekehrt. Allein das Gesetz greift mit positiven Entscheidungen ein. Ihnen zufolge ist vor allem zu unterscheiden, ob die Berufung des Erben zu mehreren Erbteilen *auf demselben Grunde* oder *auf verschiedenen Gründen* beruht. Trifft letzteres zu, so kann der Erbe den einen Erbteil annehmen und den anderen ausschlagen. Im zuerst bezeichneten Falle gilt dagegen die Annahme oder Ausschlagung des einen Erbteils grundsätzlich auch für den anderen, *selbst wenn der andere erst später anfällt*, und soll eine andere Behandlung nur dann eintreten, wenn der Erblasser dem auf mehrere Teile eingesetzten Erben durch Verfügung von Todes wegen besonders gestattet hat, den einen Erbteil anzunehmen und den anderen auszuschlagen.

II. Damit steht man wieder vor der Frage, wann Berufung des Erben zu mehreren Erbteilen auf Grund eines einheitlichen Berufungsgrundes vorliegt, bezw. wann Verschiedenheit der Berufungsgründe anzunehmen ist. Die Fassung von Abs. 2 Satz 2 des § 1951 läßt hierüber verschiedene Zweifel offen. Als völlig sicher darf freilich gelten:

1. daß im Sinne des Gesetzes *Verschiedenheit der Berufungsgründe* nicht nur vorliegt, wenn der Erbe zu dem einen Erbteil kraft Gesetzes, zu dem anderen durch Verfügung von Todes wegen, oder zu dem einen Erbteil durch Testament, zu dem anderen vertragsmäßig in einem Erbvertrag, sondern auch, wenn die Berufung des Erben zu beiden Erbteilen vertragsmäßig, aber in *mit verschiedenen Personen abgeschlossenen Erbverträgen* ausgesprochen ist.

2. Nicht minder gewiß ist, daß die Berufungen als auf *einem* Grunde beruhend anzusehen sind, nicht nur wenn sie in *einem* Testament bezw. vertragsmäßig in *einem* Erbvertrag, sondern auch wenn sie in *verschiedenen* Testamenten oder in *verschiedenen* zwischen *denselben Personen geschlossenen* Erbverträgen angeordnet sind.

Unentschieden läßt der Wortlaut des Gesetzes folgende Möglichkeiten:

a) Ein Erbe ist zu einem Erbteil in einem Testament, zu einem anderen *in* einem Erbvertrag, nicht *vertragsmäßig*, sondern *letztwillig* eingesetzt. Man aber wird sich für Einheit des Berufungsgrundes zu entscheiden haben.

b) Die Einsetzung des Erben ist in einem Erbvertrag hinsichtlich des einen Erbteils vertragsmäßig, hinsichtlich des anderen letztwillig erfolgt. Es wird Verschiedenheit der Berufungsgründe anzunehmen sein.

c) Gleichzeitige Berufung des Erben zu mehreren gesetzlichen Erbteilen nach den §§ 1927, 1934. Überwiegende Gründe sprechen für die Einheit des Berufungsgrundes.

III. Ist der von einem Erben, der auf Grund verschiedener Berufungsgründe zu mehreren Erbteilen berufen ist, abgegebenen Ausschlagungserklärung eine Beschränkung auf einen der Erbteile **nicht** beigefügt, so kommt § 1949 Abs. 2 zur entsprechenden Anwendung, d. h. es ist im Zweifel anzunehmen, daß sich die Ausschlagung auf alle Erbteile erstreckt, zu denen er kraft der ihm zur Zeit der Erklärung bekannten Berufungsgründe berufen ist.

IV. Anfechtung der Annahme, der Versäumung der Ausschlagungsfrist und der Ausschlagung.

§ 61 c.

I. Gleich anderen Rechtsgeschäften können selbstverständlich auch die Rechtsgeschäfte der Annahme und der Ausschlagung der Erbschaft der Anfechtung unterliegen. Keineswegs selbstverständlich ist dagegen die besondere Bestimmung des Gesetzes, daß die Versäumung der Ausschlagungsfrist — obschon sie rechtsgeschäftlichen Charakter nicht hat — „in gleicher Weise" angefochten werden kann wie die rechtsgeschäftliche Annahme (§ 1956). Nach der in den Protokollen niedergelegten Auffassung sollte dem Erben hierdurch in Gestalt der Anfechtung die Möglichkeit einer Restitution gegen die Rechtsfolge der Fristversäumung eröffnet werden.

II. Die Anfechtungsgründe bestimmen sich zunächst nach den allgemeinen Vorschriften der §§ 119, 120, 123.

1. Fälle des Irrtums über den Inhalt der Willenserklärung, der Verirrung, der Unrichtigkeit der Übermittlung werden bei der Annahme oder Ausschlagung der Erbschaft nicht leicht vorkommen, doch sind sie nicht unmöglich. Irrtum des Annehmenden oder Ausschlagenden über den Vermögenswert der Erbschaft, über die Größe des Erbteils, über das Vorhandensein oder Nichtvorhandensein von dem Erben auferlegten Beschränkungen oder Beschwerungen ist bloßer Irrtum im Beweggrund und deshalb grundsätzlich ungeeignet, eine Anfechtung zu begründen.

Eigenartige Bedeutung hat der Irrtum über den **Berufungsgrund**. Das Gesetz greift hier mit der besonderen Entscheidung ein, daß die **Annahme** ohne weiteres, d. h. ohne daß es einer Anfechtung bedarf, als nicht erfolgt gilt, wenn der Erbe über den Berufungsgrund im Irrtum war (§ 1949 Abs. 1). Die Entscheidung der naheliegenden Frage, wie die schlechthin erklärte, aber auf einem Irrtum im Berufungsgrund beruhende **Ausschlagung** zu behandeln ist, ergibt sich aus § 1949 Abs. 2.

Eigentümliche Schwierigkeiten haben sich bei der Anfechtung der hinsichtlich ihrer Wirkung der Annahme gleichstehenden Versäumung der Ausschlagungsfrist auf Grund des § 119 ergeben; vgl. hierzu RG. Bd. 58 S. 81, aber auch **Strohal** bei Planck Bd. V 3. Aufl. Erl. zu § 1956.

2. Ist der Erbe durch widerrechtliche **Drohung** zur Annahme oder zur Ausschlagung der Erbschaft bestimmt worden, so ist die Anfechtung nach § 123 begründet. Die Möglichkeit einer Anfechtung der Versäumung der Ausschlagungsfrist wegen widerrechtlicher Drohung ist nur gegeben, wenn die Versäumung durch diese wirklich verursacht worden ist, also nicht, wenn die Zwangslage zu einer Zeit aufhörte, zu der die Ausschlagung noch ohne besondere Schwierigkeiten vorgenommen werden konnte.

3. Auch dem durch arglistige Täuschung zur Annahme bezw. zur Versäumung der Ausschlagungsfrist oder zur Ausschlagung bestimmt gewesenen Erben ist nach § 123

die Möglichkeit der Anfechtung gegeben und zwar ohne Rücksicht darauf, von wem die Täuschung ausgegangen ist.

III. Die Anfechtung erfolgt in allen Fällen durch Erklärung gegenüber dem Nachlaßgericht, die in öffentlich beglaubigter Form abgegeben werden muß. Erklärung der Anfechtung durch einen gesetzlichen oder gewillkürten Vertreter ist zulässig. In betreff der Legitimation durch einen Bevollmächtigten gilt das gleiche wie im Falle der durch einen Bevollmächtigten erfolgenden Ausschlagung der Erbschaft (§ 1955).

IV. Die Anfechtungsfrist beträgt regelmäßig sechs Wochen, sechs Monate aber dann, wenn der Erblasser seinen letzten Wohnsitz nur im Auslande gehabt hat, oder wenn sich der Erbe bei dem Beginn der Frist im Auslande aufhält. Im Falle der Anfechtbarkeit wegen Drohung beginnt die Frist mit dem Zeitpunkt, in welchem die Zwangslage aufhört, in den übrigen Fällen mit dem Zeitpunkt, in welchem der Anfechtungsberechtigte von dem Anfechtungsgrunde Kenntnis erlangt. Auf den Lauf der Frist finden nicht nur die Vorschriften der §§ 203, 206, sondern auch die des § 207 entsprechende Anwendung. Sind seit der Annahme (bezw. der Versäumung der Ausschlagungsfrist) oder Ausschlagung dreißig Jahre verstrichen, so ist die Anfechtung unter allen Umständen ausgeschlossen. Vgl. § 1954.

V. Die an die Anfechtung sich knüpfende Wirkung bestimmt sich in unseren Fällen nicht nur nach der Regel des § 142 Abs. 1, sondern außerdem auch noch nach der Sondervorschrift des § 1957 Abs. 1 und besteht demgemäß darin, daß die Anfechtung der Annahme (Versäumung der Ausschlagungsfrist) als Ausschlagung und die Anfechtung der Ausschlagung als Annahme gilt. Diese Regelung vermeidet zwecklose Verwickelungen und Unklarheiten und ist sachlich durchaus zu billigen.

VI. Die Anfechtung der Ausschlagung soll vom Nachlaßgericht demjenigen mitgeteilt werden, welchem die Erbschaft infolge der nunmehr als nicht erfolgt zu behandelnden Ausschlagung angefallen war. Die Einsicht in die Anfechtungserklärung ist jedem zu gestatten, der ein rechtliches Interesse glaubhaft macht. Vgl. § 1957 Abs. 2.

VII. Im Falle der auf § 119 oder § 120 sich stützenden Anfechtung trifft den Anfechtenden nach Maßgabe des § 122 jedem dritten gegenüber die Verpflichtung zur Vergütung des negativen Interesses.

V. Wirkung der Ausschlagung.

§ 61 d.

I. Erfolgt die Ausschlagung zwar nach dem Erbfall, aber noch vor dem Anfall der Erbschaft an den Erben, so beschränkt sich ihre Wirkung darauf, daß der spätere Eintritt des dabei in Frage kommenden Anfalls ausgeschlossen ist. Wird die Erbschaft dagegen nach dem Anfall ausgeschlagen, so gilt der Anfall an den Ausschlagenden als nicht erfolgt. Die Entscheidung der Frage, wer nunmehr als Erbe in Betracht kommt, bestimmt sich daher nicht nach dem Zeitpunkt der Ausschlagung durch den zunächst Berufenen, sondern nach dem Erbfall, und die Erbschaft gilt somit nach rückwärts hin als demjenigen angefallen, welchem sie, dafern der Ausschlagende den Erbfall nicht erlebt hätte, schon von vornherein angefallen sein würde (§ 1953 Abs. 1 u. 2).

Allein diese Fiktion vermag doch daran nichts zu ändern, daß dem Anfall der Erbschaft an den nunmehrigen Erben der zunächst erfolgte Anfall an den Ausschlagenden im Wege stand, und daß daher auch die für jenen maßgebende Ausschlagungsfrist keinesfalls beginnen kann, solange dieser nicht durch Ausschlagung oder Erbunwürdigkeitserklärung weggefallen ist. Die erfolgte Ausschlagung soll vom Nachlaßgericht demjenigen mitgeteilt werden, welchem die Erbschaft infolge der Ausschlagung angefallen ist. Die Einsichtnahme in die Ausschlagungserklärung ist jedem zu gestatten, der ein rechtliches Interesse glaubhaft macht (§ 1953 Abs. 3).

II. Nicht ganz unzweifelhaft sind die Wirkungen der Ausschlagung, wenn einer von mehreren Erbeserben, obschon er den von der Erbschaft seines Erblassers auf ihn entfallenden Erbteil angenommen hat, den entsprechenden Anteil an der dem Erblasser angefallenen Erbschaft nach § 1952 Abs. 3 ausschlägt. Beispiel: Beim Tode des X tritt gesetzliche Erbfolge ein. Als nächster Erbe des Verstorbenen kommt dessen Sohn Y in Betracht, als zweitnächster (also nur eventuell) des Erblassers Bruder Z. Noch bevor er eine Entscheidung über Annahme oder Ausschlagung der Erbschaft des X getroffen hat, stirbt Y. Er wird von seinen für ehelich erklärten Kindern A und B als seinen nächsten gesetzlichen Erben beerbt. Diese nehmen die ihnen von der Erbschaft des Y zukommenden Erbteile an. B schlägt jedoch den auf ihn entfallenden Anteil an der Erbschaft des X aus. Wem fällt die hierdurch frei gewordene Hälfte der Erbschaft des letzteren zu? Die Meinungen sind geteilt. Von mehreren Schriftstellern wird gelehrt, daß diese Hälfte nach Maßgabe von § 1953 dem Z zufalle. Man wird aber zugunsten des A zu entscheiden haben.

VI. Erbschaftliche Verhältnisse vor der Annahme der Erbschaft.

§ 62.

I. Ist der Erbe zur Zeit des Erbfalls zwar erzeugt, aber noch nicht geboren, so kann die schwangere Mutter, wenn sie außerstande ist, sich selbst zu erhalten, bis zur Entbindung standesmäßigen Unterhalt aus dem Nachlaß, oder wenn auf das erwartete Kind nur ein Anteil der Erbschaft entfällt, aus diesem Erbteil verlangen. Vgl. die jetzt noch genauer zu würdigende Vorschrift des § 1963.

1. Sie bezweckt keineswegs eine Erweiterung des gesetzlichen Unterhaltsanspruchs der Mutter gegenüber ihrem Kinde, sondern lediglich eine Fürsorge für den noch ungeborenen Erben; nur um des letzteren willen wird für die Mutter gesorgt.

2. Der auf § 1963 sich stützende Unterhaltsanspruch hat einen wesentlich anderen Charakter als das den Familienangehörigen nach Maßgabe von § 1969 zukommende Recht des Dreißigsten. Denn während auf dieses die Vorschriften über Vermächtnisse zur entsprechenden Anwendung zu bringen sind, kann hiervon bei jenem keine Rede sein.

3. Infolge unserer Vorschrift ergibt sich eine eigentümliche Belastung des Nachlasses, die als Nachlaßverbindlichkeit von demjenigen zu tragen ist, welcher sich hinterher als Erbe bezw. Teilerbe herausstellt, d. i. also in aller Regel von dem aus dem nasciturus erwachsenden natus selbst.

4. Werden von der Mutter statt des erwarteten einen Erben mehrere Erben geboren, so ist Satz 2 von § 1963 zu beachten; dazu Strohal II S. 46 ff.

5. Die gerichtliche Geltendmachung des der Mutter zukommenden Unterhalts-

anspruchs wird regelmäßig gegen einen aufzustellenden Nachlaßpfleger, bei Vorhandensein eines zur Verwaltung des Nachlasses befugten Testamentsvollstreckers aber gegen diesen zu erfolgen haben.

II. Solange der Erbe die Erbschaft nicht angenommen hat, können Ansprüche, welche sich gegen den Nachlaß richten, nicht gegen den Erben gerichtlich geltend gemacht werden, und sind Zwangsvollstreckungen wegen eigener Verbindlichkeiten des Erben in den Nachlaß ebensowenig zulässig, als Zwangsvollstreckungen wegen Nachlaßverbindlichkeiten in das nicht zum Nachlaß gehörende Vermögen des Erben (§ 1958 BGB. und § 778 ZPO.). Zur Fortsetzung eines die Erbschaft betreffenden Rechtsstreites ist der Erbe vor der Annahme der Erbschaft nicht verpflichtet (§ 239 Abs. 5 ZPO.). Die Bestimmung des § 1958 steht übrigens der Geltendmachung eines gegen den Nachlaß sich richtenden Anspruchs gegenüber einem Nachlaßpfleger oder gegenüber dem Testamentsvollstrecker nicht entgegen (§ 1960 Abs. 3 und § 2213 Abs. 2).

III. Hinsichtlich der vom vorläufigen Erben vor der Ausschlagung besorgten erbschaftlichen Geschäfte gelten folgende Grundsätze:

1. War die Geschäftsführung so geartet, daß in ihr eine wirksame pro herede gestio erblickt werden mußte, so ist die spätere Ausschlagung wirkungslos. Trifft diese Voraussetzung dagegen nicht zu — und an ihr fehlt es auch dann, wenn die zunächst vorliegende pro herede gestio mit Erfolg angefochten worden ist —, so ist der vorläufige Erbe demjenigen, welcher sich nunmehr als der endgültige Erbe herausstellen wird, wie ein Geschäftsführer ohne Auftrag berechtigt und verpflichtet (§ 1959 Abs. 1).

2. Wie sind die vom vorläufigen Erben vor der Ausschlagung in Ansehung von Nachlaßgegenständen vorgenommenen Verfügungen zu beurteilen?

a) Handelt es sich um Verfügungen, die ohne Nachteil für den Nachlaß nicht verschoben werden konnten, so wird ihre Wirksamkeit durch die Ausschlagung nicht berührt (§ 1959 Abs. 2).

b) Aus § 1959 Abs. 2 scheint p. arg. a. c. der durchgreifende Schluß gezogen werden zu müssen, daß die vom nachträglich ausschlagenden Erben in Ansehung von Erbschaftsgegenständen vorgenommenen Verfügungen dann unwirksam sind, wenn sie ohne Nachteil für den Nachlaß allerdings verschoben werden konnten. Der Schluß muß jedoch schon mit Rücksicht auf die Vorschriften über den Erwerb auf Grund der Verfügung eines Nichtberechtigten gewisse Einschränkungen erfahren.

3. Nimmt ein Dritter eine rechtsgeschäftliche Handlung, die dem Erben als solchem gegenüber vorgenommen werden muß, dem vorläufigen Erben gegenüber vor, so bleibt sie auch nach der Ausschlagung wirksam, selbst wenn dem Dritten zur Zeit der Vornahme bekannt ist, daß er sich mit einem Erben einläßt, dem die Möglichkeit der Ausschlagung noch offen steht (§ 1959 Abs. 3).

4. Schließt der vorläufige Erbe im eigenen Namen, aber auf Rechnung des Nachlasses mit dritten Personen obligatorische Verträge ab, so wird deren Gültigkeit durch die spätere Ausschlagung nicht berührt. Soweit der vorläufige Erbe aus einem solchen Vertrage berechtigt ist, kann aber der endgültige Erbe von ihm nach den für die Geschäftsführung ohne Auftrag maßgebenden Grundsätzen Abtretung des Anspruchs verlangen, und soweit der vorläufige Erbe aus einem solchen Vertrage verpflichtet ist,

steht diesem nach Maßgabe derselben Grundsätze gegen den endgültigen Erben ein Anspruch auf Befreiung zu.

5. Haben Nachlaßschuldner in Erfüllung ihrer Verbindlichkeiten Gegenstände an den vorläufigen Erben mit der Wirkung geleistet, daß sie hierdurch dem endgültigen Erben gegenüber befreit sind, so muß nach erfolgter Ausschlagung angenommen werden, daß diese Gegenstände zum Nachlaß und mit diesem dem endgültigen Erben gehören. Dasselbe wird hinsichtlich der vom vorläufigen Erben gezogenen und zurzeit der Ausschlagung noch vorhandenen Früchte von Erbschaftsgegenständen gesagt werden müssen. Beides ist schon aus § 1953 in Verbindung mit § 1959 zu folgern. Es wird aber noch weiter zu gehen und geradezu zu behaupten sein, daß das Surrogationsprinzip in dem in § 2019 für das Verhältnis des wahren Erben zum Erbschaftsbesitzer bestimmten Umfange auch hier eingreift.

IV. Bis zur Annahme der Erbschaft und desgleichen, wenn der Erbe unbekannt, oder wenn ungewiß ist, ob er die Erbschaft angenommen hat, hat das Nachlaßgericht oder die sonstige Nachlaßbehörde für die Sicherung des Nachlasses zu sorgen (§ 1960 Abs. 1). Dem bisherigen Rechte entsprechend ist also die Behörde auch nach dem BGB. zur fürsorglichen Tätigkeit in Nachlaßsachen berufen. Das Maß dieser Fürsorge war allerdings bisher in den verschiedenen deutschen Rechtsgebieten ein sehr verschiedenes. In manchen Ländern, so insbesondere in einem großen Teile Bayerns, in Württemberg und Baden hatte grundsätzlich in allen Erbfällen ein amtliches Einschreiten zum Zwecke einer unter behördlicher Leitung durchzuführenden, mehr oder weniger umfassenden sogen. Verlassenschaftsbehandlung stattzufinden. In den Gebieten des gemeinen, preußischen und sächsischen Rechtes wurde dagegen die Ordnung des Nachlasses im wesentlichen als Angelegenheit der Beteiligten angesehen und kam es zu einem amtlichen Einschreiten nur ausnahmsweise, aus besonderen Gründen und zu beschränktem Zwecke. Das BGB. hat sich der letzteren Auffassung angeschlossen.

1. Als Nachlaßbehörde kennt das BGB. nur das Nachlaßgericht. Hierdurch unberührt bleiben jedoch die landesgesetzlichen Vorschriften, nach welchen für die dem Nachlaßgericht obliegenden Verrichtungen andere als gerichtliche Behörden zuständig sind (Art. 147 Abs. 1 EG.). Soweit solche Vorschriften fehlen, sind für die bezeichneten Verrichtungen die Amtsgerichte zuständig. Die örtliche Zuständigkeit bestimmt sich im allgemeinen nach dem Wohnsitz des Erblassers und in Ermangelung eines inländischen Wohnsitzes nach dem inländischen Aufenthalt des Erblassers zur Zeit des Erbfalls. Für die Sicherung des Nachlasses ist jedes Amtsgericht zuständig, in dessen Bezirk das Bedürfnis der Fürsorge hervortritt (§§ 73, 74 FGbG.). Doch sind die von einem Amtsgericht als Nachlaßgericht vorgenommenen gerichtlichen Handlungen wegen örtlicher Unzuständigkeit desselben noch nicht unwirksam (§ 7 FGbG.).

2. Abgesehen von der unter Z. 3 noch genauer zu besprechenden Fürsorge weisen das BGB., das FGbG. und die ZPO. dem Nachlaßgericht noch zahlreiche Verrichtungen zu; Zusammenstellung bei Strohal II S. 59ff.

3. Die vom Nachlaßgericht kraft der ihm hinsichtlich des Nachlasses obliegenden Fürsorge zu treffenden und im Gesetz nicht erschöpfend angegebenen Maßregeln können insbesondere in der Anlegung von Siegeln, in der Hinterlegung von Geld, Wertpapieren und Kostbarkeiten, in der Aufnahme eines Nachlaßverzeichnisses und in der Bestellung eines Nachlaßpflegers bestehen (§ 1960).

V. Einer genaueren Erörterung bedarf der Fall der vom Nachlaßgericht nach Maßgabe des § 1960 angeordneten Nachlaßpflegschaft.

1. Die Anordnung hat zu erfolgen, soweit sie zum Zwecke der Fürsorge für den Nachlaß geboten ist, insbesondere — aber auch hier nur insoweit als das eben Gesagte zutrifft — auf Antrag eines Nachlaßgläubigers, auf daß ihm die Geltendmachung eines gegen den Nachlaß sich richtenden Anspruchs ermöglicht werde (§§ 1960, 1961).

Außer der nach § 1960 anzuordnenden kennt übrigens das Gesetz auch noch eine dem Zwecke der Befriedigung der Nachlaßgläubiger dienende Nachlaßpflegschaft; sie führt die technische Bezeichnung „Nachlaßverwaltung" und unterliegt besonderen, an dieser Stelle noch nicht zu besprechenden Vorschriften (vgl. §§ 1981 ff.).

2. Der nach § 1960 bestellte Nachlaßpfleger ist mit Rücksicht darauf, daß die Erbschaft für die juristische Beurteilung niemals als eine ruhende in Betracht kommen kann, nicht bloßer curator bonorum, sondern immer curator personae; er vertritt aber nicht eine individuell bereits feststehende Person, sondern schlechthin denjenigen, welcher sich als der wirkliche Erbe herausstellen wird (§ 1960 Abs. 2).

3. Wie auf andere Pflegschaften, finden auch auf die Nachlaßpflegschaft die für die Vormundschaft geltenden Vorschriften nach Maßgabe des § 1915 entsprechende Anwendung. Hierbei sind vorzugsweise die Bestimmungen der §§ 1785 (betr. die allgemeine Verpflichtung zur Übernahme von Vormundschaften bezw. Pflegschaften), 1836 (Prinzip der Unentgeltlichkeit der Vormundschafts- bezw. Pflegschaftsführung) von Belang. Als völlig unanwendbar erweisen sich dagegen offenbar die Vorschriften der §§ 1776 bis 1778 über die Berufung zur Vormundschaft. Denn sie beruhen auf der bei der Nachlaßpflegschaft nicht zutreffenden Voraussetzung, daß eine individuell bereits feststehende Person zu vertreten ist. Zufolge der besonderen Bestimmung des § 1962 tritt für die Nachlaßpflegschaft an die Stelle des Vormundschaftsgerichts das Nachlaßgericht. Doch kann das letztere die Führung der Pflegschaft nach Maßgabe der §§ 46, 75 FGbG. an ein anderes Amtsgericht abgeben, wenn sich dieses zur Übernahme bereit erklärt. Hinsichtlich des Verfahrens finden auf die Nachlaßpflegschaft die für die Vormundschaft geltenden Vorschriften Anwendung (§ 75 FGbG.).

4. Die Aufgaben des Nachlaßpflegers ergeben sich aus dem Zweck dieser Pflegschaft. Ihm obliegt die Ermittelung des Erben, dafern dieser unbekannt ist, die Sorge für die Erhaltung und regelmäßig auch (§ 2017) die Verwaltung des Nachlasses. Über Nachlaßgegenstände kann er nach Maßgabe der entsprechend anzuwendenden vormundschaftsrechtlichen Bestimmungen und daher unter Umständen nur mit Genehmigung des Nachlaßgerichts verfügen. Zum Zwecke der Erhaltung und Verwaltung des Nachlasses kann er Verbindlichkeiten eingehen, die den Charakter von Nachlaßverbindlichkeiten haben. Er ist nach § 991 ZPO. zum Antrag auf Aufgebot der Nachlaßgläubiger, nach § 175 ZVG. und unter den daselbst bezeichneten Voraussetzungen zum Antrag auf Zwangsversteigerung eines zum Nachlaß gehörenden Grundstücks und nach § 217 KO. zum Antrag auf Eröffnung des Nachlaßkonkurses berechtigt. In Ansehung von auf den Nachlaß sich beziehenden und hierdurch wieder den Erben als solchen berührenden Rechtsstreitigkeiten ist der Nachlaßpfleger aktiv und passiv legitimiert. Das für und gegen den Nachlaßpfleger erlassene Urteil wirkt für und gegen den Erben. Gegen den Nachlaß sich richtende Ansprüche, deren gerichtliche Geltendmachung

gegen den Erben (weil dieser die Erbschaft noch nicht angenommen hat) nach § 1958 vorerst ausgeschlossen ist, können gegen den Nachlaßpfleger — jedoch unbeschadet der auch ihm nach Maßgabe der §§ 2014, 2015, 2017 zustehenden sogenannten aufschiebenden Einreden — allerdings verfolgt werden.

Den Nachlaßgläubigern gegenüber ist der Nachlaßpfleger zur Erteilung von Auskunft über den Bestand des Nachlasses verpflichtet. Eine Inventarfrist kann ihm jedoch nicht bestimmt werden und auf die Beschränkbarkeit der Haftung des Erben kann er nicht verzichten (§ 2012).

Eine besonders hervorzuhebende Pflicht des Nachlaßpflegers besteht in der Beobachtung der in den §§ 1979, 1980 hinsichtlich der Befriedigung von Nachlaßgläubigern bestimmten Vorsichten.

Zur Erklärung der Annahme oder Ausschlagung derjenigen Erbschaft, bezüglich welcher die Nachlaßpflegschaft angeordnet ist, oder zur Führung von Prozessen über das Recht zur Nachfolge in diese Erbschaft ist der Nachlaßpfleger keinesfalls berufen; beides ergibt sich als notwendige Folge davon, daß der Nachlaßpfleger immer nur Vertreter desjenigen ist, welcher sich als der wirkliche Erbe herausstellt.

5. Fällt dem Nachlaßpfleger in dieser seiner Eigenschaft ein Verschulden zur Last, so ist er dem dadurch geschädigten Erben selbstverständlich schadensersatzpflichtig.

Welche Beurteilung hat aber einzutreten, wenn durch das Verschulden des Nachlaßpflegers die *Nachlaßgläubiger* geschädigt werden? Die nächstliegende Antwort scheint zu sein, daß der Nachlaßpfleger im bezeichneten Falle lediglich dem Erben gegenüber haftbar ist, während dieser wieder den Nachlaßgläubigern gegenüber das Verschulden des Nachlaßpflegers nach § 278 zu vertreten hat. Allein das praktische Ergebnis dieser Entscheidung und somit auch diese selbst steht mit einem Grundgedanken unseres Erbrechts (Beschränkbarkeit der Haftung auf den Nachlaß) in offenbarem Widerspruch und die Entscheidung kann daher nur dahin getroffen werden, daß der Erbe für das Verschulden des Nachlaßpflegers nur nach Maßgabe der Vorschriften über die Beschränkbarkeit der Haftung haftet, und daß der Nachlaßpfleger, soweit durch sein Verschulden eine Schädigung der Nachlaßgläubiger herbeigeführt worden ist, diesen unmittelbar schadensersatzpflichtig ist.

6. Die Beendigung der Nachlaßpflegschaft erfolgt durch ihre vom Nachlaßgericht ausgesprochene Aufhebung, und eine Entscheidung in diesem Sinne ist zu treffen, sobald der Grund zur Anordnung der Nachlaßpflegschaft weggefallen ist (§§ 1919, 1962).

2. Abschnitt.

Die rechtliche Stellung des Erben.

I. Die rechtlichen Folgen des Erbschaftserwerbs im allgemeinen.

§ 63.

I. An den Erbschaftserwerb knüpft sich unter der Voraussetzung, daß er zum definitiven wird, der Eintritt des Erben als Gesamtnachfolgers des Erblassers in die den Nachlaß bildenden Rechtsverhältnisse. Dieser Eintritt gilt, abgesehen von dem Falle der Nacherbfolge, sonst überall als ein bereits mit dem Erbfall erfolgter. Ist der zum unmittelbaren Erwerb gelangende Erbe nur ein Vorerbe, der später durch einen Nacherben abgelöst wird, so findet der Übergang der zur Erbschaft gehörenden Rechtsverhältnisse auf den Nacherben mit dem Eintritt des Falles der Nacherbfolge statt. Hierbei ist jedoch wohl zu beachten, daß der Nacherbe nicht schlechthin in diejenigen Rechtsverhältnisse eintritt, welche die Erbschaft zur Zeit des Erbfalls gebildet hatten. Es liegt vielmehr in der Natur der Dinge, daß diese Rechtsverhältnisse während der Dauer des Rechtes des Vorerben mehr oder minder erhebliche Veränderungen erfahren, so daß der Nacherbe beim Eintritt des Falles der Nacherbfolge nicht selten in Rechtsverhältnisse einrückt, die zur Zeit des Erbfalls überhaupt nicht, oder doch in ihrer gegenwärtigen Gestalt noch nicht vorhanden waren.

II. Aus dem Wesen der Erbfolge als einer Gesamtnachfolge ergibt sich von selbst, daß die für den rechtsgeschäftlichen Erwerb einzelner Rechte maßgebenden Grundsätze bei dem durch Erbgang vermittelten Erwerb keine Rolle spielen können. Demgemäß gehen daher insbesondere zum Nachlaß gehörende Rechte, zu deren rechtsgeschäftlicher Übertragung es der Eintragung des Erwerbers im Grundbuch bedarf, auf den Erben ohne Eintragung über. Rechtlich gleichgültig ist aber die Eintragung des Erben trotzdem nicht; denn durch sie erst wird ihm voll und ganz die Möglichkeit dinglicher Verfügung vermittelt. Ihrer rechtlichen Natur nach ist aber die auf Grund der eingetretenen Gesamtnachfolge stattfindende Eintragung des Erben doch immer eine nur rechtsbekundende, nicht eine rechtsbegründende.

III. Zu den vererblichen Rechtsverhältnissen gehört nach § 857 auch der Besitz. Das BGB. geht hierdurch über die römische Auffassung erheblich hinaus; denn die possessio des römischen Rechts war grundsätzlich unvererblich. Durch die deutschen Rechtsquellen wird uns dagegen bezeugt, daß die Gewere, d. i. der deutschrechtliche Besitz des Mittelalters, auf den Erben allerdings überging; dieser, auch schon von anderen modernen Gesetzgebungen angenommenen Entscheidung schließt sich also das BGB. an.

Einzelnes bei Strohal II S. 68 ff.

IV. Der Erbschaftserwerb kann möglicherweise zur Folge haben, daß sich in der Person des Erben Rechte, die ihm bisher gegenüber dem Erblasser zustanden, mit den entsprechenden Verbindlichkeiten oder Belastungen, oder Verbindlichkeiten bezw. Belastungen, die sich für ihn aus bisher dem Erblasser zuständig gewesenen Rechten ergaben, mit diesen nunmehr gleichfalls dem Erben zukommenden Rechten vereinigen. Die rechtliche Beurteilung, welche diese Vereinigungen zu finden haben, ist je nach den Umständen eine sehr verschiedene.

1. In gewissen Fällen bestehen Rechte und Belastungen ungeachtet der Vereinigung in einer Person ohne weiteres fort. So verhält es sich bei Rechten des Erben, die ein Grundstück des Erblassers, und bei vererblichen Rechten des Erblassers, die ein Grundstück des Erben belasten (§ 889); eine in diesem Zusammenhange nicht weiter zu würdigende Abweichung hiervon ergibt sich aber allerdings aus den auf die Gesamthypothek sich beziehenden Vorschriften der §§ 1173, 1174. Im Falle der Belastung einer beweglichen Sache oder eines Rechtes des Erben mit einem Pfandrechte des Erblassers, oder einer beweglichen Sache oder eines Rechtes des Erblassers mit einem Nießbrauch oder einem Pfandrechte des Erben gilt das Pfandrecht, der Nießbrauch insoweit als durch die Vereinigung nicht erloschen, als der Erbe ein rechtliches Interesse an dem Fortbestehen des Nießbrauchs, Pfandrechtes hat. Ganz

abgesehen hiervon tritt aber die Erlöschung des Pfandrechtes trotz der Vereinigung mit dem Eigentum an der verpfändeten beweglichen Sache, mit dem verpfändeten Rechte jedenfalls so lange nicht ein, als die pfandversicherte Forderung mit dem Rechte eines Dritten belastet ist (§§ 1063, 1068, 1256, 1273).

2. In den durch das unter Ziff. 1 Gesagte nicht getroffenen Fällen tritt infolge der durch den Erbschaftserwerb herbeigeführten Vereinigung von Recht und Belastung bezw. von Recht und Verbindlichkeit grundsätzlich eine Erlöschung des in Frage kommenden Rechtsverhältnisses ein (arg. a contr. aus § 1976). Allein diese Regel erfährt doch wieder weitgehende Ausnahmen:

a) Kommt es zur Anordnung einer Nachlaßverwaltung oder zur Eröffnung des Nachlaßkonkurses, so gilt die infolge der Vereinigung vorerst anzunehmende Erlöschung von Rechtsverhältnissen nach rückwärts hin als nicht eingetreten und zwar selbst dann, wenn der Erbe für die Nachlaßverbindlichkeiten bereits schlechthin unbeschränkt haftet (§§ 1976, 2013).

b) Im Falle einer Nacherbfolge gelten die infolge des Erbschaftserwerbs des Vorerben durch Vereinigung erloschenen Rechtsverhältnisse mit dem Eintritt des Falles der Nacherbfolge als nicht erloschen (§ 2143).

c) Hat der Erblasser jemandem eine Forderung gegen den Erben oder ein eine Sache oder ein Recht des Erben belastendes Recht vermacht, so ist § 2175 maßgebend.

d) Ist der Erbe, obschon es zur Einsetzung einer Nachlaßverwaltung oder zur Eröffnung des Nachlaßkonkurses nicht gekommen ist, in der Lage, die Beschränkung seiner Haftung für die Nachlaßverbindlichkeiten nach Maßgabe der §§ 1990 bis 1992 geltend zu machen, so sind, dafern sich der Erbe seines vorerwähnten Rechtes bedient, die durch Vereinigung erloschenen Rechtsverhältnisse bei der Feststellung des Nachlaßbestandes doch mit in Anschlag zu bringen.

e) Im Verhältnis zwischen dem Käufer und dem Verkäufer einer Erbschaft gelten die infolge des Erbfalls erloschenen Rechtsverhältnisse als nicht erloschen; erforderlichenfalls ist ein solches Rechtsverhältnis wiederherzustellen (§ 2377).

V. Infolge des Erbschaftserwerbs können endlich bisher unwirksam gewesene Verfügungen, die der Erbe bei Lebzeiten des Erblassers über einen zum Vermögen des letzteren gehörenden Gegenstand, oder der Erblasser durch Rechtsgeschäft unter Lebenden über einen zum Vermögen des Erben gehörenden Gegenstand getroffen hatte, wirksam werden. Vgl. § 185 Abs. 2 und dazu Strohal II S. 81 ff.

II. Rechtsverhältnisse bei Vorhandensein mehrerer Erben.

1. Die Erbengemeinschaft.

§ 64.

I. Bei Vorhandensein mehrerer Erben wird der Nachlaß gemeinschaftliches Vermögen derselben (§ 2032) nach Maßgabe der Vorschriften der §§ 2033 bis 2041. Im Gegensatz zum römischen Rechte, dem Entw. I gefolgt war, und im wesentlichen Anschluß an die Entwicklung, welche die Behandlung der Erbengemeinschaft auf Grund der einschlagenden Bestimmungen des AllgLR. und unter dem Einfluß der Rechtsprechung des preußischen Obertribunals und später auch des Reichsgerichts genommen hatte, regelt das BGB. das Verhältnis unter Miterben nach den Grundsätzen der gesamten Hand. Die Miterbengemeinschaft erhält danach folgende Gestaltung:

1. Während das römische Recht den Eintritt einer Erbengemeinschaft tunlichst eingeschränkt wissen will und deshalb im Falle des Vorhandenseins mehrerer Erben die zum Nachlaß gehörenden Rechtsverhältnisse, soweit dies anders möglich ist, in schon von Rechts wegen zur Entstehung gelangende Teilberechtigungen und Teilverpflichtungen der einzelnen Erben aufzulösen bestrebt ist, verfolgt das BGB. in seinen auf die Erbengemeinschaft sich beziehenden Bestimmungen gerade umgekehrt den Zweck, die von mehreren Erben erworbene Erbschaft bis zur Auseinandersetzung als ein den Miterben gemeinschaftlich zugehörendes Ganzes zusammenzuhalten. Für die Miterben entsteht daher hinsichtlich der zum Nachlaß gehörenden Sachen nur Mitbesitz, Miteigentum zur gesamten Hand, nicht nach Bruchteilen im Sinne des § 1008, und die zum Nachlaß gehörenden Forderungen bezw. denselben belastenden Verbindlichkeiten zerfallen daher auch nicht in den Erbteilen der Miterben entsprechende Teilforderungen bezw. Teilverbindlichkeiten.

2. Gegenstand des Gesamthandverhältnisses ist der Nachlaß, und zwar zunächst in seinen ursprünglichen Bestandteilen. Diese können jedoch in der Zeit seit dem Erbfall bis zur Auseinandersetzung Veränderungen erfahren, insbesondere auch in der Weise, daß an die Stelle von aus dem Gesamthandvermögen ausscheidenden ursprünglichen Bestandteilen andere Gegenstände eintreten. Wie in den verwandten Fällen kommt auch hier das Surrogationsprinzip zur Geltung, aber in zum Teile eigenartiger Ausprägung. Nach Maßgabe der Vorschrift des § 2041 erstreckt sich das Gesamthandverhältnis auf dasjenige, „was auf Grund eines zum Nachlasse gehörenden Rechtes oder als Ersatz für die Zerstörung, Beschädigung oder Entziehung eines Nachlaßgegenstandes oder durch ein Rechtsgeschäft erworben wird, das sich auf den Nachlaß bezieht". Beim rechtsgeschäftlichen Erwerb ist hier also nicht wie in den Fällen der §§ 2019, 2111 entscheidend, ob und inwieweit derselbe gerade mit den Mitteln der Erbschaft gemacht ist, sondern ob demselben durch den Willen der Miterben eine Beziehung zum Nachlaß gegeben worden ist, so daß er sich als ein für den Nachlaß gemachter darstellt.

3. In Ansehung des Gesamthandvermögens im ganzen sind die einzelnen Miterben nach Maßgabe ihrer nominellen Erbteile, aber unter Mitberücksichtigung der in dieser Beziehung durch das Eingreifen der Vorschriften über die Ausgleichung möglicherweise eintretenden Verschiebungen anteilsberechtigt. Während bei anderen Verhältnissen zur gesamten Hand ein Anteilsberechtigter über seinen Anteil am Gesamtgut nich verfügen kann, ist hier aus Zweckmäßigkeitsgründen jedem Miterben die Verfügung über seinen Anteil am ungeteilten Nachlaß gestattet (vgl. § 2033 und die weiteren Ausführungen unter II). Dem entsprechend ist der Anteil eines Miterben am Nachlaß auch der Pfändung unterworfen (§ 859 Abs. 2 ZPO.).

4. Über einen einzelnen Nachlaßgegenstand können die Erben bezw. deren nach § 2033 in Betracht kommende Rechtsnachfolger nur gemeinschaftlich verfügen (§ 2040 Abs. 1). Durchaus ausgeschlossen ist somit eine auf einzelne zum Gesamthandvermögen gehörende Nachlaßgegenstände sich beziehende Verfügung eines einzelnen Miterben (§ 2033 Abs. 2). Obschon sich für jeden Miterben aus der Mitberechtigung

am Gesamthandvermögen überhaupt auch eine Mitberechtigung an den einzelnen Nachlaßgegenständen ergibt, so ist doch diese von jener nicht ablösbar; eine selbständige Verfügung über sie ist rechtlich unmöglich, und sie ist daher auch der Pfändung nicht unterworfen.

5. Aus dem unter Miterben bestehenden Gesamthandverhältnis sind noch einige wichtige Folgerungen zu ziehen:

a) Während der Dauer der Erbengemeinschaft ist in Ansehung der zum Nachlaß gehörenden Rechtsverhältnisse eine Erlöschung durch Vereinigung von Recht und Verbindlichkeit oder von Recht und Belastung ausgeschlossen; denn die hierzu erforderlichen Voraussetzungen können sich, solange der Nachlaß ein gemeinschaftliches Vermögen der Miterben bildet, nicht verwirklichen, und zwar auch nicht in Ansehung des dem Erbteil eines Miterben entsprechenden Bruchteils.

b) Nicht minder ausgeschlossen ist während der angegebenen Zeit ein an den Erbschaftserwerb sich knüpfendes vollständiges oder teilweises Wirksamwerden der von einem Miterben vor dem Erbfall in Ansehung eines dem Erblasser gehörenden Gegenstandes getroffenen Verfügungen. Die Vorschrift des § 185 Abs. 2 („wenn der Verfügende den Gegenstand erwirbt") greift hier deshalb nicht durch, weil für den im Gesamthandverhältnis stehenden Miterben nicht zutrifft, daß er einen zum Nachlaß gehörenden Gegenstand ganz oder zu einem bestimmten Bruchteil erworben hat.

Dem teilweisen Wirksamwerden einer vom Erblasser durch Rechtsakt unter Lebenden über einen einem Miterben gehörenden Gegenstand getroffenen Verfügung scheint dagegen die Erbengemeinschaft nicht entgegenzustehen, dafern nur der betreffende Miterbe für den seinem Erbteil entsprechenden Bruchteil der Nachlaßverbindlichkeiten bereits schlechthin unbeschränkt haftet (§ 185 Abs. 2).

c) Nach der ausdrücklichen Vorschrift des Abs. 2 von § 2040 kann der Schuldner einer zum gemeinschaftlichen Nachlaß gehörenden Forderung gegen diese nicht eine ihm gegen einen einzelnen Miterben zustehende Forderung aufrechnen.

6. Die Verwaltung des Nachlasses kommt den Erben gemeinschaftlich zu. Vgl. § 2038 und dazu Strohal II S. 88 ff.

7. Die Geltendmachung eines zum Nachlaß gehörenden Anspruchs kann nicht nur durch alle Erben gemeinschaftlich, sondern auch durch einen einzelnen Miterben erfolgen, im letzteren Falle aber nur in der Weise, daß die Leistung an alle Miterben gefordert wird. Geht der Anspruch auf Leistung einer Sache, so kann der einzelne Miterbe auch die Hinterlegung der Sache für alle Erben oder, wenn sie sich zur Hinterlegung nicht eignet, ihre Ablieferung an einen gerichtlich zu bestellenden Verwahrer verlangen (§ 2039). Die bezeichnete Legitimation des einzelnen Miterben zur Prozeßführung erstreckt sich auch auf die Durchsetzung der zuerkannten Forderung im Wege der Zwangsvollstreckung und auf die vorangehende Erwirkung von Arresten und einstweiligen Verfügungen.

Schon seinem Wortlaut nach bezieht sich § 2039 nicht nur auf obligatorische, sondern auch auf dingliche Ansprüche und nach Maßgabe des in ihm sich ausprägenden Grundgedankens wird dem einzelnen Miterben auch die Legitimation zur Erhebung von Feststellungsklagen im Interesse der Miterbengemeinschaft zuzusprechen sein.

Über die Behandlung des Miterben, der zugleich Nachlaßschuldner ist, vgl. Strohal bei Planck V 3. Aufl. Erl. zu § 2039.

II. Über die dem noch in der Erbengemeinschaft stehenden Miterben zukommende rechtliche Möglichkeit der Verfügung über seinen Anteil am Nachlaß ist jetzt noch ausführlich zu reden.

1. Die Verfügung erfolgt durch Vertrag zwischen dem verfügenden Erben und demjenigen, zu dessen Gunsten verfügt wird. Sie kann nicht nur auf die Übertragung des Anteils am gemeinschaftlichen Nachlaß, sondern auch auf Einräumung des Nießbrauchs oder des Pfandrechts an diesem Anteil (vgl. § 86 FGbG.) gerichtet sein. Der Verfügungsvertrag bedarf in allen Fällen der Form der gerichtlichen oder notariellen Beurkundung (§ 2033 Abs. 1).

2. Wie alle auf Rechtsübertragung oder auf Bestellung von Rechten innerhalb des Rahmens eines bestehenden Rechts gerichteten Geschäfte, so ist auch die Verfügung über einen Erbteil im Sinne des § 2032 abstrakter Natur. Es ist deshalb scharfe Unterscheidung zwischen dem obligatorischen Vertrag, durch welchen sich ein Miterbe zur Verfügung über seinen Erbteil verpflichtet, und der Verfügung selbst geboten. Vor allem muß hervorgehoben werden, daß in dem auf die Veräußerung des Erbteils abzielenden obligatorischen Vertrag (Verkaufs-, Schenkungsvertrag u. dgl.) eine Verfügung über den Erbteil im Sinne des § 2033 nicht erblickt werden darf. Nach Maßgabe der §§ 2371, 2385 bedarf zwar auch der erstere Vertrag der gerichtlichen oder notariellen Beurkundung. Allein an seinen Abschluß knüpfen sich nur obligatorische Berechtigungen und Verpflichtungen der Beteiligten. Auf der anderen Seite ist der Eintritt der an die Verfügung über den Erbteil sich knüpfenden Effekte von dem Dasein und Rechtsbestand des Kausalgeschäfts — unbeschadet des nach den Grundsätzen über die Herausgabe einer ungerechtfertigten Bereicherung zu beurteilenden Anspruchs auf Rückübertragung des ohne rechtlichen Grund übertragenen Anteils — ganz unabhängig. Der Vereinigung beider Geschäfte, des Kausalgeschäfts und der Verfügung über den Erbteil in einer Urkunde steht aber selbstverständlich nichts entgegen. Sie empfiehlt sich sogar aus naheliegenden Zweckmäßigkeitsgründen.

Besondere Beachtung verdienen diejenigen Fälle, in welchen die den Anforderungen des § 2033 entsprechende Übertragung eines Miterbenanteils auf Grund eines der Form der gerichtlichen oder notariellen Beurkundung entbehrenden und auch in die Verfügungsurkunde nicht aufgenommenen Kausalgeschäftes stattgefunden hat. Die Frage, ob hier § 313 Satz 2 entsprechend anwendbar ist, wird von den Schriftstellern verschieden beantwortet; vgl. dazu Strohal II S. 96.

3. Die nach § 2033 erfolgende Übertragung eines Miterbenanteils ist etwas wesentlich anderes als die bloße Abtretung des Anspruchs auf dasjenige, was den Miterben bei der Teilung des Nachlasses zufallen wird; dazu RG. 60 S. 126. Den Gegenstand der Übertragung bildet vielmehr die Mitberechtigung des übertragenden Miterben am Gesamthandvermögen selbst. Infolge der Übertragung tritt an Stelle des gleichzeitig ausscheidenden bisherigen Mitberechtigten der neue Erwerber in das Gesamthandverhältnis ein, und alles, was in Ansehung des gemeinschaftlichen Nachlasses bisher für jenen galt, gilt nunmehr für diesen. Erbe bleibt jedoch nach wie vor der Übertragende; das Erbrecht ist unübertragbar.

Über den Einfluß, welchen die Übertragung eines Miterbenanteils auf die

Gestaltung der Haftung für die Nachlaßverbindlichkeiten hat, wird erst in anderem Zusammenhange zu handeln sein.

4. Erfolgt die Übertragung eines Miterbenanteils oder mehrerer solcher Anteile an einen Miterben oder an den Rechtsnachfolger eines solchen, so können sich hierdurch unter Umständen alle Anteile am Gesamthandvermögen in einer Person vereinigen. Trifft dies zu, so ist der Erwerber in Ansehung des bisher gemeinschaftlich gewesenen Vermögens nunmehr grundsätzlich so berechtigt, als ob er Alleinerbe geworden wäre.

III. Der durch Veräußerung eines Miterbenanteils bewirkte Eintritt eines Fremden in die Erbengemeinschaft kann für die übrigen Miterben möglicherweise recht unerfreulich sein. Das Gesetz ermöglicht ihnen deshalb unter gewissen Voraussetzungen die Abwendung dieses Ergebnisses durch die Gewährung des in den §§ 2034 bis 2037 bestimmten Vorkaufsrechtes.

1. Wesentliche Voraussetzung für dessen Ausübung ist, daß ein Miterbe seinen Anteil an einen Fremden freiwillig verkauft.

2. Vorkaufsberechtigt sind die Miterben. Die Ausübung des Rechtes steht ihnen gemeinschaftlich zu. Ist es für einen von ihnen erloschen oder will ein Miterbe sich an der Ausübung des Vorkaufsrechts nicht mitbeteiligen, so sind die übrigen Miterben berechtigt, das Vorkaufsrecht im ganzen auszuüben (§ 513). Sind nur zwei Miterben vorhanden, so ist, wenn der eine von ihnen seinen Anteil an einen Fremden verkauft, der andere vorkaufsberechtigt. Wie die Mitberechtigung am Gesamthandvermögen selbst, ist auch das mit ihr verbundene Vorkaufsrecht vererblich (§ 2034 Abs. 2); von jener kann es jedoch nicht abgelöst werden, und eine selbständige Übertragung desselben ist somit ausgeschlossen.

3. Den Inhalt des mit dem Dritten geschlossenen Kaufvertrags (§ 510) und, wenn die Übertragung des Erbteils bereits erfolgt ist, auch diesen Umstand (§ 2035 Abs. 2) hat der verkaufende Miterbe dem Vorkaufsberechtigten unverzüglich mitzuteilen. Eine analoge Pflicht zur unverzüglichen Benachrichtigung trifft aber auch den Käufer und Erwerber des Anteils, wenn er, noch bevor das Vorkaufsrecht der Miterben erloschen ist, den von ihm erworbenen Anteil weiter übertragen hatte (§ 2037).

4. Die Ausübung des Vorkaufsrechtes gestaltet sich verschieden, je nachdem die Übertragung des verkauften Anteils an den Käufer noch aussteht oder bereits stattgefunden hat.

a) Sie ist im ersten Falle an eine Frist von zwei Monaten seit dem Empfang der Mitteilung vom Verkauf gebunden (§§ 2034, 510) und erfolgt durch formlose Erklärung dem Verkäufer gegenüber mit der Wirkung, daß hierdurch der Kauf zwischen den vorkaufsberechtigten Miterben und dem Verkäufer nach denjenigen Bestimmungen zustande kommt, welche der letztere mit dem dritten Käufer vereinbart hatte (§ 505). Mit Rücksicht auf die Vorschrift des § 427 wird anzunehmen sein, daß mehrere Vorkaufsberechtigte dem Verkäufer in Ansehung des Kaufpreises als Gesamtschuldner haften; unter sich freilich haben sie zur Berichtigung dieser Verbindlichkeit nur nach Verhältnis ihrer Anteile beizutragen. Aus der Ausübung des Vorkaufsrechtes erwächst den Miterben ein Anspruch auf Übertragung des Anteils, deren Vornahme die verhältnismäßige Vergrößerung der Anteile der an der Ausübung des Vorkaufsrechtes beteiligten Miterben zur Folge hat.

b) Im zweiten Falle tritt an die Stelle des bisher gegen den Verkäufer begründet gewesenen und ihm gegenüber noch nicht ausgeübten und auch nicht durch Fristablauf oder Verzicht erloschenen Vorkaufsrechtes ein Vorkaufsrecht der Miterben gegen den Käufer (§ 2035). Bezüglich der Frist zur Ausübung und für den Beginn der Frist gilt das unter a Gesagte auch hier. Die Ausübung erfolgt durch Erklärung gegenüber dem Käufer und hat zur Wirkung, daß der Kaufvertrag mit dem neuen Erwerber unter denselben Bestimmungen zustande kommt, welche der Erwerber mit dem ursprünglichen Verkäufer verabredet hatte. Hinsichtlich des aus diesem Kaufvertrag entspringenden Anspruchs auf Abtretung des Anteils kann die Entscheidung nicht anders lauten als im Falle a.

Hatte der Käufer den ihm bereits übertragenen Anteil, noch bevor das Vorkaufsrecht der

Miterben erloschen oder ihm gegenüber ausgeübt worden ist, sei es auf Grund eines Verkaufes, sei es auf Grund einer anderen causa, an einen anderen weiter übertragen, so sind die Miterben nunmehr diesem weiteren Erwerber gegenüber nach Maßgabe des vorhin Gesagten vorkaufsberechtigt (§ 2037).

2. Aufhebung der Erbengemeinschaft.

§ 65.

I. Zur Aufhebung der Erbengemeinschaft bedarf es regelmäßig einer Auseinandersetzung unter den Miterben, die nur dann entfällt, wenn sich noch vor ihrer Vornahme alle Miterbenanteile (und zwar ohne durch Nießbrauch oder Pfandrecht belastet zu sein) in einer Person vereinigen. Doch kann solche Vereinigung immerhin auch als das von den Beteiligten gewollte Mittel der Auseinandersetzung ins Werk gesetzt werden.

II. Die Erbengemeinschaft ist grundsätzlich nicht auf die Dauer angelegt. Regelmäßig ist daher schon mit ihrer Entstehung für jeden Miterben der unverjährbare Anspruch (§ 758) auf Auseinandersetzung begründet. Besondere Umstände können jedoch der sofortigen Vornahme der Auseinandersetzung entgegenstehen. Vgl. § 2042.

1. Soweit die Erbteile wegen der zu erwartenden Geburt eines Miterben, oder wegen der noch ausstehenden Entscheidung über eine Ehelichkeitserklärung oder über die Bestätigung einer Annahme an Kindesstatt, oder über die Genehmigung einer vom Erblasser errichteten Stiftung noch unbestimmt sind, ist die Auseinandersetzung bis zur Hebung der Unbestimmtheit ausgeschlossen (§ 2043). Soweit dagegen eine Unbestimmtheit der Erbteile nicht besteht, kann die Auseinandersetzung ungeachtet der vorerwähnten Umstände vor sich gehen.

Einer der Vorschrift des § 2043 zuwider vorgenommenen Auseinandersetzung wird Wirksamkeit nur für den Fall zugeschrieben werden dürfen, daß das in Aussicht stehende Teilerbrecht gar nicht zur Entstehung gelangt, oder doch (etwa wegen erfolgender Ausschlagung) einem nicht zur Entstehung gelangten gleichzustellen ist. Trifft dies nicht zu, so erweist sich die Auseinandersetzung mit Rücksicht auf § 2040 (d. h. aus dem Grunde, weil dieselbe nicht durch alle Miterben gemeinschaftlich erfolgt ist) als unwirksam.

2. Die Miterben können vertragsmäßig festsetzen, daß das Recht jedes einzelnen von ihnen, die Auseinandersetzung zu verlangen, auf Zeit oder auch ohne Beschränkung auf eine bestimmte Zeit ausgeschlossen oder die Geltendmachung dieses Rechtes nur nach vorangegangener Kündigung und unter Einhaltung einer Kündigungsfrist zulässig sein soll. Gleichwohl kann in solchen Fällen sofortige Auseinandersetzung gefordert werden, wenn ein „wichtiger Grund" dafür vorliegt; eine auf Ausschließung oder Einschränkung dieser Möglichkeit gerichtete Vereinbarung ist nichtig. Hatten die Miterben die Stellung des Verlangens auf Auseinandersetzung nur auf Zeit ausgeschlossen, so erlischt die Vereinbarung im Zweifel schon mit dem Tode eines Miterben. Soweit ihr dem Gesagten zufolge Wirksamkeit überhaupt zukommt, wirkt die unter den Miterben getroffene Vereinbarung auch für und gegen diejenigen, zugunsten welcher ein Miterbe nach Maßgabe des § 2033 über seinen Anteil am Gesamthandvermögen verfügt hat. Besonderes gilt für einen Gläubiger, der die Pfändung eines Miterbenanteils erwirkt hat; er kann ohne Rücksicht auf die Vereinbarung sofortige Auseinander-

setzung verlangen, sofern sein Schuldtitel nicht ein bloß vorläufig vollstreckbarer ist. Vgl. §§ 2042 Abs. 2, 749 Abs. 2, 3, 750, 751.

3. Nach § 2044 Abs. 1 kann der Erblasser die Auseinandersetzung in Ansehung des Nachlasses oder einzelner Nachlaßgegenstände durch letztwillige Verfügung „ausschließen oder von der Einhaltung einer Kündigungsfrist abhängig machen". Bezüglich der zeitlich beschränkten Wirksamkeit einer solchen Anordnung vgl. § 2044 Abs. 2. Wegen der rechtlichen Natur der Anordnung vgl. Strohal II S. 108 ff.

4. Eine bei Ungewißheit über den Schuldenstand des Nachlasses stattfindende Auseinandersetzung ist für die Miterben mit erheblichen Gefahren verbunden (vgl. §§ 1978 bis 1980, 1991, 2060). Aus diesem Grunde kann jeder Miterbe verlangen, daß die Auseinandersetzung bis zur Beendigung des nach § 1970 zulässigen Aufgebotsverfahrens und im Falle der nach § 2061 ergangenen öffentlichen Aufforderung zur Anmeldung der Forderungen gegen den Nachlaß bis zum Ablauf der Anmeldungsfrist aufgeschoben werde. Das Verlangen ist auch zulässig, wenn im ersten Falle die noch nicht erfolgte Antragstellung und im zweiten die noch nicht erfolgte Erlassung der Aufforderung unverzüglich (vgl. § 121) nachgeholt wird. Vgl. § 2045.

III. Die Auseinandersetzung gestaltet sich je nach den Umständen verschieden.

1. Im Falle der Anordnung einer Testamentsvollstreckung gehört, soweit der Erblasser ein anderes nicht bestimmt hat, die Durchführung der Auseinandersetzung unter den Miterben zu den Aufgaben des Testamentsvollstreckers. Er hat hierbei nach Maßgabe der auf die Auseinandersetzung sich beziehenden Vorschriften des BGB. vorzugehen; vor der Ausführung hat er die Erben über den Auseinandersetzungsplan zu hören. Vgl. § 2204.

2. Fehlt es an einem zur Vornahme der Auseinandersetzung berufenen Testamentsvollstrecker, so bildet sie eine Angelegenheit der Miterben bezw. ihrer Rechtsnachfolger selbst. In betreff der Art der Auseinandersetzung haben die Beteiligten, soweit ihrem Belieben nicht durch Anordnungen des Erblassers oder durch zwingende Rechtsvorschriften Schranken gesetzt sind, freie Hand. Soll die Auseinandersetzung auf rechtsgeschäftlichem Wege erfolgen, so bedarf es dazu der Einigung aller Miterben bezw. ihrer Rechtsnachfolger. Mehrheitsbeschlüsse sind also nicht maßgebend. Einer Form bedarf der Auseinandersetzungsvertrag als solcher nicht. Soweit aber zur Durchführung der Auseinandersetzung formbedürftige obligatorische Verträge abgeschlossen oder solche Verfügungen vorgenommen werden, greifen die nach der Beschaffenheit des Geschäftes maßgebenden Formvorschriften durch. Dazu RG. 57 S. 432.

Zum Zwecke der Auseinandersetzung können die Beteiligten die Vermittelung des Nachlaßgerichtes anrufen. Ohne Antrag greift es nach Reichsrecht nicht ein. Antragsberechtigt ist „jeder Miterbe, der Erwerber eines Erbteils sowie derjenige, welchem ein Pfandrecht oder ein Nießbrauch an einem Erbteile zusteht" (§ 86 FGbG.). Das um seine Vermittelung angerufene Nachlaßgericht hat den Antragsteller und die übrigen Beteiligten zu einem Verhandlungstermine zu laden (§ 89 FGbG.). Die von den erschienenen Beteiligten in betreff der Auseinandersetzung selbst oder über vorbereitende Maßregeln getroffenen Vereinbarungen und in dem Falle, daß nur ein Beteiligter erschienen ist, die von diesem gemachten Vorschläge hat das Gericht zu beurkunden. Ergeben sich Streitpunkte, so ist auch hierüber ein Protokoll aufzunehmen und das Verfahren, soweit dies nach Lage der Sache geboten ist, bis zur Erledigung dieser Punkte auszusetzen (§§ 91, 95 FGbG.). Zu ihrer Entscheidung ist das Nachlaßgericht nicht berufen. Sobald die Auseinandersetzung stattfinden kann, hat das Gericht — vorausgesetzt, daß es eines solchen vermittelnden Eingreifens überhaupt noch bedarf — einen Auseinandersetzungsplan anzufertigen und verhandeln zu lassen (§ 93 FGbG.). Eine allseitige Einigung über die Auseinandersetzung überhaupt oder über eine vorbereitende Maßregel kann nicht nur durch eine von allen Beteiligten im Termin getroffene Vereinbarung, sondern auch dadurch hergestellt werden, daß die nicht erschienenen Beteiligten ihre nachträgliche Zustimmung zu gerichtlichem Protokoll oder in einer öffentlich beglaubigten Urkunde erklären. Einem Beteiligten aber, der weder im Termin erschienen ist, noch in der bezeichneten Form zustimmt, soll der ihn betreffende Inhalt der aufgenommenen Urkunde vom Gericht in Verbindung mit dem vom Gesetz unbedingt geforderten Hinweis bekanntgemacht werden, daß, wenn der Beteiligte nicht innerhalb einer vom Gericht zu bestimmenden Frist die Anberaumung eines neuen Termins beantrage, oder wenn er in dem neuen Termin nicht erscheine, sein Einverständnis mit dem Inhalt der Urkunde angenommen werden würde. Macht der Beteiligte von der ihm hierdurch eröffneten Möglichkeit Gebrauch, so wird die Verhandlung in einem neuen Termin fortgesetzt. Anderenfalls trifft ihn, dafern er nicht nach Maßgabe von § 92 FGbG. Wiedereinsetzung in den vorigen Stand erwirkt, die angedrohte Rechtsfolge. Soweit hiernach eine Einigung aller Beteiligten erzielt ist, hat das Gericht die Vereinbarung zu bestätigen (§ 91 FGbG.). Sachliche Prüfung des Inhalts der Vereinbarung liegt dagegen außerhalb seiner Aufgabe; durch die vom Gericht ausgesprochene Bestätigung soll vielmehr nur festgestellt werden, daß die unter seiner Vermittlung geführte Verhandlung innerhalb der vom Gesetz gezogenen Schranken vollständig oder doch teilweise zum Abschluß gelangt ist. Die gegen den Bestätigungsbeschluß zulässige sofortige Beschwerde kann daher auch nur auf Verletzung von Verfahrensvorschriften gegründet werden (§ 96 FGbG.). Mit dem Eintritt der Rechtskraft ist die bestätigte Auseinandersetzung oder „vorgängige" Vereinbarung nicht nur für alle Beteiligten in gleicher Weise verbindlich wie eine sonstige vertragsmäßige Auseinandersetzung bezw. eine diese vorbereitende Vereinbarung, sondern findet nunmehr auf Grund derselben auch die Zwangsvollstreckung statt (§ 98 FGbG.).

3. Der Erblasser kann letztwillig anordnen, daß die Auseinandersetzung unter den Miterben nach dem billigen Ermessen eines Dritten — von dem hier vorausgesetzt wird, daß er nicht Testamentsvollstrecker ist — erfolgen soll (§ 2048). Die von dem Dritten auf Grund solcher Anordnung getroffene Bestimmung vermag übrigens niemals die Auseinandersetzung selbst unmittelbar herbeizuführen, sondern wirkt nur verpflichtend, in gleicher Weise wie ein von den Miterben geschlossener Vertrag, durch den sie sich wechselseitig verpflichten, die Auseinandersetzung in bestimmter Weise zur Ausführung zu bringen. Es ist daher auch nicht zu bezweifeln, daß die von dem Dritten getroffene Bestimmung durch eine von den Miterben einmütig vereinbarte anderweite Auseinandersetzung außer Wirksamkeit gesetzt werden kann. Bei offenbarer Unbilligkeit der von dem Dritten getroffenen Bestimmung ist diese übrigens für die Miterben überhaupt nicht verbindlich, und in Ansehung der Auseinandersetzung gilt dann dasselbe, als ob der Erblasser eine Anordnung der bezeichneten Art nicht getroffen hätte (§ 2048).

4. Unter Umständen wird der Anspruch auf Auseinandersetzung der Erbengemeinschaft im Wege des Prozesses durchgesetzt werden müssen; so vor allem, wenn einzelne Miterben sich der Auseinandersetzung überhaupt widersetzen, oder wenn die nach Lage der Sache zur freiwilligen Auseinandersetzung erforderliche Einigung aller Erben über die Art der Auseinandersetzung nicht erreicht werden kann, oder wenn sich einzelne Miterben weigern, die für sie bindende, aber noch nicht vollstreckbare Vereinbarung über die Auseinandersetzung oder die in betreff der Auseinandersetzung getroffene Bestimmung des vom Erblasser letztwillig genannten Dritten zur Ausführung zu bringen. Die in solchen Fällen anzustellende Erbteilungsklage ist von der römischen actio familiae herciscundae ungeachtet mancher Berührungspunkte doch

wesentlich verschieden. Sie ist im Gegensatz zu dieser keine actio duplex und eröffnet dem Richter nicht die Möglichkeit einer adiudicatio im römischen Sinne. Der siegende Kläger kann mit ihr keinesfalls mehr erreichen als Verurteilung des Beklagten zur Vornahme der Auseinandersetzung bezw. Teilung des Nachlasses nach Maßgabe des Klagantrags.

IV. Mit Rücksicht auf die gesetzlichen Bestimmungen über die Haftung mehrerer Erben für die Nachlaßverbindlichkeiten bis zur Teilung des Nachlasses und nach derselben (vgl. §§ 2058 bis 2063) hat jeder Miterbe in aller Regel ein wesentliches Interesse daran, daß die Berichtigung der gemeinschaftlichen Nachlaßverbindlichkeiten noch vor der Aufhebung der Miterbengemeinschaft erfolge. Auf dieser Erwägung beruhen die Vorschriften des § 2046.

V. Der nach der Berichtigung der Nachlaßverbindlichkeiten verbleibende Überschuß gebührt den Erben regelmäßig nach Verhältnis ihrer nominellen Erbteile (§ 2047 Abs. 1). Dieses Verhältnis kann jedoch infolge der Berücksichtigung der unter den Miterben bestehenden Ausgleichungspflicht eine wesentliche Verschiebung erfahren.

Sind die Anteile der einzelnen Miterben an dem vom Nachlaß noch Vorhandenen hinreichend bestimmt, so kann es nunmehr zur Teilung kommen. Über sie ist folgendes zu sagen:

1. Der Erblasser kann über die Art der Auseinandersetzung letztwillige Anordnungen treffen, insbesondere in der Weise, daß den einzelnen Miterben bei der Teilung bestimmte Nachlaßgegenstände zugewiesen werden sollen (vgl. § 2048). Liegt eine solche Bestimmung vor, so ist jeder Miterbe gegenüber den anderen Erben zum Verlangen berechtigt, daß die Teilung in der vorgeschriebenen Weise auch vorgenommen werde. Der Möglichkeit einer von allen Erben verabredeten anderweiten Art der Teilung steht jedoch die Bestimmung des Erblassers grundsätzlich nicht entgegen.

Auf Einzelheiten bezieht sich § 2049; dazu Art. 137 EG.

2. Soweit sich nicht aus der vom Erblasser in betreff der Auseinandersetzung getroffenen Anordnung oder aus einer unter den Miterben erfolgten Vereinbarung besondere Ansprüche ergeben, kann ein Miterbe gegenüber den anderen nur Teilung des restlichen Nachlasses in Natur nach Maßgabe des § 752 oder, wenn und soweit diese ausgeschlossen ist, nur Umsetzung der noch vorhandenen Nachlaßgegenstände in Geld und Teilung des hierdurch erzielten Eingangs nach Maßgabe der §§ 753, 754 verlangen. Die Zulässigkeit der Teilung in Natur ist dadurch bedingt, daß sich die der Teilung zu unterziehenden Gegenstände ohne Veränderung des Wertes in gleichartige, den Anteilen der Miterben entsprechende Teile zerlegen lassen. Sind gleiche Teile zu bilden, so erfolgt ihre Zuteilung an die Miterben durch das Los. Vgl. § 2042 Abs. 2. Hinsichtlich der Umsetzung der Nachlaßgegenstände in Geld ist auf das unter IV Bemerkte zu verweisen.

Besonderes gilt für Schriftstücke, die sich auf die persönlichen Verhältnisse des Erblassers, auf dessen Familie oder auf den ganzen Nachlaß beziehen. Sie bleiben, sofern nicht alle Miterben eine andere Bestimmung treffen, gemeinschaftlich. Doch ist die nach der im übrigen erfolgten Auseinandersetzung in Ansehung dieser Schriftstücke noch fortdauernde Gemeinschaft in der Regel nicht nach den Grundsätzen der gesamten Hand, sondern nach denen der Gemeinschaft nach Bruchteilen zu beurteilen. Vgl. §§ 2047 Abs. 2, 2032 Abs. 2.

3. Für die Miterben wird es oft ratsam sein, die Anwendung der auf die Auseinandersetzung sich beziehenden Dispositivvorschriften durch anderweite Vereinbarungen auszuschließen. Es steht ihnen insbesondere die Möglichkeit offen, die Auseinandersetzung in der Weise herbeizuführen, daß jedem Miterben oder einzelnen von ihnen gewisse Nachlaßgegenstände zugewiesen werden, und daß die sich dann noch herausstellenden Differenzen zwischen dem Werte der Erbteile der einzelnen Miterben und dem Werte der an sie erfolgten Zuweisungen durch unter den Miterben (von dem einen an den anderen) zu bewirkende Geldleistungen ihre Ausgleichung finden. An eine Vereinbarung dieses Inhalts knüpfen sich in der Regel nur obligationenrechtliche Wirkungen; wirksame Verfügungen können in derselben nur insoweit getroffen werden, als hierbei den Anforderungen, welche das Gesetz an die Vornahme der betreffenden Verfügung stellt, entsprochen sein kann und im konkreten Falle auch tatsächlich entsprochen ist.

4. Stellt sich nach der unter den Miterben getroffenen Auseinandersetzung heraus, daß einem derselben, sei es nun zufolge der unter den Miterben getroffenen Vereinbarung, sei es mit Rücksicht auf die Bestimmung des Erblassers, sei es endlich durch Verfügung des Testamentsvollstreckers, etwas zugeteilt worden ist, was mit Unrecht als zum Nachlaß gehörend angenommen wurde, und hat dieser Miterbe infolgedessen dasjenige Recht an dem ihm zugeteilten Gegenstande, auf dessen Erwerb er rechnen durfte, nicht erlangt, so hat ihm nach dem im § 2042 berufenen § 757 wegen dieses Mangels im Rechte jeder der übrigen Miterben zu seinem Anteil in gleicher Weise wie ein Verkäufer Gewähr zu leisten. Dazu Strohal II S. 122ff.

VI. Obschon es aus Anlaß der Auseinandersetzung unter den Miterben sehr häufig zu einer Teilung des Nachlasses kommt, so ist eine Auseinandersetzung doch sehr wohl auch ohne Teilung möglich. So verhält es sich z. B.:

1. Wenn sich bei Vorhandensein von nur zwei Miterben bei der Auseinandersetzung, etwa infolge vorgenommener Ausgleichung, herausstellt, daß auf den einen Miterben der ganze Nachlaß und auf den anderen somit nichts entfällt.

2. Wenn ein Miterbe zum Zwecke der Auseinandersetzung die Anteile aller anderen Miterben nach Maßgabe des § 2033 gegen Leistung entsprechender Abfindungen aus seinem Eigenvermögen und somit derart, daß der Nachlaßbestand dabei ungemindert bleibt, an sich bringt. Eine nicht geringe Wahrscheinlichkeit spricht sogar dafür, daß diese Art der Auseinandersetzung von den Miterben sehr häufig beliebt werden wird.

VII. Sind mehr als zwei Miterben vorhanden, oder ist doch wenigstens mit der Möglichkeit, daß mehr als zwei Miterben in Frage kommen können, zu rechnen, so kann der vollständigen Auseinandersetzung der Erbengemeinschaft eine sich darauf beschränkende vorangehen, daß nur ein oder mehrere Miterben aus der Erbengemeinschaft ausgeschieden werden, während die übrigen in dieser verbleiben. Die Möglichkeit einer derartigen Auseinandersetzung wird im § 2043 unzweideutig anerkannt.

3. Auseinandersetzung bei vorzunehmender Ausgleichung.

§ 66.

Über die unter Abkömmlingen (bezw. den an ihre Stelle tretenden Personen), die nebeneinander zur Erbfolge gelangen, unter Umständen stattfindende Ausgleichung ist schon in anderem Zusammenhange gehandelt worden (vgl. §§ 13 bis 16). An dieser Stelle ist daher nur mehr die Einwirkung der Ausgleichung auf die Gestaltung der Erbengemeinschaft und auf deren Auseinandersetzung zu erörtern.

I. Die Durchführung der Ausgleichung setzt vor allem die Feststellung voraus, von wem und in welchem Umfange Vorempfänge zur Ausgleichung zu bringen sind. Zur Erleichterung dieser Feststellung legt das Gesetz jedem Miterben, dessen Pflicht zur Ausgleichung in Frage kommt, eine auf Verlangen des oder der Ausgleichungsberechtigten zu erfüllende und im § 2057 genauer bestimmte Pflicht zur Auskunftserteilung auf.

1. Wer in Fällen, wo neben dem auskunftspflichtigen Erben noch mehrere Miterben vorhanden sind, die Erteilung der Auskunft verlangen kann, ist durch den Wortlaut des § 2057 nicht zu unzweifelhaftem Ausdruck gelangt. Sachliche Erwägungen sprechen aber dafür, daß dieses Recht jedem Miterben selbständig zukommt, dessen Ausgleichungsberechtigung nach der Sachlage in Frage kommen kann.

2. Auskunft ist zunächst darüber zu erteilen, ob der Auskunftspflichtige bezw. derjenige Abkömmling, an dessen Stelle er getreten ist, Gaben, die nach dem Gesetz oder nach der Anordnung des Erblassers der Ausgleichung unterliegen, überhaupt empfangen hat, und im bejahenden Falle auch über diejenigen Umstände, welche für die Bewertung des Empfangenen von entscheidender Bedeutung sind, also insbesondere über die Größe, den Umfang, die Beschaffenheit und die Zeit (vgl. § 2055 Abs. 2) der erhaltenen Zuwendungen.

Daß die Auskunftserteilung in bestimmter Form erfolge, fordert das Gesetz im allgemeinen nicht. Besonderes gilt nur, wenn feststeht, daß ein sogenannter „Inbegriff von Gegenständen" vorausempfangen worden ist. In diesem Falle hat der Auskunftpflichtige dem die Auskunft verlangenden Miterben nach § 260 ein Verzeichnis zwar nicht des gegenwärtigen Bestandes, aber doch des Bestandes zur Zeit des Empfanges vorzulegen. Abgesehen hiervon kommt dem Berechtigten ein Anspruch auf schriftliche Auskunftserteilung nicht zu.

Besteht Grund zur Annahme, daß die Auskunft nicht mit der erforderlichen Sorgfalt erteilt ist, so kann der Auskunftsberechtigte von dem Auskunftspflichtigen in aller Regel die Leistung des Offenbarungseides verlangen. In Angelegenheiten von geringer Bedeutung ist das Verlangen auf Leistung des Offenbarungseides ausgeschlossen.

3. Die Leistung des im § 2057 vorgeschriebenen Offenbarungseides erfolgt, wenn der Anspruch auf seine Ablegung erst im Prozeßwege durchgesetzt werden mußte, vor dem Prozeßgericht erster Instanz, anderenfalls vor dem Amtsgericht des Wohnsitzes oder des Aufenthaltsorts des Eidespflichtigen (vgl. § 889 ZPO., § 163 FGbG.).

II. Die schon im § 16 d. D. festgestellte rechtliche Natur der Ausgleichung kommt während der Dauer der Erbengemeinschaft in praktisch bedeutsamer Weise zur Geltung.

1. Verfügt ein Miterbe nach Maßgabe des § 2033 über seinen Anteil am ungeteilten Nachlaß, so erstreckt sich die Verfügung ohne weiteres auch auf die, eine besondere Beschaffenheit des Anteilsrechtes bildende Ausgleichungsberechtigung; ist aber der Anteil am Nachlaß mit einer Ausgleichungspflicht belastet, so erlangt der Erwerber dementsprechend ein Anteilsrecht von gemindertem Gehalt.

2. Sucht ein Nachlaßgläubiger während der Dauer der Erbengemeinschaft seine Befriedigung aus dem Anteil eines ausgleichungsberechtigten oder ausgleichungspflichtigen Miterben, so gewinnt die das Anteilsrecht des in Anspruch genommenen Miterben

mehrende Ausgleichungsberechtigung oder mindernde Ausgleichungspflicht auch für ihn praktische Bedeutung. Genaueres bei Strohal II S. 129 f.

3. Wird bei der zwischen den Erben A und B stattfindenden Auseinandersetzung endgültig festgestellt, daß mit Rücksicht auf die vorzunehmende Ausgleichung alles, was vom Nachlaß noch vorhanden ist, auf den A und auf den B somit nichts entfällt, so kann selbst von dem Scheine einer Erbengemeinschaft nicht mehr die Rede sein. Infolge jener Feststellung steht also zugleich auch fest, daß A hinsichtlich der zum noch ungeteilten Nachlaß gehörenden Gegenstände der Alleinberechtigte ist. An der Erbenqualität des B wird jedoch hierdurch nichts geändert. B bleibt also Erbe, aber er befindet sich in der eigentümlichen Stellung eines heres sine re.

III. Erbschein und Testamentsvollstreckerzeugnis.

1. Erteilung, Einziehung und Kraftloserklärung des Erbscheins.

§ 67.

I. Der Erbschein ist ein dem Erben, gleichviel ob er durch Gesetz, Testament oder Erbvertrag berufen ist, auf seinen Antrag (oder auf Antrag desjenigen, welcher an Stelle des Erben zur Antragstellung berechtigt ist) ausgestelltes amtliches Zeugnis über sein Erbrecht und, wenn er nur Teilerbe ist, über die Größe des Erbteils (§ 2353). Bei Vorhandensein mehrerer Erben kann es übrigens auch zur Ausfertigung eines gemeinschaftlichen Erbscheins kommen (vgl. darüber unten IV). Die aus den Bedürfnissen des Verkehrs hervorgegangene und in einem großen Teile Deutschlands (besonders in Preußen) bereits eingebürgerte und bewährte Einrichtung des Erbscheins ist im BGB. nicht nur beigehalten worden, sondern hat in demselben auch eine über das bisherige Recht noch hinausgehende Ausgestaltung gefunden.

II. Zur Erteilung des Erbscheins ist in aller Regel das Nachlaßgericht bezw. die kraft Landesgesetzes in Ansehung der dem Nachlaßgericht obliegenden Verrichtungen für zuständig erklärte sonstige Behörde berufen (§ 2353 und Art. 147 EG.). Gehören aber zu einer Erbschaft, für die es an einer zur Erteilung des Erbscheins zuständigen deutschen Nachlaßbehörde fehlt, Gegenstände, die sich im Inland befinden, so ist (unbeschadet der nach Maßgabe des Art. 147 EG. getroffenen landesgesetzlichen Bestimmungen) jedes Amtsgericht, in dessen Bezirk sich Nachlaßgegenstände befinden, zur Erteilung des Erbscheins in Ansehung aller im Inlande (wenn auch außerhalb des Amtsgerichtsbezirks) befindlichen Nachlaßgegenstände, aber auch nur dieser zuständig (§ 73 Abs. 3 FGbG.). Hierbei gilt ein Gegenstand, für den ein zur Eintragung des Berechtigten bestimmtes Buch oder Register geführt wird, und desgleichen auch ein Anspruch, für dessen Geltendmachung ein deutsches Gericht zuständig ist, als im Inland befindlich (§ 2369).

III. Die Voraussetzungen zur Erteilung des Erbscheins ergeben sich aus den Vorschriften der §§ 2354 bis 2360. In der folgenden Darstellung soll jedoch von der auf den gemeinschaftlichen Erbschein sich beziehenden Bestimmung des § 2357 zunächst abgesehen werden.

A. Die sachliche Legitimation zur Stellung des Antrags auf Erteilung des Erbscheins kommt nicht nur dem angeblichen Erben bezw. dessen Vertreter zu, sondern unter Umständen auch dritten Personen. Nach den §§ 792, 896 ZPO. kann nämlich ein Gläubiger, der zum Zwecke der Zwangsvollstreckung in das ererbte Vermögen seines Schuldners des Erbscheins bedarf, die Erteilung desselben an Stelle des Schuldners verlangen. Einen etwas anderen Charakter hat die Vorschrift des § 85 FGbG. Sie spricht nicht von der Erteilung des Erbscheins, sondern nur von einer Ausfertigung des bereits erteilten Erbscheins. Die Erteilung einer solchen Ausfertigung kann jeder verlangen, der ein rechtliches Interesse glaubhaft macht.

Einzelnes:

1. Der Nacherbe wird erst Erbe mit dem Eintritt des Falles der Nacherbfolge (§ 2139) und ist daher vor diesem Zeitpunkte zur Stellung des Antrags auf Erteilung eines (auf seinen Namen lautenden) Erbscheins nicht legitimiert.

2. Dem Erbschaftskäufer (und dem ihm nach § 2385 gleichgestellten Erwerber) als solchem steht eine selbständige Legitimation zur Antragstellung nach § 2353 nicht zu; denn er selbst hat kein Erbrecht, und an Stelle des Erben kann er den Antrag nur nach Maßgabe von §§ 792, 896 ZPO. stellen. Besonderes gilt jedoch für den Fall, daß ein Miterbe seinen Anteil am Nachlaß nach Maßgabe von § 2033 (gleichviel auf Grund welcher causa) einem anderen übertragen hat. Hier kann der Erwerber mit Rücksicht darauf, daß er in Ansehung des ihm übertragenen Anteils am ungeteilten Nachlaß durch einheitlichen Rechtsakt in die Rechtsstellung des Miterben eintritt, die Erteilung eines Erbscheins beantragen, der jedoch nicht ihn, sondern den Übertragenden als Miterben zu bezeichnen hat.

3. Über das unter Umständen dem Ehemann hinsichtlich einer von der Frau erworbenen Erbschaft, dem Testamentsvollstrecker, Nachlaßverwalter, Nachlaßkonkursverwalter zukommende Antragsrecht vgl. Strohal II S. 134 ff.

B. Der Antragsteller hat, wenn er sich auf gesetzliches Erbrecht stützt, die im § 2354, dafern er sein Erbrecht aber aus einer Verfügung von Todes wegen ableitet, die im § 2355 bezeichneten Angaben zu machen.

C. Die Angaben über die Zeit des Todes des Erblassers und über den für das Dasein oder den Umfang des behaupteten Erbrechts entscheidenden Wegfall von Personen hat der Antragsteller durch öffentliche Urkunden nachzuweisen. Dasselbe gilt im Falle behaupteten gesetzlichen Erbrechts in Ansehung des die Berufung begründeten Verhältnisses. Zur Nachweisung des auf Verfügung von Todes wegen beruhenden Erbrechts ist das Testament, der Erbvertrag vorzulegen. Sind die bezeichneten Urkunden überhaupt nicht oder nur mit unverhältnismäßigen Schwierigkeiten zu beschaffen, so genügt die Angabe anderer Beweismittel. In Ansehung der übrigen erforderlichen Angaben hat der Antragsteller vor Gericht oder vor einem Notar an Eidesstatt zu versichern, daß ihm nichts bekannt sei, was der Richtigkeit seiner Angaben entgegensteht. Das Nachlaßgericht kann jedoch diese Versicherung erlassen, soweit es sie für nicht erforderlich erachtet. Hinsichtlich der beim Nachlaßgericht offenkundigen Tatsachen trifft den Antragsteller eine Nachweis- oder Versicherungspflicht überhaupt nicht (§ 2356).

D. Das Nachlaßgericht hat den Erbschein nur zu erteilen, wenn es die zur Begründung des Antrags erforderlichen Tatsachen für festgestellt erachtet (§ 2359). Es ist, ohne an die vom Antragsteller angegebenen Beweismittel gebunden zu sein, von Amts wegen zur Veranstaltung der von ihm für notwendig erachteten Ermittelungen und zur Aufnahme der ihm geeignet erscheinenden Beweise berufen; es kann insbesondere eine öffentliche Aufforderung zur Anmeldung der anderen Personen zustehenden Erbrechte erlassen (§ 2358). Die Anhängigkeit eines Rechtsstreits über das Erbrecht schließt die Erteilung eines Erbscheins nicht aus; doch soll, dafern es tunlich ist, vorher der Gegner des Antragstellers gehört werden. Eine ähnliche Ordnungsvorschrift bezieht sich auf den Fall, daß die Verfügung von Todes wegen, auf Grund welcher der Erbschein verlangt wird, nicht in einer dem Nachlaßgericht vorliegenden öffentlichen Urkunde enthalten ist; hier soll, aber ebenfalls nur unter der Voraussetzung, daß es tunlich ist, vor der Erteilung des Erbscheins derjenige gehört werden, welcher im Falle der Unwirksamkeit der Verfügung Erbe sein würde (§ 2360). Außerdem ist anzunehmen, daß bei Vorhandensein von Verfügungen von Todes wegen die Erteilung des Erbscheins erst nach deren Verkündigung erfolgen darf.

IV. Sind mehrere Erben (Miterben) vorhanden, so ist auf Antrag auch nur eines von ihnen ein gemeinschaftlicher Erbschein, d. h. ein Zeugnis, das nicht nur das Teilerbrecht eines Miterben, sondern die Teilerbrechte aller Miterben bezeugt, zu erteilen (§ 2357 Abs. 1). Die praktische Wichtigkeit des gemeinschaftlichen Erbscheins tritt deutlich hervor, wenn Miterben während der Dauer der Erbengemeinschaft über zum Nachlaß gehörende Gegenstände verfügen wollen (vgl. hierzu § 2040 Abs. 1).

Der auf Ausfertigung eines gemeinschaftlichen Erbscheins gestellte Antrag hat die Angabe der Erben und ihrer Erbteile und hinsichtlich derjenigen Miterben, die nicht Mitantragsteller sind, auch noch die weitere Angabe zu enthalten, daß sie die Erbschaft angenommen haben. Der von den Antragstellern zu führende Nachweis und deren eidesstattliche Versicherung hat sich im Falle eines gemeinschaftlichen Erbscheins auch auf die in betreff der übrigen Miterben gemachten Angaben zu erstrecken. Das Nachlaßgericht braucht sich übrigens mit der eidesstattlichen Versicherung eines Antragstellers oder mehrerer Mitantragsteller nicht zu begnügen, sondern es kann die Erteilung des Erbscheins davon abhängig machen, daß die Versicherung auch von anderen oder geradezu von allen Miterben abgegeben werde (§ 2357).

V. Der Inhalt des Erbscheins ergibt sich aus seinem Zwecke (vgl. §§ 2353, 2357). Besonderer Hervorhebung bedürfen folgende Punkte:

1. Der Erbschein muß vor allem mit Verwechslungsgefahr möglichst ausschließender Bestimmtheit die Person des Erblassers bezeichnen und die mit der den Umständen entsprechenden Genauigkeit gemachte Angabe über den Zeitpunkt des Erbfalls enthalten.

2. Einen nicht minder wesentlichen Inhalt des Erbscheins bildet die tunlichst genaue Bezeichnung des Erben. In dem einem Miterben zu erteilenden Erbschein ist die Größe des ihm zukommenden Erbteils bruchteilmäßig und in einem gemeinschaftlichen Erbschein die Größe der Erbteile aller Miterben bruchteilmäßig anzugeben.

3. In dem einem Vorerben zu erteilenden Erbschein ist anzugeben, daß eine Nacherbfolge angeordnet (bezw. als angeordnet anzunehmen) ist, unter welchen Voraussetzungen (also insbesondere auch wann) sie eintritt, und wer der Nacherbe ist, bezw. durch welche Umstände sich dessen Person bestimmt. Hat der Erblasser dem Vorerben eine über das regelmäßige Maß hinausgehende Befugnis zur Verfügung über Nachlaßgegenstände, insbesondere in der in § 2137 Abs. 1 oder Abs. 2 bezeichneten Weise erteilt, so ist auch dies anzugeben. Vgl. § 2363 Abs. 1.

4. Der Nacherbe wird in dem ihm erteilten Erbschein unter Angabe der Person des Vorerben und des Zeitpunkts des Falles der Nacherbfolge als Nacherbe zu bezeichnen sein.

5. Hat der Erblasser einen Testamentsvollstrecker ernannt, oder doch wenigstens für die Einsetzung einer Testamentsvollstreckung nach Maßgabe der §§ 2198, 2200 Vorsorge getroffen, so ist im ersten Falle die Ernennung, im zweiten Falle die Anordnung, eventuell auch die ihr zufolge bereits erfolgte Bestellung des Testamentsvollstreckers im Erbschein anzugeben (§ 2364 Abs. 1). Die Angabe des Namens des Vollstreckers und des Umfangs der ihm zukommenden Befugnisse braucht der Erbschein nicht zu enthalten und kann sich, wenn in den Erbschein aufgenommen, unter Umständen sogar als gefährlich erweisen.

6. In den Erbschein sind nicht aufzunehmen Angaben: über die zum Nachlaß gehörenden Gegenstände, über den Wert des Nachlasses, über die Nachlaßverbindlichkeiten, auch nicht über die aus Pflichtteilsrechten, Vermächtnissen und Auflagen, über die Anordnung der Nachlaßverwaltung oder des Nachlaßkonkurses, über die Ausgleichung unter Miterben, über die auf die Auseinandersetzung einer Erbengemeinschaft sich beziehenden Anordnungen des Erblassers und über die Ergebnisse der von den Erben durchgeführten Auseinandersetzung.

VI. Die Erteilung des Erbscheins besteht in der Aushändigung desselben an den Antragsteller oder dessen Vertreter durch den Nachlaßrichter. Sie kann nur nach Maßgabe der §§ 2361, 2362 Abs. 1, nicht auf dem Wege der bloßen Beschwerde gegen die Erteilung rückgängig gemacht werden. Gegen den Beschluß, durch welchen die Erteilung des Erbscheins abgelehnt wird, findet die Beschwerde nach allgemeinen Grundsätzen (§§ 19 ff. FGbG.) statt.

VII. Stellt sich der Erbschein, über dessen Richtigkeit das Nachlaßgericht nicht nur auf Antrag eines Beteiligten, sondern auch von Amts wegen Ermittelungen veranstalten kann, als unrichtig heraus, so hat ihn das Nachlaßgericht einzuziehen und, wenn er nicht sofort erlangt werden kann, durch Beschluß für kraftlos zu erklären (§ 2361).

1. Die Einziehung besteht in der tatsächlichen Zurücknahme des ausgehändigten Erbscheins durch das Nachlaßgericht. Gegen die ihr vorangehende, die Einziehung anordnende Verfügung ist Beschwerde nach §§ 19, 20 FGbG. zulässig. Mit der Einziehung wird der Erbschein kraftlos. Einen gegen den Besitzer eines unrichtigen Erbscheins sich richtenden und erforderlichenfalls mittels Klage verfolgbaren Anspruch auf Herausgabe des Erbscheins an das Nachlaßgericht erkennen die §§ 2362 Abs. 1, 2363 Abs. 2, 2364 Abs. 2 dem wirklichen Erben, dem Nacherben, und zwar schon für die Zeit vor dem Eintritt der Nacherbfolge, und dem Testamentsvollstrecker zu. Durch die dem Verlangen entsprechende Herausgabe des Erbscheins wird dieser auch hier kraftlos.

2. Der die Kraftloserklärung des erteilten Erbscheins aussprechende Beschluß des Nachlaßgerichts, gegen den eine Beschwerde nicht stattfindet (§ 84 FGbG.), ist nach den für die öffentliche Zustellung einer Ladung geltenden Vorschriften des § 204 ZPO. bekanntzumachen. Mit dem Ablauf eines Monats nach der letzten Einrückung in die öffentlichen Blätter wird die Kraftloserklärung wirksam. Vgl. § 2361 Abs. 2.

2. Rechtliche Bedeutung des Erbscheins.

§ 68.

An die Erteilung des Erbscheins knüpfen sich, solange er weder eingezogen noch für kraftlos erklärt worden ist, wichtige Rechtsfolgen.

I. Es greift zunächst die Vermutung durch, daß dem im Erbschein als Erbe Bezeichneten das daselbst angegebene Erbrecht zustehe, und daß er durch andere als die angegebenen Anordnungen nicht beschränkt sei (§ 2365). Der Umfang dieser Vermutung ist jetzt noch positiv und negativ genauer festzustellen.

1. Es wird vor allem der Rechtsbestand der im Erbschein bezeugten erbrechtlichen Sukzession vermutet und demgemäß auch, daß der im Erbschein als Erbe Bezeichnete nach Maßgabe der darüber gemachten Angabe Alleinerbe oder Teilerbe zu dem angegebenen Bruchteil geworden sei.

2. Enthält der Erbschein Angaben, die nach § 2363 Abs. 1 im Falle einer bevorstehenden Nacherbfolge in den Erbschein aufzunehmen sind, oder mit Rücksicht auf § 2364 Abs. 1 die Angabe, daß der Erblasser einen Testamentsvollstrecker ernannt oder doch die Einsetzung einer Testamentsvollstreckung angeordnet habe, so ist auch für diese Angabe die Vermutung ihrer Richtigkeit begründet.

3. Soweit Angaben der unter Z. 2 bezeichneten Art im Erbschein fehlen, knüpft sich an die Erteilung des Erbscheins die Vermutung, daß die in diesem unerwähnt gebliebene Anordnung einer Nacherbfolge, der Testamentsvollstreckung, der im § 2363 Abs. 1 Satz 2 bezeichneten freieren Stellung des Vorerben nicht erfolgt sei.

Aus § 2365 ergibt sich dagegen keine Vermutung rücksichtlich derjenigen Verhältnisse, über die der Erbschein Aufschluß nicht zu geben hat, und somit insbesondere keine Vermutung für die tatsächliche oder rechtliche Zugehörigkeit von Gegenständen zum Nachlaß oder dafür, daß Pflichtteilslasten noch bestehen, Vermächtnisse oder Auflagen nicht angeordnet, Teilungsanordnungen nicht getroffen seien.

II. Soweit die Vermutung des § 2365 durchgreift, kommt sie nicht nur dem im Erbschein als Erbe Bezeichneten selbst, sondern auch dritten Personen zustatten. Wie jenem durch die Vorlegung des Erbscheins die sonst nach Lage der Sache erforderliche Erweisung derjenigen Umstände, auf welchen sein Erbrecht beruht, erspart wird, so tritt eine analoge Erleichterung der Beweislast auch für den Dritten ein, wenn er etwa die Passivlegitimation des von ihm als Erben Verklagten zu erweisen hat. Wie jede bloße Rechtsvermutung, so kann auch die des § 2365 durch Gegenbeweis widerlegt werden. Auch abgesehen von dem Falle eines Rechtsstreites wird sehr häufig der Nachweis der eingetretenen Erbfolge geführt werden müssen. Daß er unter allen Umständen nur durch den Erbschein erbracht werden könne, ist im Gesetz nicht ausgesprochen, doch wird zuverlässige anderweite Legitimation oft nicht zu beschaffen sein. Zufolge besonderer Bestimmung kann der Nachweis der Erbfolge dem Grundbuchamt gegenüber grundsätzlich nur durch den Erbschein geführt werden. Beruht die Erbfolge jedoch auf einer in einer öffentlichen Urkunde enthaltenen Verfügung von Todes wegen, so kann das Grundbuchamt es für genügend erachten, wenn ihm an Stelle des Erbscheins nur die Verfügung von Todes wegen und das Protokoll über ihre Eröffnung vorgelegt wird (§ 36 GbO.). Im Falle des eine Erbenmehrheit voraussetzenden § 37 GbO., dessen Vorschrift auch auf den Fall des § 38 GbO. entsprechend anzuwenden ist, genügt zum Nachweis der Erbfolge und der Eintragungsbewilligung der Erben das daselbst erwähnte Zeugnis des Nachlaßgerichts.

III. Nimmt der durch unrichtigen Erbschein Legitimierte in Ansehung eines Nachlaßgegenstandes eine rechtsgeschäftliche Verfügung vor, durch die einem anderen ein rechtlicher Vorteil zugewendet werden soll, oder bewirkt ein anderer an jenen auf Grund eines zur Erbschaft gehörenden Rechtes eine Leistung, so gilt der Erbschein, soweit die unter I hervorgerufene Vermutung reicht, nach Maßgabe der §§ 2366, 2367 zugunsten des anderen geradezu als richtig, dafern dieser nur zur entscheidenden Zeit die Unrichtigkeit nicht kannte und auch nicht wußte, daß das Nachlaßgericht die Rückgabe des Erbscheins wegen Unrichtigkeit verlangt hat. Das Gesetz schreibt also dem Erbschein in ähnlicher Weise öffentlichen Glauben zu, wie es das in §§ 892, 893 bei Grundstücken hinsichtlich der aus dem Grundbuch zu entnehmenden Rechtslage tut. Die praktische Bedeutung hiervon ist jetzt noch nach allen wesentlichen Richtungen hin herauszustellen.

1. Die Vorschriften der §§ 2366, 2367 beziehen sich, abgesehen von einigen erst später zu besprechenden Ausnahmen (vgl. Ziff. 4 c), nur auf den rechtsgeschäftlichen Erwerb.

2. Geht der im Erbschein als Erbe Bezeichnete in Ansehung eines Erbschaftsgegenstandes eine obligatorische Verpflichtung ein, so erhält der Gläubiger doch nur denjenigen zum Schuldner, welcher sich ihm gegenüber verpflichtet hat, und hierbei bewendet es auch dann, wenn sich herausstellt, daß nicht dieser, sondern ein anderer der wahre Erbe ist. Nach der bezeichneten Richtung hin greifen die §§ 2366, 2367 also nicht ein.

3. Der Schutz der mehrerwähnten Vorschriften versagt auch in folgenden Fällen:

a) Gegenüber der nach § 1984 und §§ 6, 7 KO. infolge Anordnung der Nachlaßverwaltung bezw. der Eröffnung des Nachlaßkonkurses eintretenden Beschränkung der Verfügungsmacht des Erben.

b) In dem Falle, daß der im Erbschein als Teilerbe oder als dessen Rechtsnachfolger Bezeichnete über den angeblichen Anteil am Nachlaß nach Maßgabe von § 2033 verfügt hat.

c) In den durch § 2030 getroffenen Fällen.

d) Der Erbschein gibt endlich auch keine Garantie dafür, daß der darin auf einen ungewissen Zeitpunkt gestellte Eintritt der eventuellen Nacherbfolge noch nicht eingetreten ist. War dieser Eintritt zur Zeit der Verfügung des im Erbschein als Vorerbe Bezeichneten bereits erfolgt, so bestimmt sich der Schutz des Dritten nach § 2140.

4. Die durch die §§ 2366, 2367 wirklich getroffenen Fälle sind folgende:

a) Es ist geschützt, wer von dem im Erbschein Bezeichneten durch Rechtsgeschäft „einen Erbschaftsgegenstand oder ein Recht an einem solchen Gegenstand" erwirbt. Der Geschützte erlangt also, soweit die im Vorhergehenden dargelegten positiven und negativen Schutzvoraussetzungen zutreffen, trotz der Unrichtigkeit des Erbscheins dasselbe Recht, das er nach den Grundsätzen des abgeleiteten Erwerbs erlangen würde, wenn die Verfügung von dem (den) nach Maßgabe der hinsichtlich der Erbfolge bestehenden wirklichen Rechtslage Verfügungsberechtigten getroffen worden wäre. Unter

„Erbschaftsgegenständen" sind nach dem festen Sprachgebrauche des Gesetzes nicht nur die zum Nachlaß gehörenden Sachen, sondern auch die dazu gehörenden unkörperlichen Gegenstände, also Forderungen, Urheberrechte u. dgl. zu verstehen. Über das Einzelne s. Strohal II S. 154 ff.

b) Der Schutz des Gesetzes wird ferner demjenigen zuteil, welcher von dem legitimierten Scheinerben durch Rechtsgeschäft die Befreiung von einem zur Erbschaft gehörenden Rechte erlangt (§ 2366), d. h. mit anderen Worten: die Befreiung ist in den Fällen dieser Art, dafern nur die sonstigen Voraussetzungen des § 2366 zutreffen, ungeachtet der Unrichtigkeit des Erbscheins in gleicher Weise wirksam, wie wenn sie durch den wirklich Berechtigten erfolgt wäre.

c) Gleich den in der unter a und b angegebenen Weise Begünstigten wird sodann geschützt, wer an den durch Erbschein legitimierten Scheinerben mit Rücksicht auf ein zur Erbschaft gehörendes und somit scheinbar dem legitimierten Scheinerben zustehendes Recht eine Leistung bewirkt (§ 2367). Beispiele bei Strohal II S. 164 ff.

d) Nach § 2367 gilt endlich der unrichtige Erbschein zugunsten des durch die Verfügung des Scheinerben Begünstigten bei Vorhandensein der sonstigen Schutzvoraussetzungen auch dann als richtig, wenn zwischen dem Scheinerben und einem anderen in Ansehung eines zur Erbschaft gehörenden Rechtes ein durch die unter a bis c erwähnten Vorschriften nicht getroffenes Rechtsgeschäft vorgenommen wird, das eine Verfügung über das Recht enthält. Ein Rechtsgeschäft solcher Art ist z. B. die einem Erbschaftsschuldner vom legitimierten Scheinerben zugestandene Stundung, die durch den legitimierten Scheinerben erfolgende Aufrechnung einer zum Nachlaß gehörenden Forderung gegen eine dem Nachlaßschuldner zustehende Forderung, die vom legitimierten Scheinerben in Ansehung einer zur Erbschaft gehörenden Hypothek und zum Vorteil eines andern Hypothekengläubigers nach Maßgabe § 880 zugestandene Rangveränderung u. dgl.

IV. Wie hinsichtlich der vom legitimierten Scheinerben in betreff eines Erbschaftsgegenstandes zugunsten eines anderen vorgenommenen Verfügungen, so muß die Legitimationswirkung des Erbscheins auch zur Geltung kommen, wenn jemand eine dem Erben gegenüber abzugebende rechtsgeschäftliche Willenserklärung dem legitimierten Scheinerben gegenüber abgibt. Eine hierauf sich beziehende allgemeine Bestimmung findet sich zwar weder in den §§ 2366, 2367, noch an einer anderen Stelle des Gesetzes. Aus § 2367 kann aber doch mit Sicherheit geschlossen werden, daß das eben Gesagte der Absicht des Gesetzes entspricht.

V. In einem besonderen Falle greift der dem bei einem Rechtsgeschäft des Scheinerben oder bei einem diesem gegenüber vorgenommenen Rechtsgeschäft Beteiligten nach den §§ 2366, 2367 zukommende Schutz selbst dann Platz, wenn der Scheinerbe einen Erbschein nicht erlangt hat. Die hierbei in Betracht kommenden Voraussetzungen sind:

1. daß eine für tot erklärte Person den Zeitpunkt des bei der Todeserklärung angenommenen Todes überlebt hat oder schon vor diesem Zeitpunkt gestorben ist;

2. daß die Wirksamkeit von Rechtsgeschäften in Frage steht, die derjenige vorgenommen hat, oder demjenigen gegenüber vorgenommen worden sind, welcher auf Grund der Todeserklärung Erbe sein würde;

3. daß derjenige, welchem der Schutz zustatten kommen soll, die Unrichtigkeit der Todeserklärung nicht kannte und auch nicht wußte, daß die Todeserklärung etwa bereits infolge einer Anfechtungsklage aufgehoben worden ist (§ 2370).

Die im § 2362 bestimmten Ansprüche (nämlich der auf Rückgabe des dem Scheinerben etwa erteilten Erbscheins an das Nachlaßgericht gegen den Besitzer des Erbscheins und der Anspruch auf Auskunftserteilung über den Bestand der vermeintlichen Erbschaft und den Verbleib der vermeintlichen Erbschaftsgegenstände gegen den zu Unrecht als Erbe Legitimierten) stehen auch dem zu Unrecht für tot Erklärten, und nicht minder demjenigen, dessen Tod ohne Todeserklärung mit Unrecht angenommen wurde, bezw. den Erben dieser Personen zu (§ 2370 Abs. 2).

3. Testamentsvollstreckerzeugnis.

§ 69.

I. Eine dem Erbschein verwandte Urkunde ist das dem Testamentsvollstrecker vom Nachlaßgericht auf Antrag zu erteilende Zeugnis über dessen Ernennung. Nach der ausdrücklichen Vorschrift des Gesetzes (§ 2368) sind darin die vom Erblasser in Ansehung der Vermögensverwaltung des Testamentsvollstreckers angeordneten Beschränkungen sowie die in Ansehung der Eingehung von Verbindlichkeiten für den Nachlaß verfügten Erweiterungen anzugeben. Soweit in dieser Beziehung besondere Angaben fehlen, greift nach der Auffassung des Gesetzes offenbar die Annahme durch, daß die Befugnisse des Testamentsvollstreckers der gesetzlichen Regel entsprechen. Mit Rücksicht hierauf wird aus § 2368 Abs. 1 Satz 2 der Schluß gezogen werden dürfen, daß auch die daselbst nicht besonders bezeichneten, im konkreten Falle aber maßgebenden Abweichungen von der gesetzlichen Regel im Testamentsvollstreckerzeugnis anzugeben sind; dies muß insbesondere auch in dem Falle gelten, daß der Testamentsvollstrecker mit Beifügung einer auflösenden Bedingung oder Befristung ernannt ist.

II. Auf das Testamentsvollstreckerzeugnis finden, soweit das Gesetz nicht Besonderes bestimmt, die Vorschriften über den Erbschein entsprechende Anwendung (§ 2368 Abs. 3 Satz 1). Hervorzuheben ist folgendes:

1. Wie den unrichtigen Erbschein, so hat das Nachlaßgericht auch das als unrichtig sich herausstellende Testamentsvollstreckerzeugnis einzuziehen oder, wenn es nicht sofort erlangt werden kann, für kraftlos zu erklären. Vgl. § 2361 und den auch in unserem Falle maßgebenden § 84 FGbG. Nach der Sonderbestimmung des § 2368 Abs. 3 Satz 2 *wird jedoch das Testamentsvollstreckerzeugnis auch ohne Einziehung oder Kraftloserklärung mit der Beendigung des Amtes schon von selbst kraftlos.*

2. Infolge der Erteilung des Testamentsvollstreckerzeugnisses greift, solange es nicht eingezogen oder aus einem anderen Grunde kraftlos geworden ist, nach Maßgabe des entsprechend anzuwendenden § 2365 die Vermutung durch, daß der im Zeugnis als Testamentsvollstrecker Bezeichnete als solcher rechtsgültig ernannt und mit den darin angegebenen Befugnissen ausgestattet ist, und nach den entsprechend anzuwendenden Vorschriften der §§ 2366, 2367 genießt auch das Testamentsvollstreckerzeugnis öffentlichen Glauben. Hierbei verdienen jedoch zwei Punkte besondere Würdigung.

a) Der Testamentsvollstrecker ist nach Maßgabe der §§ 2206, 2207 zur Eingehung von Nachlaßverbindlichkeiten berechtigt. Der dem Testamentsvollstreckerzeugnis zukommende öffentliche Glaube muß daher bewirken, daß die von dem als Testamentsvollstrecker Legitimierten für den Nachlaß eingegangenen Verbindlichkeiten bei Vorhandensein der Schutzvoraussetzungen als Nachlaßverbindlichkeiten selbst dann zu gelten haben, wenn der im Zeugnis als Testamentsvollstrecker Bezeichnete Testamentsvollstrecker nicht ist, oder wenn ihm die nach dem Inhalt des Zeugnisses anzunehmende rechtliche Macht zur Eingehung von Nachlaßverbindlichkeiten fehlt.

b) Der öffentliche Glaube des Testamentsvollstreckerzeugnisses erstreckt sich nicht schlechthin auch darauf, daß das Amt des Vollstreckers noch fortbestehe. Wer mit dem Testamentsvollstrecker rechtsgeschäftlich verhandelt, darf sich also nicht darauf allein verlassen, daß das Testamentsvollstreckerzeugnis weder eingezogen noch für kraftlos erklärt worden ist, sondern er muß auch mit der Möglichkeit rechnen, daß das den als Testamentsvollstrecker Auftretenden scheinbar legitimierende Vollstreckerzeugnis infolge der Beendigung des Vollstreckeramtes von selbst kraftlos geworden ist. Der genaueren Prüfung bedarf es jedoch, was man hier unter der „Beendigung des Amtes" zu verstehen hat. Darunter fällt gewiß die Beendigung durch den Tod des Vollstreckers und durch den nachträglichen Eintritt eines der im § 2201 bezeichneten Fälle (§ 2225), durch Kündigung des Vollstreckers (§ 2226), durch dessen Entlassung (§ 2227), durch Ablauf der im § 2210 bestimmten Zeit und durch den Eintritt des vom Erblasser bestimmten Endtermins oder der von ihm bestimmten auflösenden Bedingung, vorausgesetzt, daß diese Bestimmung des Erblassers im Zeugnis enthalten ist. Alle diese Endigungsgründe müssen dritte Personen schlechthin, also auch dann wenn sie von der eingetretenen Beendigung des Amtes keine Kenntnis haben, gegen sich gelten lassen. Anders dürfte es sich jedoch in den bei Strohal II S. 174 hervorgehobenen Fällen verhalten.

III. Dem als Testamentsvollstrecker Auftretenden gegenüber kann nicht unter allen Umständen darauf bestanden werden, daß er sich durch Testamentsvollstreckerzeugnis legitimiere. Die Möglichkeit einer anderen Legitimation ist nicht unbedingt ausgeschlossen und wird insbesondere in § 36 GbO. anerkannt.

---

4. Hauptstück.

Die Haftung des Erben für die Nachlaßverbindlichkeiten.

1. Abschnitt.

Einleitendes.

I. Begriff und Arten der Nachlaßverbindlichkeiten.

§ 70.

I. Nachlaßverbindlichkeiten im Sinne des BGB. sind diejenigen Verbindlichkeiten, für welche der Erbe als solcher, d. h. in seiner Eigenschaft als Erbe zu haften hat (§ 1967). Sie zerfallen in zwei Gruppen:

1. Die erste wird durch die vom Erblasser herrührenden Schulden gebildet. Hierunter versteht das Gesetz außer den in der Person des Erblassers bereits entstandenen und auf den Erben übergegangenen Verbindlichkeiten auch noch diejenigen erst in der Person des Erben entstandenen Verbindlichkeiten, welche vermöge des Verpflichtungsgrundes, auf dem sie beruhen, derart vom Erblasser herrühren, daß sie als Verbindlichkeiten des Erblassers hätten entstehen müssen, wenn dieser nicht vor dem durch besondere Gründe hinausgeschobenen Eintritt des Verpflichtungseffekts gestorben wäre. Als kurze Bezeichnung für alle Verbindlichkeiten dieser Gruppe dürfte sich der Ausdruck „Erblasserschulden" empfehlen.

2. Die zweite Gruppe ist sehr mannigfaltig. Sie setzt sich aus allen Verbindlichkeiten zusammen, die einerseits Erblasserschulden nicht sind, hinsichtlich deren aber doch andererseits wieder zutrifft, daß der Erbe für sie nur als solcher haftet. Hierher gehören insbesondere die Verbindlichkeiten aus Pflichtteilsrechten und aus den dem Erben vom Erblasser auferlegten Vermächtnissen und Auflagen, sowie die Verbindlichkeiten aus den sogen. gesetzlichen Vermächtnissen der §§ 1932, 1969, die im § 1963 bestimmte Verbindlichkeit zur Gewährung des standesmäßigen Unterhalts an die Mutter des erwarteten Erben bis zur Entbindung; ferner die Verbindlichkeiten aus den von einem Nachlaßpfleger oder einem Testamentsvollstrecker vorgenommenen Rechtsgeschäften (§§ 1960, 2206, 2207 BGB. und § 224 Nr. 5 KO.) und die aus der Geschäftsführung eines Nachlaßpflegers, eines Testamentsvollstreckers oder eines Erben, der die Erbschaft ausgeschlagen hat, für denjenigen, welcher Erbe wird, sich ergebenden Verbindlichkeiten (§ 224 Nr. 6 KO.). Nicht unerwähnt dürfen auch die dem Erben als solchem in den §§ 673, 727, 1894, 2218 auferlegten Verbindlichkeiten bleiben. An diese auf Vollständigkeit keinen Anspruch machende Aufzählung soll jetzt noch die Besprechung einiger eigenartiger Fälle geknüpft werden:

a) Nach § 1968 hat der Erbe die Kosten der standesmäßigen Beerdigung des Erblassers zu tragen. Bei ihrer Bemessung ist die Ortssitte zu berücksichtigen. Im Nachlaßkonkurs gehören diese Kosten zu den Masseschulden (§ 224 Nr. 2 KO.). Die Gestaltung der den Erben wegen der Kosten der Beerdigung des Erblassers treffenden Verbindlichkeiten kann übrigens eine sehr verschiedene sein. Vgl. darüber Strohal II S. 177 ff.

Eine ähnliche Bewandtnis wie mit den Kosten der standesmäßigen Beerdigung des Erblassers hat es im Falle der erfolgten Todeserklärung des Erblassers mit den zur zweckentsprechenden Durchführung des Verfahrens notwendig gewesenen Kosten.

b) Als vom Erben als solchem zu tragende Lasten kommen ferner in Betracht: die Kosten der Eröffnung einer Verfügung des Erblassers von Todes wegen, der gerichtlichen Sicherung des Nachlasses, einer Nachlaßpflegschaft, des Aufgebots der Nachlaßgläubiger und der Inventarerrichtung (§ 224 Nr. 4 KO.).

c) Auch die in den Fällen der Nacherbfolge möglicherweise sich entwickelnden Nachlaßverbindlichkeiten verdienen erwähnt zu werden. Vgl. §§ 2121, 2125 und dazu Strohal II S. 185.

II. Bei Vorhandensein mehrerer Erben muß zwischen den allen Erben gemeinschaftlichen und solchen Nachlaßverbindlichkeiten, bei denen diese Gemeinschaftlichkeit nicht vorliegt, unterschieden werden. Während für jene alle Miterben gemeinschaftlich, und zwar grundsätzlich als Gesamtschuldner (§ 2058) und nur unter besonderen Umständen anteilig haften, trifft die Haftung für eine Verbindlichkeit der zweiten Art nur einen oder doch nur einige von mehreren Miterben. Gemeinschaftlichkeit der Nachlaßverbindlichkeiten in dem eben angegebenen Sinne ist das Regelmäßige, und nur ganz ausnahmsweise tritt eine Abweichung hiervon ein, so z. B., wenn ein Vermächtnis, eine Auflage nur einem von mehreren Miterben auferlegt, oder wenn die im § 1963 bestimmte Verbindlichkeit nur aus dem Erbteil eines Miterben zu leisten ist, oder wenn ein Miterbe seinem pflichtteilsberechtigten Miterben gegenüber zur Leistung desjenigen verpflichtet ist, was jenem zur Deckung des vollen Pflichtteils oder der Pflichtteilsergänzung noch fehlt (§§ 2305, 2316) u. dgl.

III. Unter den Nachlaßverbindlichkeiten nehmen eine eigenartige Stellung ein:

1. Die Verbindlichkeiten gegenüber den im Aufgebotsverfahren ausgeschlossenen Gläubigern (§ 1973) und den diesen nach § 1974 gleichgestellten Gläubigern (vgl. KO. § 226), ferner

2. die aus Pflichtteilsrechten entspringenden Verbindlichkeiten (vgl. KO. § 226) und

3. die Verbindlichkeiten aus Vermächtnissen und Auflagen (§ 1992 und KO. § 226).

IV. Verbindlichkeiten ganz anderer Art als die Nachlaßverbindlichkeiten sind diejenigen Verbindlichkeiten, für welche der Erbe nicht in dieser seiner Eigenschaft, sondern aus anderem Grunde haftet. Für die Nachlaßverbindlichkeiten ist charakteristisch, daß hinsichtlich derselben eine Haftung des Erben mit dem Nachlaß bezw. des Teilerben mit dem Erbteil niemals fehlen kann. Gläubigern des Erben, die Nachlaßgläubiger nicht sind, kann dagegen der Nachlaß als Haftungsobjekt durch Anordnung einer Nachlaßverwaltung oder durch Eröffnung des Nachlaßkonkurses entzogen sein. Ferner: Wenn schon der Erbe in Ansehung der Nachlaßverbindlichkeiten in Ermangelung besonderer Voraussetzungen nicht nur mit dem Nachlaß, sondern auch mit seinem sonstigen Vermögen haftet, so ist doch diese Haftung des Erben grundsätzlich eine auf den Nachlaß beschränkbare. Hinsichtlich derjenigen Verbindlichkeiten des Erben dagegen, welche Nachlaßverbindlichkeiten nicht sind, — man wird sie kürzer als Eigenverbindlichkeiten des Erben bezeichnen dürfen — greift eine solche Beschränktheit der Haftung nicht Platz. Doch sind auch Zwischenbildungen zwischen reinen Nachlaßverbindlichkeiten und bloßen Eigenverbindlichkeiten des Erben möglich. In der folgenden Darstellung werden jedoch unter Nachlaßverbindlichkeiten, soweit ein anderes nicht besonders bemerkt ist, nur die reinen Nachlaßverbindlichkeiten verstanden.

II. Das Problem der Erbenhaftung.

§ 71.

I. Bei der Gestaltung der Haftung des Erben handelt es sich zunächst um die Frage, ob der Erbe für die Nachlaßverbindlichkeiten nur mit dem Nachlaß oder auch mit seinem sonstigen Vermögen zu haften hat und, wenn letzteres zutrifft, wieder darum, wie weit diese Haftung reicht. Hierbei sind drei Hauptlösungen möglich:

1. Der Erbe haftet den Nachlaßgläubigern schon von vornherein unbeschränkt und unbeschränkbar nicht nur mit dem Nachlaß, sondern auch mit seinem Eigenvermögen und zwar ohne alle Rücksicht auf den Wert des Nachlasses. Grundsätzlich so beschaffen war die Haftung des Erben nach römischem Rechte bis zur Einführung des beneficium inventarii durch Justinian. Dem BGB. ist eine solche Gestaltung der Haftung bei reinen Nachlaßverbindlichkeiten fremd.

2. Der Erbe haftet grundsätzlich nur mit dem Nachlaß, d. i. mit den zum Nachlaß gehörenden Gegenständen (cum viribus hereditatis) und mit seinem Eigenvermögen nur insoweit,

als er sich durch sein Gebaren den Nachlaßgläubigern verantwortlich gemacht hat, oder als Werte aus dem Nachlaß in sein Eigenvermögen übergegangen sind. Diese schon in älteren deutschen Rechtsquellen sich ausprägende Auffassung ist insbesondere vom preuß. Allg. Landrecht in der Weise angenommen worden, daß sie für jeden Erben durchgreift, der nicht aus besonderem Grunde der rechtlichen Stellung eines Vorbehaltserben verlustig geworden ist. Diese Gestaltung der Haftung ist nicht nur dann von Erheblichkeit, wenn der Nachlaß zur Befriedigung unzulänglich ist, sondern — und das wird häufig übersehen — auch dann, wenn er hierzu vollständig ausreicht. Denn nach dem Prinzip, daß der Erbe nur cum viribus hereditatis haftet, beschränkt sich die Haftung des Erben auch bei Zulänglichkeit des Nachlasses nur auf die Nachlaßgegenstände.

3. Der Erbe haftet zwar nicht über den Wert hinaus, welchen die zum Nachlaß gehörenden Gegenstände in dem für die Bewertung derselben als maßgebend erklärten Zeitpunkt haben (also nicht ultra vires hereditatis) bis zum Belange dieses Wertes, aber (also pro viribus hereditatis) nicht allein mit dem Nachlaß, sondern auch mit seinem Eigenvermögen. So haftet der Erbe nach späterem römischen Rechte, dafern er von dem ihm zur Verfügung stehenden beneficium inventarii Gebrauch gemacht hat, und nach dem Rechte des sächsischen BGB. (dem ein beneficium inventarii im Sinne des justinianischen Rechtes nicht bekannt ist) ohne alle Rücksicht darauf, ob ein Inventar errichtet oder nicht errichtet worden ist.

Alle diese Lösungen können wieder in sehr verschiedener Weise ausgestaltet und sie können auch miteinander in der Art kombiniert werden, daß die Haftung des Erben unter gewissen Voraussetzungen eine schlechthin unbeschränkte und unbeschränkbare, unter anderen Voraussetzungen dagegen wieder eine im Sinne von Z. 2 oder im Sinne von Z. 3 beschränkte oder doch wenigstens beschränkbare ist. Für eine in der angegebenen Weise kombinierte Gestaltung der Haftung des Erben entscheidet sich auch das BGB.

II. Zu der unter I berührten Frage tritt bei Vorhandensein mehrerer Erben noch eine zweite, nämlich die, ob die Erben für gemeinschaftliche Nachlaßverbindlichkeiten als Gesamtschuldner oder nur anteilig zu haften haben. Nach römischem Rechte greift hier in Ansehung teilbarer Verbindlichkeiten die schon in den XII Tafeln ausgesprochene Regel: nomina ipso iure divisa sunt durch, und ergibt sich daraus eine nur anteilige Haftung der Miterben. Der römischen Entscheidung haben sich die meisten modernen Gesetzgebungen angeschlossen. Auf dem Standpunkt der grundsätzlichen Gesamthaftung der Miterben steht jedoch das preuß. Allg. Landrecht, und das BGB. ist ihm hierin gefolgt.

2. Abschnitt.

Haftung des Alleinerben.

I. Die Haftungsgrundsätze.

§ 72.

I. Bis zur Annahme der Erbschaft durch den Erben kommt für die Nachlaßgläubiger lediglich der Nachlaß und nicht auch das Eigenvermögen des Erben als Haftungsobjekt in Betracht. Vgl. oben § 62 II d. D.

II. Darüber, wie sich die Haftung des Erben gestaltet, sobald der Erbschaftserwerb ein endgültiger geworden ist, besteht zurzeit noch eine lebhaft geführte Kontroverse. Sie betrifft zum Teile allerdings nur die Formulierung des den Bestimmungen des BGB. zugrunde liegenden Prinzips, ohne daß sich dabei eine Verschiedenheit der praktischen Lösung ergibt; allein es fehlt doch nicht ganz an auch sachlich erheblichen Streitpunkten. Die Erörterung hierüber wird am besten durch die Feststellung und Erläuterung des im BGB. hinsichtlich der Haftung der Erben beobachteten Sprachgebrauchs eröffnet.

A. Das BGB. stellt der in den §§ 1975 bis 1992 behandelten „Beschränkung der Haftung des Erben" in der nächstfolgenden Paragraphengruppe (§§ 1993 bis 2013) die „unbeschränkte Haftung des Erben" gegenüber. Aus dem Verhältnis der auf jene Art von Haftung sich beziehenden Bestimmungen zu denjenigen, zufolge welcher der Erbe für die Nachlaßverbindlichkeiten „unbeschränkt haftet", ergibt sich mit voller Deutlichkeit, daß das BGB. in der letzteren Art der Haftung eine von der regelmäßigen Gestaltung abweichende und somit in der von ihm so genannten „Beschränkung der Haftung" die der Regel entsprechende Art der Haftung des Erben erblickt.

Überaus voreilig würde es jedoch sein, wenn hieraus allein schon der Schluß gezogen werden wollte, daß der Erbe nach dem Haftungsprinzip des BGB. für die Nachlaßverbindlichkeiten, abgesehen von Ausnahmefällen, nur mit dem Nachlaß (cum viribus hereditatis) zu haften habe. Eine scharfe Herausstellung der für die Erbenhaftung maßgebenden Grundsätze wird vielmehr erst möglich, wenn vorher festgestellt ist, was das Gesetz unter „Beschränkung der Haftung des Erben" einerseits und unter „unbeschränkter Haftung" andererseits versteht.

B. Was das Gesetz unter der „Beschränkung der Haftung" des Erben im technischen Sinne positiv versteht, ergibt sich aus den §§ 1975, 1990, 1992.

1. Nach § 1975 beschränkt sich die Haftung des Erben für die Nachlaßverbindlichkeiten unter der Voraussetzung, daß nicht vorher bereits ein Umstand eingetreten ist, vermöge dessen der Erbe „unbeschränkt haftet" (§ 2013), auf den Nachlaß, wenn eine Nachlaßpflegschaft zum Zwecke der Befriedigung der Nachlaßgläubiger, d. i. eine sogenannte Nachlaßverwaltung angeordnet oder der Nachlaßkonkurs eröffnet worden ist. Hier hat man es also zweifellos mit einer bloßen Haftung cum viribus hereditatis zu tun. Allein es ist zugleich klar, daß diese beschränkte Haftung des Erben nicht schon ohne weiteres eintritt, sondern nur, wenn eine der hierfür in § 1975 geforderten Voraussetzungen (Anordnung der Nachlaßverwaltung oder Eröffnung des Nachlaßkonkurses) sich verwirklicht hat.

2. In dem Falle, daß die Anordnung der Nachlaßverwaltung oder die Eröffnung des Nachlaßkonkurses wegen Mangels einer den Kosten entsprechenden Masse nicht tunlich ist, oder daß aus diesem Grunde die bereits angeordnete Nachlaßverwaltung aufgehoben oder das Konkursverfahren eingestellt wird, ist dem Erben durch die Vorschrift des § 1990 eine weitere Möglichkeit der Beschränkung seiner Haftung eröffnet, und, indem der Erbe von dieser Möglichkeit den durch die §§ 1990, 1991 und durch die einschlagenden Bestimmungen der ZPO. vorgezeichneten Gebrauch macht, vermag er seine Haftung für die Nachlaßverbindlichkeiten auch hier auf den Nachlaß zu beschränken, aber doch immer nur in der Weise, daß er sein Recht zur Haftungsbeschränkung von Fall zu Fall den ihre Befriedigung verlangenden Nachlaßgläubigern gegenüber geltend macht.

3. Im wesentlichen dieselbe Möglichkeit wie im Falle unter Z. 2 wird dem Erben auch ohne die Voraussetzungen des § 1990 zwar nicht gegenüber allen, aber doch gegenüber gewissen Nachlaßgläubigern durch die Vorschrift des § 1992 dann gewährt, wenn die Überschuldung des Nachlasses auf Vermächtnissen oder Auflagen beruht. Trifft dies zu, so braucht der Erbe, um den Vermächtnisnehmern oder den zum Verlangen auf Erfüllung von Auflagen Berechtigten gegenüber die Beschränkung seiner Haftung auf den Nachlaß durchzusetzen, nicht erst die Anordnung einer Nach-

laßverwaltung oder die Eröffnung des Nachlaßkonkurses zu erwirken, sondern er kann dies tun auf dem am Schlusse von Z. 2 vorgezeichneten Wege.

Die unter Z. 1 bis 3 vorgeführten Bestimmungen gestatten zwei sichere Schlüsse: Zunächst den, daß das Gesetz den Erben in ausreichendem Maße mit Rechtsbehelfen ausrüstet, durch deren entsprechende Verwendung er seine Haftung auf den Nachlaß beschränken kann. Dann aber auch den weiteren Schluß, daß der wirkliche Eintritt der Beschränkung der Haftung auf den Nachlaß für einen Erben, der die Erbschaft bereits angenommen hat, von dem Vorhandensein ganz bestimmter Voraussetzungen abhängt und ohne sie somit noch nicht gegeben ist.

Besonders geartet ist die Gestaltung der Haftung des Erben in den Fällen der §§ 1973, 1974, 1989.

C. Diejenige Haftung des Erben für die Nachlaßverbindlichkeiten, welche das Gesetz als „unbeschränkte" bezeichnet, tritt ein,

1. wenn der Erbe die ihm vom Nachlaßgericht zur Errichtung des Inventars bestimmte Frist (Inventarfrist) versäumt hat (§ 1994), oder wenn er

2. absichtlich — gleichviel aus welchem Grunde — eine erhebliche Unvollständigkeit der im Inventar enthaltenen Angabe der Nachlaßgegenstände herbeigeführt, oder in der Absicht, die Nachlaßgläubiger zu benachteiligen, die Aufnahme einer nicht bestehenden Nachlaßverbindlichkeit bewirkt oder die Erteilung der zur Aufnahme des Inventars erforderlichen Auskunft verweigert oder absichtlich in erheblichem Maße verzögert hat (§ 2005).

Die sich hieraus ergebende „unbeschränkte Haftung" charakterisiert sich vor allem dadurch, daß dem Erben die unter C bezeichneten Mittel zur Herbeiführung der Beschränkung der Haftung nicht mehr zur Verfügung stehen. Zur Stellung des Antrags auf Anordnung einer Nachlaßverwaltung ist der „unbeschränkt" haftende Erbe nicht mehr befugt; kommt es aber zu dieser auf Antrag eines Nachlaßgläubigers (§ 1981 Abs. 2), oder wird über den Nachlaß — gleichviel auf wessen Antrag — der Konkurs eröffnet, so werden dem Erben die nachteiligen Folgen der unbeschränkten Haftung doch nicht mehr abgenommen, oder m. a. W.: die in diesen Fällen sonst nach § 1975 eintretende Beschränkung der Haftung auf den Nachlaß greift nicht Platz. Nicht minder benommen ist dem unbeschränkt haftenden Erben die Möglichkeit einer nach Maßgabe der §§ 1990, 1992 herbeigeführten Beschränkung der Haftung (§ 2013 Abs. 1).

Zu den hervorgehobenen Folgen der unbeschränkten Haftung treten noch einige bemerkenswerte Begleitwirkungen hinzu. Dem unbeschränkt haftenden Erben sind die aufschiebenden Einreden der §§ 2014, 2015 versagt, und er kann, unbeschadet der ihm allerdings noch zustehenden Berufung auf eine nach § 1973 oder nach § 1974 bereits vorher eingetretene Haftungseinschränkung, doch von nun an einen Nachlaßgläubiger nicht mehr im Wege des Aufgebotsverfahrens mit der Wirkung des § 1973 ausschließen und im Falle nachträglicher Verwirklichung des im § 1974 bezeichneten Tatbestandes auch nicht als einen solchen behandeln, der einem ausgeschlossenen Gläubiger gleichsteht (§§ 2016, 2013).

D. Die in den Vorschriften des BGB. über die Haftung des Erben sich ausprägenden Grundsätze können nunmehr also zusammengefaßt werden:

1. Die Haftung des Erben für die Nachlaßverbindlichkeiten ist grundsätzlich

eine auf den Nachlaß beschränkbare. Aus dieser Beschränkbarkeit seiner Haftung ergibt sich für den Erben ein Recht zur Herbeiführung der Beschränkung selbst durch Verwendung der ihm zu diesem Zwecke zur Verfügung gestellten Rechtsbehelfe. Unter Umständen tritt übrigens die Beschränkung der Haftung auf den Nachlaß auch schon ohne Zutun des Erben ein.

2. Das Recht zur Beschränkung der Haftung auf den Nachlaß (und dasselbe gilt auch von der rechtlichen Möglichkeit einer ohne Zutun des Erben eintretenden Beschränkung der Haftung) kann dem Erben infolge seines Verhaltens verloren gehen. Treten die Voraussetzungen hierfür ein, so haftet der Erbe nach der vom Gesetz gewählten Ausdrucksweise „unbeschränkt". Sachlich richtiger bezeichnet man jedoch diese Haftung als eine nicht mehr beschränkbare und somit schlechthin unbeschränkte. Trotz der schlechthin unbeschränkbaren Haftung des Erben ist es übrigens möglich, daß der Erbe einzelnen Nachlaßgläubigern gegenüber seine Haftung immer noch auf den Nachlaß beschränken kann (vgl. §§ 1973, 1974 i. V. mit § 2013 Abs. 1 Satz 2, ferner § 2145 Abs. 2, 2063 Abs. 2).

3. Die bloße Beschränkbarkeit der Haftung des Erben anf den Nachlaß ist von einer auf den Nachlaß beschränkten Haftung wesentlich verschieden. Gerade so wie die bisher beschränkbare Haftung nur unter ganz bestimmten Voraussetzungen zur unbeschränkbaren und somit zur schlechthin unbeschränkten wird, so bedarf es auch zum Eintritt der auf den Nachlaß sich beschränkenden Haftung der Erfüllung besonderer Voraussetzungen. Dementsprechend läßt daher das Gesetz auch denjenigen Erben, welcher des Rechtes zur Beschränkung seiner Haftung noch teilhaftig ist, den Nachlaßgläubigern vorerst, d. h. solange eine der zur wirklichen Beschränkung der Haftung auf den Nachlaß erforderlichen Voraussetzungen, sei es mit, sei es ohne Zutun des Erben noch nicht eingetreten ist, nicht nur mit dem Nachlaß, sondern auch mit seinem Eigenvermögen haften und stellt es dem Erben dabei nur anheim, sich dieser für ihn unter Umständen ganz unbedenklichen Haftung, wenn und soweit er es für erforderlich erachtet, durch Verwendung der ihm zur Verfügung gestellten Rechtsbehelfe zu entziehen.

Aus dieser Erwägung erklären sich in einfachster Weise folgende Vorschriften:

a) Sobald der Erbe die Erbschaft angenommen hat, können Nachlaßgläubiger auf Grund eines dem Erben gegenüber wirksamen Titels zur Zwangsvollstreckung diese auch in einen Gegenstand führen, der nicht zum Nachlaß, sondern zum Eigenvermögen des Erben gehört (§ 781 ZPO.).

b) Den persönlichen Gläubigern des Erben ist mit dem Augenblick der Annahme der Erbschaft grundsätzlich die Möglichkeit der Führung einer Zwangsvollstreckung in zum Nachlaß gehörende Gegenstände eröffnet (§ 778 Abs. 2 ZPO.)

4. Mit der Beschränkbarkeit der Haftung des Erben ist es verträglich, daß dieser einzelnen Nachlaßgläubigern aus besonderen Gründen (vgl. § 86 d. D.) schlechthin unbeschränkt haftet (vgl. § 2013 Abs. 2).

II. Die Inventarerrichtung in ihrer Bedeutung für die Haftung des Erben.

§ 73.

I. Mit der praktischen Gestaltung der Haftung des Erben steht die Inventarerrichtung in nahem Zusammenhang. Das Inventar ist ein von dem Erben oder doch wenigstens für ihn unter amtlicher Mitwirkung aufgenommenes Verzeichnis des Nachlaßbestandes. Sein Inhalt wird durch § 2001 genauer bestimmt. Ein für die Inventarerrichtung wesentliches Moment bildet die durch den Erben oder doch wenigstens auf seine Veranlassung erfolgende Einreichung des aufgenommenen Inventars beim Nachlaßgericht (vgl. §§ 1993, 2003, aber auch § 2004). Das Nachlaßgericht aber hat die Einsicht in das Inventar jedem zu gestatten, der ein rechtliches Interesse glaubhaft macht (§ 2010).

II. Die Inventarerrichtung dient sowohl dem Interesse des Erben als auch dem der Nachlaßgläubiger. Demgemäß ist einerseits der Erbe zur Errichtung des Inventars berechtigt (§ 1993), und ist andererseits jeder Nachlaßgläubiger befugt, beim Nachlaßgericht zu beantragen, daß dem Erben zur Errichtung des Inventars die sogenannte Inventarfrist bestimmt werde (§ 1994; vgl. aber schon hier auch die Ausnahme des § 2011).

Das Interesse der Nachlaßgläubiger an der Inventarerrichtung bezw. an der Stellung des oben bezeichneten Antrags ergibt sich aus folgenden Erwägungen: Wird das Inventar vom Erben ordnungsmäßig errichtet, so gewinnen die Gläubiger auf Grund des ihnen eröffneten Einblicks in die Verhältnisse des Nachlasses in aller Regel die Unterlage für die von ihnen weiter zu treffenden Maßnahmen, insbesondere darüber, ob mit Rücksicht auf den Stand des Nachlasses ein Antrag auf Anordnung einer Nachlaßverwaltung oder auf Eröffnung des Nachlaßkonkurses Aussicht auf Erfolg hat.

Für den Erben ergeben sich aus der Inventarerrichtung nachstehende Vorteile:

1. Ist das Inventar rechtzeitig errichtet worden — d. h. entweder noch bevor dem Erben eine Inventarfrist bestimmt worden war, oder wenn eine solche Bestimmung erfolgt ist, noch bevor die Inventarfrist als versäumt zu gelten hat —, so wird *im Verhältnis zwischen dem Erben und den Nachlaßgläubigern vermutet*, daß zur Zeit des Erbfalls weitere Nachlaßgegenstände als die angegebenen nicht vorhanden gewesen seien (§ 2009).

2. Die Inventarerrichtung ist für den Erben ein Mittel zur *fortdauernden Erhaltung* des Rechtes zur Herbeiführung der Beschränkung der Haftung auf den Nachlaß und zur Sicherung der sonstigen Rechtsvorteile, die dem dieses Rechtes noch teilhaftigen Erben zukommen. Der Punkt bedarf genauerer Besprechung:

a) *Eine unbedingte Voraussetzung zur Herbeiführung der beschränkten Haftung bildet die Inventarerrichtung* zwar für den Erben *nicht*.

b) Die Inventarerrichtung ist aber auch *kein zur wirksamen Herbeiführung der auf den Nachlaß sich beschränkenden Haftung* des Erben *dienendes Mittel*.

c) Der dem Erben in betreff der Haftung für die Nachlaßverbindlichkeiten erwachsende Vorteil besteht aber darin, daß ihm nunmehr, abgesehen von dem Ausnahmefall des § 2005 Abs. 2, eine Inventarfrist nicht mehr gestellt werden und daher auch das Recht zur Beschränkung seiner Haftung auf den Nachlaß durch Versäumung der Inventarfrist nicht mehr verloren gehen kann. Nur für den Fiskus in seiner Eigenschaft als gesetzlicher Erbe bleibt die Inventarerrichtung nach der eben bezeichneten Richtung hin aus dem Grunde bedeutungslos, weil ihm, auf daß er des Rechtes zur

Beschränkung seiner Haftung unter allen Umständen teilhaftig bleibe, eine Inventarfrist überhaupt nicht bestimmt werden kann (§ 2011).

III. Durch unmittelbar eingreifende Gesetzesvorschrift wird der Erbe zur Inventarerrichtung überhaupt nicht und daher auch nicht zur Inventarerrichtung innerhalb einer bestimmten Frist verhalten. Das BGB. kennt nur eine für den Fall, daß der Erbe mit der Errichtung des Inventars nicht bereits zuvorgekommen ist, richterlich, und zwar durch das Nachlaßgericht, bestimmte Inventarfrist.

1. Die Bestimmung der Frist erfolgt auf Antrag eines wirklichen oder angeblichen Nachlaßgläubigers, der seine Forderung glaubhaft zu machen hat. Durch den Rechtsbestand der angeblichen Forderung des Antragstellers ist die Wirksamkeit der Fristbestimmung nicht bedingt (§ 1994). Der Antrag kann auch von einem im Aufgebotsverfahren ausgeschlossenen (§ 1973), oder einem solchen nach § 1974 gleichstehenden Nachlaßgläubiger, ferner von einem Nachlaßgläubiger, der zugleich Miterbe ist, gestellt werden.

2. Durch die Bestimmung der Inventarfrist soll der Erbe normalerweise zur Errichtung des Inventars innerhalb der Frist angehalten werden. In einem besonderen Falle kann es aber zur Bestimmung einer Inventarfrist kommen, obschon eine Inventarerrichtung bereits stattgefunden hat. So verhält es sich, wenn die im Inventar enthaltene Angabe der Nachlaßgegenstände unvollständig ist, ohne daß dem Erben dabei ein Verhalten zur Last fällt, vermöge dessen er nach § 2005 Abs. 1 des Rechtes zur Beschränkung seiner Haftung verlustig wird. Dafern das Nachlaßgericht es für erforderlich erachtet, bestimmt es hier, aber gleichfalls nur auf Antrag eines Nachlaßgläubigers, eine „neue Inventarfrist" zur Ergänzung des Inventars (§ 2005 Abs. 2). Die gesetzliche Bezeichnung dieser Frist als einer „neuen" ist übrigens nicht ganz zutreffend; dazu Strohal II S. 211.

3. Die Bestimmung der Inventarfrist erfolgt gegenüber dem Erben; hierbei kommen jedoch folgende Besonderheiten in Betracht:

a) Aus dem schon vorhin erwähnten Grunde kann dem Fiskus als gesetzlichem Erben, obschon er zur Inventarerrichtung allerdings berechtigt ist, eine Inventarfrist nicht bestimmt werden. Einen Ersatz hierfür erhalten die Nachlaßgläubiger jedoch dadurch, daß das Gesetz den Fiskus ihnen gegenüber zur Auskunftserteilung über den Bestand des Nachlasses verpflichtet (§ 2011).

b) Während der Dauer der Nachlaßverwaltung oder des Nachlaßkonkurses kann dem Erben eine Inventarfrist nicht bestimmt werden (§ 2000 Satz 2) und die Bestimmung einer noch nicht versäumten Inventarfrist wird hinterher unwirksam, wenn die Nachlaßverwaltung angeordnet oder der Nachlaßkonkurs eröffnet wird (§ 2000 Satz 1). Die wirksame Bestimmung einer Inventarfrist ist ferner ausgeschlossen, wenn der Nachlaßkonkurs durch Verteilung der Masse oder durch Zwangsvergleich beendigt ist (§ 2000 Satz 3).

c) Obschon ein nach den §§ 1960, 1961 bestellter Nachlaßpfleger den Erben als sochen vertritt, so kann die Bestimmung einer Inventarfrist doch ihm gegenüber nicht erfolgen. Für diese Entscheidung des Gesetzes ist die Erwägung maßgebend, daß dem Nachlaßpfleger die Möglichkeit benommen sein soll, zum Nachteil des Erben auf das Recht zur Beschränkung der Haftung zu verzichten. Wie der Nachlaßpfleger einen solchen Verzicht uicht direkt leisten kann, so vermag er den Verzichtseffekt auch nicht indirekt dadurch herbeizuführen, daß er die Inventarfrist versäumt (§ 2012). Zur Auskunftserteilung über den Bestand des Nachlasses ist aber der Nachlaßpfleger den Nachlaßgläubigern ebenso verpflichtet, wie nach dem unter b Gesagten der Fiskus. Daß auch einem Nachlaßverwalter gegenüber die Bestimmung einer Inventarfrist nicht zulässig ist, ergibt sich schon aus § 2000; nach der besonderen Vorschrift des § 2012 Abs. 2 gilt aber auch hinsichtlich der Auskunftpflicht für den Nachlaßverwalter dasselbe wie für den Nachlaßpfleger.

d) Ist eine Ehefrau Erbin, so kann der Eintritt der schlechthin unbeschränkten Haftung derselben für die Nachlaßverbindlichkeiten im Falle der Zugehörigkeit der Erbschaft zum eingebrachten Gute oder zum Gesamtgut eine Beeinträchtigung der Rechtsstellung des Mannes zur Folge haben. Hiergegen wird der Mann durch die Vorschriften des § 2008 geschützt.

IV. Eingehende Vorschriften regeln die Bemessung, den Lauf und die Endigung der Inventarfrist. Vgl. §§ 1995—1999, ferner §§ 16, 20, 77 FGbG.

V. Die Aufnahme und Einreichung des Inventars kann in dreifacher Weise stattfinden:

1. Zunächst so, daß der Erbe das Inventar selbst aufnimmt. In diesem Falle muß er aber zur Aufnahme eine zuständige Behörde oder einen zuständigen Beamten oder Notar zuziehen (§ 2002). Die sachliche und örtliche Zuständigkeit der Behörde bezw. des Beamten und die örtliche Zuständigkeit des Notars richtet sich nach den Landesgesetzen, die auch hinsichtlich des Verfahrens bei der Inventarerrichtung nähere Bestimmungen treffen können (§ 200 FGbG.). Das von ihm unter amtlicher Mitwirkung aufgenommene Inventar hat der Erbe sodann beim Nachlaßgericht einzureichen.

2. Oder so, daß der Erbe beim Nachlaßgericht den Antrag auf Aufnahme des Inventars stellt. In diesem Falle hat das Nachlaßgericht entweder das Inventar selbst aufzunehmen oder die Aufnahme einer zuständigen Behörde oder einem zuständigen Beamten oder Notar zu übertragen. Die Zuständigkeit des Nachlaßgerichts zur Aufnahme des Inventars kann übrigens landesgesetzlich ausgeschlossen sein (Art. 148 EG.); in betreff der Zuständigkeit der Behörde, des Beamten, Notars gilt das unter Z. 1 Bemerkte auch hier. Bei der Aufnahme des Inventars, das, wenn es nicht vom Nachlaßgericht selbst aufgenommen wurde, von der Behörde, dem Beamten, Notar beim Nachlaßgericht einzureichen ist, hat der Erbe die erforderliche Auskunft zu erteilen. Die ihm gestellte Inventarfrist wahrt der Erbe schon durch Stellung des Antrags beim Nachlaßgericht (§ 2003).

3. Befindet sich beim Nachlaßgericht bereits ein, etwa von einem Erbschaftsbesitzer oder von einem Erben, der später ausgeschlagen hat, oder von einem Testamentsvollstrecker, Nachlaßverwalter, Konkursverwalter, oder wohl auch vom Nachlaßgericht selbst (nach § 1960) aufgenommenes und den unter Z. 1 und 2 erwähnten Vorschriften entsprechendes Inventar, so genügt zur Inventarerrichtung schon der vom Erben beim Nachlaßgericht gestellte Antrag, daß dieses Inventar als vom Erben eingereicht gelten soll (§ 2004).

VI. Darüber, daß sich für den Erben sowohl an die Versäumung der Inventarfrist als auch an sein in § 2005 Abs. 1 genauer bezeichnetes unredliches Verhalten bei der Inventarerrichtung der Verlust des Rechtes zur Beschränkung der Haftung und somit der Eintritt der schlechthin unbeschränkten Haftung für die Nachlaßverbindlichkeiten knüpft, ist schon in anderem Zusammenhang (vgl. S. 139) gehandelt worden. Das dort Gesagte ist jedoch nach einzelnen Richtungen hin noch zu ergänzen.

1. Im Falle einer vom Erben absichtlich herbeigeführten erheblichen Unvollständigkeit der im Inventar enthaltenen Angabe der Nachlaßgegenstände oder der in der Absicht, die Nachlaßgläubiger zu benachteiligen, bewirkten Aufnahme einer nicht bestehenden Nachlaßverbindlichkeit entsteht die Frage, ob der Erbe des Rechtes zur Beschränkung der Haftung schon sofort mit der Herbeiführung der Unrichtigkeit des Inventars verlustig wird, oder erst dann, wenn er die Inventarfrist ablaufen ließ, ohne die Unrichtigkeit zu berichtigen. Man hat sich für das erstere zu entscheiden.

2. Ist eine Ehefrau Erbin und gehört die Erbschaft zum eingebrachten Gute oder zum Gesamtgut (§ 2008), so ist die Anwendung der Vorschrift des § 2005 Abs. 1 nicht ohne Schwierigkeit; vgl. dazu Strohal II S. 220ff.

VII. Auf Verlangen eines Nachlaßgläubigers hat der Erbe im Falle der Inventarerrichtung vor dem Nachlaßgericht den Offenbarungseid dahin zu leisten, daß er nach bestem Wissen die Nachlaßgegenstände so vollständig angegeben habe, als er dazu imstande sei (§ 2006 Abs. 1). In betreff dieses Offenbarungseides ist im einzelnen noch zu sagen:

1. Mit seinem auf Leistung des im § 2006 bestimmten Offenbarungseides gerichteten Verlangen wendet sich der Nachlaßgläubiger entweder unmittelbar an den Erben oder durch Antragstellung an das Nachlaßgericht. Zur Rechtfertigung des Antrags wird der Gläubiger seine Forderung glaubhaft zu machen haben; einen Grund zur Annahme, daß das vom Erben errichtete Inventar nicht mit der erforderlichen Sorgfalt aufgestellt sei, braucht der Gläubiger im Gegensatz zu § 260 hier nicht darzulegen.

2. Die durch das Nachlaßgericht auf Antrag des Nachlaßgläubigers oder des Erben erfolgende Anordnung des Termins zur Leistung des Eides und dessen Abnahme sind Akte der freiwilligen Gerichtsbarkeit. Vgl. §§ 78, 79 FGbG.

3. Vor der Leistung des Eides kann der Erbe das Inventar vervollständigen. Zu diesem Zwecke kann dem Erben die im § 2005 Abs. 2 vorgesehene „neue“ Inventarfrist bestimmt werden.

4. Der Offenbarungseid des § 2006 ist lediglich hinsichtlich der Nachlaßgegenstände, nicht auch hinsichtlich der Nachlaßverbindlichkeiten zu leisten und hinsichtlich der ersteren nur mit Beschränkung auf die beim Eintritt des Erbfalls vorhandenen Gegenstände.

5. An die Verweigerung des Eides knüpft sich nach Abs. 3 von § 2006 die Folge, daß der Erbe demjenigen Gläubiger gegenüber, welcher das Verlangen auf Leistung des Eides gestellt hat, das Recht zur Beschränkung der Haftung einbüßt. Die gleiche Folge tritt ein, wenn der im Termin zur Eidesleistung nicht erschienene Erbe auch in einem auf Antrag des Gläubigers bestimmten neuen Termin, ohne genügend entschuldigt zu sein, nicht erscheint.

Indem das Gesetz die Rechtsfolge der Eidesverweigerung des Erben bezw. des Nichterscheinens desselben im zweiten Termine in der angegebenen Weise bestimmt, schließt es zugleich die unmittelbare Erzwingung des nach § 2006 zu beurteilenden Offenbarungseides unzweideutig aus. Ein im Wege der Klage und der späteren

Zwangsvollstreckung durchsetzbarer Anspruch auf Leistung dieses Offenbarungseides kommt also den Nachlaßgläubigern gegen den Erben nicht zu.

6. Hat der Erbe den Offenbarungseid geschworen, so kann gegen ihn das Verlangen auf neuerliche Leistung des Eides nur gestellt werden, wenn Grund zur Annahme besteht, daß ihm nach der früheren Eidesleistung weitere Nachlaßgegenstände bekannt geworden sind. Trifft dies zu, so ist zu dem Verlangen nicht nur derjenige Gläubiger berechtigt, von welchem das erste Verlangen ausgegangen war, sondern auch jeder andere Nachlaßgläubiger. Die Rechtsfolge der Verweigerung der neuerlichen Eidesleistung bezw. des Ausbleibens im Termin bestimmt sich nach dem unter Z. 5 Gesagten.

7. Liegt hinsichtlich einer zur Erbfolge gelangenden Frau der Fall des § 2008 vor, so ergibt sich die Frage, welcher der Gatten den Offenbarungseid zu leisten hat. Vgl. darüber Strohal II S. 225 f.

III. Haftung des Erben im einzelnen.

1. Aufschiebende Einreden.

§ 74.

I. Sobald der Erbe die Erbschaft angenommen hat, können die Nachlaßgläubiger ihre Ansprüche gegen ihn richten, und können die persönlichen Gläubiger des Erben zum Zwecke ihrer Befriedigung auch auf Gegenstände greifen, die zum Nachlaß gehören. Allein, dafern der Erbe für die Nachlaßverbindlichkeiten nicht bereits schlechthin unbeschränkt haftet, müssen ihm, damit er vorher die erforderliche Übersicht über den Stand des Nachlasses gewinnen und danach seine weiteren Entscheidungen treffen kann, vorläufige Abwehrmittel gegen ein den späteren Maßnahmen vorgreifendes Andrängen jener und dieser Gläubiger gewährt werden.

II. Das Gesetz schützt demgemäß den Erben während einer gewissen Übergangszeit den Nachlaßgläubigern gegenüber durch die sogenannten „aufschiebenden Einreden" der §§ 2014, 2015.

1. Nach § 2014 ist der für die Nachlaßverbindlichkeiten nicht bereits schlechthin unbeschränkt haftende Erbe (§ 2016) grundsätzlich berechtigt, die Befriedigung einer Nachlaßverbindlichkeit bis zum Ablauf der ersten drei Monate nach der Annahme der Erbschaft (vgl. aber auch § 2017 und dazu unten VI) zu verweigern. Die Einrede des § 2014 entfällt jedoch auch schon vor dem Ablauf der drei Monate, sobald der Erbe das Inventar errichtet und hierdurch außer Zweifel gestellt hat, daß es ihm an dem Einblick in die Verhältnisse der Erbschaft nicht mehr fehlt.

2. Hat der Erbe noch vor Ablauf eines Jahres seit der Annahme der Erbschaft (vgl. aber auch hier § 2017 und unten VI) den Antrag auf Erlassung des Aufgebots der Nachlaßgläubiger gestellt, und ist der Antrag zugelassen, so kann er unter der Voraussetzung, daß ihm das Recht zur Beschränkung der Haftung noch nicht verloren gegangen ist, die Befriedigung einer Nachlaßverbindlichkeit bis zur Beendigung des Aufgebotsverfahrens verweigern. Ist der Erbe im Aufgebotstermin nicht erschienen und beantragt er nicht binnen zwei Wochen die Bestimmung eines neuen Termins oder erscheint er auch in dem neuen Termin nicht, so steht dies der Beendigung des Aufgebotsverfahrens gleich. Wird das Ausschlußurteil erlassen, oder der Antrag auf Erlassung des Urteils zurückgewiesen, so ist das Verfahren mit Rücksicht auf die dem

Erben in beiden Fällen gegebene Möglichkeit zur Einlegung einer Beschwerde nicht vor dem Ablauf einer mit der Verkündung der Entscheidung beginnenden Frist von zwei Wochen und im Falle der rechtzeitig erfolgten Einlegung einer Beschwerde nicht vor der Erledigung derselben als beendigt anzusehen. Vgl. § 2015.

3. Gegenüber gewissen Ansprüchen finden die aufschiebenden Einreden nicht statt:

a) Sie sind dem Erben versagt gegenüber den im § 1971 bezeichneten bevorrechteten Gläubigern, sofern und soweit sie lediglich ihr Vorrecht geltend machen. Hierbei bleiben jedoch Vorrechte, die ein Gläubiger erst nach dem Eintritt des Erbfalls im Wege der Zwangsvollstreckung oder der Arrestvollziehung oder durch eine erst nach diesem Zeitpunkt im Wege der einstweiligen Verfügung erwirkte Vormerkung erlangt hat, außer Betracht, d. h. einem solchen Gläubiger kann der Erbe ungeachtet des von jenem auf die angegebene Weise erlangten Vorrechts die aufschiebenden Einreden allerdings entgegenhalten (§ 2016 Abs. 2).

b) Es gibt Nachlaßverbindlichkeiten, in betreff deren die aufschiebenden Einreden, obschon es an einer einschlagenden positiven Bestimmung fehlt, aus in der Natur der Sache liegenden Gründen keine Rolle spielen können. Hierher gehören z. B. die dem Erben eines Beauftragten, Gesellschafters, Testamentsvollstreckers nach den §§ 673, 727 Abs. 2, 2218 obliegenden Verpflichtungen, oder eine den Erben als solchen treffende Verpflichtung zur Vorlegung nach den §§ 809—811. Auch die in den §§ 1963 und 1969 bezeichneten Verpflichtungen werden hierher zu rechnen sein.

III. Auf die prozessuale Behandlung der aufschiebenden Einreden beziehen sich die §§ 305, 782 ZPO. Danach wird durch die Geltendmachung der aufschiebenden Einreden eine unter dem Vorbehalt der beschränkten Haftung ergehende Verurteilung des Erben nicht ausgeschlossen, und kann der in solcher Weise verurteilte Erbe vermöge der ihm zustehenden aufschiebenden Einreden nur verlangen, daß die vom Gläubiger in den Nachlaß oder in das Eigenvermögen des Erben geführte Zwangsvollstreckung für die Dauer der Fristen der §§ 2014, 2015 auf solche Maßregeln beschränkt werde, die zur Vollziehung eines Arrestes zulässig sind. Mit Rücksicht auf diese Bestimmung scheint also der Erbe, der sich der aufschiebenden Einreden bedienen will, im Prozeßstadium nur dafür sorgen zu müssen, daß ihm die Beschränkung seiner Haftung im Urteil vorbehalten werde, und die Geltendmachung der Einreden selbst bis zum Stadium der Zwangsvollstreckung verschieben zu können. Hier setzt die an dieser Stelle nicht weiter zu verfolgende Streitfrage über die rechtliche Natur der aufschiebenden Einreden, insbesondere darüber ein, ob durch das Begründetsein der aufschiebenden Einreden der Eintritt des Leistungsverzugs ausgeschlossen ist, oder nicht. Vgl. darüber Strohal bei Planck V S. 203 ff.

IV. Unter denselben Voraussetzungen, bei deren Vorhandensein dem Erben gegenüber den Nachlaßgläubigern für die Dauer der in den §§ 2014, 2015 bestimmten Fristen die bisher besprochenen aufschiebenden Einreden zukommen, kann der nicht bereits schlechthin unbeschränkt haftende Erbe auch gegenüber seinen, ihre Befriedigung aus Nachlaßgegenständen betreibenden Eigengläubigern die Beschränkung der Zwangsvollstreckung auf die zur Vollziehung eines Arrestes zulässigen Maßregeln verlangen (§ 783 ZPO.). Um eine materiellrechtliche Einrede handelt es sich aber hierbei offenbar nicht.

V. Ist eine Ehefrau Erbin und gehört die Erbschaft zum eingebrachten Gut, so muß ein Nachlaßgläubiger, um in dasselbe Zwangsvollstreckung führen zu können, nicht nur die Verurteilung der Frau zur Leistung, sondern auch die des Mannes zur Duldung der Zwangsvollstreckung erwirken (§ 739 ZPO.). Gehört die der Ehefrau angefallene Erbschaft aber zum Gesamtgut, so ist zu der von einem Nachlaßgläubiger in dieses zu führenden Zwangsvollstreckung ein gegen den Ehemann ergangenes Urteil nicht nur erforderlich, sondern auch genügend (§ 740 ZPO.). Demgemäß ist dem Ehemann, soweit die Führung der Zwangsvollstreckung in das eingebrachte Vermögen der Frau bezw. in das Gesamtgut in Frage kommt, dort wie hier die Möglichkeit zur selbständigen Geltendmachung der der Frau als Erbin zukommenden aufschiebenden Einreden sowie des aus § 783 ZPO. sich ergebenden Rechtes gegeben.

VI. Besonderer Würdigung bedarf jetzt noch der Fall, daß für den Erben zur Verwaltung des Nachlasses ein Nachlaßpfleger bestellt worden oder daß ein zur Verwaltung des Nachlasses berufener Testamentsvollstrecker vorhanden ist.

1. Da der nach § 1960 bestellte Nachlaßpfleger denjenigen vertritt, welcher sich als Erbe herausstellen wird, so muß er selbstverständlich auch zur Geltendmachung der aufschiebenden Einreden der §§ 2014, 2015 berechtigt sein. Während jedoch dem Erben selbst gegenüber mit Rücksicht darauf, daß gegen ihn ein gegen den Nachlaß sich richtender Anspruch vor der Annahme der Erbschaft gerichtlich nicht geltend gemacht werden kann (§ 1958), die in den §§ 2014, 2015 bestimmten Fristen vor der Annahme der Erbschaft nicht beginnen können, beginnt ihr Lauf im Falle der schon vor der Annahme der Erbschaft erfolgten Bestellung eines Nachlaßpflegers schon mit der Bestellung (§ 2017). Nimmt der Erbe später die Erbschaft an und entfällt infolgedessen die Nachlaßpflegschaft, so beginnen die Fristen der §§ 2014, 2015 zugunsten des Erben nicht etwa von neuem, sondern laufen lediglich die bereits begonnenen Fristen fort.

2. Auch ein zur Verwaltung des Nachlasses berufener Testamentsvollstrecker kann sich der aufschiebenden Einreden der §§ 2014, 2015 selbständig bedienen (§ 2213 BGB. und § 748 Abs. 1 ZPO). Der für den Testamentsvollstrecker maßgebende Fristenlauf beginnt hier regelmäßig mit der Annahme der Erbschaft durch den Erben, dafern aber schon vor der Annahme der Erbschaft ein Nachlaßpfleger bestellt war, mit der Bestellung des letzteren (§ 2017).

2. Ausschluß von Nachlaßgläubigern.

a) Ausschluß im Wege des Aufgebotsverfahrens.

§ 75.

I. Die Nachlaßgläubiger können im Wege des Aufgebotsverfahrens unter Androhung der sie für den Fall der Ausschließung treffenden Rechtsnachteile zur Anmeldung ihrer Forderungen aufgefordert werden (§ 1970). Hinsichtlich des Verfahrens vgl. §§ 989 bis 1000 ZPO.

II. Das Aufgebot richtet sich, abgesehen von den später hervorzuhebenden Ausnahmefällen, an alle Nachlaßgläubiger, nicht nur an die unbekannten, sondern auch an die bekannten, und es bezieht sich keineswegs bloß auf fällige, sondern auch auf nicht fällige, ja selbst auf bedingte Nachlaßverbindlichkeiten mit Inbegriff derjenigen, deren Entwicklung aus bereits bestehenden Haftungen sich voraussehen läßt. Der Umstand, daß der Gläubiger bereits ein rechtskräftiges Urteil gegen den Erblasser erwirkt hat, oder daß eine Nachlaßverbindlichkeit vom Erben in das Inventar aufgenommen ist, befreit den betreffenden Gläubiger von der Anmeldung nicht. Durch das Aufgebot unberührt bleiben jedoch folgende Ansprüche:

1. Die der bevorrechteten Gläubiger des § 1971, soweit es sich lediglich um die Geltendmachung der diesen zukommenden Vorrechte handelt. Ob ein hierher gehörender Gläubiger sein Vorrecht vor oder nach dem Erbfall durch rechtsgeschäftliche

Bestellung oder durch Zwangsvollstreckung, Arrestvollziehung, einstweilige Verfügung erlangt hat, ist hier gleichgültig.

2. Pflichtteilsansprüche und Ansprüche aus Vermächtnissen und Auflagen (§ 1972; vgl. aber doch schon hier auch § 2060 Nr. 1).

3. Forderungen, deren Entstehung durchaus in die Zeit nach der Erlassung des Ausschlußurteils oder auf einen dieser Erlassung zwar vorangehenden, von ihr zugleich aber so wenig entfernten Zeitpunkt fällt, daß dem Gläubiger die Anmeldung nicht mehr zugemutet werden kann.

III. Über die an den Ausschluß einer Forderung im Aufgebotsverfahren sich knüpfenden Rechtsfolgen ist zu bemerken:

1. Sie kommen nur einem Erben zustatten, der zur Zeit der Erlassung des Ausschlußurteils des Rechtes zur Beschränkung der Haftung noch nicht verlustig geworden ist. Tritt der Verlust dieses Rechtes erst nach der Erlassung des Ausschlußurteils ein, so bleiben hierdurch die infolge des Ausschlusses zugunsten des Erben bereits eingetretenen Rechtsfolgen unberührt (vgl. § 2013 Abs. 1 Satz 2).

2. Die Ausschließung einer Forderung im Aufgebotsverfahren hat keineswegs deren Erlöschung, sondern nur eine eigenartige Abschwächung der Haftung des Erben gegenüber dem ausgeschlossenen Gläubiger zur Folge. Der Erbe vermag nämlich, und zwar ohne daß er zu diesem Zwecke den Antrag auf Anordnung einer Nachlaßverwaltung oder auf Eröffnung des Nachlaßkonkurses zu stellen brauchte, seine Haftung gegenüber dem ausgeschlossenen Gläubiger auf dasjenige einzuschränken, um was er aus dem Nachlaß noch bereichert ist. Die Beurteilung der Frage des Vorhandenseins und des Maßes einer solchen Bereicherung bestimmt sich nach den Vorschriften über die Herausgabe einer ungerechtfertigten Bereicherung. Es kommen dabei folgende Faktoren in Betracht:

a) Zunächst der Aktivbestand des Nachlasses. Diesem müssen auch diejenigen Rechte des Erblassers zugerechnet werden, welche infolge der Vereinigung mit den in der Person des Erben vorhanden gewesenen Verbindlichkeiten bezw. Belastungen erloschen sind.

b) Nachstehende Abzugsposten:

α) Diejenigen Rechte des Erben gegen den Erblasser, welche infolge der Vereinigung erloschen sind.

β) Die Forderungen der nicht ausgeschlossenen Gläubiger, aber nicht ohne Unterschied. In betreff der der Ausschließung im Wege des Aufgebotsverfahrens überhaupt nicht unterliegenden Pflichtteilsansprüche und der Ansprüche aus Vermächtnissen und Auflagen gilt nämlich folgende Besonderheit (§ 1973 Abs. 1 Satz 2): Solange der ausgeschlossene Gläubiger seine Forderung nicht „geltend macht“, kann der Erbe, selbst wenn er von der Existenz dieser Forderung Kenntnis hat, ohne jede Gefahr einer ihn deswegen treffenden Haftung die nicht ausgeschlossenen Gläubiger aller Art aus demjenigen befriedigen, was vom Nachlaß noch vorhanden ist. Hat der ausgeschlossene Gläubiger dagegen seine Forderung bereits, wenn auch nur außergerichtlich gegen den „Erben geltend gemacht“, so darf dieser den Nachlaßbestand zum Nachteil des ausgeschlossenen Gläubigers nicht mehr durch Befriedigung von Verbindlichkeiten aus Pflichtteilsrechten, Vermächtnissen und Auflagen mindern. Tut er dies trotzdem, so hat er dem ausgeschlossenen Gläubiger für den von diesem erlittenen Ausfall aufzukommen. Hatte der Erbe eine solche Minderung des Nachlasses zum Nachteile eines ausgeschlossenen Gläubigers noch vor der Geltendmachung der diesem zustehenden Forderung herbeigeführt, so kann übrigens der benachteiligte Gläubiger die Erfüllung des Pflichtteils-, Vermächtnisanspruchs, des Anspruchs auf Vollziehung der Auflage auch nach Maßgabe von § 3a AnfG. anfechten.

γ) Dasjenige, was der Erbe einem anderen ausgeschlossenen Gläubiger bereits geleistet hat. Nach der ausdrücklichen Bestimmung des Gesetzes wirkt hierbei die rechtskräftige Verurteilung des Erben zur Befriedigung eines anderen ausgeschlossenen Gläubigers dem seine Forderung geltend machenden ausgeschlossenen Gläubiger gegenüber wie die Befriedigung (§ 1973 Abs. 2 Satz 3).

δ) Auf den Nachlaß gemachte Aufwendungen, soweit sie nach den Vorschriften über die Herausgabe einer ungerechtfertigten Bereicherung in Rechnung gestellt werden können.

c) Wegen seines Gebarens mit dem Nachlaß ist der Erbe dem ausgeschlossenen Gläubiger, solange nicht die Voraussetzung des § 818 Abs. 4 oder die des § 819 eingetreten ist, nicht verantwortlich. Eine Haftung nach den §§ 1978, 1980 trifft also den Erben einem ausgeschlossenen Gläubiger gegenüber nicht. Von dem Zeitpunkt an, in welchem der ausgeschlossene Gläubiger seinen Anspruch rechtshängig gemacht hat, oder in welchem der Erbe schon vorher von dem Dasein dieses Anspruchs Kenntnis erlangt hat, bestimmt sich die Haftung des Erben nach § 818 Abs. 4 bezw. § 819.

3. Die einem ausgeschlossenen Gläubiger gegenüber erfolgende Berufung des Erben auf die im § 1973 bestimmte Einschränkung der Haftung führt je nach den Umständen zu verschiedenen Ergebnissen:

a) Vermag der Erbe darzutun, daß der Nachlaß infolge der Tilgung von Nachlaßverbindlichkeiten, zu der er dem ausgeschlossenen Gläubiger gegenüber berechtigt war, oder infolge von anderweiten auf den Nachlaß gemachten Aufwendungen, die er in Ansatz bringen darf, oder infolge sonstiger Umstände, für die er nicht zu haften hat, derart erschöpft ist, daß für ihn auch eine Bereicherung nicht mehr vorliegt, so kann er die Befriedigung des ausgeschlossenen Gläubigers gänzlich verweigern.

b) Verbleibt dagegen dem auf die Einschränkung seiner Haftung nach § 1973 sich berufenden Erben bei Berücksichtigung der unter Z. 2 hervorgehobenen Momente noch ein als Bereicherung aus dem Nachlaß sich darstellender Überschuß, so kann er den ausgeschlossenen Gläubiger auf diejenigen Gegenstände verweisen, aus welchen sich der Überschuß zusammensetzt. Selbst die auf diese Gegenstände sich beschränkende Zwangsvollstreckung kann der Erbe dem ausgeschlossenen Gläubiger gegenüber schon durch Zahlung ihres Wertes abwenden (§ 1973 Abs. 2 Satz 2).

4. Infolge des Ausschlusses im Aufgebotsverfahren verliert der Leistungsanspruch des Gläubigers nicht seinen bisherigen Charakter (also keine Umwandlung desselben in einen Anspruch auf Herausgabe des Nachlaßüberschusses), sondern wird nur in Frage gestellt, ob und in welchem Maße er zur Befriedigung gelangt. Um hierüber Klarheit zu gewinnen, kann der Gläubiger von dem auf § 1973 sich berufenden Erben nach § 260 (vgl. auch § 259) Auskunft in betreff des Vorhandenseins eines Nachlaßüberschusses und die Leistung des Offenbarungseides verlangen.

Erhebt der Gläubiger gegen den Erben die Klage auf Leistung, so kann sich das Ergebnis verschieden gestalten. Möglicherweise wird der Erbe, indem er die

Erschöpfung des Nachlasses bereits im Prozesse liquid stellt, Abweisung des Klägers durchsetzen können. Andernfalls wird der Erbe darauf dringen müssen, daß die Forderung dem Gläubiger nur als eine ausgeschlossene zugesprochen werde. Der bloße Vorbehalt „der Beschränkung der Haftung" im Sinne des § 780 ZPO. wird nicht für genügend zu erachten sein.

Hat der Gläubiger den erforderlichen Zwangsvollstreckungstitel erlangt und steht der Nachlaßüberschuß fest, so erfolgt die Befriedigung des Gläubigers, dafern der Erbe nicht von dem ihm nach § 1973 Abs. 2 Satz 3 zustehenden Rechte Gebrauch macht, und dafern es auch nicht zu einer anderweiten Verständigung mit dem Erben kommt, durch Führung der Zwangsvollstreckung in die den Überschuß bildenden Gegenstände. Führt der Gläubiger die Zwangsvollstreckung in andere Gegenstände, so kann der Erbe dagegen nach Maßgabe des § 785 ZPO. bezw. der §§ 767, 769, 770 ZPO. seine Einwendungen vorbringen.

Die dem Erben im Abs. 2 des § 1973 auferlegte Verpflichtung, dem ausgeschlossenen Gläubiger den Nachlaßüberschuß nach den Vorschriften über die Herausgabe einer ungerechtfertigten Bereicherung zur Befriedigung im Wege der Zwangsvollstreckung „herauszugeben", erschöpft sich also in der Auskunfterteilung über den sich nach Maßgabe des § 1973 ergebenden Nachlaßüberschuß und in der Duldung der Zwangsvollstreckung in diesen Überschuß.

Beachtung verdienen noch folgende Punkte:

a) Die nach § 1973 eintretende Einschränkung der Haftung setzt nicht voraus, daß der Nachlaß zur Befriedigung des ausgeschlossenen Gläubigers nicht ausreicht. Es ist daher sehr wohl möglich, daß zur Befriedigung des Gläubigers die Heranziehung aller noch vorhandenen Nachlaßgegenstände durchaus nicht erforderlich ist. Die Auswahl der Gegenstände, aus welchen er seine Befriedigung erhalten will, wird im allgemeinen dem Gläubiger zuzuschreiben sein, jedoch mit der Abweichung, daß der Erbe jeden zum Überschuß gehörenden Gegenstand durch Zahlung des Wertes der Zwangsvollstreckung entziehen kann.

b) Hat der Erbe aus seinem Eigenvermögen Aufwendungen gemacht, die er dem ausgeschlossenen Gläubiger gegenüber in Ansatz bringen kann, so wird er aus den noch vorhandenen Nachlaßgegenständen diejenigen auswählen dürfen, welche er zur Deckung seines Anspruchs um den Schätzwert übernimmt, und den ausgeschlossenen Gläubiger somit auf die danach noch übrigbleibenden Nachlaßgegenstände verweisen können. Will sich der Erbe hierfür nicht entscheiden, so kann er dem Gläubiger die noch vorhandenen Nachlaßgegenstände sicherlich in der Weise „herausgeben", daß aus dem bei der Zwangsvollstreckung erzielten Eingang zunächst der Anspruch des Erben und erst nach diesem der Anspruch des Gläubigers zur Befriedigung zu gelangen habe. Hierzu wird er sich aber, dafern ihm der ausgeschlossene Gläubiger nicht freiwillig den Betrag der gemachten Aufwendungen ersetzt, auch entschließen müssen, und abzulehnen ist also die Meinung, daß der Erbe wegen seiner Aufwendungen dem ausgeschlossenen Gläubiger gegenüber ein Zurückbehaltungsrecht habe, vermöge dessen er der vom ausgeschlossenen Gläubiger angestrebten Zwangsvollstreckung so lange entgegentreten könne, bis ihm die Aufwendungen ersetzt sind.

c) Sind außer dem seine Befriedigung verlangenden ausgeschlossenen Gläubiger auch noch nicht befriedigte, nicht ausgeschlossene Gläubiger vorhanden, so kann sich der Erbe der Führung der Zwangsvollstreckung in die noch vorhandenen Nachlaßgegenstände insoweit widersetzen, als durch sie die Befriedigung der nicht ausgeschlossenen Gläubiger beeinträchtigt würde. Diesen Widerstand kann der ausgeschlossene Gläubiger selbstverständlich dadurch brechen, daß er den Erben von der Haftung gegenüber den noch nicht befriedigten, nicht ausgeschlossenen Gläubigern befreit, oder rücksichtlich derjenigen Forderungen dieser Gläubiger, welche bedingt der betagt sind, Sicherheit leistet. Zu solchem Vorgehen schlechthin bemüßigt ist der ausgeschlossene Gläubiger jedoch nicht. Er wird vielmehr in einen Nachlaßgegenstand, der zum Teil noch zur Befriedigung eines nicht ausgeschlossenen Gläubigers erforderlich ist, Zwangsvollstreckung in der Weise führen können, daß auf ihn von dem erzielten Eingang nur entfällt, was nach vollständiger Deckung der Ansprüche der nicht ausgeschlossenen Gläubiger noch übrig bleibt.

d) Ist die Forderung des ausgeschlossenen Gläubigers nicht auf einen Geldbetrag gerichtet, so wird sie zur Vermeidung von Weitläufigkeiten wenigstens eventuell auch nach ihrem Schätzungswerte geltend zu machen sein. Die Möglichkeit einer auf die ursprüngliche Leistung sich richtenden Zwangsvollstreckung ist für den ausgeschlossenen Gläubiger aber dann gegeben, wenn sich der Gegenstand der Leistung im Nachlaß befindet oder doch aus dem Nachlaßüberschuß beschafft werden kann. Allein auch in diesen Fällen bleibt wohl zu beachten, daß der Gläubiger vom Erben nicht mehr verlangen kann, als um was dieser aus dem Nachlaß bereichert ist.

e) Besteht die Bereicherung des Erben darin, daß Werte aus dem Nachlaß in sein Eigenvermögen übergegangen sind, oder ergibt sich ein Nachlaßüberschuß im Sinne der § 1973 aus einer den Erben dem ausgeschlossenen Gläubiger gegenüber nach § 818 Abs. 4 oder aus § 819 treffenden Haftung, so kann der ausgeschlossene Gläubiger insoweit, also zur Realisierung dieser Werte, Zwangsvollstreckung in das Eigenvermögen des Erben führen.

5. Sind mehrere ausgeschlossene Gläubiger vorhanden, so ist der Erbe nicht verpflichtet, ihre Befriedigung nach einer bestimmten Rangordnung zu bewirken. Reicht der Nachlaß zur Befriedigung aller ausgeschlossenen Gläubiger nicht aus, so entscheidet das Zuvorkommen. Als solches kommt aber, abgesehen von der effektiven Befriedigung des einen vor dem anderen, zwar nicht die Meldung oder die Klageerhebung in Betracht, wohl aber die bereits rechtskräftig erfolgte Verurteilung des Erben zur Befriedigung eines ausgeschlossenen Gläubigers (§ 1973).

6. Beruht die ausgeschlossene Forderung auf einem gegenseitigen Vertrag, so kann der wegen der ihm obliegenden Leistung in Anspruch genommene Gläubiger auf seine ausgeschlossene Forderung doch die Einrede des nicht erfüllten Vertrags nach § 320 stützen. Konnte der Gläubiger der ausgeschlossenen Forderung zur Zeit des Wirksamwerdens der Ausschließung gegen eine zum Nachlaß gehörende Forderung aufrechnen, so bleibt ihm die Möglichkeit der Aufrechnung ungeachtet des Ausschlusses gewahrt.

7. Zum Antrag auf Eröffnung des Nachlaßkonkurses ist ein ausgeschlossener Gläubiger nur berechtigt, wenn über das Vermögen des Erben das Konkursverfahren eröffnet ist; dafern aber eine Ehefrau die Erbin ist und der Nachlaß zum Gesamtgut gehört, nur dann, wenn über das Vermögen des Ehemannes Konkurs eröffnet ist (§ 219 KO.). Die Stellung des Antrags auf Anordnung einer Nachlaßverwaltung ist, dafern die allgemeinen Voraussetzungen hierzu vorhanden sind, dem ausgeschlossenen Gläubiger nicht versagt (§ 1981 Abs. 2). Über die Berechtigung des ausgeschlossenen Gläubigers zur Stellung des Antrags auf Bestimmung einer Inventarfrist, sowie darüber, daß die schlechthin unbeschränkte Haftung des Erben dem bereits ausgeschlossenen Gläubiger gegenüber selbst im Falle der Versäumung der Inventarfrist nicht eintritt, ist schon in anderem Zusammenhang gesprochen worden.

b) Eintritt der Ausschlußwirkung nach § 1974.

§ 76.

I. Die an die Ausschließung im Aufgebotsverfahren geknüpften Wirkungen treten unter Umständen auch zum Nachteil eines Gläubigers ein, dessen Forderung im Wege des Aufgebotsverfahrens nicht ausgeschlossen worden ist. Hierauf bezieht sich die Bestimmung des § 1974. Sie bezweckt, den nicht bereits schlechthin unbeschränkt haftenden Erben gegen die Nachteile zu sichern, welche ihm ohne besonderen Schutz daraus erwachsen könnten, daß ihm Nachlaßverbindlichkeiten erst lange nach dem Erbfall bekannt werden, und sie führt diesen Gedanken in der Weise durch, daß sie jeden Nachlaßgläubiger, soweit sein Anspruch nicht ein nach § 1971 bevorrechteter ist, einem ausgeschlossenen Gläubiger grundsätzlich schon dann gleichgestellt, wenn er seine Forderung dem Erben gegenüber nicht innerhalb von fünf Jahren nach dem Erbfall geltend macht und auch nicht beweisen kann, daß die Forderung dem Erben schon vor dem Ablauf der fünf Jahre bekannt geworden ist.

II. Auf verschiedene Einzelheiten ist noch genauer einzugehen:

1. Die Vorschrift des § 1974 ist nicht nur von Belang, wenn ein Aufgebot der Nachlaßgläubiger ganz unterblieben ist, sondern auch, wenn ein solches stattgefunden hat. In diesem Falle kommen, abgesehen von den bevorrechteten Gläubigern des § 1971, deren Vorrecht wie durch § 1973 so auch durch § 1974 unberührt bleibt, noch drei Gruppen von Nachlaßgläubigern bezw. von Forderungen gegen den Nachlaß in Betracht:

a) Die im Aufgebotsverfahren ausgeschlossenen Gläubiger. Ihnen gegenüber ist der Erbe durch § 1973 geschützt und entfällt somit die Anwendung des § 1974.

b) Diejenigen Gläubiger, welche ihre Forderungen infolge des Aufgebots rechtzeitig angemeldet und hierdurch ihr volles Recht gewahrt haben. Rücksichtlich ihrer kann weder von einem Ausschluß noch davon die Rede sein, daß sie einem ausgeschlossenen Gläubiger gleichgestellt wären.

c) Gegen den Nachlaß sich richtende Ansprüche, denen gegenüber, obschon sie nicht angemeldet worden sind und auch nicht zu den nach § 1971 bevorrechteten gehören, ein Ausschluß nach § 1973 nicht statthat. Hierunter fallen zwar nicht allein, aber doch vorzugsweise die Ansprüche aus Pflichtteilsrechten, Vermächtnissen und Auflagen. Hier ist Raum für die Anwendung des § 1974 gegeben.

Ungleich größere Bedeutung hat aber die Vorschrift des § 1974, wenn ein Aufgebotsverfahren überhaupt nicht stattgefunden hat. Sie gewährt dann dem Erben auf anderem Wege auch gegenüber solchen Forderungen Schutz, denen gegenüber sonst der Ausschluß im Aufgebotsverfahren hätte durchgreifen können.

2. Die im § 1974 bestimmte Ausschlußwirkung tritt nicht ein, wenn der Gläubiger seine Forderung innerhalb von fünf Jahren nach dem Erbfall dem Erben gegenüber „geltend macht", oder wenn diesem die Forderung vor Ablauf der bezeichneten Zeit bekannt geworden ist. Diese Geltendmachung kann nicht nur gerichtlich, sondern auch außergerichtlich erfolgen.

3. Die fünfjährige Frist des § 1974 beginnt regelmäßig mit dem Erbfall. Besonderes gilt jedoch dann, wenn der Erblasser für tot erklärt worden ist (vgl. § 1974 Abs. 1 Satz 2).

4. Die im Falle des § 1974 eintretende Ausschlußwirkung ist wesentlich dieselbe wie im Falle der Ausschließung von Forderungen im Wege des Aufgebotsverfahrens. Während jedoch der Erbe in diesem Falle die ausgeschlossene, aber später geltend gemachte Forderung doch noch immer vor den Ansprüchen aus Pflichtteilsrechten, Vermächtnissen und Auflagen zu befriedigen hat, *kann* hiervon im Falle des § 1974 eine Abweichung eintreten, und während der Erbe dort, wenn die Befriedigung mehrerer im Aufgebotsverfahren ausgeschlossener Forderungen in Frage steht, zur Einhaltung einer bestimmten Reihenfolge *nicht* verpflichtet ist, *kann* eine solche Ver-

pflichtung bei Vorhandensein mehrerer Gläubiger, die nach § 1974 einem ausgeschlossenen Gläubiger gleichstehen, allerdings Platz greifen. Das eine wie das andere erklärt sich daraus, daß zu denjenigen Forderungen, welche nach § 1974 einer ausgeschlossenen Forderung gleichzuhalten sind, auch Ansprüche aus Pflichtteilsrechten, Vermächtnissen und Auflagen gehören können. Darauf beruht die Vorschrift des § 1974 Abs. 2, zu deren Verständnis KO. § 226 heranzuziehen ist.

5. Zugunsten eines Erben, der für die Nachlaßverbindlichkeiten überhaupt oder in Ansehung einer einzelnen Nachlaßverbindlichkeit bereits schlechthin unbeschränkt haftet, kann die im § 1974 bestimmte Ausschlußwirkung überhaupt, bezw. in Ansehung der einzelnen Verbindlichkeit nicht mehr eintreten. Ist die Ausschlußwirkung hinsichtlich eines gegen den Nachlaß sich richtenden Anspruchs aber einmal eingetreten, so bleibt sie bestehen, selbst wenn hinterher ein Umstand eintritt, vermöge dessen der Erbe für die Nachlaßverbindlichkeiten unbeschränkt haftet (§ 2013 Abs. 1).

3. Versteigerung von Nachlaßgrundstücken nach § 175 ZVG.

§ 77.

Vgl. hierüber Strohal II S. 256 ff.

4. Anordnung der Nachlaßverwaltung und Eröffnung des Nachlaßkonkurses.

a) Gemeinsame Grundsätze.

§ 78.

I. Mit der Anordnung der Nachlaßverwaltung sowohl, als auch mit der Eröffnung des Konkurses über den Nachlaß verliert der Erbe die Befugnis zur Verwaltung des Nachlasses und zur Verfügung über die zum Nachlaß gehörenden Gegenstände (§ 1984 Abs. 1 BGB. und § 7 KO.). An beide Vorgänge knüpft sich sodann immer die weitere Rechtsfolge, daß der Nachlaß denjenigen Gläubigern des Erben, welche nicht Nachlaßgläubiger sind, als Befriedigungsobjekt entzogen wird und somit ausschließlich zur Befriedigung der Nachlaßgläubiger zu dienen hat (§ 1984 Abs. 2 BGB. und § 221 KO.). Die zugunsten eines persönlichen Gläubigers des Erben vor der Anordnung der Nachlaßverwaltung oder vor der Eröffnung des Nachlaßkonkurses in den Nachlaß erwirkten Maßregeln der Zwangsvollstreckung sind im ersten Falle auf Verlangen des Nachlaßverwalters aufzuheben (§ 784 Abs. 2 ZPO.) und im zweiten Falle nach § 221 KO. ohnedies unwirksam. Im Falle des Erbenkonkurses werden die zu dem der Nachlaßverwaltung, dem Nachlaßkonkurse unterliegenden Nachlaß gehörenden Gegenstände zum Zwecke der abgesonderten Befriedigung der Nachlaßgläubiger aus dem Erbenkonkurs herausgezogen (vgl. § 234 KO.).

II. Die Anordnung der Nachlaßverwaltung und die Eröffnung des Nachlaßkonkurses haben sodann miteinander gemein, daß sich die Haftung des Erben, dafern nur nicht schon vor der Anordnung der Nachlaßverwaltung, vor der Eröffnung des Nachlaßkonkurses ein Umstand eingetreten ist, vermöge dessen der Erbe für die Nachlaßverbindlichkeiten schlechthin unbeschränkt haftet, hier und dort grundsätzlich auf den Nachlaß beschränkt (vgl. § 1975, aber auch § 2013; ferner § 784 Abs. 1 ZPO.).

III. Außerdem gelten noch folgende Grundsätze:

1. Die infolge des Erbfalls durch Vereinigung erloschenen Rechtsverhältnisse sind als nicht erloschen zu behandeln (§ 1976).

2. Die vor der Anordnung der Nachlaßverwaltung bezw. der Eröffnung des Nachlaßkonkurses von einem Nachlaßgläubiger gegen eine Eigenforderung des nicht bereits schlechthin unbeschränkt haftenden Erben ohne dessen Zustimmung erklärte Aufrechnung ist nunmehr als nicht erfolgt anzusehen, und dasselbe gilt, wenn ein Gläubiger, der nicht Nachlaßgläubiger ist, die ihm gegen den Erben zustehende Forderung gegen eine zum Nachlaß gehörende Forderung vor dem angegebenen Zeitpunkt aufgerechnet hat (§§ 1977, 2013). Nach der Anordnung der Nachlaßverwaltung bezw. der Eröffnung des Nachlaßkonkurses kann ein Nachlaßgläubiger gegen eine nicht zum Nachlaß gehörende Forderung des nicht schlechthin unbeschränkt haftenden Erben überhaupt nicht mehr aufrechnen und ist eine Aufrechnung der Forderung eines Erbengläubigers gegen eine zum Nachlaß gehörende Forderung selbst dann ausgeschlossen, wenn der Erbe zustimmt.

3. Mit Rücksicht darauf, daß der Erbe im Falle der Anordnung der Nachlaßverwaltung bezw. der Eröffnung des Nachlaßkonkurses, dafern nur nicht schon vorher ein seine schlechthin unbeschränkte Haftung begründender Umstand eingetreten ist, den Nachlaßgläubigern nur mit dem Nachlaß zu haften hat, muß dafür Vorsorge getroffen sein, daß der Nachlaß den Gläubigern ungemindert als Befriedigungsobjekt erhalten bleibt. Demgemäß ist der nicht bereits schlechthin unbeschränkt haftende Erbe (vgl. § 2013 Abs. 1) den Nachlaßgläubigern infolge der Anordnung der Nachlaßverwaltung bezw. der Eröffnung des Nachlaßkonkurses für die bisherige Verwaltung des Nachlasses rücksichtlich der Zeit seit der Annahme der Erbschaft so verantwortlich, als ob er die Verwaltung für die Nachlaßgläubiger als Beauftragter zu führen gehabt hätte. Soweit der Erbe aber mit erbschaftlichen Geschäften sich vor der Annahme der Erbschaft befaßt hatte, sind die Vorschriften über die Geschäftsführung ohne Auftrag zur entsprechenden Anwendung zu bringen (§ 1978 Abs. 1). Eine Pflicht besonderer Art trifft den Erben — aber erst vom Zeitpunkt der Annahme an — im Falle der Überschuldung des Nachlasses (vgl. § 1980). Die gegen den Erben nach § 1978 Abs. 1 begründeten Ansprüche gelten als zum Nachlaß gehörend (§ 1978 Abs. 2) und werden im Falle der Nachlaßverwaltung vom Nachlaßverwalter und im Falle des Nachlaßkonkurses vom Konkursverwalter geltend gemacht. Einem ausgeschlossenen Gläubiger oder einem Gläubiger, der einem ausgeschlossenen gleichsteht, kommt jedoch die Erweiterung, welche der Nachlaß durch die vorerwähnten gegen den Erben sich richtenden Ansprüche erfährt, insoweit nicht zu statten, als sie dasjenige überschreitet, was einem solchen Gläubiger gegenüber nach § 1973 bezw. § 1974 als Nachlaßüberschuß in Betracht kommt. Wegen der vom Erben auf den Nachlaß gemachten Aufwendungen vgl. § 1978 Abs. 3, aber auch § 1979.

4. Wie beschaffen ist die Stellung des Erben, wenn er vor der Anordnung der Nachlaßverwaltung bezw. der Eröffnung des Nachlaßkonkurses Nachlaßgläubiger befriedigt? Die Entscheidung ergibt sich aus § 1979 in Verbindung mit § 1980.

a) Durfte der Erbe den Umständen nach annehmen, daß der Nachlaß zur Berichtigung aller Nachlaßverbindlichkeiten ausreiche, so müssen die Nachlaßgläubiger die durch den Erben erfolgte Berichtigung einer Nachlaßverbindlichkeit als für Rechnung des Nachlasses erfolgt gelten lassen. Auf jene Annahme kann sich der Erbe aber offenbar dann nicht mit Erfolg stützen, wenn sie auf fahrlässiger Nichtkenntnis der vorhandenen Nachlaßverbindlichkeiten beruhte (§ 1980). Fällt dem Erben dagegen bei seiner Annahme eine Fahrlässigkeit nicht zur Last, und war die Tilgung der Verbindlichkeit aus den Mitteln des Nachlasses erfolgt, so darf der Erbe das Geleistete bei der Herausgabe des Nachlasses an den Nachlaß- bezw. Konkursverwalter ohne Rücksicht auf den der getilgten Nachlaßverbindlichkeit im Nachlaßkonkurs zukommenden Rang voll in Ansatz bringen. Hatte der Erbe die Nachlaßverbindlichkeit unter sonst gleichen Umständen aus seinem Eigenvermögen befriedigt, so ist er deswegen den Nachlaßgläubigern gegenüber bis zum Belange der Erbschaft zum vollen Betrage ersatzberechtigt. Im Falle des Nachlaßkonkurses kommt dem Erben auch hinsichtlich dieses Ersatzanspruchs die Stellung eines Massegläubigers zu (§ 224 Nr. 1 KO.), und im Falle der Nachlaßverwaltung hat der Nachlaßverwalter für ehetunlichste Befriedigung des bezeichneten Anspruchs zu sorgen.

b) Befriedigt der Erbe eine Nachlaßverbindlichkeit, ohne zu der vorerwähnten Annahme berechtigt gewesen zu sein, so ist er, dafern die Berichtigung aus den Mitteln des Nachlasses erfolgt ist, den Nachlaßgläubigern grundsätzlich ersatzpflichtig (§ 1980), und hat er im Falle der aus seinen eigenen Mitteln geleisteten Befriedigung den unter a a. E. bezeichneten Ersatzanspruch nicht.

Soweit übrigens die vom Erben vorgenommene Berichtigung einer Nachlaßverbindlichkeit nicht nach § 1979 als auf Rechnung des Nachlasses erfolgt gilt, tritt der für die Nachlaßverbindlichkeiten nicht bereits schlechthin unbeschränkt haftende Erbe im Falle des späteren Nachlaßkonkurses doch an die Stelle des befriedigten Gläubigers und kann er daher dessen auf ihn übergegangene Forderung nach Maßgabe des ihr zukommenden Ranges im Nachlaßkonkurs geltend machen (§ 225 Abs. 2 KO.).

c) Was ein Nachlaßgläubiger unter den Voraussetzungen des § 1979 vom Erben zu seiner Befriedigung erhalten hat, kann ihm unter Umständen im Interesse der Gesamtheit der Nachlaßgläubiger im Wege der Anfechtung wieder entzogen werden. Kommt es zur Eröffnung des Nachlaßkonkurses, so kann die von einem Nachlaßgläubiger vorher noch aus dem Nachlaß erhaltene Befriedigung nach der allgemeinen Vorschrift des § 30 KO. anfechtbar sein. Eine gegen den befriedigten Gläubiger sich richtende Anfechtung besonderer Art ist aber dann begründet, wenn der vom Erben nach § 1979 befriedigte Anspruch ein Pflichtteilsanspruch oder ein Anspruch aus einem Vermächtnis oder einer Auflage ist (vgl. § 222 KO. und § 3a AnfG.).

d) Hatte ein zur Zeit der Anordnung der Nachlaßverwaltung, Eröffnung des Nachlaßkonkurses für die Nachlaßverbindlichkeiten bereits schlechthin unbeschränkt haftender Erbe eine Nachlaßverbindlichkeit vor dieser Zeit befriedigt, so kann von einem Ersatzanspruch nach § 1979 (vgl. dazu § 2013) bezw. von einem Eintritt des Erben in die Stellung des befriedigten Gläubigers nach § 225 KO. (vgl. Abs. 2 a. E.) keine Rede sein. War der Gläubiger jedoch aus den Mitteln der Erbschaft befriedigt worden, so greifen die Anfechtungsrechte nach § 222 KO. bezw. § 3a AnfG. auch hier durch.

Haftet der Erbe dagegen nur einem einzelnen Nachlaßgläubiger schlechthin unbeschränkt und befriedigt er diesen aus seinem Eigenvermögen, so ist zu unterscheiden, ob die Befriedigung unter der Voraussetzung des § 1979 erfolgt oder nicht. Im ersten Falle kommt dem Erben § 224 Nr. 1 KO. zustatten und hat er demnach in Ansehung des Ersatzanspruchs im Falle des Nachlaßkonkurses die Stellung eines Massegläubigers, im zweiten Falle kann der Erbe die auf ihn nach § 225 KO. übergegangene Forderung im Nachlaßkonkurs geltend machen. Ja das Gesetz geht noch weiter und gestattet dem nur einem einzelnen Nachlaßgläubiger schlechthin unbeschränkt haftenden Erben die Geltendmachung der Forderung desselben im Nachlaßkonkurs unter der Voraussetzung, daß der Gläubiger sie nicht geltend macht, selbst dann, wenn er den Gläubiger aus seinem Eigenvermögen noch nicht befriedigt hat (§ 225 Abs. 3 KO.). Wenn die Befriedigung des betreffenden Gläubigers aus dem Nachlaß erfolgt, so gilt das in dieser Beziehung unter a und b Gesagte auch hier.

b) Nachlaßverwaltung.

§ 79.

I. Die Nachlaßverwaltung ist eine zum Zwecke der Befriedigung der Nachlaßgläubiger eingesetzte Nachlaßpflegschaft. Ihre Anordnung erfolgt niemals von Amts wegen, sondern immer nur auf Antrag.

1. Antragsberechtigt ist:

a) Der Erbe, dafern er für die Nachlaßverbindlichkeiten nicht bereits schlechthin unbeschränkt haftet (§§ 1981 Abs. 1, 2013). Ist eine Ehefrau die Erbin und liegen hinsichtlich der Erbschaft die Voraussetzungen des § 2008 vor, so ist zur Stellung des Antrags auf Anordnung der Nachlaßverwaltung auch der Ehemann legitimiert. Bei Vorhandensein mehrerer Erben kann die Anordnung einer Nachlaßverwaltung nur von allen Miterben gemeinschaftlich und nur so lange beantragt werden, als der Nachlaß noch nicht geteilt ist (§ 2062). Im Falle des Erbschaftskaufes ist an Stelle des Erben der Erbschaftskäufer antragsberechtigt (§§ 2382, 2383). Daneben besteht allerdings auch noch ein im Wege der Analogie aus der Vorschrift des § 232 KO. abzuleitendes Antragsrecht des Erben selbst. Genaueres hierüber in § 98 der Darstellung.

b) Jeder Nachlaßgläubiger, dafern der Antrag innerhalb von zwei Jahren von der Annahme der Erbschaft an gestellt wird, und, wenn Grund zur Annahme besteht, daß die Befriedigung der Nachlaßgläubiger aus dem Nachlaß durch das Verhalten oder die Vermögenslage des Erben gefährdet wird (§ 1981 Abs. 2). Ob der Erbe, gegen welchen die Anordnung der Nachlaßverwaltung von einem Nachlaßgläubiger beantragt wird, des Rechtes zur Beschränkung der Haftung noch teilhaftig ist oder für die Nachlaßverbindlichkeiten bereits schlechthin unbeschränkt haftet, ist gleichgültig.

2. Ist eine den Kosten entsprechende Masse nicht vorhanden, so kann die beantragte Anordnung der Nachlaßverwaltung abgelehnt werden (§ 1982). Dieser Ablehnungsgrund entfällt, wenn der Antragsteller einen entprechenden Kostenvorschuß leistet.

3. Wird dem Antrag stattgegeben, so erfolgt mit der Anordnung der Nachlaßverwaltung die Bestellung des Nachlaßverwalters, oder sofern dies durch die Umstände geboten ist, wohl auch mehrerer Nachlaßverwalter. Sowohl die Anordnung der Nachlaßverwaltung als auch den (bezw. die) Namen des bestellten Nachlaßverwalters (bezw. der bestellten Nachlaßverwalter) hat das Nachlaßgericht durch die für seine Bekanntmachungen bestimmten Blätter zu veröffentlichen (§ 1983).

4. Im Gegensatz zu der wie für Vormundschaften, so im allgemeinen auch für Pflegschaften maßgebenden Bestimmung des § 1785 besteht eine Verpflichtung zur Übernahme der Nachlaßverwaltung nicht (§ 1981 Abs. 3).

5. Gegen eine dem Antrag des **Erben** auf Anordnung der Nachlaßverwaltung stattgebende Verfügung findet grundsätzlich eine Beschwerde nicht statt (§ 76 Abs. 1 FGbG.). Der sofortigen Beschwerde durch den Erben, Miterben oder einen zur Verwaltung des Nachlasses berechtigten Testamentsvollstrecker unterliegt dagegen die auf Antrag eines **Nachlaßgläubigers** erfolgte Anordnung der Nachlaßverwaltung (§ 76 Abs. 2 FGbG.). Gegen die Zurückweisung des Antrags auf Anordnung der Nachlaßverwaltung steht dem Antragsteller immer die gewöhnliche Beschwerde zu (§ 20 Abs. 2 FGbG.).

II. Die mit der Anordnung der Nachlaßverwaltung sich verbindenden Wirkungen ergeben sich im wesentlichen bereits aus § 78 der Darstellung. Zur Ergänzung des dort Gesagten ist aber noch hervorzuheben:

1. Über den Zeitpunkt, mit dem die Anordnung der Nachlaßverwaltung wirksam wird, enthält das Gesetz eine besondere Bestimmung nicht. Bei Anwendung der allgemeinen Vorschrift des § 16 Abs. 1 FGbG. würde der Zeitpunkt der Bekanntmachung der gerichtlichen Anordnung an denjenigen, für welchen sie bestimmt ist, d. i. also in unserem Falle an den Erben, als maßgebend zu betrachten sein. Allein dieses Ergebnis ist nicht nur sachlich wenig befriedigend, sondern auch mit der in § 1984 enthaltenen Verweisung auf konkursrechtliche Vorschriften nicht in Einklang zu bringen. Man wird deshalb, was im Konkursrecht für den Zeitpunkt der „Eröffnung des Verfahrens" gilt, auch auf den Fall der Anordnung der Nachlaßverwaltung anzuwenden und somit buchstäblich im Sinne des § 108 KO. **den Zeitpunkt der gerichtlichen Anordnung** für entscheidend zu halten haben.

2. Obschon dem Erben infolge der Anordnung der Nachlaßverwaltung das Recht zur Verfügung über den Nachlaß ganz allgemein entzogen ist (§ 1984 Abs. 1 Satz 1), so kann doch nicht bezweifelt werden, daß ein Miterbe wie vor so auch nach der Anordnung der Nachlaßverwaltung nach Maßgabe des § 2033 über seinen Anteil am Nachlaß allerdings verfügen kann; denn eine Verfügung dieser Art läßt die Stellung des Nachlaßverwalters und die Rechte der Nachlaßgläubiger völlig unberührt.

3. Auf den Fall der Nachlaßverwaltung finden die Vorschriften der §§ 7, 8 KO. entsprechende Anwendung (§ 1984 Abs. 1 Satz 2).

4. In Ansehung der gegen den Nachlaß sich richtenden Ansprüche verliert der Erbe mit der Anordnung der Nachlaßverwaltung die Passivlegitimation. Diese Ansprüche können von nun an nur gegen den Nachlaßverwalter geltend gemacht werden, und eine auf Befriedigung aus dem Nachlaß gerichtete Klage eines Nachlaßgläubigers ist daher, wenn gegen den Erben erhoben, schon von Amts wegen abzuweisen, dafern sich aus dem klägerischen Vorbringen die bereits erfolgte Anordnung der Nachlaßverwaltung ergibt (§ 1984 Abs. 1 Satz 3). Vgl. ferner § 241 ZPO.

Gegen den zur Zeit der Anordnung der Nachlaßverwaltung bereits schlechthin unbeschränkt haftenden Erben freilich kann ein Nachlaßgläubiger seinen Anspruch auf Befriedigung aus dem Eigenvermögen des ersteren auch noch nach dieser Anordnung verfolgen (vgl. § 2013 in Verbindung mit § 1975). Über den Fall, daß es bei schlechthin unbeschränkter Haftung des Erben neben der Nachlaßverwaltung zur Eröffnung des Konkurses über das Eigenvermögen des Erben kommt, vgl. KO. § 234 i. V. mit § 64.

III. Die Hauptaufgabe des Nachlaßverwalters besteht in der Berichtigung der

Nachlaßverbindlichkeiten. Behufs ihrer Erledigung ist er aber auch zur Verwaltung des Nachlasses berufen und verpflichtet (§ 1985 Abs. 1). Die rechtliche Stellung des Nachlaßverwalters ist der des Konkursverwalters verwandt; doch kommen für ihre Beurteilung, soweit dies mit den für sie zunächst maßgebenden und vielfach an das Konkursrecht sich anlehnenden besonderen Vorschriften verträglich ist, allerdings auch die pflegschaft- bezw. vormundschaftlichen Grundsätze in Betracht. Hervorzuheben sind folgende Punkte:

1. Der Nachlaßverwalter hat die zum Nachlaß gehörenden Sachen in Besitz zu nehmen (§ 1986; vgl. auch § 117 KO.). Das bei der Anordnung der Nachlaßverwaltung vorhandene Nachlaßvermögen soll er verzeichnen, und das aufgenommene Verzeichnis hat er mit der Versicherung der Richtigkeit und Vollständigkeit beim Nachlaßgericht einzureichen (§ 1802). Zur Vornahme von zum Bereich der Nachlaßverwaltung gehörenden Rechtsgeschäften bedarf er in den Fällen der §§ 1821, 1822 der Genehmigung des Nachlaßgerichts; hierdurch wird insbesondere der Fall der Veräußerung eines Grundstücks oder eines Rechtes an einem Grundstück getroffen. Der Nachlaßverwalter ist zur Geltendmachung der aufschiebenden Einreden, zum Antrag auf Vornahme des Gläubigeraufgebots, auf Zwangsversteigerung eines Nachlaßgrundstücks nach § 175 ZVG. und auf Eröffnung des Nachlaßkonkurses (§ 217 KO.) legitimiert.

2. In Ansehung seiner Verwaltung ist der Nachlaßverwalter nicht nur dem Erben (§ 1833), sondern nach § 1985 Abs. 2 auch den Nachlaßgläubigern verantwortlich. Die den Nachlaßgläubigern wegen der Verwaltung des Nachlaßverwalters gegen diesen zukommenden Ansprüche sind als Bestandteile des Nachlasses zu behandeln (§ 1985 Abs. 2 Satz 2).

3. Über die Tätigkeit des Nachlaßverwalters hat das Nachlaßgericht die Aufsicht zu führen, und gegen Pflichtwidrigkeiten hat es einzuschreiten (§ 1837).

4. Zur Ausantwortung des Nachlasses an den Erben darf der Nachlaßverwalter erst schreiten, wenn die bekannten Nachlaßverbindlichkeiten berichtigt oder, soweit die Berichtigung zur Zeit nicht ausführbar oder eine Verbindlichkeit streitig ist, sichergestellt sind. Vgl. hierüber und über einige Einzelheiten § 1986.

5. In Abweichung von der für Vormundschaften und Pflegschaften maßgebenden Regel (§ 1836) gebührt dem Nachlaßverwalter für die Führung seines Amtes unter allen Umständen eine angemessene Vergütung (§ 1987).

IV. Die Nachlaßverwaltung endigt:

1. mit der Eröffnung des Nachlaßkonkurses (§ 1988):

2. durch Aufhebungsbeschluß des Nachlaßgerichts, gegen den sowohl dem Erben als auch jedem Nachlaßgläubiger nach den §§ 19, 20 FGbG. Beschwerde offen steht.

a) Die Aufhebung kann verlangt werden, wenn eine den Kosten entsprechende Masse nicht vorhanden ist (§ 1988 Abs. 2);

b) sie ist ferner auszusprechen, sobald die Aufgaben der Nachlaßverwaltung erfüllt sind. Dadurch allein, daß der Nachlaßverwalter den Nachlaß an den Erben ausantwortet, wird die Aufhebung der Nachlaßverwaltung noch nicht herbeigeführt.

V. Tritt in den unter IV Z. 2 hervorgehobenen Fällen nach Aufhebung der Nachlaßverwaltung ein noch nicht befriedigter Gläubiger hervor, so gestaltet sich die Haftung des Erben nach Lage der Umstände verschieden.

1. Ausgeschlossenen oder diesen gleichstehenden Gläubigern haftet der Erbe nur nach Maßgabe der §§ 1973, 1974.

2. Haftete der Erbe schon vor der Anordnung der Nachlaßverwaltung schlechthin unbeschränkt, so dauert diese Haftung auch nach der Beendigung der Nachlaßverwaltung fort.

3. Liegen die Voraussetzungen des § 1990 oder des § 1992 vor, so bestimmt sich die Haftung nach diesen Vorschriften in Verbindung mit § 1991.

4. Anderenfalls kann der Erbe den gegen ihn auftretenden Gläubigern gegenüber das Recht zur Beschränkung der Haftung nur geltend machen, wenn es neuerlich zur Anordnung der Nachlaßverwaltung, oder im Falle der Überschuldung des Nachlasses zur Eröffnung des Nachlaßkonkurses gekommen ist.

VI. Über den Einfluß der Anordnung der Nachlaßverwaltung auf die Rechtsstellung eines zur Verwaltung des Nachlasses bisher berufen gewesenen Testamentsvollstreckers enthält das BGB. besondere Bestimmungen nicht. Vgl. über diesen Punkt Strohal II S. 285 ff.

c) Nachlaßkonkurs.

§ 80.

Wenn schon auf eine eingehende Darstellung des Nachlaßkonkurses hier verzichtet werden muß, so sind doch folgende Hauptpunkte hervorzuheben:

I. Die Eröffnung des Verfahrens setzt die Überschuldung des Nachlasses voraus (§ 215 KO.). Sie wird dadurch, daß der Erbe die Erbschaft noch nicht angenommen hat, oder daß er für die Nachlaßverbindlichkeiten schlechthin unbeschränkt haftet, nicht gehindert und ist bei Vorhandensein mehrerer Erben auch nach der Teilung des Nachlasses zulässig (§ 216 KO.). Wegen der Antragsberechtigung vgl. §§ 217—220 KO.

II. Zur Masse gehören außer den zur Zeit der Eröffnung des Verfahrens vorhandenen Nachlaßgegenständen auch die zugunsten der Nachlaßgläubiger begründeten und vom Konkursverwalter geltend zu machenden Ansprüche gegen den Erben, Nachlaßverwalter, Testamentsvollstrecker wegen der bisherigen Verwaltung des Nachlasses, und das gleiche gilt auch in betreff der zugunsten der Nachlaßgläubiger nach Maßgabe der allgemeinen konkursrechtlichen Vorschriften und der Vorschrift des § 222 KO. insbesondere begründeten Anfechtungsrechte.

III. Im Gegensatz zu der allgemeinen Vorschrift des § 63 KO. kann im Nachlaßkonkurs jede Nachlaßverbindlichkeit geltend gemacht werden (§ 226 Abs. 1 KO.). Die Ansprüche des Erben gegen den Erblasser gelten im Falle des Nachlaßkonkurses selbst dann als nicht erloschen, wenn der Erbe für die Nachlaßverbindlichkeiten schlechthin unbeschränkt haftet (vgl. § 1975 mit § 2013), und der Erbe kann sie daher auch im Verfahren geltend machen (§ 225 Abs. 1 KO.). In betreff des Eintritts des nicht bereits schlechthin unbeschränkt haftenden Erben, der eine Nachlaßverbindlichkeit, deren Erfüllung nicht schon nach § 1979 als auf Rechnung des Nachlasses erfolgt zu gelten hat, vor der Eröffnung des Nachlaßkonkurses berichtigt hatte, an die Stelle des Gläubigers, vgl. die schon im § 78 d. Darstellung besprochene Vorschrift des § 225 Abs. 2 KO.

Hinsichtlich der einzelnen Gruppen von Nachlaßgläubigern im Nachlaßkonkurs zukommenden Stellung ist noch zu sagen:

A. Abgesonderte Befriedigung aus dem Nachlaß kann von denjenigen Gläubigern nicht verlangt werden, welche eine Maßregel der Zwangsvollstreckung oder Arrestvollziehung erst nach dem Eintritt des Erbfalls erwirkt haben. Unwirksam ist ferner die von einem Gläubiger nach dem bezeichneten Zeitpunkt im Wege der einstweiligen Verfügung erlangte Vormerkung (§ 221 KO.).

B. Zu den in jedem Konkurse nach § 59 KO. in Betracht kommenden Masseschulden treten im Nachlaßkonkurse noch die in § 224 KO. bezeichneten hinzu.

C. Bezüglich der für die Befriedigung der Nachlaßkonkursgläubiger maßgebenden Rangordnung vgl. §§ 226—228 KO.

IV. War der Erbe zur Zeit der Eröffnung des Nachlaßkonkurses des Rechtes zur Beschränkung seiner Haftung noch teilhaftig gewesen, so können die Nachlaßgläubiger ihre Ansprüche während der Dauer des Verfahrens nur gegen den Konkursverwalter geltend machen (§ 1975). Bei schlechthin unbeschränkter Haftung des Erben ist die Verfolgung dieser Ansprüche auch in der Richtung gegen den Erben zum Zwecke der Befriedigung aus dessen Eigenvermögen zulässig (§ 2013), im Falle der Eröffnung des Konkurses über dieses Vermögen jedoch nur nach Maßgabe des § 234 KO.

V. Über die Beendigung des Nachlaßkonkurses durch Zwangsvergleich vgl. § 230 KO.

VI. Haftete der Erbe für die Nachlaßverbindlichkeiten schon zur Zeit der Eröffnung des Nachlaßkonkurses schlechthin unbeschränkt, so dauert diese Haftung auch nach der Beendigung des Verfahrens fort (§ 2013). Anderenfalls muß also unterschieden werden:

1. Ist der Nachlaßkonkurs durch Verteilung der Masse beendigt worden, so haftet der Erbe für die unberichtigt gebliebenen Nachlaßverbindlichkeiten nur mehr nach den entsprechend anzuwendenden Vorschriften des § 1973 (§ 1989).

2. Hat der Nachlaßkonkurs seine Erledigung durch Zwangsvergleich gefunden, so erhalten die an diesem teilnehmenden Nachlaßgläubiger, unbeschadet der ihnen nach § 193 Satz 2 KO. verbleibenden Rechte, die im Vergleich festgesetzten Ansprüche gegen den Erben und gegen den möglicherweise vorhandenen Vergleichsbürgen. Gegenüber den am Zwangsvergleich nicht teilnehmenden Nachlaßgläubigern, und zu ihnen gehören hier auch diejenigen, welche ihre Forderungen im Konkurse nicht angemeldet haben, bestimmt sich die Haftung des Erben nach den entsprechend anzuwendenden Vorschriften des § 1973 (§ 1989).

3. Erfolgt die Beendigung des Nachlaßkonkurses nach § 204 KO., weil eine den Kosten entsprechende Masse nicht vorhanden ist, so haftet der Erbe den als ausgeschlossen zu behandelnden Gläubigern nach § 1973 bezw. § 1974, den übrigen Gläubigern nach den §§ 1990, 1991.

4. Im Falle der Einstellung des Nachlaßkonkurses auf Antrag des Erben mit Zustimmung aller Konkursgläubiger (Gantverzicht) bestimmt sich die Haftung des Erben zunächst nach der von ihm mit den Gläubigern getroffenen Vereinbarung, soweit aber eine solche Vereinbarung nicht vorliegt, den als ausgeschlossen zu behandelnden Gläubigern gegenüber nach § 1973 bezw. § 1974, den übrigen Gläubigern gegenüber nach allgemeinen Grundsätzen; nach § 1990 also nur dann, wenn die daselbst geforderten Voraussetzungen vorhanden sind.

VII. Eine Testamentsvollstreckung wird durch die Eröffnung des Nachlaßkonkurses zwar nicht aufgehoben, aber doch meist zur praktischen Bedeutungslosigkeit herabgedrückt.

5. Haftung bei Dürftigkeit des Nachlasses.

§ 81.

Die zur Beschränkung der Haftung des Erben auf den Nachlaß führenden Mittel sind in aller Regel die Anordnung der Nachlaßverwaltung und die Eröffnung des Nachlaßkonkurses. Es muß aber auch mit der Möglichkeit gerechnet werden, daß diese Maßnahmen wegen Mangels einer den Kosten entsprechenden Masse nicht tunlich sind; oder daß aus diesem Grunde die Nachlaßverwaltung aufgehoben oder das Konkursverfahren eingestellt wird. Das Recht zur Beschränkung seiner Haftung kann dem Erben offenbar auch in diesen Fällen nicht versagt werden, die Geltendmachung dieses Rechtes gestaltet sich aber wegen der Besonderheit der Umstände in eigentümlicher Weise. Hierauf bezieht sich § 1990 in Verbindung mit § 1991. Er gewährt dem für die Nachlaßverbindlichkeiten nicht bereits schlechthin unbeschränkt haftenden Erben (§ 2013) eine gegenüber jedem einzelnen, seine Befriedigung verlangenden Nachlaßgläubiger geltend zu machende und auf die Dürftigkeit (Geringfügigkeit, Ärmlichkeit) des Nachlasses sich stützende Einrede der beschränkten Haftung.

I. Der den Einredeschutz für sich in Anspruch nehmende Erbe hat die Dürftigkeit des Nachlasses in dem oben angegebenen Sinne zu beweisen, sei es durch Vorlegung der diese Dürftigkeit bereits feststellenden Entscheidung des zuständigen Gerichtes, sei es in anderer Weise. Die Geltendmachung der Einrede des § 1990 ist also nicht dadurch bedingt, daß die Anordnung der Nachlaßverwaltung bezw. die Eröffnung des Nachlaßkonkurses vergeblich beantragt worden ist.

Ob die Dürftigkeit der Nachlasses schon zur Zeit des Erbfalls vorhanden war oder erst hinterher z. B. durch zufälligen Untergang von Nachlaßgegenständen oder durch Verminderung des ursprünglichen Nachlaßbestandes infolge der vom Erben vorgenommenen Befriedigung von Nachlaßgläubigern eingetreten ist, ist für die nach den §§ 1990, 1991 zu beurteilende Beschränkung der Haftung des Erben gleichgültig. Überschuldung des Nachlasses bildet keine Voraussetzung für die Anwendung der bezeichneten Vorschriften.

II. Wie in den Fällen der Nachlaßverwaltung und des Nachlaßkonkurses, so bedarf es auch im Falle des § 1990 einer sowohl das Interesse der Nachlaßgläubiger als auch das des Erben berücksichtigenden Feststellung des Nachlaßbestandes.

1. Demgemäß gelten die infolge des Erbfalls durch Vereinigung von Recht und Verbindlichkeit bezw. Belastung erloschenen Rechtsverhältnisse zwar nicht allseitig, aber doch im Verhältnis zwischen demjenigen Nachlaßgläubiger, dessen Befriedigung in Frage steht, und dem Erben als nicht erloschen (§ 1991 Abs. 2), und bestimmt sich

2. sowohl die Verantwortlichkeit des Erben wegen seines Gebarens mit dem Nachlaß, als auch sein Recht auf Ersatz von Aufwendungen dem betreffenden Gläubiger gegenüber (vgl. § 1991 Abs. 1) nach den Vorschriften der §§ 1978 bis 1980.

III. Solange der Erbe nach Maßgabe der Umstände zur Annahme berechtigt ist, daß der Nachlaß zur Berichtigung aller Nachlaßverbindlichkeiten ausreicht, darf er mit der Befriedigung der Nachlaßgläubiger aller Art vorgehen, ohne wegen der dadurch herbeigeführten Geringfügigkeit des Nachlaßbestandes im Sinne von § 1990 einem ihm später bekannt gewordenen Gläubiger gegenüber des Rechtes zur Beschränkung der Haftung nach den §§ 1990, 1991 verlustig zu werden. Von dem Zeitpunkt an, mit dem die bezeichnete Annahme nicht mehr begründet ist, kommt es vor allem darauf an, ob eine den Kosten des Konkursverfahrens entsprechende Masse noch vorhanden, oder nicht mehr vorhanden ist. Trifft ersteres zu, und beruht die Überschuldung des Nachlasses nicht bloß auf Vermächtnissen und Auflagen, so darf der Erbe zur Befriedigung eines Gläubigers nicht mehr schreiten, sondern hat er die Eröffnung des Nachlaßkonkurses zu beantragen; andernfalls trifft ihn die Verantwortlichkeit nach den §§ 1978 bis 1980. Vermochte der Erbe die Überschuldung des Nachlasses erst zu einer Zeit wahrzunehmen, in der es an einer zur Deckung der Kosten des Nachlaßkonkurses hinreichenden Masse fehlt, so hat er sein Verhalten nach den Vorschriften der Abs. 3, 4 des § 1991 einzurichten; vgl. darüber den folgenden Absatz d. D.

IV. Der Inhalt des dem Erben nach den §§ 1990, 1991 zukommenden Einrederechts ist jetzt noch genauer zu bestimmen. Hierbei ist wieder zu unterscheiden, ob dem Erben nur ein noch unbefriedigter Gläubiger gegenübersteht, oder eine Mehrheit von Gläubigern.

1. Verlangt bei Vorhandensein der Voraussetzung des Abs. 1 von § 1990 ein Nachlaßgläubiger seine Befriedigung, so kann er vom Erben auf dasjenige verwiesen werden, was vom Nachlaß noch vorhanden ist. Wird der Erbe verklagt, so muß er sich die Beschränkung der Haftung — um sich auf sie im Stadium der Zwangsvollstreckung berufen zu können — nach § 780 ZPO. im Urteil vorbehalten lassen. Der Anspruch des Gläubigers geht wie im Falle des § 1973, so auch hier auf Leistung, nicht auf Herausgabe der vorhandenen Nachlaßgegenstände. Die Vorschrift des § 1990 Abs. 1, daß der Erbe zur Herausgabe des Nachlasses zum Zwecke der Befriedigung des Gläubigers im Wege der Zwangsvollstreckung verpflichtet sei und die Befriedigung insoweit verweigern könne, als der Nachlaß nicht ausreicht, ist also nur dahin zu verstehen, daß der Erbe einer vom Gläubiger in Gegenstände, die nicht zum Nachlaß gehören, geführten Zwangsvollstreckung auf dem von der ZPO. vorgezeichneten Wege mit Erfolg entgegentreten kann. Das dem Erben durch die Vorschrift des § 1973 Abs. 2 gewährte Recht, die „Herausgabe" der noch vorhandenen Nachlaßgegenstände (d. i. die Durchführung der Zwangsvollstreckung in diese Gegenstände) durch Zahlung des Wertes abzuwenden, ist im Falle des § 1990 nicht gegeben. Der bei der vom Gläubiger geführten Zwangsvollstreckung nach Befriedigung von dessen Forderung verbleibende Überschuß gebührt dem Erben. Will der Erbe Gegenstände, in die der Gläubiger Zwangsvollstrecknng führt, dieser deshalb entziehen, weil sie nicht zum Nachlaß gehören, so trifft, soweit nicht § 2009 eingreift, ihn die Beweislast. Der Unsicherheit, die sich für den Gläubiger im Falle des § 1990 ergibt, wird er am besten entgehen, wenn er, bevor er zur Zwangsvollstreckung schreitet, vom Erben nach § 260 Auskunft über den Bestand des Nachlasses und eventuell Leistung des Offenbarungseides verlangt. Eine Zwangsvollstreckung des Gläubigers in sein Eigenvermögen braucht der Erbe nur insoweit zu dulden, als Werte aus dem Nachlaß in dieses Vermögen übergegangen sind, oder als er nach § 1991 Abs. 1 wegen seines Gebarens mit dem Nachlaß ersatzpflichtig ist.

Einzelnes:

a) Geht der Anspruch des Gläubigers nicht auf Geld, so gilt das oben § 75

III Z. 4 d Gesagte mit der Abweichung auch hier, daß sich die Haftung des Erben im Falle des § 1990 nicht bloß auf die Bereicherung beschränkt.

b) Aufwendungen, die der Erbe dem Gläubiger gegenüber in Ansatz bringen darf, kann er von demjenigen, was ihm als Ersatzleistung zur Last fällt, ohne weiteres in Abzug bringen. Ist ein solcher Abzug nicht möglich, so kann der Erbe lediglich darauf bestehen, daß aus den vom Gläubiger bei der von ihm geführten Zwangsvollstreckung erzielten Eingängen zunächst die ihm zu vergütenden Aufwendungen befriedigt werden und dann erst die Forderung des Gläubigers.

Die nach § 1990 eintretende Beschränkung der Haftung des Erben wird auch dadurch nicht ausgeschlossen, daß der Gläubiger nach dem Erbfall im Wege der Zwangsvollstreckung oder der Arrestvollziehung ein Pfandrecht oder eine Hypothek oder im Wege der einstweiligen Verfügung eine Vormerkung erlangt hat (§ 1990 Abs. 2). War die Maßregel der Zwangsvollstreckung, Arrestvollziehung in Ansehung eines zum Eigenvermögen des Erben gehörenden Gegenstandes erfolgt, so kann der Erbe die Aufhebung oder doch wenigstens die der Höhe einer von ihm etwa zu bewirkenden Ersatzleistung entsprechende Beschränkung verlangen. Hatte die Maßregel aber in Ansehung eines Nachlaßgegenstandes stattgefunden, so kann dem Erben doch nicht eine über das in den §§ 1990, 1991 bestimmte Maß hinausgehende Haftung aufgebürdet werden; dasselbe gilt im Falle einer vom Gläubiger in Ansehung eines Nachlaßgegenstandes im Wege der einstweiligen Verfügung erlangten Vormerkung.

2. Stehen dem Erben mehrere Nachlaßgläubiger gegenüber und sind sie ihm als solche auch bekannt, so greifen nachstehende Vorschriften ein:

a) Die rechtskräftige Verurteilung des Erben zur Befriedigung eines Gläubigers wirkt einem anderen Gläubiger gegenüber wie die Befriedigung (§ 1991 Abs. 3).

b) Die Verbindlichkeiten aus Pflichtteilsrechten, Vermächtnissen und Auflagen hat der Erbe so zu berichtigen, wie sie im Falle des Konkurses zur Berichtigung kommen würden (§ 1991 Abs. 4).

Im übrigen (und zwar selbst in Ansehung von Verbindlichkeiten, die im Falle des Nachlaßkonkurses als Masseschulden in Betracht kommen würden) kann der Erbe, obschon er die Überschuldung des Nachlasses kennt, in betreff der Befriedigung der ihm bekannten Gläubiger willkürlich vorgehen, insbesondere auch in der Art, daß er einzelne von ihnen nach seiner Wahl befriedigt und dann den leer ausgegangenen Gläubigern gegenüber sich auf die Erschöpfung des Nachlasses beruft. Der Erbe ist dabei insbesondere auch in der Lage, seine eigenen (durch Ausschlußwirkung nicht betroffenen und auch nicht zur Gruppe b gehörenden) Forderungen gegen den Nachlaß gegenüber den Forderungen anderer Nachlaßgläubiger zu bevorzugen und diese somit auf dasjenige zu verweisen, was nach Deckung jener Forderungen noch übrig bleibt. Einschränkungen der Willkür des Erben können sich also nur auf Grund der unter a bis b hervorgehobenen Ausnahmebestimmungen ergeben.

V. Die einer gegen den Nachlaß sich richtenden Forderung entgegenstehende Einrede aus § 1990 hindert den Gläubiger derselben nicht, sie gegen eine zum Nachlaß gehörende Forderung, hinsichtlich deren er Schuldner ist, aufzurechnen. Eine vom Nachlaßgläubiger gegen eine nicht zum Nachlaß gehörende Forderung des Erben erklärte Aufrechnung kann dieser, sofern sie ohne seine Zustimmung erfolgt, unter Berufung auf § 1990 als unwirksam behandeln. Als Grundlage zur Geltendmachung der Einrede des nicht erfüllten Vertrages gegenüber einem zum Nachlaß gehörenden Anspruch aus einem gegenseitigen Vertrag vermag die mit der Einrede des § 1990 belastete Forderung ebenso zu dienen wie eine als ausgeschlossen zu behandelnde Forderung.

VI. Befriedigt der Erbe einen Nachlaßgläubiger, dem gegenüber die Geltendmachung der Haftungsbeschränkung nach den §§ 1990, 1991 zulässig ist, in Unkenntnis von der Unzulänglichkeit des Nachlasses, so steht ihm gegen den Gläubiger nach Maßgabe des § 813 Abs. 1 die condictio indebiti zu.

VII. Ist ein zur Verwaltung des Nachlasses berechtigter Testamentsvollstrecker vorhanden, so steht die Geltendmachung der in den §§ 1990, 1991 bestimmten Haftungsbeschränkung auch ihm zu.

VIII. Soweit ein Gläubiger, dem gegenüber der Erbe die beschränkte Haftung nach den §§ 1990, 1991 geltend macht, infolgedessen unbefriedigt bleibt, steht ihm gegenüber einem außerhalb der konkursmäßigen Rangordnung befriedigten Pflichtteilsberechtigten, Vermächtnisnehmer, Auflagenempfänger doch das Anfechtungsrecht nach § 3 a AnfG. zu.

IX. Eine Hemmung der Verjährung eines gegen den Nachlaß sich richtenden Anspruchs wird dadurch, daß diesem die Einrede nach § 1990 entgegensteht, nicht herbeigeführt.

6. Haftung für Verbindlichkeiten aus Vermächtnissen und Auflagen.

§ 82.

I. Beruht die Überschuldung des Nachlasses auf Vermächtnissen und Auflagen, so ist der Erbe den auf Grund dieser Anordnungen Forderungs- bezw. Klageberechtigten gegenüber zum Antrag auf Eröffnung des Nachlaßkonkurses nicht verpflichtet (§ 1980), und sind die bezeichneten Beteiligten zur Stellung dieses Antrags nur berechtigt, wenn der Konkurs über das Vermögen des Erben eröffnet worden ist (§ 219 KO.). Kommt es danach ungeachtet der Überschuldung des Nachlasses nicht zum Nachlaßkonkurs, so muß dem Erben gegenüber den Ansprüchen aus Vermächtnissen und Auflagen ein besonderes Mittel zur Geltendmachung der beschränkten Haftung gewährt werden. Dieser Anforderung wird die Bestimmung des § 1992 gerecht. Sie stellt den für die Nachlaßverbindlichkeiten nicht bereits schlechthin unbeschränkt haftenden Erben unter der angegebenen Voraussetzung gegenüber den Ansprüchen aus Vermächtnissen und Auflagen nach doppelter Richtung hin günstiger als gegenüber anderen Nachlaßgläubigern.

1. Zunächst dadurch, daß der Erbe die Befriedigung von Ansprüchen aus Vermächtnissen und Auflagen selbst dann nach den §§ 1990, 1991 bewirken kann, wenn eine den Kosten des Konkursverfahrens entsprechende Masse vorhanden ist. Aus der Anwendung des Abs. 4 von § 1991 ergibt sich insbesondere, daß der Erbe, wenn er von dem ihm nach § 1992 zustehenden Rechte Gebrauch macht, den Vermächtnisgläubigern und Auflageempfangsberechtigten gegenüber die konkursmäßige Rangordnung einzuhalten hat und somit, soweit nicht nach § 226 Abs. 3 und 4 KO. ein Vorrang des einen Anspruchs vor dem andern besteht, auf gleichmäßige Befriedigung der hierher gehörenden Ansprüche bedacht sein muß.

2. Der Erbe ist den bezeichneten Ansprüchen gegenüber überdies berechtigt, die

Herausgabe der vorhandenen Nachlaßgegenstände, d. h. praktisch die Führung der Zwangsvollstreckung in dieselben durch Zahlung des Wertes abzuwenden (§ 1992 S. 2). Die Bestimmung dieses Wertes richtet sich nach dem Zeitpunkt, in welchem der Erbe von seinem Rechte Gebrauch macht.

II. Unter Umständen kann die Frage praktisch werden, ob der Erbe gegenüber den Ansprüchen aus Vermächtnissen und Auflagen die Beschränkung der Haftung auch dann nach Maßgabe des § 1992 geltend machen kann, wenn der Nachlaß sich auch schon ohne Einbeziehung der Vermächtnisse und Auflagen als überschuldet darstellt. Obschon der Wortlaut des § 1992 für die Verneinung zu sprechen scheint, so hat man sich aus zwingenden Gründen doch für die Bejahung zu entscheiden. Vgl. dazu Strohal II S. 314 f.

III. Ist ein Vermächtnisnehmer mit Vermächtnissen oder Auflagen überschwert, so finden auf seine Haftung die Vorschriften des § 1992 entsprechende Anwendung (§ 2187 Abs. 3).

7. Haftung des Erben in besonderen Fällen.

a) Haftung des Nacherben und des Vorerben nach dem Falle der Nacherbfolge.

§ 83.

Vgl. §§ 2144—2146 und dazu Strohal II S. 315 ff.

b) Haftung in den Fällen der §§ 27, 139 HGB.

§ 84.

Vgl. Strohal II S. 322 ff.

8. Prozessuale Geltendmachung des Rechtes zur Beschränkung der Haftung.

§ 85.

Schon im Laufe der bisherigen Ausführungen konnte die prozessuale Geltendmachung der beschränkten Haftung nicht unberührt bleiben. Allein sie ist für das Verständnis der materiellen Haftungsvorschriften von solcher Bedeutung, daß ihr hier noch eine besondere zusammenfassende Darstellung gewidmet werden muß.

I. Den Ausgangspunkt der Erörterung bildet am besten der Fall, daß der Nachlaßgläubiger einen vollstreckbaren Titel schon gegen den Erblasser erwirkt hatte. Vgl. dazu Strohal S. 325 f.

II. Ist der unter I vorausgesetzte Fall nicht gegeben, so kann ein Nachlaßgläubiger seinen Anspruch vor der Annahme der Erbschaft durch den Erben (abgesehen von dem Falle der schon vorher erfolgten Eröffnung des Nachlaßkonkurses) nur gegen den Nachlaßpfleger und bei Vorhandensein eines verwaltungsberechtigten Testamentsvollstreckers gegen diesen verfolgen. Auf Grund des auf diesem Wege erwirkten Titels der Zwangsvollstreckung kann der Nachlaßgläubiger zunächst nur Zwangsvollstreckung in den Nachlaß führen. Nach erfolgter Annahme der Erbschaft vermag er aber eine gegen die Person des Erben sich richtende vollstreckbare Ausfertigung (vgl. §§ 750, 778 Abs. 2 ZPO.) zu erlangen. Sie ermöglicht ihm die Führung der Zwangsvollstreckung in das Eigenvermögen des Erben und ist auch erforderlich zu der erst nach der Aufhebung der Nachlaßpflegschaft beginnenden Führung der Zwangsvollstreckung in den Nachlaß bezw. in die der Verwaltung des Testamentsvollstreckers nicht mehr unterliegenden Nachlaßgegenstände. Die Geltendmachung der Beschränkung der Haftung steht dem Erben hier selbst dann offen, wenn sie in dem gegen den Nachlaßpfleger, Testamentsvollstrecker erwirkten Urteil nicht vorbehalten worden ist (§ 780 Abs. 2 ZPO.).

Hinsichtlich der Zeit seit der Annahme der Erbschaft ist es von entscheidender Bedeutung, ob Nachlaßverwaltung angeordnet bezw. Nachlaßkonkurs eröffnet worden ist, oder ob dies nicht zutrifft. Im letzteren Falle haben die Nachlaßgläubiger ihre Ansprüche gegen den Erben zu verfolgen, und muß sich dieser, abgesehen von dem Falle, daß der Fiskus in seiner Eigenschaft als gesetzlicher Erbe verklagt ist (§ 780 Abs. 2 ZPO.), die Geltendmachung der beschränkten Haftung im Urteil vorbehalten lassen, widrigenfalls er dem betreffenden Gläubiger schlechthin unbeschränkt haftet (§ 780 Abs. 1 ZPO.). Die Aufnahme dieses Vorbehalts in das Urteil bildet bei der hier angenommenen Sachlage eine Voraussetzung der Geltendmachung der beschränkten Haftung im Vollstreckungsstadium selbst dann, wenn es später zur Anordnung der Nachlaßverwaltung oder zur Eröffnung des Nachlaßkonkurses kommt.

Während der Dauer der Nachlaßverwaltung oder des Nachlaßkonkurses kann die Geltendmachung von gegen den Nachlaß sich richtenden Ansprüchen nur gegen den Nachlaß- bezw. Konkursverwalter erfolgen. Die von einem Nachlaßgläubiger zum Zwecke der Befriedigung einer Nachlaßverbindlichkeit gegen den nicht bereits schlechthin unbeschränkt haftenden Erben sich richtende Klage ist wegen Mangels der Sachlegitimation des Beklagten abzuweisen, und zwar, dafern sich dieser Mangel schon aus dem klägerischen Vorbringen ergibt, auch im Falle eines vom Kläger beantragten Versäumnisurteils. Auf Grund des gegen den Nachlaßverwalter erwirkten Titels der Zwangsvollstreckung oder einer im Nachlaßkonkurs erwirkten Feststellung einer Nachlaßforderung findet während der Dauer der Nachlaßverwaltung bezw. des Nachlaßkonkurses eine Zwangsvollstreckung in das Eigenvermögen des Erben nicht statt.

III. Selbst wenn der Vorbehalt der § 780 Abs. 1 ZPO. in das gegen den Erben ergangene Urteil aufgenommen ist, bleibt die Beschränkung der Haftung bei der gegen den Erben geführten Zwangsvollstreckung unberücksichtigt, bis auf Grund derselben von dem Erben Einwendungen erhoben werden (§ 781 ZPO.).

IV. Ist der Nachlaß zur Zeit des gegen den des Rechts zur Haftungsbeschränkung noch teilhaftigen Erben geführten Prozesses bereits erschöpft und vermag der Erbe dies ohne ungebührliche Verzögerung schon in diesem Verfahren liquid zu stellen, so wird er sich mit der Aufnahme des Vorbehalts des § 780 Abs. 1 ZPO. in das gegen ihn ergehende Urteil nicht zu begnügen brauchen, sondern vielmehr auf Grund seines Rechtes zur vollständigen Leistungsverweigerung die kostenpflichtige Abweisung des Klägers durchsetzen können.

V. In betreff der Geltendmachung der den als ausgeschlossen zu behandelnden Gläubigern gegenüber nach den §§ 1973, 1974 eintretenden Einschränkung der Haftung vgl. die Ausführungen in den §§ 75, 76 d. D.

9. Schlechthin unbeschränkte Haftung gegenüber einzelnen Nachlaßgläubigern.

§ 86.

I. Eine solche Haftung kann sich ungeachtet des dem Erben grundsätzlich noch zukommenden Rechtes zur Beschränkung seiner Haftung in folgenden Fällen ergeben:

1. Dadurch, daß dem zur Befriedigung einer Nachlaßverbindlichkeit verurteilten Erben die Beschränkung seiner Haftung im Urteil nicht vorbehalten wurde, dafern nicht einer der Ausnahmefälle vorliegt, wo ein solcher Vorbehalt zur späteren Geltendmachung der beschränkten Haftung gar nicht erforderlich ist. Der Vorbehalt ist aber abgesehen von den bereits oben § 85 II erwähnten Fällen auch dann entbehrlich, wenn das Urteil über eine Nachlaßverbindlichkeit gegen einen Nachlaßverwalter erlassen wird (§ 780 Abs. 2 ZPO.).

2. Infolge der Verweigerung des im § 2006 Abs. 1 bestimmten Offenbarungseides oder infolge des im § 2006 Abs. 3 Satz 2 der Verweigerung des Eides gleichgestellten Verhaltens; die unbeschränkte Haftung tritt hier gegenüber demjenigen Nachlaßgläubiger ein, welcher die Leistung des Eides verlangt hatte.

3. Infolge eines mit dem Gläubiger geschlossenen Vertrages, durch den der Erbe auf das Recht zur Beschränkung seiner Haftung verzichtet hat.

4. In den Fällen der §§ 27, 139 HGB. in Ansehung der daselbst bezeichneten Geschäftsverbindlichkeiten und Gesellschaftsschulden des Erblassers, wenn der Erbe von den ihm zum Zweck der Abwendung dieser Haftung zustehenden Befugnissen keinen Gebrauch macht.

II. Durch die einzelnen Nachlaßgläubigern gegenüber eingetretene schlechthin unbeschränkte Haftung wird die rechtliche Stellung des Erben gegenüber den übrigen Nachlaßgläubigern nicht berührt (vgl. § 2013 Abs. 2).

3. Abschnitt.

Haftung mehrerer Erben.

I. Die Hauptgrundsätze.

1. Einleitendes.

§ 87.

I. Durch den Übergang der Erbschaft auf mehrere Erben sollen die Nachlaßgläubiger in betreff der Verfolgung ihrer Ansprüche weder empfindlich benachteiligt noch grundlos begünstigt werden. Um ersteres zu vermeiden und doch auch letzteres nicht herbeizuführen, bestimmt das Gesetz einerseits im Gegensatz zum römischen Recht, daß mehrere Erben für die *gemeinschaftlichen* Nachlaßverbindlichkeiten grundsätzlich als Gesamtschuldner haften (§ 2085), durchbricht es aber andererseits wieder die Geltung dieses Satzes durch Ausnahmevorschriften, vermöge welcher unter bestimmten Voraussetzungen nur anteilige Haftung eintritt. In Ansehung der nicht allen Miterben gemeinschaftlichen Nachlaßverbindlichkeiten beschränkt sich die gesamtschuldnerische Haftung auf die durch sie getroffenen Miterben und tritt eine gesamtschuldnerische Haftung überhaupt nicht ein, wenn die Verbindlichkeit nur einem Miterben auferlegt ist.

II. Mit der Frage, ob mehrere Erben für die Nachlaßverbindlichkeiten als Gesamtschuldner oder nur anteilig haften, darf die hiervon wesentlich verschiedene Frage, ob der einzelne Miterbe nur mit demjenigen, was er aus dem Nachlaß erlangt, oder auch mit seinem Eigenvermögen haftet, nicht verwechselt werden. Es ist vielmehr sehr wohl möglich, daß die nur anteilig haftenden Miterben rücksichtlich der in Betracht kommenden Anteile der Nachlaßverbindlichkeiten mit ihrem gesamten Vermögen haften gesamtschuldnerisch haftende Miterben dagegen nur mit dem von ihnen aus der Erbschaft Erlangten.

III. Mit Rücksicht auf das Ineinandergreifen der Vorschriften über die Gesamt- bezw. anteilige Haftung der Miterben und der Vorschriften über die Beschränkung der Haftung auf den Nachlaß ergeben sich je nach den Umständen *vier* mögliche Gestaltungen der Haftung. Sie kann sein:

1. gesamtschuldnerisch und zugleich schlechthin unbeschränkt;
2. anteilig, aber schlechthin unbeschränkt;
3. gesamtschuldnerisch und beschränkbar bezw. beschränkt;
4. anteilig und beschränkbar bezw. beschränkt.

IV. Wie dem Alleinerben, so kommt auch den Miterben zunächst das Recht zur Beschränkung der Haftung zu. Der Verlust desselben tritt nach allgemeinen Grundsätzen zum Nachteil desjenigen Miterben ein, welcher die ihm bestimmte Inventarfrist versäumt oder sich bei der Inventarerrichtung in der im § 2005 Abs. 1 bestimmten Weise vergeht. Die Gefahr einer Versäumung der Inventarfrist wird jedoch hier durch die Bestimmung gemindert, daß das von einem Miterben errichtete Inventar auch den übrigen Miterben zu statten kommt, soweit deren Haftung nicht bereits zu einer schlechthin unbeschränkten geworden ist (§ 2063 Abs. 1). Eine sehr erhebliche Einschränkung kann das Recht der Miterben zur Beschränkung ihrer Haftung auf den Nachlaß auch noch infolge der später zu würdigenden Vorschriften des § 2062 erfahren.

Ein für die Nachlaßverbindlichkeiten schlechthin unbeschränkt haftender Erbe würde in Ermanglung einer besonderen Bestimmung auch den übrigen Erben, soweit sie zugleich *Nachlaßgläubiger* sind, unbeschränkt zu haften haben. Nach der auf der Erwägung, daß jeder Miterbe in der Lage ist, das Inventar selbständig zu errichten, beruhenden Sonderbestimmung des Abs. 2 von § 2063 kann sich jedoch ein Miterbe den übrigen Miterben gegenüber auf die Beschränkung der Haftung selbst dann berufen, wenn er den sonstigen Nachlaßgläubigern schlechthin unbeschränkt haftet.

V. Die Verwirklichung der Haftungsbeschränkung gestaltet sich bei der Erbenmehrheit zum Teile anders als im Falle der Alleinerbfolge. Grundsätzliche Übereinstimmung besteht zwar in betreff der Einwirkung der durch Anordnung der Nachlaßverwaltung oder Eröffnung des Nachlaßkonkurses herbeigeführten Nachlaßsequestration auf die Erbenhaftung. Die Vorschrift des § 1975 greift also bei der Erbenmehrheit in der Weise durch, daß für jeden nicht bereits unbeschränkt haftenden Miterben infolge der Nachlaßsequestration und, solange diese dauert, die Haftung mit dem Eigenvermögen schon von Rechts wegen entfällt. Während die Eröffnung des Nachlaßkonkurses wie auf Antrag eines Nachlaßgläubigers, so auch auf Antrag jedes einzelnen Miterben und selbst auch noch *nach* der Teilung des Nachlasses stattfinden kann (§ 216 Abs. 2 KO.), ist die Anordnung der Nachlaßverwaltung *nur vor* der Teilung des Nachlasses und unbeschadet des Antragsrechtes jedes Nachlaßgläubigers, nur *auf gemeinschaftlichen Antrag aller Miterben zulässig* (§ 2062).

Die Durchsetzung der Haftungsbeschränkung kann übrigens auch im Wege der Einrede stattfinden, und in dieser Beziehung gilt für den Fall der Erbenmehrheit Besonderes. Solange nämlich der *Nachlaß noch ungeteilt* ist, steht jedem für die in Frage kommende Nachlaßverbindlichkeit nicht bereits unbeschränkt haftenden Miterben, selbst wenn die Voraussetzungen des § 1990 oder des § 1992 nicht vorliegen, als besonderes Mittel zur Geltendmachung der Beschränkung der Haftung die im § 2059 Abs. 1 Satz 1 bestimmte Einrede zu, mittels welcher er die Befriedigung der Nachlaßverbindlichkeit aus seinem Eigenvermögen abwehren kann.

VI. Zum Antrag auf Einleitung des Aufgebots der Nachlaßgläubiger ist jeder Miterbe berechtigt, und die erfolgte Ausschließung eines Nachlaßgläubigers kommt jedem Miterben zustatten, selbst wenn er den Antrag nicht mitgestellt hat, dafern er nur zur Zeit der Erlassung des Ausschlußurteils nicht bereits schlechthin unbeschränkt haftet. Das Aufgebot der Nachlaßgläubiger findet übrigens bei Vorhandensein mehrerer Erben noch eine über die Bestimmungen der §§ 1970 bis 1973 hinausgehende Verwendung behufs Herbeiführung einer nur anteiligen Haftung der Miterben für die Zeit nach der Teilung. Zu dem eben angegebenen Zwecke eröffnet das Gesetz dem Miterben statt des gerichtlichen Aufgebots auch noch die Möglichkeit des im § 2061 bestimmten und allen Miterben zustatten kommenden billigeren Privataufgebots.

Auch die Vorschrift des § 1974 in betreff der zum Nachteil desjenigen Nachlaßgläubigers, welcher seine Forderung innerhalb von fünf Jahren seit dem Erbfall nicht geltend macht, eintretenden Ausschlußwirkung findet bei Vorhandensein mehrerer Erben sowohl hinsichtlich der Zeit vor, als der nach der Teilung sachgemäße Anwendung, gewinnt aber in Verbindung mit der Z. 2 des § 2060 noch eine weitere Bedeutung für die Entscheidung der Frage, ob ein Miterbe für die Nachlaßverbindlichkeiten nach der Teilung des Nachlasses gesamtschuldnerisch oder nur anteilig haftet.

VII. Schon aus dem bisher Gesagten erhellt, daß es für die Gestaltung der Haftung der Miterben nach verschiedenen Richtungen hin von wesentlicher Bedeutung ist, ob die Teilung des Nachlasses bereits oder noch nicht stattgefunden hat. Jeder der beiden Fälle bedarf noch besonderer Würdigung.

2. Haftung vor der Teilung.

§ 88.

I. Dem vor der Teilung des Nachlasses wegen einer gemeinschaftlichen Nachlaßverbindlichkeit seine Befriedigung suchenden Gläubiger eröffnet das Gesetz die Möglichkeit eines doppelten Vorgehens:

1. Der Gläubiger kann die Befriedigung aus dem ungeteilten Nachlaß von sämtlichen Miterben verlangen (§ 2059 Abs. 2). Zur Zwangsvollstreckung in den Nachlaß, bei der das im § 2041 zur Geltung gebrachte Surrogationsprinzip auch zugunsten der Nachlaßgläubiger durchgreift, bedarf es eines gegen alle Miterben wirksamen Zwangsvollstreckungstitels. Dessen Erlangung wird am besten durch gemeinschaftliche Verklagung aller Miterben herbeigeführt. Die Klage kann beim Gerichtsstande der Erbschaft erhoben werden (§§ 27, 28 ZPO.).

2. Dem Nachlaßgläubiger steht es aber auch zu, gegen den einzelnen als Gesamtschuldner haftenden Miterben vorzugehen. Auf Grund des nur gegen den einzelnen Miterben vollstreckbaren Urteils kann der Nachlaßgläubiger zwar nicht in zum ungeteilten Nachlaß gehörende Gegenstände, auch nicht in den dem Erbteil des Vollstreckungsschuldners entsprechenden Anteil an diesen Gegenständen, wohl aber, und zwar in Ansehung der ganzen Forderung (§ 2058), in den Anteil des Mit-

erben am Nachlaß Zwangsvollstreckung führen. Steht zur Frage, ob der Nachlaßgläubiger Befriedigung aus dem Eigenvermögen des Miterben verlangen kann, so ist also zu unterscheiden:

a) Ist der Miterbe dem Nachlaßgläubiger gegenüber des Rechtes zur Beschränkung der Haftung noch teilhaftig, so kann er die Befriedigung des Gläubigers aus dem Eigenvermögen vollständig verweigern und den Gläubiger somit auf seinen (des Miterben) Anteil am Nachlaß und den Nachlaß im ganzen verweisen (§ 2059 Abs. 1 Satz 1). Über die rechtliche Natur dieses Leistungsverweigerungsrechtes ist man zurzeit noch nicht vollständig einig. Richtiger Ansicht nach ist es ein Ausfluß des Rechtes zur Beschränkung der Haftung im technischen Sinne: denn es steht dem Miterben nur gegen einen Gläubiger zu, dem gegenüber er zur Geltendmachung der Beschränkung der Haftung noch befugt ist (§ 2059), und es geht ihm daher verloren, wenn ihm in dem gegen ihn ergangenen Urteil das Recht zur Geltendmachung der Haftungsbeschränkung nicht vorbehalten ist (§ 780 Abs. 1 ZPO.). Durch die Aufnahme dieses Vorbehalts in das Urteil wird dem Erben mit dem Rechte der Geltendmachung der beschränkten Haftung überhaupt zugleich auch für die Zeit vor der Teilung des Nachlasses das besonders geartete Verweigerungsrecht des § 2059 Abs. 1 Satz 1 gewahrt.

b) Hat der Miterbe einem Nachlaßgläubiger gegenüber das Recht zur Beschränkung der Haftung auf den Nachlaß bereits eingebüßt, so würde er diesem bei Festhaltung der Regel des § 2058 ohne Rücksicht darauf, ob der Nachlaß noch ungeteilt oder bereits geteilt ist, in Ansehung der ganzen Forderung auch mit seinem Eigenvermögen zu haften haben. In dieser Beziehung greift jedoch § 2059 Abs. 1 Satz 2 mit einer Ausnahmebestimmung ein. Ihr zufolge kann der Miterbe einem Gläubiger der bezeichneten Art gegenüber seine Haftung mit dem Eigenvermögen für die Zeit, während welcher der Nachlaß noch ungeteilt ist, auf den seinem Erbteil entsprechenden Bruchteil der Verbindlichkeit beschränken. Ein Ausfluß des Rechtes zur Beschränkung der Haftung auf den Nachlaß kann dieses Leistungsverweigerungsrecht offenbar nicht sein; denn dessen Ausübung hat ja geradezu zur Voraussetzung, daß der Miterbe dem Gläubiger gegenüber des Rechtes zur Beschränkung der Haftung auf dasjenige, was er vom Nachlaß hat, nicht mehr teilhaftig ist. Immerhin handelt es sich aber um eine das Eigenvermögen Miterben betreffende Haftungsbeschränkung, die für das Stadium der Zwangsvollstreckung im Urteil vorbehalten sein muß. Es genügt jedoch schon die Aufnahme des im § 780 ZPO. vorgesehenen allgemeinen Vorbehalts.

II. Die Befriedigung der Nachlaßgläubiger aus dem ungeteilten Nachlaß kann sich in verschiedener Weise vollziehen:

1. Kommt es zur Anordnung der Nachlaßverwaltung oder zur Eröffnung des Nachlaßkonkurses, so können die gegen den Nachlaß sich richtenden Ansprüche grundsätzlich nur gegen den Nachlaß- bezw. Konkursverwalter geltend gemacht werden. Eine Ausnahme hiervon tritt nur in betreff derjenigen Miterben ein, welche dem klagenden Gläubiger gegenüber des spezifischen Rechtes zur Haftungsbeschränkung nicht mehr teilhaftig sind. Werden solche Miterben auf Leistung aus dem Eigenvermögen verklagt, so steht ihnen aber doch noch das zeitweilige beneficium divisionis des § 2059 Abs. 1 Satz 2 zu.

2. Liegen die Voraussetzungen, unter denen ein Nachlaßgläubiger die Anordnung der Nachlaßverwaltung oder die Eröffnung des Nachlaßkonkurses beantragen kann, nicht vor, oder macht kein Nachlaßgläubiger von seinem Antragsrechte Gebrauch, so

können die Miterben, dafern sie nur die entsprechende Vorsicht beobachten, den ungeteilten Nachlaß in der Regel auch selbständig liquidieren, ohne daß sie dabei Gefahr laufen, mit ihrem Eigenvermögen haftbar gemacht zu werden. Dies wird besonders dann wichtig, wenn der Nachlaß solvent und die Umstände so beschaffen sind, daß ein Alleinerbe die Beschränkung der Haftung auf den Nachlaß nur durch die Stellung des Antrags auf Anordnung der Nachlaßverwaltung herbeiführen könnte. Bei der Erbenmehrheit ergibt sich im bezeichneten Falle der Schutz jedes des Rechtes zur Haftungsbeschränkung noch teilhaftigen Miterben gegen die Inanspruchnahme seines Eigenvermögens schon durch die Geltendmachung des Leistungsverweigerungsrechtes nach § 2059 Abs. 1 Satz 1.

Stellt sich der Nachlaß dagegen als überschuldet heraus und beruht die Überschuldung nicht bloß auf den Ansprüchen bereits ausgeschlossener oder als ausgeschlossen zu behandelnder Gläubiger (§§ 1973, 1974), oder auf Vermächtnissen und Auflagen (§ 1992), und liegen auch die Voraussetzungen des § 1990 nicht vor, so hat, dafern nicht mit den noch unbefriedigten Nachlaßgläubigern ein gütliches Einverständnis erzielt wird, jeder Miterbe ein wesentliches Interesse daran, daß es zur baldigsten Eröffnung des Nachlaßkonkurses komme. Denn unterbleibt diese, so tritt für die Miterben ungeachtet des Leistungsverweigerungsrechtes des § 2059 Abs. 1 Satz 1 die Gefahr ein, den Nachlaßgläubigern nach § 1980 haftbar zu werden. Sie ist um so größer, als es für die Miterben bei der vorausgesetzten Sachlage kein Mittel gibt, durch dessen Verwendung sie der von einem Nachlaßgläubiger wegen einer Forderung, die weder ausgeschlossen ist, noch einer ausgeschlossenen gleichsteht, noch eine Forderung aus einem Vermächtnis oder einer Auflage ist, in den ungeteilten Nachlaß geführten Zwangsvollstreckung mit der Wirkung entgegentreten könnten, daß der Gläubiger nur zur konkursmäßigen Befriedigung gelangt.

In den Fällen der §§ 1973, 1974, 1990 (1991), 1992 stehen dagegen den Miterben hinsichtlich der Rangordnung, in welcher die in Frage kommenden Gläubiger aus dem ungeteilten Nachlaß zu befriedigen sind, dieselben Rechte zu, welche bei der Alleinerbfolge dem Alleinerben zukommen. Die Ausübung des im § 1973 Abs. 2 Satz 2 und im § 1992 Satz 2 bestimmten Rechtes, die Durchführung der Zwangsvollstreckung in zum Nachlaß gehörende Gegenstände durch Zahlung ihres Wertes abzuwenden, setzt bei der hier vorausgesetzten Ungeteiltheit des Nachlasses das Einverständnis aller Miterben voraus.

3. Soweit sich Nachlaßgläubiger im Falle der Erbenmehrheit auf den ungeteilten Nachlaß verweisen lassen müssen, bestimmt sich dasjenige, was ihnen gegenüber als solcher zu gelten hat, grundsätzlich nach den §§ 1978 bis 1980.

III. Beschreitet ein Nachlaßgläubiger den unter I Z. 2 bezeichneten Weg, so kann er auf Grund des gegen einen einzelnen Miterben erwirkten Vollstreckungstitels nach § 859 Abs. 2 ZPO. die Pfändung von dessen Anteil am Nachlaß erwirken und erlangt er hierdurch, vorausgesetzt, daß sein Schuldtitel nicht bloß vorläufig vollstreckbar ist, nach § 2042 Abs. 2 in Verbindung mit § 751 Satz 2 die Möglichkeit, die Auseinandersetzung der Miterbengemeinschaft zu betreiben. Wird hierbei von den übrigen Miterben anerkannt, daß der Forderung des Nachlaßgläubigers eine gemeinschaftliche Nachlaßverbindlichkeit entspricht, so erfolgt deren Befriedigung aus dem Gesamtnachlaß; fehlt es an dieser Voraussetzung, so muß der Gläubiger, wenn er sich nicht aus demjenigen befriedigen will oder kann, was auf seinen Vollstreckungsschuldner bei der Auseinandersetzung entfällt, sein Recht zur Befriedigung aus dem Gesamtnachlaß gegen die übrigen Miterben erst noch erstreiten.

Statt die Auseinandersetzung zu betreiben, kann der Gläubiger aber auch nach Maßgabe des § 857 Abs. 5 ZPO. in Verbindung mit § 2033 BGB. die gerichtliche Anordnung der Veräußerung des gepfändeten Anteils am Nachlaß erwirken.

IV. Entspricht der Forderung eines Nachlaßgläubigers nicht eine gemeinschaftliche Verbindlichkeit der Miterben, sondern richtet sie sich nur gegen einen von ihnen, so kann dieser, dafern er nicht für die betreffende Verbindlichkeit bereits schlechthin unbeschränkt haftet, bis zur Teilung des Nachlasses die Berichtigung aus dem Vermögen, das er außer seinem Anteil am Nachlaß hat, nach § 2059 Abs. 1 Satz 1 verweigern. Der Gläubiger wird sich also vor der Teilung des Nachlasses mit Aussicht auf Erfolg nur an den Anteil des Miterben am Nachlaß halten können.

3. Haftung nach der Teilung.

§ 89.

I. Praktisch bedeutsamer als hinsichtlich der Zeit vor der Teilung des Nachlasses wird die gesamtschuldnerische Haftung der Miterben für die gemeinschaftlichen Nachlaßverbindlichkeiten nach der Teilung des Nachlasses; denn jetzt kann von einem dem in Anspruch genommenen Miterben zustehenden Rechte zur Verweisung des Gläubigers auf den ungeteilten Nachlaß bezw. auf den dem Miterben hieran zukommenden Anteil selbstverständlich nicht mehr die Rede sein. Erwägungen anderer Art führen aber doch auch hier zu erheblichen Ausnahmen von dem Grundsatz der gesamtschuldnerischen Haftung. Die Strenge der mit der Teilung des Nachlasses zur Geltung kommenden gesamtschuldnerischen Haftung soll die Miterben von der Vornahme voreiliger Teilung zurückhalten. Wollen sie jene vermeiden, so werden daher die Miterben noch vor der Teilung des Nachlasses tunlichst für die Ermittelung und Berichtigung der Nachlaßverbindlichkeiten zu sorgen haben. Billigerweise kann ihnen aber doch nicht zugemutet werden, die Erbengemeinschaft mit Rücksicht auf die Möglichkeit, daß noch immer einzelne Nachlaßgläubiger hervortreten können, dauernd aufrechtzuerhalten. Der Vorwurf voreiliger Teilung des Nachlasses entfällt vielmehr offenbar denjenigen Nachlaßgläubigern gegenüber, welche die Geltendmachung ihrer Forderungen ungebührlich verzögert haben, zumal wenn dazu noch kommt, daß die betreffenden Forderungen den Miterben bis zur Teilung oder wohl auch bis zu einem bestimmten, der Teilung vorangehenden Zeitpunkt unbekannt geblieben sind.

Mit ungerechtfertigter Härte würde die gesamtschuldnerische Haftung die Miterben aber auch dann treffen, wenn der gesamte ungeteilte Nachlaß im Wege des Nachlaßkonkurses zur Befriedigung der Nachlaßgläubiger verwendet worden ist, einzelne von ihnen aber dabei ganz oder teilweise unbefriedigt geblieben sind. Auch nach dieser Richtung hin ist eine Ausnahme von der Regel nicht zu entbehren.

II. Die unter I hervorgehobenen Gesichtspunkte finden in den §§ 2060, 2061 nachstehende Berücksichtigung:

1. Zur Ermittelung der Nachlaßverbindlichkeiten steht den Miterben zunächst der Weg des Aufgebotsverfahrens offen. Es dient bei Vorhandensein mehrerer Erben zwei verschiedenen Zwecken. Einmal zur Herbeiführung der den ausgeschlossenen

Gläubigern gegenüber nach § 1973 eintretenden Einschränkung der Haftung der Erben auf das Maß der noch vorhandenen Bereicherung. Dann aber auch noch — und dieser Zweck kommt hier in Frage — zur Herbeiführung einer nur anteiligen Haftung der Miterben gegenüber den ausgeschlossenen Gläubigern für die Zeit nach der Teilung. Zur Erreichung beider Zwecke genügt ein Aufgebotsverfahren. Den Nachlaßgläubigern ist dann aber im Aufgebot für den Fall der unterlassenen Anmeldung außer den im § 1973 bestimmten Rechtsnachteilen auch noch anzudrohen, daß jeder Erbe nach der Teilung des Nachlasses nur für den seinem Erbteil entsprechenden Teil der Verbindlichkeit haftet. Hierbei ist jedoch wohl zu beachten, daß ein Ausschluß von Nachlaßgläubigern im Aufgebotsverfahren mit diesem Erfolge in weiterem Umfange Platz greift, als er nach den §§ 1970—1973 in Verbindung mit § 2013 mit jener Wirkung möglich ist. Im letzteren Falle werden Pflichtteilsrechte, Vermächtnisse und Auflagen durch das Aufgebot nicht betroffen (§ 1972). Handelt es sich jedoch nur um die Ausschließung der Gläubiger von dem Rechte, die Miterben nach der Teilung als Gesamtschuldner in Anspruch zu nehmen, so ist das Aufgebot auch den soeben bezeichneten Gläubigern gegenüber wirksam (§ 2060 Nr. 1). Nach Nr. 1 von § 2060 erstreckt sich ferner das Aufgebot (im Gegensatz zu § 1973 in Verbindung mit § 2013) hier aber auch auf „die Gläubiger, denen der Miterbe unbeschränkt haftet".

Aus der vorstehenden Darlegung ergibt sich, daß die Einleitung des Aufgebotsverfahrens zur Herbeiführung der im § 2060 Nr. 1 bestimmten Ausschlußwirkung praktischen Wert selbst dann hat, wenn die Voraussetzungen für den Eintritt der Ausschlußwirkung des § 1973 nicht mehr gegeben sind. Demgemäß kann die Erlassung des Aufgebots von einem Miterben, der für die Nachlaßverbindlichkeiten bereits unbeschränkt haftet, doch noch immer in der Weise beantragt werden, daß den die Anmeldung unterlassenden Gläubigern lediglich der im § 2060 Nr. 1 bezeichnete Rechtsnachteil angedroht wird (§ 997 ZPO.).

1 a. Zwar nicht in ganz gleicher aber doch in ähnlicher Weise wie durch das unter Z. 1 besprochene gerichtliche Aufgebot kann den Miterben die anteilige Haftung für die Zeit nach der Teilung des Nachlasses auch durch das billigere und einfachere Mittel der außergerichtlichen öffentlichen Aufforderung (des sogenannten Privataufgebots) gesichert werden. Nach § 2061 ist nämlich jeder Miterbe berechtigt, vor der Teilung an die Nachlaßgläubiger auf seine Kosten eine im Reichsanzeiger und in dem für die Bekanntmachung des Nachlaßgerichts bestimmten Lokalblatte veröffentlichte Aufforderung zur Anmeldung ihrer Forderungen zu erlassen. Die Anmeldung hat binnen sechs Monaten seit der letzten Einrückung bei dem auffordernden Miterben oder bei dem Nachlaßgericht zu erfolgen. Ist die Aufforderung ergangen, so haftet jeder Miterbe — also nicht bloß derjenige, von welchem sie ausgegangen war — rücksichtlich der weder angemeldeten noch ihm vor der Teilung bekannt gewordenen Nachlaßverbindlichkeiten nur anteilig, und zwar auch dann, wenn er zur Beschränkung seiner Haftung auf das aus dem Nachlaß Erlangte nicht mehr berechtigt ist.

2. Nur anteilige Haftung tritt ferner — ganz abgesehen von den Voraussetzungen unter Z. 1 und 1 a — rücksichtlich derjenigen Nachlaßverbindlichkeiten ein, die erst später als fünf Jahre nach dem im § 1974 Abs. 1 bezeichneten Zeitpunkt, d. i. nach dem Erbfall bezw. nach der Erlassung des die Todeserklärung des Erb-

lassers aussprechenden Urteils geltend gemacht und dem Miterben vor Ablauf der fünf Jahre auch nicht bekannt geworden sind. Diese Vorschrift findet jedoch einerseits auf die nach § 1971 bevorrechteten und auf die in einem etwa eingeleitet gewesenen Aufgebotsverfahren angemeldeten Forderungen keine Anwendung, kommt dagegen andererseits auch einem solchen Miterben zu statten, welcher das Recht zur Beschränkung seiner Haftung bereits eingebüßt hat (§ 2060 Nr. 2).

3. Nach § 2060 Nr. 3 haften die Miterben, mögen sie des Rechtes zur Beschränkung ihrer Haftung auch bereits verlustig geworden sein, nach der Teilung für die Nachlaßverbindlichkeiten endlich auch dann nur anteilig, „wenn der Nachlaßkonkurs eröffnet und durch Verteilung der Masse oder durch Zwangsvergleich beendigt worden ist". Eingehendes über diesen Fall bei Strohal II S. 350ff.

In allen übrigen durch die Ausführungen unter Z. 1 bis 3 nicht getroffenen Fällen haften die Miterben nach der Teilung gesamtschuldnerisch.

III. Die Geltendmachung der in den §§ 2060, 2061 bestimmten anteiligen Haftung gestaltet sich verschieden, je nachdem diejenigen Umstände, welche die anteilige Haftung begründen, vor oder nach dem im § 767 Abs. 2 ZPO. bezeichneten Zeitpunkt eingetreten sind. Im ersten Falle ist der verklagte Miterbe nach Maßgabe des vorliegenden Sachverhalts, ohne daß es der Geltendmachung einer Einrede im technischen Sinne bedarf, nur anteilig zu verurteilen. Beantragt der Kläger die Verurteilung des Beklagten als Gesamtschuldner, und ergibt sich die Unzulässigkeit dieses Begehrens nicht schon aus dem klägerischen Vorbringen, so wird sich der Beklagte freilich auf die Umstände zu berufen haben, vermöge welcher seine Haftung eine nur anteilige ist. Allein hierin liegt nur das Vorbringen einer Einwendung im prozessualen Sinne und nicht die Geltendmachung einer Einrede im Sinne des BGB. Erlangt der Kläger infolge mangelhafter Verteidigung des Beklagten ein auf gesamtschuldnerische Haftung lautendes Urteil, so kann hiergegen im Stadium der Zwangsvollstreckung eine Einwendung nicht mehr vorgebracht werden.

Im zweiten Falle kann der Miterbe gegen das die Gesamthaftung aussprechende Urteil im Vollstreckungsstadium die Einwendung der Teilhaftung nach § 767 Abs. 1 ZPO. im Wege der Klage geltend machen.

IV. In einem besonderen Falle hat die Teilung des Nachlasses zur Folge, daß die Miterben zwar nicht schlechthin des Rechtes zur Beschränkung ihrer Haftung, aber doch eines bestimmten Mittels zur wirklichen Herbeiführung dieser Beschränkung verlustig werden. So verhält es sich, wenn die Miterben durch voreilige Teilung des Nachlasses die Anordnung der Nachlaßverwaltung mit Rücksicht auf die Vorschrift des § 2062 unmöglich gemacht haben. Die Miterben haften dann, dafern es nicht wegen Überschuldung des Nachlasses zur Eröffnung des Nachlaßkonkurses kommt, und dafern auch die Voraussetzungen der §§ 1990 bis 1992 nicht vorliegen, den Nachlaßgläubigern, soweit nicht einzelnen von ihnen gegenüber eine Einschränkung der Haftung durch Ausschluß im Aufgebotsverfahren oder durch Eintritt der im § 1974 bestimmten Ausschlußwirkung begründet ist, nicht nur mit dem Nachlaß, sondern auch mit ihrem Eigenvermögen.

V. Wird unter den Parteien streitig, ob der Nachlaß bereits geteilt ist, so dürfte es sich mit der Beweislast also verhalten: Verlangt ein Nachlaßgläubiger die Verurteilung eines Miterben als Gesamtschuldner, während der Beklagte sich darauf beruft, daß die Teilung des Nachlasses bereits erfolgt sei, und daß der Kläger zu denjenigen Gläubigern gehöre, welchen gegenüber nach der Teilung eine nur anteilige Haftung Platz greift, so wird der beklagte Miterbe die Teilung zu erweisen haben. Will ein Gläubiger dagegen auf Grund des vor der Teilung des Nachlasses erwirkten Urteils, laut dessen ein Miterbe als Gesamtschuldner verurteilt ist, Zwangsvollstreckung in das Eigenvermögen des Miterben führen, während dieser den Gläubiger nach § 2059 Abs. 1 Satz 1 auf Grund des im Urteil enthaltenen Vorbehalts auf den noch ungeteilten Nachlaß verweist, so scheint der auf der Führung der Zwangsvollstreckung in das Eigenvermögen des Erben beharrende Gläubiger die bereits erfolgte Teilung der Nachlasses erweisen zu müssen.

VI. Darüber, ob der Nachlaß im konkreten Falle als bereits geteilt anzusehen ist oder nicht, wird man mitunter zweifelhaft sein können. Bei der Entscheidung ist Doppeltes zu beachten: Einerseits, daß in der rücksichtlich einzelner Gegenstände vorgenommenen Teilung eine Teilung des Nachlasses im ganzen noch nicht zu erblicken ist, und andererseits, daß die Annahme einer Teilung des Nachlasses dadurch noch nicht ausgeschlossen ist, daß einzelne zum Nachlaß gehörende Gegenstände noch nicht geteilt worden sind. Es kommt somit darauf an, ob die ordnungsmäßige Befriedigung der Nachlaßgläubiger nach Maßgabe des § 2059 Abs. 2 dadurch, daß die Miterben einzelne Nachlaßgegenstände dem Nachlaß entnommen und unter sich geteilt haben, bereits erheblich beeinträchtigt worden ist, oder ob dies nicht zutrifft. Wird diese Frage im Einzelfalle bejaht, so ist damit zugleich auch ausgesprochen, daß die Miterben, soweit nicht einer der Ausnahmefälle der §§ 2060, 2061 vorliegt, für die Nachlaßverbindlichkeiten als Gesamtschuldner haften. Im Falle der Verneinung der Frage bleiben dagegen die Miterben der ihnen für die Zeit vor der Teilung im § 2059 Abs. 1 Satz 1 gewährten Einrede selbst dann teilhaftig, wenn sie den ungeteilten Nachlaß durch Herausnahme und Teilung einzelner Nachlaßgegenstände gemindert haben. Die hierin scheinbar gelegene Beeinträchtigung der Nachlaßgläubiger wird jedoch dadurch wieder ausgeglichen, daß die Miterben in diesem Falle den Nachlaßgläubigern nach Maßgabe der §§ 1978 bis 1980 verantwortlich sind und, soweit sie ein gemeinschaftliches Verschulden trifft, für den daraus entstandenen Schaden als Gesamtschuldner mit ihrem ganzen Vermögen haften.

VII. Im Verhältnis untereinander haben Miterben für die Nachlaßverbindlichkeiten nach Maßgabe ihrer Erbteile aufzukommen. Sieht sich ein Miterbe also mit Rücksicht auf die ihn treffende gesamtschuldnerische Haftung zur vollständigen Berichtigung einer gegen ihn geltend gemachten Nachlaßverbindlichkeit veranlaßt, so kann er von den übrigen Miterben die im § 426 bestimmte Ausgleichung verlangen. Über die sich dabei bei gesamtschuldnerischer und zugleich unbeschränkter Haftung der Miterben wegen § 2063 Abs. 2 ergebenden Schwierigkeiten vgl. Strohal II S. 356f.

II. Besondere Fälle.

1. Haftung bei Berufung eines Erben zu mehreren Erbteilen.

§ 90.

Vgl. § 2007 und dazu Strohal II S. 359ff. sowie bei Planck V Erl. zu § 2007.

2. Einfluß der Ausgleichung auf die Erbenhaftung.

§ 91.

Schon im § 16 d. Darstellung ist hervorgehoben worden, daß die unter Miterben nach Maßgabe der §§ 2050 bis 2057 vorzunehmende Ausgleichung auch für die Gestaltung der Haftung für die Nachlaßverbindlichkeiten von entscheidender Bedeutung ist. Dies ist jetzt im einzelnen darzulegen.

I. Dasjenige, um was ein Miterbe aus dem Nachlaß infolge der Ausgleichung mehr oder weniger erhält, als er abgesehen von der Ausgleichung aus dem Nachlaß zu erhalten haben würde, kommt den Nachlaßgläubigern gegenüber als eine Erweiterung bezw. Verminderung des Anteils am Nachlaß in Betracht. Sucht ein Nachlaßgläubiger also seine Befriedigung vor der Teilung aus dem Anteil eines Miterben am ungeteilten Nachlaß, so gereicht die bezügliche Erweiterung bezw. Verminderung, soweit dies im konkreten Fall für die Befriedigung von Bedeutung ist, dem Nachlaßgläubiger zum Vorteil bezw. zum Nachteil. Macht ein Miterbe nach der Teilung einem Nachlaßgläubiger gegenüber die Beschränkbarkeit seiner Haftung geltend, so bildet den Gegenstand dieser Haftung dasjenige, was er kraft seines durch die Ausgleichungsberechtigung erweiterten bezw. durch die Ausgleichungsverbindlichkeit geminderten Miterbenrechtes aus dem Nachlaß erlangt hat.

II. Haften die Miterben nach der Teilung für die Nachlaßverbindlichkeiten nur beschränkt und zugleich auch nur anteilig, so bestimmt sich die anteilige Haftung derselben nicht lediglich nach den nominellen Erbteilen, sondern es sind hierbei auch die Verschiebungen mit zu berücksichtigen, welche jene infolge der Ausgleichung erfahren haben. Beispiel: A, B und C sind gesetzliche Erben zu gleichen Anteilen geworden. Bei der nach erfolgtem Gläubigeraufgebot und Befriedigung der angemeldeten Gläubiger vorgenommenen Auseinandersetzung stellt sich heraus, daß A mit Rücksicht auf die ihn treffende Ausgleichungspflicht aus dem Nachlaß nichts mehr zu erhalten hat. Die noch vorhandenen Nachlaßgegenstände werden daher unter die Miterben B und C gleich geteilt. Hinterher meldet sich ein ausgeschlossener Gläubiger mit einer Forderung von 1200 Mk. Wollte man hier die infolge der Ausgleichung eingetretene Verschiebung der Erbteile unberücksichtigt lassen, so würde man zu dem Ergebnisse gelangen, daß der Gläubiger gegenüber jedem Erben nur den Betrag von 400 Mk., und zwar mit dem Erfolg geltend machen kann, daß er von A nach § 1973 nichts erhält, von B und C dagegen nur je 400 und somit ungeachtet der hier vorausgesetzten Solvenz des Nachlasses mit 400 Mk. durchfällt. Die Sachwidrigkeit dieser Behandlung ist so groß, daß ihre Ablehnung selbst dann versucht werden müßte, wenn sie durch den Wortlaut des Gesetzes gestützt wäre. Allein hiervon kann nicht die Rede sein. Das Gesetz enthält darüber keine Bestimmung. Für die zu treffende Entscheidung können also nur sachliche Erwägungen in Betracht kommen. Diese führen aber offenbar zu der an den Anfang dieser Erörterung gestellten Entscheidung. Im vorliegenden Falle entfällt daher, da A praktisch außer Haftung steht, auf B und C von der Verbindlichkeit im Gesamtbetrage von 1200 Mk., unbeschadet des Rechtes zur Beschränkung der Haftung, ein Anteil von je 600 Mk. Zur theoretischen Rechtfertigung dieser Entscheidung können die Vorschriften des BGB. über den Erbschaftskauf (vgl. §§ 2371 ff.) herangezogen werden. Danach haftet, wer eine Erbschaft entgeltlich oder unentgeltlich an sich bringt, unbeschadet der Fortdauer der Haftung des Erben schon vom Abschluß des Kaufes oder des sonstigen Kausalgeschäftes an für die die Erbschaft, den Erbteil belastenden Nachlaßverbindlichkeiten (§§ 2382, 2385). Unter den Gesichtspunkt des Ansichbringens eines Erbteils fällt aber auch der Vorgang, durch welchen ausgleichungsberechtigte Miterben dasjenige, was auf den ausgleichungspflichtigen Miterben abgesehen von dessen Ausgleichungspflicht vom Nachlaß entfallen sein würde, bei der Auseinandersetzung ganz oder teilweise an sich ziehen. Soweit dies geschieht, trifft die ausgleichungsberechtigten Miterben daher auch, unbeschadet der Fortdauer der in unserem Falle freilich nur formalen Haftung des ausgleichungspflichtigen Miterben, die entsprechende Haftung für die Nachlaßverbindlichkeiten.

III. In ähnlicher Weise wie bei der unter II besprochenen Gestaltung muß die anteilige Haftung der Miterben auch bestimmt werden, wenn diese das Recht zur Beschränkung der Haftung auf das aus dem Nachlaß Erlangte bereits eingebüßt haben. Zur Klarstellung soll der unter II vorgelegte Beispielsfall auch hier verwendet werden.

Die Anwendung allgemeiner Grundsätze führt zunächst zu dem Ergebnis, daß jeder Miterbe unbeschränkt für ein Drittel der Forderung, also für 400 haftet. Die Haftung des Miterben A ist jedoch hier wegen ihrer Unbeschränktheit keine bloß formale, und im Verhältnis zwischen dem Gläubiger und dem A kommt darauf, daß dieser bei der Auseinandersetzung leer ausgegangen ist, nichts an. Für den Gläubiger eröffnet sich somit die Aussicht, dadurch, daß er von jedem Miterben 400 verlangt, volle Befriedigung zu erhalten. Im Verhältnis der Miterben untereinander würden aber B und C jedenfalls die Last der ganzen Verbindlichkeit zu tragen und demgemäß dem A seine Haftung gegenüber dem Gläubiger abzunehmen und ihm eventuell das diesem bereits Geleistete zu ersetzen haben (vgl. auch § 2378). Man wird aber hierbei nicht stehen bleiben dürfen, sondern das am Schlusse von I Gesagte auch in unserem Falle zur Geltung zu bringen haben. Ergebnis: Unbeschadet der dem nominellen Erbteile des A entsprechenden unbeschränkten Haftung für 400 haften daneben B und C unbeschränkt für je 600.

IV. Liegen die Voraussetzungen vor, vermöge welcher die Miterben den Nachlaßgläubigern nach der Teilung beschränkt, aber gesamtschuldnerisch haften, so ist die Ausgleichung den Gläubigern gegenüber nach der bereits unter I a. E. hervorgehobenen Richtung hin von Bedeutung. Im Falle gesamtschuldnerischer und unbeschränkter Haftung der Miterben endlich kommt der infolge der Ausgleichung eingetretenen Verschiebung der Erbteile im Verhältnis zu den Nachlaßgläubigern keine Bedeutung zu; von Erheblichkeit bleibt aber doch immerhin, daß die Miterben untereinander zur Berichtigung einer gemeinschaftlichen Nachlaßverbindlichkeit nur nach dem infolge der Ausgleichung sich herausstellenden Verhältnis der Erbteile beizutragen haben.

V. In der vorstehenden Darlegung ist überall von der stillschweigenden Voraussetzung ausgegangen worden, daß der Nachlaß nicht überschuldet ist. Denn bei überschuldetem Nachlaß kommt der Ausgleichung praktische Bedeutung überhaupt nicht zu, weder im Verhältnis der Erben untereinander noch im Verhältnis der Erben zu den Nachlaßgläubigern.

3. Einfluß der Übertragung von Miterbenanteilen auf die Erbenhaftung.

§ 92.

Vgl. darüber Strohal II S. 367 ff.

5. Hauptstück.

Schutz des Erben.

I. Im allgemeinen.

§ 93.

I. Das Erbrecht als ius succedendi, d. h. als die jemandem auf Grund eines Berufungsgrundes gegebene rechtliche Möglichkeit zur Beerbung eines bestimmten Erblassers bedarf in der Regel eines besonderen Schutzes nicht. Anders verhält es sich nur, wenn der Wirksamkeit der Berufung desjenigen, welcher Erbe werden will, die angreifbare vorläufige Berufung eines anderen entgegensteht. Dies trifft einerseits im Falle der Anfechtbarkeit der Verfügung von Todes wegen, auf Grund deren die vorläufige Berufung erfolgt ist, und andererseits im Falle der Erbunwürdigkeit des zunächst Berufenen zu. Der in seinem ius succedendi Beeinträchtigte kann hier den Anfall der Erbschaft an den Erbunwürdigen und dort die anfechtbare Verfügung von Todes wegen anfechten und auf diese Weise den für ihn selbst vorhandenen Berufungsgrund zur Wirksamkeit bringen.

II. Nach erfolgtem Erwerb der Erbschaft stehen dem Erben in seiner Eigenschaft als Gesamtnachfolger des Erblassers die schon für den Erblasser selbst zur Zeit des Erbfalls begründet gewesenen Ansprüche zu, soweit sie nicht ausnahmsweise infolge des Todes des bisher Berechtigten erloschen sind. Die Gesamtnachfolge bringt es aber außerdem mit sich, daß für den Erben aus den auf ihn übergegangenen Rechtsverhältnissen dieselben Ansprüche neu entstehen, die für den Erblasser selbst entstanden sein würden, wenn dieser noch lebte. Der sich demgemäß nach den Vorschriften des BGB. ergebende Schutz des Erben geht über das römische Recht wesentlich deshalb weit hinaus, weil dem Erben dabei die Bestimmungen der §§ 857 und 1007 zustatten kommen.

Allein dem Erben wird außerdem auch noch ein besonderer erbrechtlicher Schutz zuteil:

1. Wenn der Erbschein einem nur vermeintlichen Erben erteilt worden ist, so kann dies zu einer schweren Beeinträchtigung des wahren Erben führen. Demgemäß ist der letztere dem ersteren gegenüber zum Verlangen auf Herausgabe des unrichtigen Erbscheins an das Nachlaßgericht berechtigt (§ 2362 Abs. 1).

2. Die zur Zeit des Erbfalls und unmittelbar nach demselben obwaltenden Verhältnisse bringen es nicht selten mit sich, daß, noch bevor der Erbe in der Lage gewesen ist, zur Wahrung seines Interesses tätig zu werden, andere Personen bereits in die Verwaltung des Nachlasses eingegriffen oder doch wenigstens auf einzelne zum Nachlaß gehörende Gegenstände eingewirkt haben. Auf daß dem Erben die Beseitigung der hieraus sich ergebenden Unsicherheit tunlichst ermöglicht und erleichtert werde, stellt ihm das Gesetz Ansprüche auf Erteilung einer mehr oder minder umfassenden Auskunft über erbschaftliche Verhältnisse gegen folgende Personen zur Verfügung:

a) Gegen den Erbschaftsbesitzer, d. h. gegen denjenigen, welcher auf Grund eines ihm in Wirklichkeit nicht zustehenden Erbrechts etwas aus der Erbschaft erlangt hat (§ 2018), sowie gegen den nach § 2030 einem Erbschaftsbesitzer Gleichstehenden auf Auskunfterteilung über den Bestand der Erbschaft und den örtlichen und wirtschaftlichen Verbleib der Erbschaftsgegenstände (§ 2027 Abs. 1).

b) Gegen denjenigen, welchem ein unrichtiger Erbschein erteilt worden ist (§ 2362 Abs. 2), auf Auskunfterteilung nach derselben Richtung hin, wie sie dem Erbschaftsbesitzer obliegt.

c) Gegen denjenigen, welcher, ohne Erbschaftsbesitzer zu sein, d. h. ohne ein Erbrecht für sich in Anspruch zu nehmen, gleichviel ob in eigennütziger Absicht oder, um dem Erben dadurch einen Dienst zu erweisen (also als negotiorum gestor des Erben), eine Sache aus dem Nachlaß in Besitz nimmt, bevor der Erbe den Besitz tatsächlich ergriffen hat (§ 2027 Abs. 2). Hinsichtlich seiner liegt wegen dieses Umstandes die Möglichkeit nahe, daß er in die Verhältnisse des Nachlasses in noch größerem Maße eingegriffen hat, als ihm vom Erben nachgewiesen werden kann. Aus diesem Grunde trifft ihn daher auch grundsätzlich dieselbe Auskunftspflicht, wie die unter a und b bezeichneten Personen, wennschon durch ihre Erfüllung praktisch oft nur Auskunft über den Verbleib einer einzelnen Erbschaftssache erzielt werden wird.

d) Endlich gegen denjenigen, welcher sich zur Zeit des Erbfalls mit dem Erblasser in häuslicher Gemeinschaft befunden hat, auf Erteilung der Auskunft darüber, welche erbschaftlichen Geschäfte er geführt hat, und was ihm über den Verbleib der Erbschaftsgegenstände bekannt ist. Besteht Grund zur Annahme, daß die Auskunft nicht mit der erforderlichen Sorgfalt erteilt worden ist, so hat der Verpflichtete auf Verlangen des Erben den Offenbarungseid dahin zu leisten, daß er seine Angaben nach bestem Wissen so vollständig gemacht habe, als er dazu imstande sei. Vgl. § 2028 i. V. m. § 259 Abs. 3 und § 261.

3. Gegen den Erbschaftsbesitzer sowie gegen den nach § 2030 einem Erbschaftsbesitzer Gleichstehenden gibt das Gesetz dem Erben als einen alle auf die Herausgabe des vom Beklagten aus der Erbschaft Erlangten sich beziehenden Einzelansprüche in sich zusammenfassenden Gesamtanspruch: den „Erbschaftsanspruch" (§ 2018). Vgl. über denselben die §§ 94 und 95 d. D.

4. In allen Fällen, in denen der Erbe in dieser seiner Eigenschaft einen Leistungsanspruch, oder wohl auch einen, ein einzelnes zum Nachlaß gehörendes Rechtsverhältnis betreffenden Feststellungsanspruch klagend geltend macht, hängt sein Sieg von der Bejahung der Vorfrage ab, daß er Erbe auch wirklich geworden ist. Das Ziel einer Klage des Erben kann aber auch geradezu auf Feststellung des Erbrechts, das will hier sagen: auf Feststellung der zugunsten des Klägers eingetretenen Erbfolge gerichtet sein.

III. Obschon der Nacherbe erst mit dem Eintritt des Falles der Nacherbfolge in die Erbenstellung einrückt, so können ihm doch schon vor diesem Zeitpunkte sowohl gegen den Vorerben als auch gegen dritte Personen auf die erbrechtliche Anwartschaft sich beziehende Ansprüche zukommen. Hierher gehören insbesondere die gegen den Vorerben sich richtenden und in den §§ 2116, 2118, 2122, 2123, 2127, 2128 bestimmten Ansprüche, ferner der gegen den Besitzer eines unrichtigen Erbscheins sich richtende Anspruch auf Herausgabe desselben an das Nachlaßgericht (§ 2363 Abs. 2) und, soweit ein Feststellungsinteresse vorliegt, der Anspruch auf Feststellung des Rechtes zur künftigen Nacherbfolge.

II. Der Erbschaftsanspruch.

1. Die Parteien.

§ 94.

I. Nach römischem und gemeinem Rechte steht dem Erben gegen jeden Dritten, der ihm etwas von der Erbschaft vorenthält, gleichviel ob der Dritte sich hierbei ein Erbrecht anmaßt, oder ob er ohne solche Anmaßung zur Erbschaft gehörende Gegenstände einfach als gute Beute behandelt, also sowohl gegen den possessor pro herede als auch gegen den possessor pro possessore die hereditatis petitio zu. Das BGB. schränkt dagegen die Verwendung seines der hereditatis petitio nachgebildeten Erbschaftsanspruchs dadurch wesentlich ein, daß es ihn nur gegen den Erbschaftsbesitzer im Sinne des § 2018 (bezw. des § 2030) gewährt und somit gegen denjenigen versagt, welcher das von ihm dem Erben mit Unrecht Vorenthaltene zwar aus der Erbschaft, aber nicht auf Grund eines von ihm für sich in Anspruch genommenen Erbrechts erlangt hat. Man kann dies auch so ausdrücken, daß der Erbschaftsanspruch des BGB. sich nur gegen den possessor pro herede, nicht auch gegen den possessor pro possessore richtet.

II. Die beim Erbschaftsanspruch beteiligten Parteien sind jetzt noch genauer zu bestimmen:

1. Der Kläger ist der wahre Erbe (auch der Teilerbe). Statt seiner aber unter Umständen auch der Nachlaßpfleger, Konkursverwalter und Testamentsvollstrecker. Dem Käufer einer Erbschaft steht der Anspruch nur zu, wenn er ihm vom verkaufenden Erben abgetreten worden ist. Einen dem Erbschaftsanspruch analogen Anspruch gewährt das Gesetz auch dem für tot erklärten Herrn eines Vermögens, der den in der Todeserklärung angenommenen Zeitpunkt seines angeblichen Todes überlebt hat, und desgleichen auch demjenigen, dessen Tod ohne Todeserklärung mit Unrecht angenommen worden ist (§ 2031).

2. Der Erbschaftsanspruch richtet sich gegen den Erbschaftsbesitzer im Sinne des § 2018 oder gegen den durch die Vorschrift des § 2030 im Verhältnis zum Erben einem Erbschaftsbesitzer Gleichgestellten.

a) Der Erbschaftsbesitzer wird in aller Regel Besitzer von zur Erbschaft gehörenden Sachen sein. Zum Dasein des Erbschaftsbesitzes ist jedoch derartiger Sachbesitz nicht erforderlich. Erbschaftsbesitz im Sinne des § 2018 setzt vielmehr nur voraus, daß derjenige, welchem er zugeschrieben wird, auf Grund eines ihm in Wirklichkeit nicht zustehenden Erbrechts etwas aus der Erbschaft erlangt hat. Wesentlich sind also zwei Momente:

α) Wer als Erbschaftsbesitzer in Betracht kommen soll, muß das von ihm aus der Erbschaft Erlangte auf Grund eines ihm in Wirklichkeit nicht zustehenden Erbrechts, d. h. derart erlangt haben, daß er hierbei eine ihm nicht zukommende Erbenstellung zur Geltung brachte. Ob der in solcher Weise Auftretende sich für den Erben auch wirklich gehalten hat, oder im vollen Bewußtsein seines Unrechts vorgegangen ist, ist für das Dasein des Erbschaftsbesitzes gleichgültig.

Der Vorerbe wird dadurch allein, daß sich die Erbschaft zur Zeit des Eintrittes der Nacherbfolge noch bei ihm befindet, noch nicht Erbschaftsbesitzer im Sinne des

§ 2018. Der gegen ihn mit diesem Zeitpunkte begründete Herausgabeanspruch des Nacherben (§ 2130) hat zwar mit dem Erbschaftsanspruch im technischen Sinne viel Verwandtes, ist aber mit diesem doch nicht identisch. Wohl aber ist der Vorerbe Erbschaftsbesitzer im technischen Sinne, wenn er sich auch nach dem bezeichneten Zeitpunkte die bereits dem Nacherben gebührende Erbenstellung anmaßt und aus diesem Grunde die ihm obliegende Herausgabe der Erbschaft verweigert.

β) Um als Erbschaftsbesitzer gelten zu können, muß der zu Unrecht als Erbe Auftretende auf Grund seiner Erbrechtsanmaßung auch „etwas" aus der Erbschaft „erlangt" haben. Der Vorteil aus der Erbschaft, auf dessen Erlangung der Erbschaftsbesitz des Erbprätendenten beruht, kann vor allem in dem Erwerb des Besitzes an zur Erbschaft gehörenden Sachen bestehen. Der erworbene Besitz braucht nicht notwendig Eigenbesitz zu sein, es kann auch Fremdbesitz vorliegen (vgl. Strohal II S. 383). Ein Erlangen im Sinne des § 2018 liegt auch dann vor, wenn der Erbprätendent hinsichtlich eines zur Erbschaft gehörenden Grundstücks oder eines solchen Rechtes an einem Grundstück als angeblicher Gesamtnachfolger des Erblassers im Grundbuch als Berechtigter eingetragen worden ist, und nicht minder, wenn er hinsichtlich einer zur Erbschaft gehörenden und sein Grundstück belastenden Hypothek seine Eintragung als Eigentümer-Grundschuldgläubiger durchsetzt (§ 1177 Abs. 1). Der Erbprätendent kann ferner etwas aus der Erbschaft auch in der Weise erlangen, daß er die von Nachlaßschuldnern gemachten Leistungen entgegennimmt. Hierbei ist es selbstverständlich wieder möglich, aber keineswegs notwendig, daß der Prätendent Besitz an Sachen erwirbt, der dem wahren Erben gebührt. Ein Erlangen der bezeichneten Art liegt desgleichen vor, wenn der Erbprätendent (und zwar auf Grund des ihm erteilten Erbscheins) seinem Gläubiger gegenüber eine Nachlaßforderung aufrechnet oder wenn er über ein zum Nachlaß gehörendes Recht (ebenfalls auf Grund des Erbscheins) gegen Entgelt wirksam verfügt.

b) Dem Erbschaftsbesitzer in dem unter a entwickelten Sinne steht nach § 2030 im Verhältnis zum Erben derjenige gleich, welcher „die Erbschaft durch Vertrag" von einem Erbschaftsbesitzer, also durch Kauf oder auf Grund einer anderen causa „erwirbt". Da ein solcher Erwerber einem Erbschaftsbesitzer gleichsteht, so bezieht sich § 2030 offenbar auch auf den Fall des weiteren vertragsmäßigen Erwerbs der Erbschaft von jenem Erwerber (vgl. auch § 2385). Was im § 2030 hinsichtlich des vertragsmäßigen Erwerbes der Erbschaft vom Erbschaftsbesitzer bestimmt ist, muß übrigens entsprechend auch zur Anwendung gebracht werden, wenn der Erbschaftsbesitzer die ihm nicht angefallene Erbschaft einem anderen als Vermächtnis hinterlassen hat.

Die große praktische Bedeutung der Bestimmung des § 2030 besteht nicht nur darin, daß der Erbschaftsanspruch gegen den daselbst bezeichneten Erwerber der Erbschaft überhaupt zulässig ist, sondern außerdem auch noch darin, daß die Rechtsstellung des wahren Erben zu dem nach § 2030 zu behandelnden Erwerber dadurch unberührt bleibt, daß dem Erwerber vom Veräußerer die zur Erbschaft gehörenden Rechte unter Verhältnissen übertragen worden sind, vermöge welcher sonst der Erwerber durch die Vorschriften der §§ 932 bis 936, 892, 893, 2366, 2367 dem bisher berechtigt Gewesenen gegenüber geschützt ist. Man kann dies ganz allgemein auch dahin ausdrücken, daß sich der nach § 2030 zu beurteilende Erwerber der Erbschaft hinsichtlich der zu dieser gehörenden und von ihm herauszugebenden Gegenstände dem wahren Erben gegenüber nicht auf die Vorschriften zugunsten derjenigen berufen kann, welche Rechte von einem Nichtberechtigten herleiten. Hieran muß insbesondere auch festgehalten werden, wenn über das Vermögen des Erwerbers Konkurs eröffnet worden ist.

III. Der den Erbschaftsanspruch geltend machende Kläger hat doppeltes zu beweisen: 1. sein Erbrecht und 2. den Erbschaftsbesitz des Beklagten.

Zu 1. Stützt Kläger sein Erbrecht auf eine Verfügung von Todes wegen (Testament oder Erbvertrag), so hat er ihr Dasein und ihren Inhalt zu beweisen; dies wird regelmäßig durch die Vorlegung des Testaments, des Erbvertrags, kann aber auch in anderer Weise geschehen. Beruht das vom Kläger behauptete Erbrecht auf einem eigenhändigen Testament des Erblassers, so hat jener die vom Beklagten bestrittene Echtheit des Testaments zu beweisen. Das Vorhandensein besonderer, die Wirksamkeit der vom Kläger angerufenen Verfügung von Todes wegen ausschließender Umstände (z. B. die angebliche Testierunfähigkeit des Erblassers oder Umstände der in den §§ 2234 bis 2236 bezeichneten Art) sowie die Aufhebung der Verfügung von Todes wegen hat der Beklagte zu erweisen. Beruft sich Kläger auf gesetzliches Erbrecht, so hat er die dafür entscheidenden Tatsachen zu behaupten und zu erweisen. Macht Beklagter geltend, daß der Eintritt der gesetzlichen Erbfolge durch eine Verfügung von Todes wegen ganz oder teilweise ausgeschlossen sei, oder daß dem Kläger ein anderer gesetzlicher Erbe vorgehe, oder daß ein solcher Erbe dessen Erbrecht wenigstens beschränke, so trifft hinsichtlich dieser Behauptungen ihn die Beweislast. Die erfolgte Annahme der Erbschaft braucht der Kläger in aller Regel nicht zu erweisen. Behauptet der Beklagte die Ausschlagung, so obliegt ihm die Beweisführung.

Ergibt sich, daß Kläger der wahre Erbe nicht ist, so muß er abgewiesen werden; es ist also in diesem Falle nicht etwa abzuwägen, wer von den beiden Teilen das relativ bessere Recht habe.

Zu 2. Zum Beweis der Sachlegitimation des Beklagten braucht der Kläger nicht darzutun, daß jener von dem (auf Grund eines in Wirklichkeit nicht bestehenden Erbrechts) aus der Erbschaft Erlangten gegenwärtig noch etwas hat, es genügt vielmehr der Beweis des in der Vergangenheit liegenden Erlangthabens. Bestreitet aber Beklagter ungeachtet dieses gegen ihn erbrachten Beweises eine Verpflichtung zur Herausgabe, so ist es an ihm, diejenigen Umstände darzutun, vermöge welcher eine Herausgabepflicht entfällt.

2. Herausgabepflicht.

§ 95.

I. Im Falle des klägerischen Sieges hat der Beklagte an den Kläger das aus dem Nachlaß Erlangte oder, soweit es Veränderungen erfahren hat, das herauszugeben, was sich aus dem Erlangten nach Maßgabe des Surrogationsprinzips weiterentwickelt hat. In Ansehung des aus der Erbschaft Erlangten kann übrigens die Rechtsstellung des Erbschaftsbesitzers eine sehr verschiedene sein.

1. In betreff der nicht bloß tatsächlich, sondern auch rechtlich zum Nachlaß gehörenden Sachen wird an dieser rechtlichen Zugehörigkeit durch den Besitzerwerb des Erbschaftsbesitzers eine Änderung nicht herbeigeführt. Das Eigentum an diesen Sachen steht also dem wahren Erben zu. Liegen hinsichtlich solcher Sachen auf seiten des

sie als zur Erbschaft gehörenden besitzenden Erbschaftsbesitzers die Voraussetzungen der Ersitzung vor (§ 937), so ist diese zwar nicht schlechthin ausgeschlossen; allein der Erbschaftsbesitzer kann sich doch dem wahren Erben gegenüber auf die Ersitzung so lange nicht berufen, als der Erbschaftsanspruch nicht verjährt ist (§ 2026). Vgl. übrigens auch § 944.

2. Ist der Erbschaftsbesitzer in Ansehung eines bücherlichen Rechtes des Erblassers umgeschrieben worden, so bleiben hierdurch die Rechte des wahren Erben unberührt.

3. Erfolgen auf Grund von zur Erbschaft gehörenden Forderungen Leistungen an den Erbschaftsbesitzer, so macht sich bereits der Einfluß des Surrogationsprinzips bemerkbar. Nach allgemeinen Grundsätzen würde anzunehmen sein, daß die an den Erbschaftsbesitzer stattfindende Erfüllung einer auf Verschaffung des Eigentums oder eines anderen Rechtes gerichteten Nachlaßforderung dem Erbschaftsbesitzer den Erwerb des Eigentums oder des sonstigen Rechtes vermittelt. Allein, da es sich hierbei unter der Voraussetzung, daß die Erfüllung dem wahren Erben gegenüber wirksam ist, um einen „mit Mitteln der Erbschaft" gemachten rechtsgeschäftlichen Erwerb handelt, so ist dieser nach § 2019 als ein zur Erbschaft gehörender und damit zugleich als ein für den wahren Erben eintretender zu behandeln. Subjekt des betreffenden Rechtes wird also nicht der Scheinerbe, sondern der wahre Erbe, obschon in dessen Person die regelmäßigen Voraussetzungen des Erwerbs nicht vorhanden sind.

4. Verfügt der Erbschaftsbesitzer in einer dem wahren Erben gegenüber wirksamen Weise (vgl. dazu die Vorschriften über den Erwerb auf Grund einer Verfügung des Nichtberechtigten, ferner § 185) über einen Nachlaßgegenstand gegen Entgelt, so greift das Surrogationsprinzip in gleicher Weise ein, wie in den Fällen unter Z. 3, d. h. Subjekt derjenigen Rechte, welche der Erbschaftsbesitzer, abgesehen von der Vorschrift des § 2019, infolge der Verfügung über „Mittel der Erbschaft" erlangt haben würde, wird der wahre Erbe. Zugunsten des Schuldners einer kraft rechtsgeschäftlicher Surrogation vom wahren Erben erworbenen Forderung wird im Abs. 2 von § 2019 die besondere Vorsorge getroffen, daß er die Zugehörigkeit der Forderung zur Erbschaft erst dann gegen sich gelten zu lassen braucht, wenn er von dieser Kenntnis erlangt hat.

5. Obschon § 2019 die Geltung des Surrogationsprinzips nur hinsichtlich des vom Erbschaftsbesitzer durch Rechtsgeschäft mit Mitteln der Erbschaft gemachten Erwerbs ausdrücklich hervorhebt, so darf hieraus doch nicht auf eine Beschränkung der Geltung auf diese Fälle geschlossen werden. Soweit nicht Ausnahmevorschriften eingreifen (vgl. II), versteht sich vielmehr ganz von selbst, daß ein auf Grund eines zur Erbschaft gehörenden Rechtes ohne Vermittelung eines Rechtsgeschäfts eintretender Erwerb für den wahren Erben gemacht wird, und daß Ansprüche wegen Zerstörung oder Beschädigung eines Erbschaftsgegenstandes nicht in der Person des Erbschaftsbesitzers, sondern in der des wahren Erben entstehen.

6. Das vom Erbprätendenten aus der Erbschaft Erlangte kann auch ganz oder teilweise in dessen Eigenvermögen aufgegangen sein. So verhält es sich z. B., wenn er mit Erbschaftsmitteln Eigenverbindlichkeiten berichtigt, oder auf seinem Grundstück ein Gebäude aufführt, oder wenn er eine Erbschaftsforderung gegen den Gläubiger aus einer gegen ihn sich richtenden Forderung aufrechnet u. dgl. In Fällen

solcher Art bestimmt sich die Verpflichtung des Erbschaftsbesitzers nach den Vorschriften über die Herausgabe einer ungerechtfertigten Bereicherung (§ 2021).

II. Die Herausgabepflicht des (gleichviel ob bös- oder gutgläubigen) Erbschaftsbesitzers erstreckt sich auch auf die von ihm aus der Erbschaft gezogenen Nutzungen (§ 2020 Satz 1). Soweit es sich dabei nicht um Früchte handelt, kann offenbar nur eine vom Erbschaftsbesitzer herauszugebende Bereicherung in Betracht kommen. Bezüglich der vom Erbschaftsbesitzer gewonnenen Früchte ist also zu unterscheiden. Soweit der gutgläubige Erbschaftsbesitzer an den Früchten nach den §§ 955 ff. das Eigentum erwirbt (§ 2020 Satz 2), trifft ihn nur eine obligatorische Herausgabepflicht. Abgesehen hiervon tritt eine dingliche Herausgabepflicht ein, insbesondere auch dann, wenn der gut- oder bösgläubige Erbschaftsbesitzer zum Nachlaß gehörende Darlehnszinsen oder Mietzinsforderungen einzieht, da die eingezogenen Beträge hier kraft rechtsgeschäftlicher Surrogation (§ 2019) zum Nachlaß gehören.

III. In betreff der Verantwortlichkeit des Erbschaftsbesitzers wegen seines Gebarens mit der Erbschaft ist also zu unterscheiden: 1. Den gutgläubigen Erbschaftsbesitzer trifft eine solche Verantwortlichkeit hinsichtlich der Zeit vor der Rechtshängigkeit nicht. Der Begriff des „guten Glaubens“ (§ 2024) bestimmt sich dabei nach Maßgabe des entsprechend anzuwendenden § 932 Abs. 2. Danach ist der Erbschaftsbesitzer beim Beginn des Erbschaftsbesitzes nur dann im guten Glauben, wenn er zu dieser Zeit weder weiß, noch infolge grober Fahrlässigkeit nicht weiß, daß er sich die Erbenstellung zu Unrecht angemaßt hat. Der bona fide begonnene Erbschaftsbesitz wird dagegen zum bösgläubigen erst mit dem Zeitpunkt, in welchem der Erbschaftsbesitzer erfährt, daß er nicht der Erbe ist (§ 2024 Satz 2).

2. Von dem Eintritt der Rechtshängigkeit an haftet der Erbschaftsbesitzer dem Erben hinsichtlich der herauszugebenden Erbschaftssachen nach den für das Verhältnis zwischen dem Eigentümer und dem Besitzer für die Zeit der Rechtshängigkeit des Eigentumsanspruchs geltenden Vorschriften auf Schadensersatz wegen Verschlechterung, Untergangs oder einer aus anderem Grunde eintretenden Unmöglichkeit der Leistung, und nach den gleichen Vorschriften bestimmen sich hinsichtlich dieser Zeit auch seine Verpflichtungen in betreff der von ihm gezogenen oder schuldbar nicht gezogenen Nutzungen (§§ 2023, 987, 989). Ist der Erbschaftsbesitzer um einen Geldbetrag bereichert, so hat er ihn vom Eintritt der Rechtshängigkeit an nach Maßgabe des § 291 zu verzinsen (§§ 2021, 818, Abs. 4).

3. Fehlte dem Erbschaftsbesitzer schon beim Beginn des Erbschaftsbesitzes der gute Glaube, so haftet er dem Erben von vornherein so, wie der gutgläubige Erbschaftsbesitzer von dem Eintritt der Rechtshängigkeit an haftet. Erfährt der bisher in gutem Glauben gewesene Erbschaftsbesitzer erst hinterher, daß er der wahre Erbe nicht ist, so tritt die vorerwähnte Steigerung der Haftung mit der Erlangung dieser Kenntnis ein. Vgl. §§ 2024, 2021, 819. Liegen die Voraussetzungen des Leistungsverzugs vor (vgl. §§ 284, 285), so treffen den bösgläubigen Erbschaftsbesitzer auch die Verzugsfolgen des § 286 (§ 2024 Satz 3).

4. In zwei Fällen haftet der Erbschaftsbesitzer dem Erben — jedoch unbeschadet der zu dessen Gunsten eingreifenden allgemeinen Bestimmungen der §§ 2018, 2019 — nach den Vorschriften über den Schadensersatz wegen unerlaubter Handlungen. So verhält es sich:

a) wenn er einen Erbschaftsgegenstand durch eine strafbare Handlung (§ 2025 Satz 1), oder

b) wenn er (ohne daß dabei eine strafbare Handlung vorliegt) eine Erbschaftssache nach Maßgabe des § 2025 durch verbotene Eigenmacht erlangt hat.

Zu a. Das Erlangen durch eine strafbare Handlung kann sowohl hinsichtlich einer Erbschafts*sache* als hinsichtlich eines *anderen* Erbschafts*gegenstandes* stattfinden, und es ist sehr wohl auch möglich, daß der Erbschaftsbesitzer geradezu alles, was aus der Erbschaft an ihn gekommen ist, infolge einer strafbaren Handlung erlangt hat.

Zu b. Da der Besitz der Erblassers ohne weiteres auf den Erben übergeht, so verübt der Erbprätendent verbotene Eigenmacht im Sinne des § 858 schon dadurch, daß er sich des Besitzes von tatsächlich zur Erbschaft gehörenden und nach § 857 vom wahren Erben ohne tatsächliche Besitzergreifung bereits besessenen Sachen auf eigene Faust bemächtigt. Allein daraus folgt noch nicht, daß jeder Erbprätendent wegen der Verübung solcher Eigenmacht nach den Vorschriften über unerlaubte Handlungen auf Schadensersatz haftet. Denn der Eintritt dieser Haftung setzt nach § 823 ein Verschulden des Handelnden voraus, dessen Vorhandensein nur auf seiten des bösgläubigen Erbprätendenten ohne weiteres anzunehmen ist. Hinsichtlich des gutgläubigen Okkupanten ist wieder zu unterscheiden, ob die Erlangung des Besitzes einer Erbschaftssache durch verbotene Eigenmacht erfolgt ist, noch bevor der wahre Erbe den Besitz der Sache bereits ergriffen hatte oder erst, nachdem dies schon geschehen war. Im ersten Falle tritt eine Haftung des gutgläubigen Okkupanten wegen der von ihm verübten verbotenen Eigenmacht selbst dann nicht ein, wenn ihn in betreff der Annahme seiner Erbberechtigung eine geringe Fahrlässigkeit trifft. Im zweiten Falle hat der gutgläubige Okkupant die von ihm verübte Eigenmacht nach den Vorschriften über den Schadensersatz wegen unerlaubter Handlungen dann zu verantworten, wenn er wußte oder doch wenigstens wissen mußte, daß die von ihm okkupierte Sache bereits von einem anderen, der sich später als der wahre Erbe herausstellt, ergriffen worden ist.

IV. Hinsichtlich der vom Erbschaftsbesitzer auf einzelne Erbschaftsgegenstände oder auf die Erbschaft überhaupt gemachten Verwendungen sowie in Ansehung sonstiger aus Anlaß seines Erbschaftsbesitzes vorgenommener Verausgabungen gelten folgende Grundsätze:

1. Stellung des *gutgläubigen* Erbschaftsbesitzers für die Zeit *vor* der Rechtshängigkeit.

a) Soweit der gutgläubige Erbschaftsbesitzer dem Erben lediglich nach den Vorschriften über die Herausgabe einer ungerechtfertigten Bereicherung haftet (§ 2021), mindern die von ihm gemachten Verwendungen aller Art, gleichviel, ob sie notwendig, nützlich oder überflüssig waren, und ohne Rücksicht darauf, ob sie dem Erben zustatten kommen oder nicht, den Betrag der herauszugebenden Bereicherung. Eine solche Minderung wird sogar durch solche Auslagen des Erbschaftsbesitzers herbeigeführt, die unter den Gesichtspunkt der Verwendungen und der diesen im Abs. 2 von § 2022 gleichgestellten Aufwendungen nicht gebracht werden können, die aber der Erbschaftsbesitzer doch nicht gemacht haben würde, wenn er sich nicht aus guten Gründen für den Erben gehalten hätte. Beispiel: Der Erbschaftsbesitzer hat aus Anlaß des von ihm angenommenen Anfalls der Erbschaft dritten Personen freigebige Zuwendungen gemacht oder seine ganze Lebensführung auf einen größeren Fuß gestellt, als er bisher gewohnt war u. dgl. (vgl. § 2021 in Verbindung mit § 818).

b) Ist die Möglichkeit eines Abzugs im Sinne von a) für den Erbschaftsbesitzer nicht gegeben, so braucht er die zur Erbschaft gehörenden „Sachen" nur gegen Ersatz aller Verwendungen, also auch der überflüssigen, zwecklosen und dem Erben nicht zustatten kommenden, herauszugeben (§ 2022 Abs. 1). Zu den Verwendungen in diesem Sinne gehören auch Aufwendungen, die der Erbschaftsbesitzer zur Bestreitung von Lasten der Erbschaft oder zur Berichtigung von Nachlaßverbindlichkeiten gemacht hat (§ 2022 Abs. 2), nicht aber auch die vom Erbschaftsbesitzer zwar aus Anlaß des vermeintlichen Erbschaftserwerbs, aber doch nicht für die Erbschaft gemachten Auslagen oder eingegangenen Verpflichtungen.

Soweit der Erbschaftsbesitzer aber Verwendungen, die er hiernach in Ansatz bringen darf, überhaupt gemacht hat, kann er das ihm nach § 2022 zukommende Zurückbehaltungsrecht auch hinsichtlich solcher Erbschaftssachen ausüben, auf die er nichts verwendet hat. Im übrigen sind die Vorschriften der §§ 1000 bis 1003 zur Anwendung zu bringen (§ 2022 Abs. 1 Satz 2).

c) In einer ähnlichen Stellung wie hinsichtlich der von ihm an den Erben herauszugebenden Erbschaftssachen befindet sich der Erbschaftsbesitzer auch hinsichtlich der auf ihn bereits umgeschriebenen bücherlichen Rechte des Erblassers. Zur Wahrung seines Rechtes wird hier der Erbe vor allem die Eintragung eines Widerspruchs im Grundbuch (§ 899) und sodann die Zustimmung des Erbschaftsbesitzers zur Grundbuchberichtigung verlangen (§ 894). Der im § 2022 zur Geltung gebrachte Gedanke scheint hier, soweit das daselbst bestimmte Zurückbehaltungsrecht an Sachen nicht ausreicht, darauf zu führen, daß der Erbschaftsbesitzer die Erteilung der Zustimmung zur Grundbuchberichtigung so lange verweigern kann, bis ihm die gemachten Verwendungen vom Erben ersetzt worden sind.

d) Durch die unter b) besprochenen Bestimmungen bleiben die für den Erbschaftsbesitzer wegen der Aufwendungen, „die nicht auf einzelne Sachen gemacht worden sind", schon nach allgemeinen Grundsätzen sich ergebenden weitergehenden Ersatzansprüche unberührt (§ 2022 Abs. 3). Ein hierher gehörender Fall liegt z. B. vor, wenn das Begräbnis des Erblassers vom Erbschaftsbesitzer angeordnet worden ist, und hierdurch persönliche Verpflichtungen desselben gegenüber denjenigen Personen entstanden sind, mit welchen er die hierbei in Betracht kommenden Verträge geschlossen hat. Hier ist der Erbschaftsbesitzer dem Erben gegenüber nach § 1968 berechtigt, Befreiung bezw. Ersatz des aus seinen Mitteln bereits Geleisteten zu verlangen.

e) Ungeachtet der ihm nach Maßgabe von a bis d zur Verfügung stehenden Rechtsbehelfe kann der gutgläubige Erbschaftsbesitzer selbst bei zureichender Erbschaft doch infolge seines Erbschaftsbesitzes eine sehr erhebliche Vermögenseinbuße erleiden. So z. B., wenn er aus Anlaß des vermeintlichen Erbschaftserwerbs aus *seinen Mitteln* Auslagen gemacht hat, die unter den Gesichtspunkt von Aufwendungen auf die Erbschaft oder auf einzelne Erbschaftsgegenstände nicht gebracht werden können, und wenn es zugleich an einer Bereicherung des Erbschaftsbesitzers aus der Erbschaft fehlt, von der diese Auslagen abgezogen werden könnten.

2. Wegen der von ihm *nach* dem Eintritt der Rechtshängigkeit gemachten Verwendungen kann der Erbschaftsbesitzer auf dem unter Z. 1 a bis c angegebenen Wege

Ersatz nur erlangen, wenn und soweit sie notwendig waren, und als das Ersatzrecht zugleich nach den Vorschriften über die Geschäftsführung ohne Auftrag begründet ist (§ 2023 Abs. 2 in Verbindung mit den §§ 994 Abs. 2, 995, 996). Die Möglichkeit von aus der Anwendung allgemein durchgreifender Grundsätze sich ergebenden weitergehenden Ansprüchen ist aber auch hierdurch nicht ausgeschlossen.

3. Fehlt dem Erbschaftsbesitzer schon beim Beginn des Erbschaftsbesitzes der gute Glaube oder erfährt er später, daß er nicht der Erbe ist, so gilt das unter Z. 2 Gesagte im ersten Falle schon von vornherein und im zweiten von der Erlangung der Kenntnis an (§ 2024).

4. Das Zurückbehaltungsrecht wegen Verwendungen entfällt, wenn der Beklagte den Erbschaftsbesitz überhaupt, oder doch wenigstens den Besitz derjenigen Sachen, deren Zurückbehaltung in Frage steht, durch eine vorsätzlich begangene unerlaubte Handlung erlangt hat (§§ 2022, 1000).

V. Ist der den Erbschaftsanspruch geltend machende Kläger ein Teilerbe, so macht es einen wesentlichen Unterschied, ob der Beklagte der Miterbe des Klägers oder ein gänzlich unberechtigter Dritter ist. Im ersten Falle kann der Kläger vom Beklagten hinsichtlich desjenigen, was dieser aus der Erbschaft erlangt hat, die Herstellung des der Miterbengemeinschaft entsprechenden Zustandes verlangen. Im zweiten Falle richtet sich dasjenige, was der Kläger verlangen kann, mit Rücksicht darauf, daß der Erbschaftsanspruch alle zur Erbschaft gehörenden und gegen den Erbschaftsbesitzer sich richtenden Einzelansprüche in sich umfaßt, nach § 2039.

VI. Der Erbschaftsanspruch verjährt in dreißig Jahren (§§ 194, 195). Die Verjährung beginnt mit dem Zeitpunkt, in welchem jemand dem wahren Erben als Erbschaftsbesitzer im Sinne des § 2018 gegenübersteht. Das gleiche gilt für die Verjährung des dem mit Unrecht für tot erklärten oder ohne Todeserklärung mit Unrecht für tot gehaltenen Herrn eines Vermögens gegen denjenigen, welcher sich in Ansehung dieses Vermögens in der Stellung eines Erbschaftsbesitzers befindet, zustehenden und nach den für den Erbschaftsanspruch maßgebenden Grundsätzen zu behandelnden Anspruchs; doch wird, solange der für tot Erklärte oder für tot Gehaltene noch lebt, die Verjährung des bezeichneten Anspruchs nicht vor dem Ablauf eines Jahres nach dem Zeitpunkt vollendet, in welchem jener von der Todeserklärung bezw. von der ohne Todeserklärung mit Unrecht erfolgten Annahme seines Todes Kenntnis erlangt (§ 2031).

Besonderer Hervorhebung bedarf nachfolgendes:

1. Erbschaftsbesitz ist bereits mit dem Zeitpunkt vorhanden, in welchem jemand auf Grund eines ihm in Wirklichkeit nicht zustehenden Erbrechts etwas aus der Erbschaft erlangt. Dieser Zeitpunkt bleibt für den Beginn der Verjährung des Erbschaftsanspruchs selbst dann maßgebend, wenn der Erbschaftsbesitzer zu dem aus der Erbschaft zunächst Erlangten späterhin auf Grund derselben Erbrechtsprätension noch anderes hinzuerlangt. Die Folge davon ist, daß sich hierdurch in Ansehung des später Erlangten praktisch eine unter Umständen sehr erhebliche Verkürzung der Verjährungszeit ergibt.

2. Hängt die Entstehung des Erbschaftsanspruchs davon ab, daß der wahre Erbe vorher von einem ihm zustehenden Anfechtungsrechte Gebrauch macht, so ist doch diese Abhängigkeit auf den Beginn der Verjährung ohne Einfluß, d. h. nach erfolgter

Anfechtung tritt hinsichtlich des Beginns der Verjährung des Erbschaftsanspruchs dieselbe Beurteilung ein, wie wenn es zur Entstehung des Erbschaftsanspruchs der Anfechtung gar nicht bedurft hätte (§ 200). Daran, daß die Verjährung des Erbschaftsanspruchs nicht beginnen kann, bevor auf seiten des Erbprätendenten Erbschaftsbesitz vorhanden ist, wird aber hierdurch nichts geändert.

3. Der Verjährung des gegen einen Miterben sich richtenden Erbschaftsanspruchs des Teilerben steht die im § 758 bestimmte Unverjährbarkeit des Anspruchs auf Aufhebung einer Gemeinschaft nicht entgegen. Denn was der Teilerbe in einem solchen Falle verlangt, ist zunächst nicht die Aufhebung der Miterbengemeinschaft, sondern vielmehr die Herstellung des dem rechtlichen Vorhandensein dieser Gemeinschaft entsprechenden tatsächlichen Zustands.

4. An die Verjährung des Erbschaftsanspruchs knüpft sich die Folge, daß der Erbschaftsbesitzer ihn durch Geltendmachung der Verjährungseinrede (§ 222 Abs. 1) abwehren kann. Seines Erbrechts wird jedoch der Erbe durch die Verjährung des Erbschaftsanspruchs nicht verlustig, und ungeachtet der ihm zustatten kommenden Verjährung dieses Anspruchs erlangt der bisherige Erbschaftsbesitzer nicht die volle rechtliche Stellung eines wahren Erben.

III. Einzelansprüche.

§ 96.

I. Durch die Vorschriften über den Erbschaftsanspruch ist dem Erben die Möglichkeit der Geltendmachung der für ihn kraft seiner Erbenstellung gegen den Erbschaftsbesitzer begründeten Einzelansprüche nicht benommen. Allein dem beklagten Erbschaftsbesitzer sollen durch ein solches Vorgehen des Erben die Vorteile nicht verkümmert werden, die ihm durch die Bestimmungen über den Erbschaftsanspruch gewährleistet sind. Demgemäß bestimmt sich die Haftung des Erbschaftsbesitzers auch gegenüber den Ansprüchen, die dem Erben in Ansehung einzelner „Erbschaftsgegenstände" zustehen, nach den Vorschriften über den Erbschaftsanspruch (§ 2029).

Hiermit ist dem Erbschaftsbesitzer den Einzelansprüchen des Erben gegenüber nicht bloß ein Einrederecht gewährt, durch dessen Geltendmachung er seine Haftung derart herabdrücken kann, daß er dem Erben nicht mehr herauszugeben braucht, als dieser im Falle der Geltendmachung des Erbschaftsanspruchs von ihm verlangen könnte. Die Bestimmung des § 2029 enthält vielmehr eine Anweisung an den Richter, zufolge deren in Fällen der bezeichneten Art die Vorschriften über den Erbschaftsanspruch schon von Amts wegen zur Anwendung zu bringen sind, und zwar nicht nur, soweit dies dem Beklagten zum Vorteil, sondern auch soweit es ihm zum Nachteil gereicht.

II. Über die praktische Bedeutung des im § 2029 ausgesprochenen Grundsatzes vgl. Strohal II S. 408 ff.

6. Hauptstück.

Erbschaftskauf und verwandte Geschäfte.

I. Verhältnis unter den Vertragschließenden.

§ 97.

I. Der Erbe kann die ihm angefallene Erbschaft zum Gegenstand eines auf Veräußerung gerichteten obligatorischen Vertrages, insbesondere eines Verkaufs machen. Das Gesetz widmet diesen und verwandten Vorgängen in den §§ 2371—2385 eingehende Bestimmungen, die von dem besonderen Falle des Verkaufes einer angefallenen Erbschaft (Erbschaftskauf) ihren Ausgangspunkt nehmen. Die Vorschriften des Gesetzes über den Erbschaftskauf finden aber auch auf den Kauf einer von dem Verkäufer durch Vertrag erworbenen Erbschaft, sowie auf andere Verträge, die auf die Veräußerung einer dem Veräußerer angefallenen oder anderweit von ihm erworbenen Erbschaft gerichtet sind (§ 2385 Abs. 1), Anwendung. Mit den nächstliegenden Fällen des Erbschaftskaufes hat man es zu tun, wenn der Alleinerbe die Erbschaft, oder wenn ein Teilerbe seinen Erbteil verkauft; möglich, aber nur von geringer praktischer Bedeutung, ist aber auch der Verkauf eines Bruchteils der Erbschaft von seiten des Alleinerben und der Verkauf eines Bruchteils eines Erbteils von seiten eines Teilerben.

II. Der Erbschaftskauf bedarf nach § 2371 zu seiner Gültigkeit der Form der gerichtlichen oder notariellen Beurkundung; dasselbe gilt für die im § 2385 Abs. 1 bezeichneten obligatorischen Verträge.

III. Auf Erweiterungen, die der erbrechtliche Erwerb des Verkäufers nach dem Abschluß des Kaufes durch Anwachsung eines Erbteils, durch eine nach § 1935 eintretende Erhöhung des verkauften gesetzlichen Erbteils oder durch einen zugunsten des Verkäufers eintretenden Fall der Nacherbfolge erfährt, erstreckt sich der Verkauf im Zweifel nicht (§ 2373). Das gleiche gilt rücksichtlich eines dem Verkäufer zugewendeten Vorausvermächtnisses, und zwar nach Maßgabe des § 2150 auch insoweit, als der Verkäufer selbst beschwert ist, und rücksichtlich der Familienpapiere und Familienbilder (vgl. § 2373). Die aus dem Wegfall eines die verkaufte Erbschaft (den verkauften Erbteil) belastenden Vermächtnisses oder einer solchen Auflage und die aus der Ausgleichungspflicht eines Miterben sich ergebenden Vorteile gebühren dagegen in Ermangelung einer anderen Abrede dem Käufer (§ 2372). Dasselbe wird auch in betreff des aus dem Wegfall eines Nacherben erwachsenden Vorteils gesagt werden dürfen.

IV. Schon von dem Abschluß des Kaufes an trägt der Erbschaftskäufer die Gefahr des zufälligen Untergangs und der zufälligen Verschlechterung der Erbschaftsgegenstände (Abweichung von § 446). Von diesem Zeitpunkt an gebühren ihm die Nutzungen und hat er die Kosten zu tragen (§ 2380). Bezüglich der Nutzungen und Lasten vor dem Verkauf vgl. § 2379 und bezüglich der Verwendungen § 2381.

Was der Verkäufer auf Grund eines zur Erbschaft gehörenden Rechtes oder als Ersatz für die Zerstörung, Beschädigung oder Entziehung eines Erbschaftsgegenstandes oder durch ein auf die Erbschaft sich beziehendes Rechtsgeschäft erlangt hat, hat er dem Käufer herauszugeben (§ 2374). Wegen der von ihm vor dem Verkauf verbrauchten oder unentgeltlich veräußerten Erbschaftsgegenstände ist der Verkäufer dem Käufer zum Ersatz des Wertes und wegen unentgeltlicher Belastung solcher Gegenstände zum Ersatz der Wertverminderung verpflichtet, dafern der Käufer diese Vorgänge nicht schon beim Abschluß des Kaufes gekannt hat (§ 2375); der Schenker einer Erbschaft ist jedoch in den analogen Fällen dem Beschenkten zur Ersatzleistung nicht verpflichtet (§ 2385 Abs. 2). Die infolge des Erbfalls durch Vereinigung erloschenen Rechtsverhältnisse gelten im Verhältnis zwischen dem Erbschaftsverkäufer und dem Erbschaftskäufer als nicht erloschen und sind erforderlichenfalls wiederherzustellen (§ 2377).

V. Durch den Erbschaftskauf tritt der Käufer nicht ohne weiteres in die dem Verkäufer rücksichtlich der zum Nachlaß gehörenden Gegenstände zukommenden Rechte ein, sondern erlangt er dem letzteren gegenüber nur einen obligatorischen Anspruch darauf, nach Maßgabe des unter III und IV Gesagten dem praktischen Erfolge nach so gestellt zu werden, als ob er und nicht der Verkäufer Erbe geworden wäre. Die Erfüllung der hieraus für den Verkäufer sich ergebenden Verpflichtungen gestaltet sich je nach den Umständen verschieden.

1. Der Teilerbe, der seinen Anteil am Nachlaß noch vor der Auseinandersetzung an einen anderen verkauft hat, ist offenbar zur Übertragung nach Maßgabe des § 2033 verpflichtet.

2. Der Alleinerbe vermag dagegen die Erbschaft als Ganzes dem Käufer nicht durch einen einheitlichen Übertragungsakt zu verschaffen, selbst dann nicht, wenn die Erbschaft in vollständiger Sonderung von dem Eigenvermögen des Erben von einem Testamentsvollstrecker oder Nachlaßpfleger verwaltet wird. Um seinen Verpflichtungen aus dem Kaufvertrag nachzukommen, hat der verkaufende Erbe die zur Zeit des Verkaufs beim Verkäufer noch vorhandenen Erbschaftsgegenstände bezw. deren Surrogate dem Käufer herauszugeben (§ 2374) und zu diesem Zwecke auch die der Beschaffenheit der Gegenstände entsprechenden Übertragungshandlungen: Auflassung, Übergabe, Zession u. dergl. vorzunehmen.

VI. Die Haftung des Erbschaftsverkäufers wegen eines Mangels im Rechte beschränkt sich darauf, „daß ihm das Erbrecht zusteht, daß es nicht durch das Recht eines Nacherben oder durch die Ernennung eines Testamentsvollstreckers beschränkt ist, daß nicht Vermächtnisse, Auflagen, Pflichtteilslasten, Ausgleichungspflichten oder Teilungsanordnungen bestehen und daß nicht unbeschränkte Haftung gegenüber den Nachlaßgläubigern oder einzelnen von ihnen eingetreten ist". Den Schenker einer Erbschaft trifft auch diese Haftung nicht: hat er jedoch den Mangel im Rechte arglistig verschwiegen, so ist er dem Beschenkten zum Ersatz des daraus entstandenen Schadens verpflichtet. Mängel einer zur Erbschaft gehörenden Sache hat selbst der Verkäufer einer Erbschaft nicht zu vertreten. Vgl. §§ 2376, 2385 Abs. 2 Satz 2.

VII. Der Erbschaftskäufer ist, abgesehen von der Verpflichtung zur Zahlung des Kaufpreises, dem Verkäufer gegenüber zur Erfüllung der Nachlaßverbindlichkeiten und rücksichtlich der von diesem bereits erfüllten Nachlaßverbindlichkeiten zum Ersatz verpflichtet; diese Verpflichtung entfällt jedoch insoweit, als der Verkäufer dem Käufer gegenüber dafür haftet, daß Nachlaßverbindlichkeiten nicht bestehen (§ 2378).

II. Haftung für die Nachlaßverbindlichkeiten.

§ 98.

I. **Schon von dem Abschluß des Erbschaftskaufes an haftet der Käufer kraft Gesetzes den Nachlaßgläubigern, und zwar auch denjenigen, zu deren Befriedigung er** im Verhältnis zum Verkäufer nicht verpflichtet ist. **Diese Haftung kann durch Vereinbarung zwischen dem Käufer und dem Verkäufer nicht ausgeschlossen oder beschränkt werden.** War die Haftung des Verkäufers für die Nachlaßverbindlichkeiten überhaupt oder für einzelne dieser Verbindlichkeiten zur Zeit des Verkaufs bereits zu einer schlechthin unbeschränkten geworden, so trifft die gleiche Haftung auch den Käufer. Abgesehen hiervon gelten für die Haftung des Käufers die Bestimmungen über die Beschränkbarkeit der Haftung des Erben und über die Voraussetzungen der wirklichen Herbeiführung der Beschränkung.

Der Erbschaftskäufer ist zum Antrag auf Vornahme des Gläubigeraufgebots (§ 1000 ZPO.), auf Anordnung der Nachlaßverwaltung oder Eröffnung des Nachlaßkonkurses (§ 232 KO.) berechtigt und kann die aus den Vorschriften der §§ 1973, 1974, 1990 bis 1992, 2014 und 2015 sich ergebenden Einreden geltend machen. Ihm kann eine Inventarfrist bestimmt werden, und das Verlangen auf Leistung des Offenbarungseides ist ihm gegenüber zulässig. Versäumung der Inventarfrist und desgleichen das im § 2005 Abs. 1 bezeichnete Verhalten macht ihn den Nachlaßgläubigern überhaupt schlechthin unbeschränkt haftbar, während diese Folge im Falle der Verweigerung des Offenbarungseides oder des dieser Verweigerung gleichgestellten Verhaltens nur dem die Leistung des Eides verlangenden Gläubiger gegenüber eintritt. Als Besonderheit ist hervorzuheben, daß die Errichtung des Inventars durch den Verkäufer dem noch nicht schlechthin unbeschränkt haftenden Käufer zustatten kommt. Vgl. §§ 2382, 2383, 2385. Dafern der Käufer den Gläubigern nur mit der Erbschaft haftet, gelten dessen Ansprüche aus dem Kaufe als zur Erbschaft gehörend (§ 2383 Abs. 1); diese Ansprüche können insbesondere auf Übertragung von Erbschaftsgegenständen, auf Wertvergütung und auf Leistung von Schadensersatz gerichtet sein.

II. Der Erbschaftsverkäufer büßt durch den Verkauf seine Erbenqualität nicht ein; seine Haftung für die Nachlaßverbindlichkeiten dauert daher noch fort. Die Bestimmung einer Inventarfrist und das Verlangen auf Leistung des Offenbarungseides nach Maßgabe des § 2006 ist ihm gegenüber auch nach dem Erbschaftskauf noch zulässig, und die Einleitung des Aufgebotsverfahrens gegenüber den Nachlaßgläubigern kann er nach wie vor beantragen. Zum Antrag auf Eröffnung des Nachlaßkonkurses ist der Verkäufer auch nach dem Abschluß des Kaufvertrages noch berechtigt, aber nur nach Maßgabe des § 232 Abs. 2 KO., und nach Analogie dieser Bestimmung wird er unter denselben Voraussetzungen zwar nicht nach § 1981 Abs. 1, wohl aber nach Abs. 2 auch zum Antrag auf Anordnung einer Nachlaßverwaltung zuzulassen sein.

Nur soweit die besonderen Voraussetzungen dafür vorliegen, haftet der Erbschaftsverkäufer für die Nachlaßverbindlichkeiten schlechthin unbeschränkt. Die vor dem Ablauf der dem Verkäufer bestimmten Inventarfrist erfolgende Errichtung des Inventars durch den Käufer kommt jedoch dem ersteren derart zustatten, daß sie von ihm die Folge der Versäumung der Inventarfrist abwendet (§ 2383 Abs. 2). Ist der

Verkäufer des Rechtes zur Beschränkung seiner Haftung noch teilhaftig, und macht er von diesem Rechte entsprechenden Gebrauch, so haftet er den Nachlaßgläubigern nur mit demjenigen, was er von der Erbschaft noch hat, und außerdem noch insoweit, als er nach Maßgabe der §§ 1978 bis 1980 den Nachlaßgläubigern gegenüber verantwortlich ist. Den für die verkaufte Erbschaft erhaltenen Kaufpreis braucht der Erbschaftsverkäufer den Nachlaßgläubigern nicht herauszugeben.

III. Im Falle des Nachlaßkonkurses tritt in Ansehung des Verfahrens der Erbschaftskäufer an die Stelle des Erben (§ 232 Abs. 1 KO.). Demgemäß kommt die Rolle des Gemeinschuldners nicht dem Erben, sondern dem Käufer zu. Genaueres bei Strohal II S. 425 f.

IV. Vgl. § 2384.

Als Manuskript gedruckt.

Kolibri 360 GmbH
Ferdinand-Jühlke-Straße 7
99095 Erfurt, Deutschland
produktsicherheit@kolibri360.de